Barber · Die Sultane

Noel Barber

Die Sultane

Die Geschichte des
Ottomanischen Reiches
dargestellt in Lebensbildern

Ullstein

Titel des Amerikanischen Originals »The Sultans«,
erschienen 1973 bei Simon and Schuster, New York

Vorsatz: Die Sultane verlassen das Große Serail zum jährlichen Bairamfest am Ende des Fastenmonats Ramadan

VERLAG ULLSTEIN GMBH · FRANKFURT/M · BERLIN · WIEN

Übersetzung Hans Boelicke

Gesamtherstellung: May & Co, Darmstadt

ISBN 3 550 07469 7

Erste Auflage: März 1975
Zweite Auflage: Oktober 1975

INHALT

Die Dynastie der Ottomanen (Osmanen)

Das Buch beginnt mit der Regierungszeit des zehnten Sultans der Ottomanen, Suleimans des Prächtigen.

Die Jahre des Niedergangs

	Regierungszeit	
10. Suleiman I.	1520–1566	
11. Selim II.	1566–1574	
12. Murad III.	1574–1595	
13. Mohammed III.	1595–1603	
14. Achmed I.	1603–1617	
15. Mustafa I.	1617–1618	(abgesetzt)
16. Osman II.	1618–1622	(ermordet)
Mustafa I. (zweite Thronbesteigung)	1622–1623	(erdrosselt)
17. Murad IV.	1623–1640	
18. Ibrahim	1640–1648	(abgesetzt)
19. Mohammed IV.	1648–1687	(abgesetzt)
20. Suleiman II.	1687–1691	
21. Achmed II.	1691–1695	
22. Mustafa II.	1695–1703	(abgesetzt)
23. Achmed III.	1703–1730	(abgesetzt)
24. Machmud I.	1730–1754	
25. Osman III.	1754–1757	
26. Mustafa III.	1757–1773	
27. Abdul Hamid I.	1773–1789	

Der kranke Mann am Bosporus

28. Selim III.	1789–1807	(abgesetzt)
29. Mustafa IV.	1807–1808	(abgesetzt)
30. Machmud II.	1808–1839	
31. Abdul Medschid	1839–1861	(abgesetzt)
32. Abdul Asis	1861–1876	(abgesetzt)
33. Murad V.	1876	(abgesetzt)
34. Abdul Hamid II.	1876–1909	(abgesetzt)

Die ganz anderen Despoten

35. Mohammed V.	1909–1918	(abgesetzt)
36. Mohammed VI.	1918–1922	(abgesetzt)

Vorwort

Dies ist ein Buch über Menschen. Es stellt nicht den Anspruch, eine Geschichte des ottomanischen Imperiums zu sein. Ich habe lediglich versucht, den Niedergang eines mächtigen und buntfarbigen Reiches aus der Sicht der Sultane und der Konkubinen im Harem und ihre Taten zu schildern. Ich habe mit der Zeit Suleimans des Prächtigen begonnen und schließe mit einem Staatsmann völlig anderer Prägung: mit Kemal Atatürk.

Es handelt sich hier nicht so sehr um die Geschichte großer Schlachten, sondern vielmehr um die Ereignisse, die zu ihnen geführt haben. Eine Ausnahme habe ich allerdings bei meiner Schilderung der Belagerung von Plevna gemacht. Denn diese war ein ausgezeichnetes Beispiel für die Fähigkeit der Türken, sich zäh zu verteidigen. Außerdem handelt es sich hier um einen so fesselnden Stoff, daß ich einfach nicht widerstehen konnte. Ich habe den Text nur mit unbedingt notwendigen Fußnoten versehen, um die Lesbarkeit nicht zu erschweren; wer sich aber dafür interessiert, der kann Einzelheiten in den Quellen, die im Literaturverzeichnis angegeben sind, finden.

Da es oft ein halbes Dutzend Schreibweisen für türkische Wörter gibt, habe ich mich an die einfachste gehalten, die in Europa üblich ist.

Es ist mir unmöglich, meinen vielen Freunden einzeln zu danken, die mir bei meiner achtmonatigen Forschungsarbeit geholfen haben, aber ich muß Haldun Simavi erwähnen, der jede Tür in der Türkei für mich geöffnet hat. Auch Herrn Ilban Oz muß ich nennen, den Direktor des Topkapi (so heißt heute das Große Serail), der mir unbeschränkte Freiheit ließ, den Harem zu durchforschen, so daß ich meine Persönlichkeiten der Wahrheit entsprechend schildern konnte. Er hat mir auch die wichtigsten schriftlichen Unterlagen beschafft. Herrn Halusi Oszo bin ich ebenfalls zu großem Dank verpflichtet, der mich viele Wochen lang ununterbrochen begleitete und einst der Leibwächter Atatürks war. Auch die beiden unermüdlichen Brüder Vahit und Baki Celikbas muß ich hier dankbar erwähnen.

Größten Dank schulde ich auch den Bibliothekaren, die in vielen europäischen Hauptstädten in Büchereien und Universitäten nach Dokumenten für mich geforscht haben, ebenso wie in der Türkei selbst. Mein besonderer Dank gebührt Donald Dinsley für seine mühevolle Forschungsarbeit in vielen Teilen der Welt, während ich in der Türkei geschrieben habe. Ich möchte mich außerdem bei allen Autoren und Verlegern bedanken, die mir erlaubten, aus ihren Büchern zu zitieren.

Zuletzt, aber auf gar keinen Fall weniger als allen anderen, sage ich Julian Bach, meinem Freund und Agenten, meinen herzlichen Dank. Er gab mir zuerst den Gedanken ein, dieses Buch zu schreiben.

Noel Barber

Das Große Serail

In der Mitte des sechzehnten Jahrhunderts erstreckte sich das Ottomanische Reich von den Toren Wiens bis zum Jemen und vom Persischen Golf bis Algerien. Es waren die letzten Tage einer Größe, auf die kein Schatten fiel. Damals lagen sechs der sieben Weltwunder im Herrschaftsbereich des Sultans Suleiman, und es gab nirgendwo einen Ort, der einen größeren Glanz ausstrahlte und mehr orientalische Pracht entfaltete als die ganz persönliche Welt des Herrschers, die sich in Konstantinopel hinter dem Tor des Herrscherhauses verbarg. Dort befand sich das Große Serail des Sultans. Die nach dem Meer zu gelegenen Mauern dieser uneinnehmbaren Festung wurden von den Wellen des Marmarameeres und des Goldenen Hornes umspült. Es war eine »Stadt in der Stadt«, die fünftausend Einwohner hatte und deren Herz im Harem schlug, jenseits der inneren »Pforte zur Glückseligkeit«, in jenem Harem, dessen Hunderte von Odalisken*) und Sklavinnen streng von schmerbäuchigen oder runzligen schwarzen Eunuchen bewacht wurden.

Konstantinopel selbst war die schönste Stadt der Welt. Sie stand auf sieben Hügeln und war zwischen den Bosporus, das Marmarameer und das Goldene Horn eingebettet. Wasser gehört ebenso zum Stadtbild wie die auf lieblichen Hügelhängen stehenden Zypressenwälder oder die geschäftige Vorstadt Pera mit ihren ziegelgedeckten Häusern auf der anderen Seite des Horns. Es war eine Weltstadt. Fast in Hörweite von den Ställen, in denen der Sultan seine viertausend Pferde hielt, betete der Patriarch der Orthodoxen Kirche. Auf dem großen überdachten Markt arbeiteten Schulter

*) Odaliske = weiße Haremssklavin, meist aus dem Kaukasus.

an Schulter Juden und Mauren, die meisten von ihnen waren Flüchtlinge aus dem Spanien Ferdinands und Isabellas. Hinter dem Markt wohnten die Serben in einem Stadtviertel, dem sie voller Heimweh den Namen »Belgrad« gegeben hatten. Berber und Araber aus Afrika und aus der Gegend des Roten Meeres schufteten in den Lagerhäusern längs der Küste, sie hatten ein wachsames Auge auf die Gewürze, das Elfenbein, die Seide und die Perlen, die von ihren Herren ins Land gebracht worden waren. Es war eine Stadt, in der Angehörige vieler Völker lebten, und gemessen an der abwechslungsreichen Geschichte des Landes war es eine Stadt des Friedens. Vielleicht rundete das überall gegenwärtige Wasser die Schönheit ab, das von dahingleitenden Kayiks belebt wurde. Vielleicht trugen auch die immer noch vorhandenen Reste des einstigen Byzanz zu dieser Schönheit bei: das Hippodrom, die Kirche der Heiligen Irene, die Hagia Sophia. Die engen Straßen von Konstantinopel waren wohl aus Lehm gestampft und die neuen Häuser aus Holz errichtet, das beim Ausbruch einer Feuerbrunst sofort in helle Flammen aufgehen mußte. Aber in den Straßen war der Pulsschlag des Lebens zu spüren, und auch hören konnte man ihn. Es war der Pulsschlag eines Lebens von Bürgern, deren Haut ebenso vielfältig in der Farbe war wie ihre auffallende Kleidung. Aber wer mochte sich schon zehntausend Meilen fortsehnen von den ausgedehnten Anlagen und Villen des Großen Serail! Es lag mitten zwischen ihnen auf einer Landzunge, auf dem gefällig zur See sich neigenden Hang eines Hügels, das Meer umschloß es von drei Seiten. Vor ihm lagen die grünen Küsten Asiens, und hinter ihm standen Bäume.

Es war eine versteckte Welt der Goldenen Kuppeln und der spitzen Minarette, die wie manikürte Finger gen Himmel zeigten. Dort gab es dunkle Zypressenhaine mit verborgenen Kiosken oder auch Villen mit marmornen Wänden, glitzernden Mosaiken oder herrlichen Dachziegeln. Es war eine Welt von künstlichen Seen und Lustgärten, in denen sich die Düfte von Kräutern und Obstbäumen mit denen von Rosen vermischten. Dort herrschte ein gebieterisches Schweigen, das nur vom Plätschern Dutzender von Springbrunnen unterbrochen wurde. Als in der letzten Hälfte des sechzehnten Jahrhunderts das Ottomanenreich auf seinem Höhepunkt stand, unmittelbar bevor seine Überlegenheit im Laufe der Geschichte abzubröckeln begann, gab es in Europa keinen Hof, den man mit diesem hätte vergleichen können. Dabei befand sich auch Europa gerade in seinem »Goldenen Zeitalter«, das vom Geist der Renaissance beherrscht wurde: Iwan III. Wassiljewitsch, Großfürst von Moskau, stand gerade im Begriff, die Grundlagen für die Größe Rußlands zu legen. Papst Leo der Zehnte verwandelte Rom in einen »Garten der Wissenschaft«. Heinrich der Achte regierte in England, Karl der Fünfte herrschte über Spanien, Franz der Erste über Frankreich und weiter südlich Gritti, der »Doge von Venedig«, über die Stadt, die sich vor allen anderen dadurch auszeichnete, daß sie das Tor zur Levante war. Kaum dreißig Jahre waren verflossen, seit Kolumbus seinen Fuß auf den Boden einer neuen Welt gesetzt hatte.

Europa wurde gerade erwachsen. Es hatte seine ersten Flotten gebaut, seine ersten Heere geschaffen und die Verwendungsmöglichkeiten der Artillerie entdeckt. Aber noch war Suleiman allen europäischen Mächten im Kriege überlegen. In seinem Lande baute er mit Hilfe seines Architekten Sinan Moscheen, Schulen und Krankenhäuser, die sich mit den Werken der besten Baumeister Europas messen konnten. Zu jener Zeit befaßte sich Michelangelo mit der schwierigen Aufgabe, den Petersdom zu errichten, und Franz der Erste hatte gerade mit dem Wiederaufbau des Louvre begonnen. Trotz der dreizehn Kriege, in denen er persönlich seine Soldaten ins Feld führte, hatte Suleiman noch Zeit gefunden, ein verbessertes Gesetzbuch zu verfassen. Gelegentlich ließ er auch bestechliche Beamte hinrichten – einschließlich seines eigenen Schwiegersohnes –, weil sie gegen die Gesetze verstoßen hatten. Er verwaltete seine reichen Staatsschätze. Sein stehendes Heer von fünfzigtausend Mann erhielt einen guten Sold. Er hatte eine Neigung zur Literatur, war ein Anhänger des Aristoteles, und sein Vorbild war Alexander der Große. Im Krieg führte er täglich Tagebuch, in Friedenszeiten schrieb er Gedichte.

Damals beschrieb ihn der venezianische Gesandte in Konstantinopel als einen Mann von gebieterischem Aussehen; er war hochgewachsen und schlank. Er hatte hervorstehende Augenbrauen, scharfblickende schwarze Augen, eine Adlernase über einem langen Schnurrbart und einen gegabelten Spitzbart, der dem zusammengekniffenen Mund einen etwas weicheren Zug verlieh. Aber die Spuren einer ererbten Grausamkeit wurden dadurch nicht völlig verwischt. Sein Gesicht soll so ausgesehen haben, als hätte man es geräuchert. Er war gnadenlos und hochmütig und richtete sich mit pedantischer Genauigkeit nach dem Protokoll, besonders was die Gebete am Freitag anging, wenn viele Menschen an den Straßenrändern standen.

Der Freitag war natürlich der Sabbath der Moslems. Dann bereitete sich Suleiman gewöhnlich auf das Gebet in der Hagia Sophia vor. Der Garderobenmeister legte alle erforderlichen Kleidungsstücke bereit und setzte sie dem Rauch von Aloeholz aus, um ihnen einen würzigen Duft zu geben. Suleiman trug ein Gewand aus schwerer Seide und darüber einen ärmellosen Umhang, der mit Hermelin besetzt war. Auf seinem Kopf trug er einen breiten ovalen Turban mit einem Federbusch aus Pfauenfedern, der von einer Spange aus Diamanten festgehalten wurde. Sein weißes Pferd stand bereit, der schwere Ledersattel war mit wertvollen Edelsteinen bestückt.

Draußen im ersten Hof des Großen Serail wartete innerhalb einer drei Meilen langen Ringmauer eine Schar von Persönlichkeiten auf ihn, die aus TausendundeinerNacht hergeholt zu sein schienen. Sie wollten zuschauen, wenn ihr Herr und Meister zum Vorschein kam und hinter den kunterbunt durcheinanderstehenden Alltagsbauten auf den gepflasterten Wegen dahinritt. Diese Gebäude wurden nun einmal zur Erhaltung einer Stadt von fünftausend Einwohnern gebraucht. Rechts stand eine Bäckerei, ein riesiges Vorratshaus für Holz stand zur Linken. Es war groß genug, um 500 Schiffsladungen aufzunehmen, und wurde von lockigen Hellebardenträgern bewacht, in deren Kopfbedeckung perückenartige Haarteile eingearbeitet waren, die auf jeder Seite des Gesichtes herunterhingen. Sie waren für den Fall gedacht, daß ihre Träger es versuchen sollten, einen verstohlenen Blick auf die Odalisken des Sultans zu werfen, wenn sie für die Feuerungsanlagen des Harems Holz herbeibrachten.

»Es schien mir keinen Sinn und keinen Verstand zu haben, daß sich Leute so drängten«, schrieb der venezianische Gesandte, nachdem er zugesehen hatte, wie sich Suleiman auf den Weg machte, um zu beten. Aber er war im Irrtum – vielleicht hatte man ihn auch irregeführt –, denn wenn der Harem das Herz des Serail war, dann war das Serail das Herz des Reiches. Es war nicht nur Suleimans Wohnsitz, sondern auch Regierungssitz, eine sonderbare Mischung aus privater und offizieller Sphäre. Es war, als ob in England der Buckingham Palast und Whitehall im gleichen von einer Mauer umgebenen Garten liegen würden.

Gesandte aus Vasallenstaaten warteten darauf, sich vor ihm zu verneigen und dem Stellvertreter Gottes auf Erden Geschenke zu überreichen. An diesem bestimmten Tage bestanden diese Gaben aus einigen Wüstenpferden, zwei Elefanten, einer Ladung unschätzbar wertvoller Pelze, einem eigroßen Smaragd und einer Gruppe blondhaariger tscherkessischer Jungfrauen. Die Janitscharen waren genau ihrem Rang entsprechend angetreten; sie waren die bevorzugte Truppe des Sultans, die besondere Vorrechte besaß. Man hatte sie aus ursprünglich christlichen Knaben zusammengestellt, die in türkische Gefangenschaft geraten waren. Schon sehr jung waren sie in den Staat eingegliedert worden, in ihren weißen Turbanen, ihren schlaff herabhängenden Jacken und in ihren gelben Stiefeln stolzierten sie einher. In Scharlach und in goldfarbene Gewänder gekleidete Gesandte mit ihrem Gefolge und ihrer Begleitung warteten darauf, in der Nähe des Tores zum Diwan dem Herrscher ihre Ehrerbietung zu erweisen. Der zweite Hof führte zu einem mittelalterlich aussehenden Tor mit Türmen und kegelförmigen Verzierungen, die wie Kerzenlöscher aussahen. Sie standen vor einem Kerker, aus dem die abgeschnittenen Köpfe von Männern von Rang herausgebracht und auf eiserne Stangen gesteckt wurden. Man stellte sie dann neben dem Tor auf, wo sie in der Sonne schwarz wurden. Die Köpfe von Leuten, die im Rang unter einem Pascha standen, wurden neben dem Haupttor in Nischen gesetzt.

Der Großwesir oder Erste Minister erschien. Ihm schritten zwei Beamte in pelzbesetzten Gewändern voran. Sie schlugen mit silbernen Stäben auf den Erdboden, während sie im Abstand von fünf Schritten langsam vor ihm einhergingen. Wenn die Großwesire auch mit erstaunlicher Häufigkeit und oft keineswegs frei-

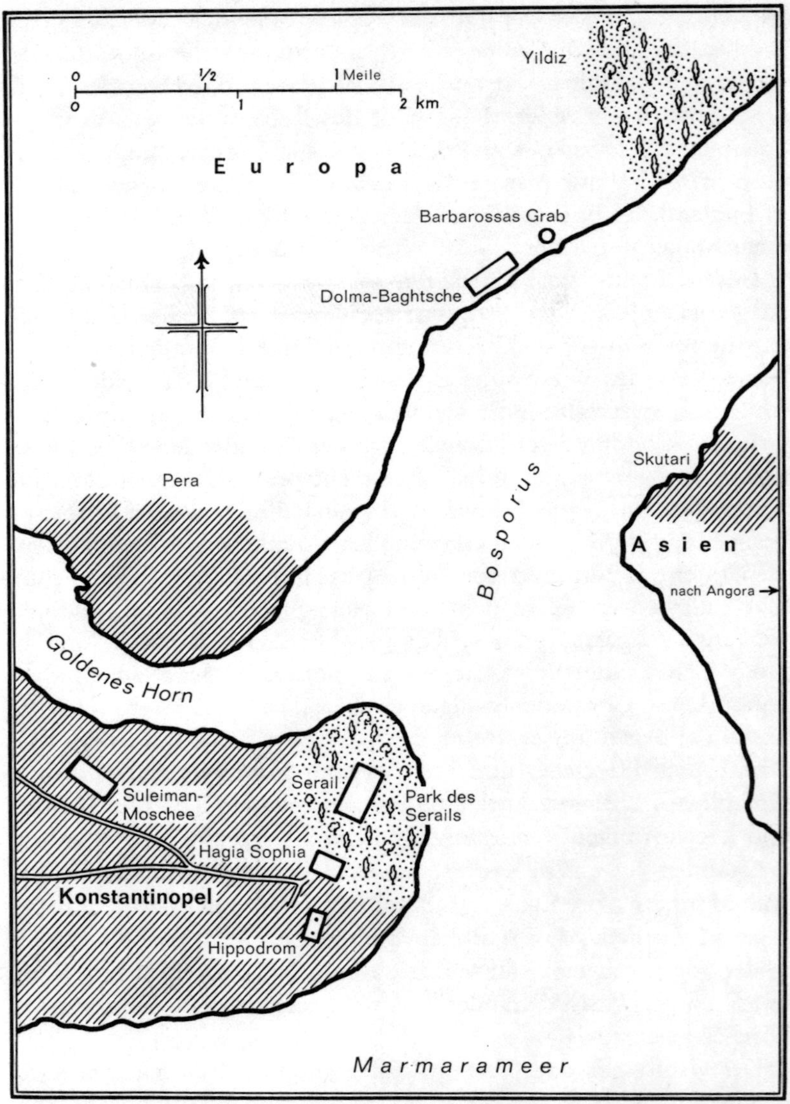

Konstantinopel

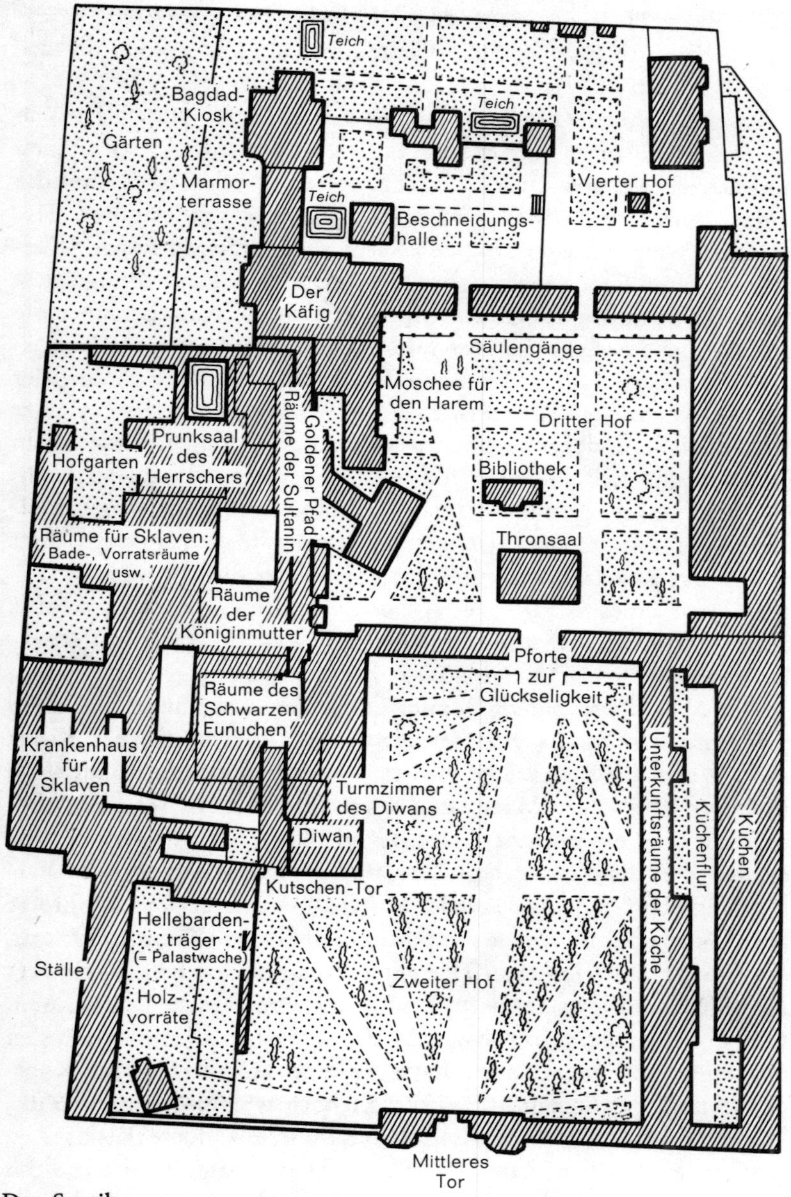

Teich
Teich
Bagdad-Kiosk
Gärten
Marmorterrasse
Teich
Beschneidungshalle
Vierter Hof
Der Käfig
Säulengänge
Moschee für den Harem
Dritter Hof
Prunksaal des Herrschers
Hofgarten
Goldener Pfad
Räume der Sultanin
Bibliothek
Räume für Sklaven: Bade-, Vorratsräume usw.
Thronsaal
Räume der Königinmutter
Pforte zur Glückseligkeit
Räume des Schwarzen Eunuchen
Krankenhaus für Sklaven
Turmzimmer des Diwans
Diwan
Unterkunftsräume der Köche
Küchenflur
Küchen
Kutschen-Tor
Hellebardenträger (= Palastwache)
Ställe
Zweiter Hof
Holzvorräte
Mittleres Tor

Das Serail

willig ihren Platz für einen anderen frei machen mußten, so erkannte sie doch jeder an ihrem kegelförmigen und golden umrandeten Turban.

Tausend unbedeutendere Angehörige des Hofes tummelten sich im ersten Hofraum; oft waren es Schmarotzer wie Astronomen und Derwische. Der Oberkoch trug eine einer Sektflasche ähnliche spitze Mütze und einen riesigen Löffel über der Schulter. Der Höchste Waffenmeister trug den Säbel des Sultans in seiner Scheide aus Samt. Der Oberjägermeister hatte eine hornförmige goldene Kappe auf dem Haupt. Man sah auch die Aufseher über die wohlriechenden Essenzen des Sultans, den Oberwärter der Nachtigallen und den Hüter der Reiherfeder. Es war das Zeitalter der auf Turbanen und Krummschwertern funkelnden Edelsteine, der Straußenfedern, der wallenden Gewänder, der riesigen Pluderhosen und auffälligen Beinkleider, der mit Zobelpelzen besetzten Mäntel. Jedermann erkannte seinen Nachbarn sofort an seiner Kleidung, die dieser nach strengen Gesetzen anzulegen verpflichtet war. Diese Regeln bestimmten die Farbe oder die Form eines Turbans oder eines Ärmels. Wesire trugen grüne Kleidung, Muftis oder Geistliche weiße, Kammerherrn vom Hof waren an scharlachroter und Scheichs an blauer Farbe zu erkennen.

Alle aber überragte ein Mann, der außer dem Sultan von allen gefürchtet wurde: Es war der Schwarze Obereunuch, der Kislar Aga. Wörtlich übersetzt heißt dies: »Meister über die Mädchen«. Er besaß ungeheure Macht und war sehr reich. Er war dazu berechtigt, sich ein eigenes Gefolge von Sklaven zu halten, er war es, der über den Harem herrschte, und er war dessen einziges Verbindungsglied zur Außenwelt. Wartend stand er an der Pforte zur Glückseligkeit, ein wunderlicher, häßlicher Kastrat. Er trug die für ihn bei feierlichen Handlungen vorgeschriebene Kleidung: Mit Blütenmustern verzierte Seide und eine breite Schärpe. Sein mit Zobelfell besetzter Mantel reichte fast bis zum Erdboden hinunter. Auf dem Haupt hatte er eine zylinderförmige Kopfbedeckung, die fünfundzwanzig Zoll hoch war und wie ein Zukkerhut aussah. Dieser so auffallend bunt gekleidete Kislar Aga war ein Mann, den man in Afrika kastriert hatte. Man hatte ihn für wenige Piaster als Sklaven verkauft, und trotz der Macht, die er ausübte, war er ein ungeschliffener, dummer und bestechlicher Mensch. Oft konnten seine Launen wegen seiner riesigen Körperkräfte gefährlich werden.

Suleiman erschien, umringt von den wichtigsten zu seiner persönlichen Verfügung stehenden Beamten. Zu ihnen gehörten der Schlüsselmeister, der Meister des Steigbügels, der Meister der Turbane, der Schwertträger und sogar ein Beamter, der seinen Regenmantel trug. Rings um alle diese Leute schirmte eine Gruppe von Soldaten den Sultan gegen die Neugierigen ab, wobei ihnen als einfaches Hilfsmittel zustatten kam, daß sie hauptsächlich aus großen zweigartig auseinanderstrebenden Federn bestehende Hüte trugen, die hoch in die Luft emporragten. Nach den Worten des venezianischen Gesandten wirkten sie »wie ein Baldachin aus Musselin, durch den man höchstens gelegentlich einen Blick auf das schwermütige und ernste Gesicht des Sultans werfen konnte«.

Als der von Herolden angeführte Zug sich unter dem Tor des Herrschersitzes in Richtung auf die Straßen der Hauptstadt in Bewegung setzte, ritten zwei Palastpagen voraus. Sie trugen zwei Turbane des Sultans, die sie zuweilen nach der rechten oder nach der linken Seite hin herabsenkten, als ob sie die wartende Menge damit grüßen wollten, und dies war auch der Sinn dieser Geste. Dieser Brauch hatte damit begonnen, daß man ursprünglich mehrere Turbane für den Sultan bereithalten wollte, wenn er bei der Moschee ankam. Jetzt aber wurde er lediglich als einleitender Gruß des Sultans aufgefaßt.

Als Suleiman die Moschee erreicht hatte, zog der Führer der Janitscharengarde ihm die Schuhe aus und ersetzte sie durch ein Paar Pantoffeln aus Samt; denn niemand durfte die kleinen Teppiche in der Moschee entweihen, die jeder wahre Gläubige während des Gebetes mit seiner Stirn berührte. Erst dann durfte der Sultan die Treppenflucht emporsteigen, die zu seinem persönlichen Sitz in der Moschee führte, der mit Weihrauch angeräuchert und mit Blumen und Obst geschmückt war.

Nach dem Gottesdienst wurde der Sultan zu seinem Palast zurückgeleitet, wo ein sehr glanzvolles Festmahl stattfand. An den meisten Freitagen wurden Gäste eingeladen, um mit dem Sultan zu speisen. Nicht einmal die vor Überlastung ächzenden Tafeln

Heinrichs des Achten konnten sich mit den üppigen Gastmählern Suleimans messen. Heinrich war übrigens drei Jahre älter als Suleiman der Prächtige*). Es gab fünfzig Gänge, die von zweihundert Dienern aufgetragen wurden, die in rote Seide gekleidet waren und goldbestickte Hüte trugen. Sie bildeten eine Reihe von der Küche aus, und »sie standen so dicht nebeneinander, als ob sie gemalte Figuren waren«. Wenn die Gäste in ein Zimmer traten, das mit Teppichen belegt und mit goldfarbenen Wandbehängen geschmückt war, wurden sie von den Dienern begrüßt, die sämtlich junge Leute waren.

Dabei berührten sie mit ihren Händen die Schenkel der Gäste und machten so tiefe Verbeugungen, wie es ihnen möglich war. Wenn die Begrüßungszeremonie vorüber war und die Gäste sich an einem silbernen Tisch niedergelassen hatten, wurde jede der mit schwarz-weiß gestreiften Filzdeckeln bedeckten Schüsseln von Mann zu Mann weitergereicht, bis sie beim Sultan und seinen Gästen ankam. Man durfte nur Fleisch essen, das »im Namen Gottes getötet worden war«. Das bedeutete, daß beim Schlachten die Luftröhre und die Halsschlagader der Tiere aufgeschlitzt wurden. Nach Beendigung eines jeden Ganges wurde streng nach Protokoll die leere Schüssel mit umgestülptem schwarz-weißem Deckel wieder hinausgebracht.

Aus jeder Ecke des Reiches gelangten Lebensmittel nach Konstantinopel: Datteln, verschiedene Pflaumenarten aus Ägypten, Honig – als Ersatz für Zucker – aus Kandia, Öl aus Griechenland, Butter aus dem Moldaugebiet, die in Ochsenhäute verpackt und quer über das Schwarze Meer verschifft wurde. Pastromani – in Fässern aufbewahrtes Rindfleisch, der Vorläufer des heutigen Pastirma – stammte von Kuhkälbern, denn Suleiman fand dieses Fleisch schmackhafter. Hundertundfünfzig Köche schwitzten in den riesigen überkuppelten Küchen und kochten bis zu zweihundert Schafe für den Hauptgang einer Mahlzeit, die mit Obst und türkischem Honig beendet wurde. Das war die beliebteste Süßspeise im Reich, man nannte sie »Rahat Lokum« – »Etwas, das der Kehle Ruhe schenkt«.

*) Diesen Beinamen gaben ihm die Europäer. In der Türkei nannte man ihn »Suleiman der Gesetzgeber«.

Es gab wenig Alkohol, dafür aber eine Fülle verschiedenster Limonadenarten. Sie wurden mit Schnee gekühlt, der auf Maultieren vom Berg Olymp in Filzsäcken herbeigeschafft worden war. Man brachte ihn zuerst nach Mudania am Schwarzen Meer, und von dort wurde er zu Schiff die siebzig Meilen bis nach Konstantinopel weitergeleitet, wo man ihn in eigens angelegten Gruben aufbewahrte. Nero hielt übrigens sein Eis in genau der gleichen Weise frisch.

Tausende von Untergebenen richteten sich nach jeder Laune des Sultans. Der Obergärtner, der sein Amt mit dem eines Scharfrichters vereinigte, stand einem Stab von tausend Untergärtnern vor. Sie waren leicht an ihren hohen zylindrischen Hüten aus rotem Filz erkennbar. Hundert zum Hof gehörende Schönschreiber arbeiteten im Turm des Bevollmächtigten für Schreib- und Papierwaren. Sie schrieben den ganzen Tag eifrig auf besonderem farbigem Papier, das schon zu jener Zeit mit Wasserzeichen versehen war. Jedes Handwerk und jeder Handelszweig hatte seine eigene Ecke, von den sechzig Teppichlegern angefangen über zweihundert Falkner und fünfzig Konditoren bis zu den beinahe zweihundert Bäckern, deren Aufgabe es war, reinweiße Brote für den Sultan zu backen. Sie waren aus Ziegenmilch und eigens aus der Stadt Bursa in Anatolien herbeigeschafftem Korn. Je nach Rang erhielt jeder Mann seine Zuteilung. Ein Pascha bekam zum Beispiel pro Tag zehn Brotlaibe. Das Brot für die »mittleren Klassen« war nicht so weiß. Man mischte für sie das Mehl aus Bursa mit griechischem Korn, und die Hofpagen aßen schwarzes griechisches Brot. Gutes Brot wurde so hoch geschätzt, daß die Bäcker ihre eigene Moschee hatten und jährlich einmal Kleidung zusätzlich zu ihrem festen Lohn bekamen.

Wahrscheinlich gab Suleiman einen Seufzer der Erleichterung von sich, als der Festtrubel vorüber war. Wenn wir natürlich auch nicht seine Spur beim Ausklang eines solchen Tages verfolgen können, so ist doch anzunehmen, daß er den Selamlik verließ, da der Diwan*) sich nicht gerade in einer Sitzung befand. Selamlik hießen die Begrüßungsräume der Männer, in denen beileibe

*) Der Diwan war das türkische Parlament und tagte an sechs Tagen in der Woche, von Sonnabend bis Donnerstag einschließlich.

keine Frau sich sehen lassen durfte. Die Türen des Harems wiederum waren für jedermann verschlossen, mit Ausnahme des Sultans und seiner Eunuchen.

Es gab fünf Tore, die in den Harem führten; die Haupteingänge lagen auf dem zweiten Hof hinter dem Diwan. Auch vom dritten Hof aus gab es einen Zugang. Dieser Hof bildete an sich schon einen überraschenden Gegensatz zu der fast volkstümlichen Atmosphäre im ersten und zweiten Hof. Ganz plötzlich war hier, jenseits der Pforte zur Glückseligkeit alles anders. Die staubigen äußeren Hofräume mit ihren hin und her laufenden Scharen von Beamten wurden hier von einem ausgedehnten Garten abgelöst, in dessen Mitte Suleimans Pavillon mit seinen Vorhängen aus goldgewirktem Tuch und seinen glänzenden Wänden aus Marmor aufleuchtete. In einer Ecke des dritten Hofes öffnete sich eine Tür zum Goldenen Pfad, der die Welt der Männer mit der Welt der Frauen verband. Es war ein langer gepflasterter Gang, der hinter den Räumen der Königinmutter an den Zimmern der in den Stand von Ehefrauen erhobenen Sklavinnen vorbei bis zur Moschee des Harems führte.

Dieser Harem*) war kein geschlossenes Bauwerk, sondern ein Durcheinander von Pavillons, Kiosken und Villen, von denen einige Terrassengärten besaßen. Andere hatten Höfe und Pergolen, die wie zufällig über das Gelände gestreut waren, das vom Kamm des Hügels bis zum Ufer abfiel. Der Mittelpunkt dieser Welt aber war die wichtigste Frau im Ottomanenreich, die Königinmutter, die Mutter des Herrschers, die Sultanin Valideh. Sie herrschte über den Harem und lenkte oft auch die Geschicke des Staates. Denn wenn ein Sultan auch tausend Konkubinen haben durfte, so konnte er doch immer nur eine Mutter besitzen. Der Prophet selbst hatte es zum Gesetz gemacht, daß »sich das Paradies unter den Füßen Deiner Mutter befindet«. Sobald ihr Sohn Sultan wurde, forderte die neue Königinmutter von jedem Mitglied des Harems einen Eid des Gehorsams. Sogar die halboffiziellen Frauen des Sultans durften sie nicht besuchen, ohne daß sie vorher um eine Audienz gebeten hatten und diese auch bewilligt worden war. Nicht einmal die bevorzugteste Lieblings-

*) Harem, arabisch »Unzugängliches«.

frau des Sultans wagte es, sie aufzusuchen, ohne sich vorher die Galakleidung angelegt zu haben. Sie begab sich dann mit über ihrer Brust gekreuzten Armen zur Königinmutter und redete sie mit ihrem Titel als »Krone der verschleierten Häupter« an.

Im Harem war eine strenge Rangfolge entstanden, seit er als eine Einrichtung für Krieger eines Volkes geschaffen worden war, die sich nicht mit dem Krebsgeschwür der Eifersucht belasten sollten. Da sie für längere Zeit von daheim abwesend waren, fanden sie es viel einfacher, ihre Frauen während ihrer Abwesenheit einzuschließen und von Eunuchen bewachen zu lassen. Parallel mit dieser praktischen Maßnahme hatte sich ein streng nach Rangstufen eingeteilter Hofstaat entwickelt. Seine Mitglieder setzten sich einmal aus den auf niedrigster Stufe stehenden Sklavinnen zusammen, von denen zehn in einem Raum schliefen und die auf den Augenblick warteten, daß sie das Auge Suleimans auf sich lenkten. Danach kamen die, welche ihm zwar gefallen, aber keine Kinder geboren hatten. Unmittelbar unter der Königinmutter standen dann die Sultaninnen*). Das waren halboffizielle Ehefrauen, die man »Kadins« nannte. Sie waren zu dieser Stellung aufgestiegen, nachdem sie einen Sohn zur Welt gebracht hatten, und von diesem Augenblick an lebten sie in ihren eigenen Räumen und besaßen ein eigenes Gefolge. Gewöhnlich blieb dieser Rang auf die ersten vier Frauen beschränkt, die Söhne geboren hatten. Bei den folgenden wurde der Abtreiber des Hofes bemüht. Sogar die Sultaninnen hatten ihre streng einzuhaltende Rangordnung. Keine »zweite« Sultanin – und wenn sie auch die gerade bevorzugte Lieblingsfrau sein mochte – konnte über einer Frau stehen, die vor ihr einen Erben geboren hatte. Aber jede Frau im Harem hatte ihn zuerst als Sklavin betreten – und das bedeutete so ganz nebenbei, daß jeder Sultan im Ottomanenreich der Sohn einer Sklavin war.

Im Laufe der Jahre hatte sich das Protokoll im Harem zu einer grotesken Farce entwickelt und schloß nicht einmal das Bett des

*) Das Wort »Sultanin« ist nicht ganz richtig. Die Ottomanen verwandten das Wort »Sultan« sowohl für Männer als auch für Frauen. Sie stellten es vor den Namen eines Mannes und hinter den Namen einer Frau.

Herrschers aus. Die Vorbereitungen für die Wahl einer Bettpartnerin für die Nacht müssen auf einen warmblütigen Mann äußerst peinlich gewirkt haben. Zuerst mußte er einen langen und ehrerbietigen Besuch bei seiner Mutter machen. Erst danach wurden die jungen Odalisken vor ihm aufgestellt. Wenn eine seinen Gefallen fand, ließ er sie vortreten, und dann dauerte es Stunden, während der sie allerlei sinnlose Dinge an sich vornehmen lassen mußte, ehe sie in sein Bett gehen durfte. Sie wurde abgeschrubbt und gebadet, oft tat dies eine ganze Anzahl von Jungfrauen. Sie massierten sie und rasierten an ihrem Körper so lange herum, bis nicht die geringste Spur eines Haares mehr zu sehen war. Dann rieben sie sie mit einem Lappen ein, der in eine Mischung aus Öl und Reismehl getaucht worden war. Sie färbten ihre Nägel und bestrichen sie mit wohlriechenden Essenzen und mit Pomade. Um Schweißausbruch zu verhindern, behandelten sie sie mit Henna und färbten ihre Augenbrauen mit schwarzer Farbe, die aus einer über ein Räucherbecken gehaltenen Mischung von Zitronen und Graphit hergestellt worden war.

Da Suleiman – jedenfalls hatte er diesen Ruf – auf die schönsten Sklavinnen des Reiches aus war, sollte man eigentlich annehmen, daß das Protkoll vor der Schlafzimmertür zu Ende war. Aber zwei Frauen behüteten pflichteifrig die Türen, wenn eine Jungfrau in das Zimmer des Sultans geleitet wurde, und während der Nacht blieben dort zwei riesige Kronleuchter brennen. Der Sultan begab sich unweigerlich zuerst ins Bett, und wenn der Morgen graute, stand er als erster auf. Er bereitete sich auf sein Bad vor – denn Reinlichkeit gehört in der Welt der Moslems unbedingt zur Frömmigkeit –, wo er sich eine Weile aufhielt. Seine Baderäume bestanden aus drei Abteilungen und waren aus weißem Marmor. Der Vorraum war mit goldfarbenen Wandbehängen verziert, in die Perlen eingearbeitet waren. Der eigentliche Baderaum war schon zu Suleimans Zeiten erstaunlich modern, denn das Bad sah fast genauso aus wie unsere Bäder heute. Freilich hatte es an jedem Ende einen Sitzplatz mit Rücken- und Armlehnen, alles aus Marmor. Das Wasser wurde in einem unsichtbaren kupfernen Heizkessel erhitzt und durch Springbrunnen eingefüllt.

Während der Sultan im Bad war, beschäftigte sich das Mädchen automatisch eifrig damit, seine Kleider zu durchsuchen. Ihr stand rechtlich alles Geld zu, das sie in seinen Taschen fand. Sorgfältig wurde das Datum in eine besondere Liste eingetragen für den Fall, daß neun Monate später möglicherweise ein ganz bestimmtes Ereignis eintrat. Danach begab sich das Mädchen wieder in seine Wohnräume zurück. Wenn es keinen Erben gebar, wodurch es Sultanin geworden wäre, konnte es vorkommen, daß es den Sultan niemals wieder zu Gesicht bekam.

Diese ganze Pracht des Hofes muß sehr romantisch ausgesehen haben, wenigstens für die unermüdliche Reisende Francis Elliot. In ihrem »Tagebuch einer Müßiggängerin in Konstantinopel« schrieb sie: »Hier konnte man den Kislar Aga sehen, der zu den schwarzen Eunuchen gehörte. Er sah prächtig aus mit seinen klimpernden Goldplättchen, die Töne wie Glocken von sich gaben. Er geleitete gerade eine Schar Prinzessinnen ... Ein anderer Eunuch begleitete die dicht verschleierte stattliche Valideh, die ihren Sohn besuchen wollte, und ein ganzer Schwarm von Sklavinnen bildete ihr Gefolge. Ein dritter kümmerte sich um die Sultanin des Tages, als sie sich für das Bad vorbereitete. Vielleicht erwartete er auch die Ankunft neuer Schönheiten, die er schulen und ausbilden mußte, damit sie dort ihre Pflichten erfüllen konnten, wo man sie benötigte, wenn der Appetit des Herrschers übersättigt war. Es waren Albanierinnen, Griechinnen, Georgierinnen und Tscherkessinnen, die im Rahmen von Tributzahlungen ins Land gebracht worden waren. Sie mochten auch von Piraten geraubt worden sein, oder man hatte sie vielleicht auf den Märkten in Asien gekauft – alle waren sie parfümiert, geschminkt und so zurechtgemacht, daß sie dem Auge ein anmutiges Bild boten. Es war wie eine verzauberte Welt, in der die Eunuchen herrschten und der Sultan zu einem Gott erhoben wurde, mochte er auch noch so oft durch einen anderen ersetzt werden.«

In Wirklichkeit war aber dieses romantische Bild der auf seidenen Kissen ruhenden wunderschönen und nach wohlriechenden Essenzen duftenden Odalisken mehr als geschmeichelt. Es hatte einen sehr traurigen Hintergrund: Es muß ein trübes Dasein für die meisten Haremsdamen gewesen sein. Lediglich die bildeten eine Ausnahme, die eben Glück hatten. Wenige Insassinnen waren es nur, die in die Ränkespiele des Harems verwickelt waren, nur eine Handvoll Sklavinnen des Harems schlief mit dem Sultan – und bei diesen handelte es sich oft um Mädchen, die ganz bewußt ihre ehrgeizigen Pläne verfolgten. Das eintönige Leben und das Fehlen männlicher Gesellschaft führten häufig zu sexuellen Entgleisungen, zu denen auch Liebesgeschichten mit Eunuchen gehörten, die im übrigen sämtlich regelmäßig von Ärzten des Palastes daraufhin untersucht wurden, ob ihre Entmannung von Dauer war. Aber nicht nur Eunuchen, sondern auch kastrierte Pagen wurden häufig zu »Geliebten« der Haremsdamen. Diese Knaben waren sorgfältig ausgebildet, stets in schimmernde Seide gekleidet und trugen stets die Namen von Blumen: sie hießen Hyazinthe, Narzisse, Rose oder Nelke.

Die Eunuchen hatten sicher für einige Möglichkeiten der Zerstreuung gesorgt, aber dennoch war natürlich das häufigste Laster im Harem die lesbische Liebe, die ja auch am leichtesten zu verwirklichen war. Es hieß, daß die Mädchen ebenso oft Liebesbeziehungen zu Frauen hatten, wie die Knaben ihren homosexuellen Neigungen frönten, wenn sie für den Krieg oder für den diplomatischen Dienst ausgebildet wurden. Trotz der stets wachsamen Augen der Eunuchen konnte ein venezianischer Gesandter namens Ottaviano Bon in der Hauptstadt über die »jungen, lüsternen und lebhaften Mädchen im Harem« schreiben: »Es ist jetzt nicht erlaubt, irgend etwas zu den Haremsdamen zu bringen, womit sie Taten tierischer Unreinlichkeit begehen könnten. Wenn sie zum Beispiel Gurken essen wollen, dann bekommen sie diese nur in Scheiben, um es ihnen unmöglich zu machen, unzüchtige Handlungen damit zu vollziehen.«

Die Unmöglichkeit, ein normales Leben zu führen, war schlimm genug. Aber die Verhältnisse verschlechterten sich noch mehr, wenn der Herr und Meister abgesetzt wurde oder starb. Der neue Sultan verbannte sofort alle Odalisken seines Vorgängers in einen älteren Palast, der in Wirklichkeit kaum mehr als eine Art jämmerlicher Alterssitz für die zwangsweise beschäftigungslos gewordenen Frauen war. Die Türken nannten ihn »Palast der Tränen«. Gelegentlich wurde auch einmal eine Lieblingsfrau mit einem glücklosen Pascha vermählt. Aber die meisten dieser Frauen ver-

Suleiman der Prächtige als junger Mann

Der zweite Hof des Großen Serails

Türken bei einem großen Festzug. Ausschnitt aus einer Radierung von Antonio Tempesta, um 1600

»Kislar-Aga«, der Schwarze Obereunuch

Die Baderäume im Harem. Aus der Handschrift Zanân-nâmeh

brachten ihre schwindenden Jahre in einem hoffnungslosen Zustand, der einem Totsein bei lebendigem Leibe gleichkam.

Im Harem Suleimans des Prächtigen lebten dreihundert Odalisken. Sie hielten sich in dem verwirrenden Durcheinander von Räumen auf, aus denen der Harem bestand. Jede von ihnen wurde eingehend in der Kunst ausgebildet, ihrem Herrn zu gefallen, und jede war stolz darauf, wenn sie mit ihm das Bett teilen durfte. Aber für Suleiman stellte der Harem noch ein besonderes Problem dar, das seine Vorfahren sicherlich erstaunt, wenn nicht gar beleidigt haben würde: Bald nachdem eine Sklavin ihm einen Erben geboren hatte und so »Erste Sultanin« geworden war, wurde dem Sultan eine erst kurz vorher gefangene russische Sklavin geschenkt. Neun Monate später gebar sie ihm einen Sohn und wurde »Zweite Sultanin«. Von diesem Augenblick an hatte Suleiman keinen Blick mehr für eine andere Frau. Er blieb ihr bis zu ihrem Tode treu. Selbst die blühendste Phantasie hätte sich eine solche Ironie des Schicksals nicht ausmalen können: Diese Treue und tiefe Liebe zu einer einzigen Frau wurden zur Ursache für die ersten Risse in der Dynastie Suleimans. Es waren Risse, die sich noch mehr ausweiten sollten, bis schließlich die Grundlagen dieses größten Reiches der Erde so brüchig wurden, daß von ihm nur noch ein Haufen Ruinen übrigblieb.

Die verhängnisvollen Risse

Suleiman bestieg im Jahre 1520 im Alter von sechsundzwanzig Jahren den Thron. Drei Faktoren trugen dazu bei, daß er seine Regierung unter günstigen Vorzeichen begann. Da er der einzige Sohn war, blieb ihm die Qual erspart, das Gesetz der Moslems anzuwenden, das den Brudermord befürwortete. Es hatte einen seiner Ahnen dazu veranlaßt, seine beiden Brüder und acht Neffen abzuschlachten. Ein einsichtiger Vater hatte ihn fortgeschickt, damit er sechzehn Jahre lang in Provinzhauptstädten die Kunst des Regierens lernen sollte. Und außerdem besaß er etwas, das in jenen Tagen der Ränkespiele sehr selten war: einen so engen und treuen Freund, wie ihn sich ein Mann nur immer wünschen kann.

Dieser Mann war Ibrahim, der als christlicher Grieche in Parga am Ionischen Meer geboren war. Er war von Seeräubern geraubt und als Sklave an eine türkische Witwe verkauft worden, die von seinen Gaben so beeindruckt war, daß sie ihn in Musik, Philosophie und Sprachen ausbilden ließ. So sprach er schließlich Türkisch, Persisch, Griechisch und Italienisch.

Suleiman kam zum ersten Mal mit Ibrahim in Berührung, als er noch jung war, und er reihte ihn in sein prinzliches Gefolge ein. Er war ein Jahr älter als Suleiman, von kleinem Wuchs und dunkler Hautfarbe. Er hatte ein längliches, sehr ausdrucksvolles Gesicht. Es ergab sich selbstverständlich, daß Ibrahim Mitglied des Hofes wurde, als Suleiman Sultan geworden war, und das Paar blieb weiterhin unzertrennlich. Sie speisten gemeinsam, sie machten zusammen Bootsfahrten, und in Kriegszeiten wohnten sie im selben Zelt. Sie schliefen sogar im selben Bett, woraus einige spätere Geschichtsschreiber folgerten, daß zwischen den beiden Männern eine homosexuelle Verbindung bestanden habe. Aber in jenen Tagen hatte kein Hahn danach gekräht.

Ibrahim war ebenso ein treuer Freund wie ein wertvoller Ratgeber; in manchen Dingen war er einsichtsvoller als sein Herr. Nachdem er zunächst seine Laufbahn in der vergleichsweise bescheidenen Stellung eines »Großfalkners und Meisters der Pagen« begonnen hatte, war er innerhalb von drei Jahren nacheinander »Erster Beamter des Schlafgemachs des Sultans«, Gouverneur einer Provinz, Wesir und schließlich Großwesir geworden. Sogar nach türkischen Maßstäben war dies ein erstaunlich schneller Aufstieg zur Macht. Es geschah sonst häufig, daß eine Beförderung nur auf eine Laune des Despoten zurückzuführen war.

Im Laufe der Jahre hatte die beiden Männer ein Band tiefer Freundschaft zusammengeschmiedet, die schon während der verhältnismäßig sorgenfreien und fröhlichen Jugendzeit begonnen hatte. Jetzt paßte Ibrahim sich auch den außerhalb der Pflichten liegenden Beschäftigungen eines solchen Mannes wie Suleiman genauestens an. Wenn der Sultan in jedem August zusammen mit seinem Hof und seinem Harem in das erfrischendere Klima von

Adrianopel umzog, brachten er und Ibrahim ganze Tage gemeinsam damit zu, mit Falken auf die Jagd zu gehen. In einem großen Sumpfgebiet pirschten sie auf die dort reichlich vorkommenden Wildgänse, die sich auf den Wasserpfützen tummelten, oder sie erlegten die ebenfalls zahlreichen Reiher, Habichte und Adler.

Hier legte Suleiman an den Ufern der Maritza viele Quadratmeilen große Gärten an, die er mit Rosenstöcken und wilden Quittenbäumen bepflanzen ließ. An jedem Abend, den sie in ihren prächtigen Zelten verbrachten, war Ibrahim bereit, Musik zu machen oder dem Sultan behilflich zu sein, wenn er den Drang verspürte, ein Gedicht zu verfassen. Manchmal blieben sie monatelang in Adrianopel, und sie kehrten erst dann nach Konstantinopel zurück, wenn die Frösche mit ihrem Gequake anfingen, zu einer Belästigung zu werden.

Es kann ihnen niemals in den Sinn gekommen sein, daß ihre Freundschaft eines Tages in einem Trauerspiel enden sollte, das durch Eifersüchteleien im Harem ausgelöst wurde. Suleimans erste Ehefrau war eine Montenegrinerin namens Gulbehar, was »Frühlingsrose« bedeutet. Sie war automatisch Sultanin geworden, als sie Suleiman einen Sohn gebar, der Mustafa genannt wurde. Offenbar war Frühlingsrose ein gut erzogenes weibliches Wesen, das sich damit begnügte, sich an der Liebe eines klugen Gatten zu wärmen, der keineswegs als Wollüstling hätte bezeichnet werden können. Aber ganz plötzlich war das ruhige Leben im Harem zu Ende, ohne daß es irgend jemand geahnt hätte.

Innerhalb von wenigen Tagen, während der Ibrahims Ernennung zum Großwesir im Juni 1523 erfolgt war, hatten türkische Sklavenräuber in Galizien eine Anzahl Sklavinnen gefangen, zu denen ein so schlagfertiges russisches Mädchen gehörte, daß es sofort den Spitznamen »Khurrem« erhielt, was die Lachende bedeutet. Es wurde für den Harem ausersehen, wo es wegen seiner russischen Herkunft besser als »Roxelana« bekannt wurde – eine Verballhornung von »Russolana«.

Roxelana war nicht besonders schön, aber sie hatte eine zierliche und anmutige Figur, besaß großen Liebreiz und Sinn für Humor, der sie bald dazu befähigte, die ganze Zuneigung des Sultans zu gewinnen. Ein von Bellini gemaltes Bild von ihr zeigt ein eindrucksvolles Profil. Rotes Haar hängt ihr in zwei Flechten auf den Rücken hinab. Um den Hals trägt sie mehrere Reihen großer Perlen. Jeder Zoll an ihr verriet die Slawin, und Suleiman verliebte sich leidenschaftlich in sie. Innerhalb eines Jahres schenkte sie ihm einen Sohn – er war das erste von ihren fünf Kindern –, den der entzückte Suleiman nach seinem Vater Selim nannte.

Roxelana war jetzt zweite Sultanin, und sie war in der Rangfolge des Harem die Frau, die an dritter Stelle kam, nach der Königinmutter und Frühlingsrose. Bald gab es ein Gerücht, daß der Sultan nicht nur daran interessiert war, sein Bett mit Roxelana zu teilen, sondern daß es ihm auch Freude machte, stundenlange Gespräche mit ihr zu führen. Er unterhielt sich mit ihr über Angelegenheiten des Staates, machte mit ihr Spaziergänge bis hinter die hübsch angelegten Teiche und durch die von zahmen Gazellen und Straußen belebten Gärten. Roxelana besaß die ganze hellseherische Schlauheit eines Bauernmädchens, und es scheint keinen Zweifel zu geben, daß Suleiman ausdrücklich ihren Rat suchte. Es war etwas völlig Neues, was da geschah.

Zweifellos liebte Roxelana ihren Herrn ehrlich, aber ihre Gier nach Macht war neu für den Harem. Sie war klug und hielt sich geduldig zurück, ehe sie ihre Trümpfe ausspielte, aber es dauerte nicht lange, bis es Ärger gab. Vielleicht hatte dies seinen Grund darin, daß Suleiman am liebsten mit nur wenigen Leuten eng verbunden war. Er besuchte Frühlingsrose regelmäßig, deren Sohn als möglicher Thronerbe zu einem netten Jungen heranwuchs. Niemand weiß, ob damals zwischen Rose und ihm noch ein intimes Liebesverhältnis bestand. Genau weiß man nur, daß seine Leidenschaft für Roxelana unstillbar war, und so mögen diese Besuche nichts weiter gewesen sein als unbedeutende Gesten eines Mannes, der eine Frau aufsuchte, mit der ihn nichts mehr verband und der nur den Sohn sehen wollte, den er liebte. Aber andererseits hatte jede Sultanin eheliche Rechte, und wenigstens in der Theorie war der Sultan dazu verpflichtet, mit ihr zu schlafen, wenn ihr nobet gecesi – die Nacht, in der sie an der Reihe war – herankam.

Sicher ist jedenfalls, daß Roxelana nach einem der Besuche des Herrschers in den privaten Räumen von Frühlingsrose in Wut geriet. Die beiden Frauen gerieten sich handfest buchstäblich in die Haare. Eine eifersüchtige Roxelana erzwang sich hinter den schwarzen Eunuchen ihren Weg bis zu Roses Wohnraum mit seinen mit Blattgold belegten Wänden. Sie stürzte sich mit vor Zorn flatternden Fäusten auf die Rivalin. Aber ehe man die beiden am Boden liegenden kämpfenden Frauen voneinander trennen konnte, war Roxelana schon unterlegen. Frühlingsrose riß ihr ein paar ihrer lohfarbenen Haare aus und zerkratzte ihr übel das Gesicht.

Wenn dies ein verzweifelter Versuch Roses gewesen sein sollte, sich ihre ehelichen Rechte zu sichern, so hatte sie sich geirrt. Während mehrerer Tage weigerte sich Roxelana, vor dem Sultan zu erscheinen. Sie benutzte die wahrheitsgemäße Ausrede, daß ihr Gesicht entstellt sei. Aber gleichzeitig war sie klug genug, sich nicht zu beschweren. Endlich gab Suleiman nach. Die Schlacht im Harem war natürlich zum Hofklatsch geworden, und schließlich ergab sich folgendes: Obwohl Frühlingsrose erste Sultanin blieb, erlosch die Zuneigung zu ihr im Sultan völlig, wie Pietro Bragadino berichtet, der damals venezianischer Gesandter in Konstantinopel war. Er schreibt: »Ihr Herr befaßte sich später überhaupt nicht mehr mit ihr.«

Geduldig wartete Roxelana, bis sie sich Frühlingsrose vom Hals schaffen konnte, und dies geschah in dem Augenblick, als Mustafa großjährig wurde. Roses Sohn wurde zum Gouverneur der Provinz Magnesia bestimmt. Seine Mutter begleitete ihn und brachte einen großen Teil des Jahres fern von der Hauptstadt zu. Kurz danach starb die Königinmutter, und wenn sie es auch nicht dem Namen nach war, so war Roxelana doch faktisch jetzt die erste Frau des Harems. Sie sicherte sich diese Stellung noch mehr dadurch, daß sie dafür sorgte, daß Mustafa und seine Mutter in noch weiter entfernte Provinzen versetzt wurden.

Nun war ihre Macht über Suleiman so groß, daß ein anderer Venezianer schrieb: »Er liebt sie so und hält ihr so sehr die Treue, daß sich alle seine Untertanen wundern und sagen, sie habe ihn verhext. Sie nennen sie die ›Ziadi‹ (Jadi) oder die Hexe. Deshalb wird sie und samt ihren Kindern vom Hof und vom Heer gehaßt, aber niemand wagt etwas gegen sie zu sagen, weil er sie liebt. Ich meinerseits habe überall schlecht über sie und über ihre Kinder reden hören, während man von dem Erstgeborenen und seiner Mutter nur Gutes spricht.«

Suleiman war wirklich wie verhext. Es war im Laufe der Geschichte der Ottomanen das einzige Mal, daß ein Sultan ausschließlich in nur eine Frau vernarrt war. So konnte Roxelana mit allem Nachdruck noch eine letzte Forderung stellen: Er sollte sie heiraten. Selbst Suleiman muß verblüfft gewesen sein. Die Rechte als Ehefrau des Sultans hätten sie ohne weiteres mit der abwesenden Frühlingsrose gleichgestellt. Und Suleimans Liebe stellte sie sowieso höher als alle anderen Frauen. Sechs Jahrhunderte war es her, seit sich ein Sultan verheiratet hatte. Damals war die Frau eines Vorfahren Suleimans gefangengenommen worden. Sie mußte sich vor ihrem neuen Herrn nackt ausziehen und ihn bei Tisch bedienen. Heirat war seither niemals wieder im Gespräch gewesen, weil man für die Zukunft solche Erniedrigungen unmöglich machen wollte.

Roxelana war jedoch eine ungewöhnliche Frau. Sie brachte Gründe vor, denen sich der Sultan schwerlich verschließen konnte. Um seiner Treue sicher sein zu können, hatte sie ihn dazu überredet, viele jüngere und hübschere Sklavinnen des Harems zu verheiraten. Einige von ihnen waren recht gut dabei gefahren, und Roxelana meinte, daß diese jetzt Ehefrauen mit Vorrechten und eigenem Eigentum seien, daß sie selbst jedoch immer noch Sklavin geblieben sei, obwohl sie doch die Geliebte des höchststehenden Mannes dieser Erde war.

Sie machte Suleiman klar, daß dies nicht gerecht war. Schließlich war sie jetzt eine wahre Gläubige, und eine Zeitlang hatte sie auch große Geldsummen, die freilich Suleiman gehörten, für Moscheen und andere kirchliche Einrichtungen gespendet; dadurch hatte sie die Unterstützung des Ulema, der wichtigsten geistlichen Persönlichkeit, gewonnen. Auf jeden Fall wußte sie genau, daß ihr die Liebe eines Mannes gehörte, der sich über alle Überlieferungen hinwegsetzen konnte, wenn er wollte, denn dazu war er unabhängig genug.

Während Konstantinopel ungläubig den Atem anhielt, fand die Hochzeitszeremonie in aller Stille vor einem in den Gesetzen erfahrenen Richter statt, dem Suleiman versprach: »Ich mache diese

Frau frei von der Sklaverei und mache sie zu meiner Ehefrau. Alles, was sich in ihrem Besitz befindet, wird ihr persönliches Eigentum.«

Einer der Angestellten der Genueser Bank »Zum Heiligen Georg« schrieb damals: »In dieser Woche ist in dieser Stadt ein ganz einmaliges Ereignis geschehen, das in der Geschichte der Sultane bisher noch niemals dagewesen ist. Der Große Herr Suleiman hat eine aus Rußland stammende Sklavin namens Roxelana zu seiner Kaiserin gemacht, und ein großes Fest hat stattgefunden, auf das allerlei Lustbarkeiten folgten. Die feierliche Handlung wurde im Palast vollzogen.« Und offensichtlich etwas verwirrt, fährt er dann fort: »Überall im Land spricht man von dieser Hochzeit, und niemand kann sich einen Vers darauf machen, was sie eigentlich für einen Sinn haben soll*).«

Die Heirat, die Roxelana zu Suleimans anerkannter Gemahlin machte, mag nur eine unbedeutende Sache gewesen sein. Aber die Festlichkeiten, die auf sie folgten, unterschieden sich von dieser Feier ganz erheblich. Im Laufe der Jahre hatte Suleimans Hof einen bisher ungekannten Luxus und einen Aufwand erreicht, der als *das* Wunder Europas galt. Alles aber übertraf das »Hochzeitsfrühstück«, an dessen Glanz kein anderes Fest heranreichte, nicht einmal die Beschneidungsfeiern, die während Suleimans Regierungszeit begonnen worden waren.

Während dieser einen Frühstücksstunde waren wegen der Feier die Straßen Konstantinopels überfüllt. Die Armen erhielten Brot und Oliven, die bessergestellten Leute bekamen Käse, Obst, Brot und Rosenblatt-Schinken. Die Hauptstraßen waren mit Blumengirlanden geschmückt, überall flatterten die scharlachroten Flaggen des Ottomanenreiches und die grünen Fahnen des Islam. Berge von Obst – Pflaumen aus Mardin, Birnen aus Aserbeidschan, Trauben aus Smyrna, Pflaumen aus Temesvar – wurden an einer Straßenecke feilgeboten. An der nächsten Ecke gab es »Hadschis«, eine Leckerei, die dort auf tragbaren Öfen für die die Straßen säumende Menge gekocht wurde. Die Limonadenverkäufer priesen laut ihre Ware an und gossen die Limonade durch einen

*) Zitiert aus: R. Davey, Der Sultan und seine Untertanen. London 1897.

Schneeklumpen, der vorn in der Tülle des Gefäßes steckte, das sie zum Eingießen benutzten. Es gab Zitronenlimonade und mit Honig, Ambra und Muskatnuß schmackhaft gemachten Schnee. Eine andere Limonade war aus Wasserlilien hergestellt, und dazu gab es noch den am liebsten getrunkenen, aber dafür auch teureren Sobett, aus Veilchen und Honig. Es gab viereckige Stückchen Reis-Gelee, die mit Rosenwasser besprengt waren und auf einer kleinen Messingschaufel angeboten wurden, oder auch Obstsuppe, in der Eis herumschwamm. Die Kaffeeverkäufer machten ebenfalls ein gutes Geschäft, denn Suleiman hatte erst kürzlich dem ersten Araber die Erlaubnis erteilt, in der Stadt ein Kaffeehaus zu eröffnen. Dort verkaufte er das, was ein zeitgenössischer Türke geringschätzig als »den schwarzen Feind des Schlafes und der körperlichen Liebe« bezeichnete.

Aus allen Teilen des Landes waren Geschenke an die Sultanin geschickt worden. Ein Zug von zweihundert schwankenden Maultieren war mit Teppichen, Möbeln und goldenen und silbernen Gefäßen beladen. Jedes Maultier wurde von zwei in prächtigen Livreen gekleidete Sklaven geführt. Ihnen folgten zweihundert Kamele, die sich »damit abmühten, sehr wertvolle Geschenke zu tragen, die der Kaiserin von den Großen der Nation geschickt worden waren und zum Teil sogar aus den entferntesten Gegenden des Reiches stammten«. Hundertundsechzig prachtvoll gekleidete Eunuchen bildeten den Abschluß, die Hälfte von ihnen waren Schwarze, die andere Hälfte Weiße. Sie gehörten auch zu den Geschenken und sollten in die Dienste Roxelanas treten.

Diesem Zug folgte ein ganz anders gearteter, der aus den Bäckermeistern der Stadt bestand. Sie buken auf Dutzenden von Wagen ihr Brot und warfen die heißen kleinen mit Sesam und Fenchelsamen bestreuten Laibe in die Menschenmenge. Ein besonders anziehendes Bild bot ein riesiger von zehn Ochsen gezogener Brotlaib, den man auf einer Art Floß aus Balken befestigt hatte. Er war sicher so groß wie ein durchschnittliches Zimmer. Man hatte ihn langsam in einer Grube gar gebacken, wo man ihn in Asche eingebettet und auch mit Asche zugedeckt hatte.

Die Festlichkeiten dauerten eine Woche. Jeden Tag, wenn es dunkel wurde und die tausend Laternen in der Stadt aufleuchteten, wurde im Hippodrom für den Sultan und seinen Hof eine Tribüne dort aufgestellt, wo schon im alten Byzanz die Wagenrennen stattgefunden hatten. Ein Teil davon wurde abgeschirmt, so daß Roxelana und die Mitglieder des Harem durch vergoldete Gitter allen Vorgängen in der Arena zusehen konnten. Es gab Turniere, Ringkämpfe, Bogenschießen, Akrobaten, Gaukler und eine Gruppe seltsam aussehender Tiere aus Asien und Afrika. Zu diesen gehörten nach dem Bericht des genuesischen Bankangestellten »zwei Giraffen, deren Hälse so lang waren, daß sie bis zum Himmel zu reichen schienen«.

Tausende säumten den Rand der Arena. Einige kletterten sogar auf Bäume, um einen Blick auf den Sultan werfen zu können oder um die Gaben an Geld oder Seide zu packen zu kriegen, die die Sklaven der Sultanin in die Menge warfen. Außerdem wurde »freigiebig Brot und Obst ausgeteilt«. Zweifellos gab es auch in bescheidenem Maße alkoholische Getränke, aber wenn Alkohol auch durch den Koran offiziell verboten war, so war Suleiman einem gelegentlichen Glas Wein doch keineswegs abgeneigt. Nur wenn jemand Ärger machte, dann sah das sonst blinde Auge des Gesetzes etwas Übles in der Übertretung dieser Vorschriften. Die Strafen für Trunkenheit reichten nämlich von der Prügelstrafe bis zum zwangsweise in die Kehle geschütteten Schluck flüssigen Blei.

Die Heirat Roxelanas war das erste Glied in einer Kette von Geschehnissen, die den Niedergang des Ottomanenreiches jetzt und während der nächsten anderthalb Jahrhunderte beschleunigen halfen. Der Einfluß des Harem auf die Staatsangelegenheiten wurde langsam allmächtig.

Während Roxelana beobachtete und abwartete, ehe sie sich mit möglichen Rivalinnen befaßte, die ihr im Wege stehen konnten, sah sie sich einem kleineren, aber verwirrenden Problem gegenüber: Es paßte ihr nicht, daß das Serail und der Harem in einer gewissen Entfernung voneinander lagen. Bis in die Mitte des sechzehnten Jahrhunderts hinein hatte sich der Harem stets in einem anderen Gebäude befunden. Dies war das »Alte Serail«, das von Mohammed dem Eroberer nach der Einnahme der Stadt im Jahre 1453 erbaut worden war, es wurde aber von den Sultanen schon lange nicht mehr als Regierungssitz benutzt. Roxelana hatte das sichere Gefühl, daß das Leben leichter sein würde, wenn sie und ihr Gatte unter ein und demselben Dach wohnten, und der Zufall half ihr dabei, diesen Gedanken in die Tat umzusetzen. Mit seinen Bauten aus morschem Holz glich Konstantinopel beinahe einer mit Zunder gefüllten Schachtel, die jederzeit in Flammen aufgehen konnte. Eines der schlimmsten Schadenfeuer in der Geschichte fegte die Stadt im Jahre 1541 vom Erdboden. Das Feuer brach zuerst in der Nähe des Ufers aus und fraß sich dann bis zu den verstreut umherstehenden Bauten des »Alten Serails« weiter fort, wo die Odalisken vor Angst schreiend das Weite suchten, als das Herz des Harems zu einem Häufchen grauer Asche verbrannte.

Suleimans Ehefrau mußte schließlich irgendwo wohnen. Und so zog Roxelana in das Große Serail um, das eigentlich seit der Zeit Mohammeds des Eroberers ein Regierungsgebäude gewesen war, in dem sich Schlafräume für den Sultan für den Fall befanden, daß er den Harem nicht aufsuchte. Als Roxelana ankam, mag Suleiman nicht schlecht gestaunt haben, denn sie erschien in Begleitung von hundert Hofdamen und mit einer ganzen Garde Eunuchen und vielen Dienerinnen. Ihre Schneiderin und sogar ihr Lieferant waren bei ihr, der »sehr reich gekleidet war und im Palast aus und ein gehen konnte, wann es ihm paßte. Er war immer von dreißig Sklaven begleitet.«

Welcher Ehemann hätte unter diesen Umständen mehr unternehmen können, als lediglich einen schwachen Protest hören zu lassen. Der ausgebrannte alte Palast, in dem auch alles Bargeld des Sultans mitverbrannt war, konnte so schnell nicht wieder aufgebaut werden. Zwischen Roxelanas neuen Wohnräumen und dem bescheidenen Zwei-Zimmer-Appartement des Sultans wurde eine geheime Durchgangstür geschaffen. Jetzt hielt sie sich ständig in seiner Nähe auf, und für die Sultanin war es höchst einfach, den Goldenen Pfad hinunterzugehen, bis sie zu einer Treppe kam, die zu dem von Suleiman mit einem vergitterten Fenster versehenen Turm führte, von dem aus man den Diwan überblicken konnte. So konnte der Sultan beobachten, was dort geschah, ohne daß seine Minister wußten, ob er zugegen war oder nicht. Hier eignete sich Roxelana die Kunst zu regieren an.

Es schien, als habe sie ihr letztes ehrgeiziges Ziel erreicht, aber auch jetzt standen für sie noch immer zwei dunkle Wolken am Horizont: Der voraussichtliche Erbe ,Mustafa war das Idol des Volkes und stand ihrem eigenen Sohn Selim im Wege. Und außerdem war sie eifersüchtig auf die Macht, die der Sultan in Ibrahims Hände gelegt hatte.

Während all dieser Jahre hatte der Sultan natürlich nicht nur seine Zeit damit vertan, auf den weichen Kissen des Harems in den Armen seiner Geliebten zu liegen. Man macht sich sehr oft völlig falsche Vorstellungen über das Geschlechtsleben der türkischen Herrscher und auch über ihre Tapferkeit. Wenn es auch der Sittenverderbnis und den Ausschweifungen vieler Sultane nach Suleiman mit zuzuschreiben ist, daß das Reich in Verfall geriet, so gab es doch viele unter ihnen, deren Gier nach Frauen ihrem Drang nach kriegerischen Taten gleichkam. Erfahrungsgemäß waren beide Gelüste ziemlich leicht zu befriedigen. Die Türken waren tatsächlich recht kampfeslustig.

Im Tractatus*) ist zu lesen: »Sie kommen zum Krieg so zusammen, als wären sie zu einer Hochzeit eingeladen.« Vor allen Dingen war Suleiman ein kriegerischer Herrscher, der überall einen Vorteil für sein Land herauszuschlagen versuchte, aber er zog das Schlachtfeld dem Konferenzsaal vor. Es stimmt schon, daß ihm seine Landsleute den Namen »Der Gesetzgeber« verliehen, aber in Wirklichkeit hat seine Gesetzgebung kaum aufsehenerregende Neuerungen gebracht. Er versuchte sich höchstens an Gesetzen, die Lücken im täglichen Leben ausfüllen konnten, so wie es sich damals abspielte. Zum Teil gewann er den Ruf eines »Großen Gesetzgebers« dadurch, daß seine Erlasse besonders ins Auge fielen, weil es unter seinen unmittelbaren Vorgängern überhaupt keine Gesetzgeber gegeben hatte. Weil er gern in den Krieg zog, schuf er eine bemerkenswerte Schule für Sklaven. Mit jedem Feldzug kamen wieder Tausende neuer Sklaven an, und von diesen stand ihm als dem Sultan jeweils von fünf einer als persönliches Eigentum zu. Dazu gab es außerdem noch die sogenannten

*) Tractatus ist der Titel eines im fünfzehnten Jahrhundert veröffentlichten Buches, das gemischte Berichte und Aussagen einer Anzahl von Autoren enthält.

»Jungen Tribut-Sklaven«, bei denen es sich um Opfer einer Maßnahme handelte, die darin bestand, daß Beauftragte des Sultans alle vier Jahre die begabtesten Jugendlichen aus den nicht-islamischen Familien des Reiches heraussuchten, die dann für den Dienst beim Herrscher ausgebildet wurden. Sie wurden von einem »Kader von Beamten ausgewählt, die in der Beurteilung von Knaben weit erfahrener waren, als es Pferdehändler bei der Beurteilung von Fohlen zu sein pflegen«. Es war eine grausame Angelegenheit, obwohl kluge christliche Jungen mit gutem Benehmen im Serail viel bessere Aufstiegsmöglichkeiten hatten als in den kargen Gebirgsbauernhöfen ihrer Heimatdörfer. Wenn sie in die Palastschule aufgenommen wurden, dann wurden sie gleichzeitig Mitglieder der großen Sklavenfamilie des Sultans, von der alle höchsten Posten im Lande besetzt wurden. Ihre schulmäßige Ausbildung war wesentlich gründlicher als die in der damals neuen Universität zu Bologna. Durch Mutproben wurden sie abgehärtet, so daß Suleiman, ganz wie Plato es in seinem »Staat« beschreibt, Intelligenz in gestählten Körpern förderte.

Ihre Ausbildung war äußerst streng. Jeder der jungen Leute mußte täglich ein Bad nehmen und sich wöchentlich einmal die Füße und die Hände pflegen. Zweimal in der Woche mußte er sich rasieren, jeden Tag mußte er ein sauberes Taschentuch vorweisen, und einmal im Monat mußte er sich die Haare schneiden lassen. Täglich wurde er nach versteckten Süßigkeiten oder Gewürzen durchsucht, von den letzteren hieß es, daß sie die sexuelle Begierde steigerten. Auch nach Liebesbriefen durchsuchte man sie, die sie möglicherweise von anderen Knaben erhalten hatten, denn sie wurden von jeder weiblichen Gesellschaft streng isoliert. Zweifellos gab es häufig Fälle von Homosexualität, und eine solche Ausbildungsstätte muß »für Sultane, die Gefallen an derartigen Vergnügungen fanden, ein ertragreiches Jagdrevier gewesen sein«.

Die »Tribut-Knaben« mußten natürlich strengste Abstinenzler sein. Eine Ausnahme gab es nur dann, wenn sie krank waren, denn im Krankenhaus durften sie Wein trinken, den die Palastgärtner an einem Strick über die Palastmauer hinunterließen. Aber Simulieren war unmöglich. Keiner dieser Knaben durfte ohne ausdrückliche Genehmigung Suleimans in das Krankenhaus aufgenommen werden. Man durfte ihm auch keinen Zahn ohne Erlaubnis des Sultans ziehen, und wenn der Zahnarzt einen Fehler machte, dann zog man ihm einen seiner eigenen Zähne.

Trotz dieser harten Bedingungen hatte jeder dieser jungen Leute die gleiche Möglichkeit, zu den höchsten Stellungen im Land aufzusteigen. Das Ottomanische Reich ist niemals von Türken gelenkt worden, sondern von Sklaven, die unter Zwang durch eine die Nerven strapazierende Schulung dazu fähig gemacht wurden, besser zu regieren, als es einem durchschnittlichen Türken möglich gewesen wäre. Der venezianische Gesandte Gianfrancesco Morosini faßte dies in dem Satz zusammen, daß »Sie ihren ganzen Stolz darin sehen, sagen zu können: Ich bin ein Sklave des Großen Herrn. Sie wissen ganz genau, daß es sich hier um eine aus Sklaven zusammengesetzte Regierung oder Interessengemeinschaft handelt, bei der die höchste Gewalt in ihren eigenen Händen liegt.« Suleiman sah sich sogar manchmal vor die Tatsache gestellt, daß er versuchen mußte, unerwünschte Knaben auszuschließen, die vorgaben, für diese Ausbildung bestimmt worden zu sein. Wenn Suleiman in den Krieg zog, dann konnte er eine Regierung zurücklassen, deren Mitglieder seine Sklaven waren und ihm ganz persönlich gehörten. Er hatte die Macht, über ihr Leben und über ihren Tod zu entscheiden, und deshalb konnte er auch mit einem Schlag einen Großwesir ernennen oder absetzen.

Eine ebensolche Macht übte er über seine Truppen aus. Denn so wie die klügsten Knaben Diplomaten wurden, so wurden die körperlich kräftigsten von ihnen Soldaten in der Elitetruppe der Janitscharen, bei denen es sich um Tribut-Knaben oder um Sklaven der im Jahre 1330 gebildeten Prätorianer-Garde handelte. Es gab kein Heer in der Welt, das ihnen an Schlagkraft gleichkam. Ihr höchstes Gesetz war bedingungsloser Gehorsam. Die Männer trugen dunkelblaue Uniformen und prächtige weiße Filzhüte, die bei den älteren Offizieren mit riesigen Paradiesvogelfedern geschmückt waren. Sie mußten einen Keuchheitseid ablegen, bekamen einen sehr guten Sold und wurden so gut ernährt, daß ihre Soldatensprache die Köstlichkeiten der Küche widerspiegelte. Ein bestimmter Offiziersrang hieß »Chorbaji«, das wörtlich übersetzt Suppenküche heißt. Sergeanten und Korporale nannte man »Oberkoch« oder »Oberster Wasserträger«. Die Kessel, in denen ihr Pilaff gekocht wurde, verglichen sie mit ihren Regimentsfarben, und wenn den Janitscharen irgend etwas nicht paßte, dann drehten sie die Kessel zum Zeichen dafür um, daß sie nicht länger die Kost des Sultans essen wollten.

Bei solchen bedingungslos gehorsamen und treu ergebenen Diplomaten und Soldaten muß sich Suleiman ziemlich unbeschwert und sicher gefühlt haben, als er innerhalb eines Jahres nach seiner Thronbesteigung zu seinem ersten Feldzug gegen das christliche Europa aufbrach. Sein Ziel war die befestigte Zitadelle von Belgrad, der »Weißen Stadt« am Südufer der Donau.

In jenen Tagen erforderte Krieg stets ein streng einzuhaltendes Protokoll. Er mußte zunächst von den höchsten geistigen Führern im Diwan genehmigt werden. Danach bestand die nächste Maßnahme darin, daß man den Gesandten des Feindes in den Kerker warf. Sodann erhielt der Großwesir bei einem aufwendigen Empfang ein Schlachtroß mit prächtiger Schabracke und einen juwelenbesetzten Säbel. Der Hofastrologe setzte die Zeit für den Angriff fest, und stets wurde dem Feind noch eine Möglichkeit offen gelassen, sich zu ergeben.

Als der Sultan am 16. Februar 1521 Konstantinopel in Richtung Belgrad verließ, bot sein Aufbruch ein Schauspiel unvergleichbaren Glanzes. Während Suleiman noch die im ersten Hof des Großen Serail aufgestellten Truppen besichtigte, waren dreitausend Kamele, mit Munition und Nachschub beladen, bereits aufgebrochen. Die Tiere der Reiter trugen Schabracken aus silberfarbenem Tuch, das mit Gold und wertvollen Steinen verziert war. Jeder Reiter trug schwarze Federn auf dem Haupt und war je nach Rang und Regiment in goldfarbenes Tuch, in Seide oder in Satin gekleidet. Jeder Reiter besaß zwei Köcher, von denen der eine für seinen Bogen bestimmt war, der andere war mit Pfeilen gefüllt. In seiner rechten Hand hatte er einen Speer, und von seinem Sattel hingen ein edelsteinbesetzter Krummsäbel und eine stählerne Keule herab. Die Infanterieeinheiten trugen riesige Federn, die auf einen Beobachter »wie ein wandelnder Wald« wirkten. Nach ihnen kamen die furchterregenden Janitscharen mit ihren Musketen. Der Sultan in seinem goldfarbenen Gewand ritt als letzter auf einem wunderschönen Streitroß, ihm folgten drei Pagen, die seine Wasserflasche, seinen Mantel und seinen Bogen trugen.

Die Disziplin dieser Truppe war strenger als irgendwo anders in der Welt. Paolo Giovo in Rom schrieb: »Ihre Disziplin, wenn sie unter Waffen sind, ist auf ihre Gerechtigkeit und Strenge zurückzuführen. In diesen Dingen übertreffen sie noch die alten Römer. Sie sind aus drei Gründen besser als unsere Soldaten: Sie gehorchen bedingungslos ihren militärischen Vorgesetzten. In der Schlacht scheinen sie keinerlei Rücksicht auf ihr Leben zu nehmen. Sie können lange ohne Brot und Wein auskommen und geben sich mit Gerste und Wasser zufrieden. Die Truppen konnten auch lange von eisernen Rationen leben, was auf dem Marsch durch Gegenden sehr wichtig war, die der Feind vorher verwüstet hatte. Ihre magere Kost bestand hauptsächlich aus Mehl, Gewürzen und Salz. Dies alles mischten sie mit Wasser und kochten es so lange, bis der Brei gequollen war und eine Schüssel füllte. Einige trugen einen kleinen Beutel mit getrocknetem und zu Pulver zerriebenem Rindfleisch bei sich, das sie in der gleichen Weise warm machten. Manchmal aßen sie auch Pferdefleisch, und vielfach ernährten sie sich natürlich aus dem Lande, das sie besetzt hatten, wenn ihnen dies möglich war.«

Zweimal war es vorher Suleimans Ahnen mißglückt, Belgrad zu erobern. Aber jetzt war er es, der die Stadt belagerte, wobei ihm noch weitere dreißigtausend Kamele aus Asien sehr zustatten kamen, die noch mehr Nachschub herangeschafft hatten. Sehr wesentlich trug auch die Infanterie dazu bei, deren Aufgabe es war, »die Burggräben mit ihren eigenen Leichen zu füllen«. Wenn die Soldaten am Leben blieben, wurden sie belohnt. Wenn sie fielen, wie dies meistens geschah, dann gingen sie ohne Umwege als Märtyrer geradewegs in den Himmel ein.

Wenig mehr als sechs Monate, nachdem er Konstantinopel verlassen hatte, war Suleiman wieder daheim und ließ sich als Held feiern. Belgrad war gefallen, das letzte Bollwerk auf dem Wege nach Norden und nach Europa. Es war ein Sieg, den der Doge von Venedig in einem Brief nach England »beklagenswert und von größter Bedeutung für die ganze Christenheit« nannte.

Suleiman verschwendete keine Zeit. Innerhalb eines Jahres griff er die Insel Rhodos an, in deren Festung sich die berühmten »Johanniterritter von Jerusalem« verschanzt hatten, und nach einer 145 Tage dauernden Belagerung gelang es ihm, sie zu erobern. Aber der Sieg war nur durch furchtbare Verluste auf seiten der Türken erkauft worden. Sie verloren zehnmal so viel Leute als die heldenhaften Verteidiger, und drei Jahre dauerte es dann, ehe Suleiman nochmals in einen Krieg zog.

In diese Zeit fiel der kometenhafte Aufstieg Ibrahims, und gleichzeitig schien sich seine Freundschaft zu Suleiman von Tag zu Tag mehr zu festigen. Manchmal tauschten die beiden Männer gegenseitig ihre Kleider. Wenn sie getrennt waren, dann tauschten sie schriftliche Nachrichten aus, und oft schliefen sie in der gleichen Unterkunft. Was Wunder, daß der Hof der Ottomanen daran Anstoß nahm. Es war für ihn unbegreiflich, wie der größte Herrscher der Welt eine solche Zuneigung zu einem Sklaven zeigen konnte.

Allmählich änderte sich Ibrahims Lebensweise, indem er den Luxus des Zeitalters miterlebte, das Konstantinopel in seiner Üppigkeit beinahe ertränkte. Es sah so aus, als wollte Ibrahim seinen Herrn in der Zurschaustellung dieses Gepränges noch übertreffen. Er wohnte in einem Palast, der dem des Sultans nachgebaut war. Er erhielt reichliche Gaben von Leuten, die unter seiner Leitung tätig werden wollten. Er hatte sein eigenes Boot mit zwölf Paar Rudern, er besaß acht Ehrengarden und zwölf Leitpferde. Der Sultan bot ihm ein Gehalt, das fast zweimal so hoch war wie das des vorhergehenden Großwesirs. Doch das war nicht so wesentlich, denn beim Tode oder bei der Absetzung eines Großwesirs fiel dessen Vermögen stets an den Staat zurück. Und schließlich bot der Sultan im Mai 1524 Ibrahim seine eigene Schwester zur Ehefrau an. Nach der Zeremonie folgten noch neun Tage Lustbarkeiten im Hippodrom, und bei diesem Anlaß »waren die Straßen von einem Ende zum anderen voller Freude«.

Suleimans Vertrauen zu Ibrahim war voll gerechtfertigt, was diesen in seiner Eigenschaft als Soldaten und als Premierminister betraf. Er mag wohl prahlerisch und eingebildet gewesen sein, und sicherlich war er auch nicht abgeneigt, hier und da einmal Geschenke anzunehmen – unter denen sich übrigens ein wunderschöner Ring mit einem Rubin befand, den Franz der Erste einmal getragen hatte. Aber er erfüllte seine Pflichten als Krieger wie als Diplomat.

Als der Krieg gegen Ungarn wieder aufflammte, nachdem es jahrelang kleine Scharmützel in den Grenzgebieten gegeben hatte, zeichnete sich Ibrahim ganz besonders in der Schlacht in der Ebene von Mohacs aus, die das Ende des Krieges brachte. Es war ein wilder Kampf, bei dem die Türken keine Gefangenen machten, und so konnte Suleiman am 31. August 1526 in sein Tagebuch schreiben – wobei er übrigens, wie stets, die dritte Person anwandte: »Der auf einem goldenen Thron sitzende Herrscher nimmt die Ehrerbietung der Wesire und Beys entgegen: zweitausend Gefangene werden abgeschlachtet.« Und dann fügte er lakonisch als beiläufige Bemerkung hinzu: »Der Regen fällt in Strömen.« Alles in allem wurden zweihunderttausend Menschen umgebracht, und hunderttausend Sklaven nahmen die Türken nach Konstantinopel mit.

Suleiman war jetzt zweiunddreißig Jahre alt, und der venezianische Gesandte Bragadino beschreibt ihn als todblaß, schlank, mit einer Adlernase und einem langen Hals. Er macht nicht den Eindruck eines starken Mannes, aber er hat eine kräftige Hand, wie ich beobachten konnte, als ich sie küßte. Es heißt, daß er in der Lage sei, einen Bogen zu biegen, der von so festem Holz ist, daß niemand anders dazu in der Lage wäre. Er hat ein melancholisches Wesen und ist den Frauen sehr zugetan. Er ist offenherzig und stolz, aber auch voreilig. Zuweilen ist er jedoch sehr freundlich.

So war der Herrscher des größten Reiches auf Erden, das während dreier Jahrhunderte entstanden war, seitdem der winzige Clan der Osmanen sich auf den Weg nach Westen gemacht hatte. Es war von einem Heer aufgerichtet worden, das mit seinem alles überrennenden Angriffsgeist und einer nur für dieses Heer typischen und bis dahin in Europa unbekannten Wildheit keine Grenzen seines Eroberungsdranges zu kennen schien. Es konnte selber bestimmen, wie weit es gehen wollte, und hinzu kam noch eine Artillerie, die nirgendwo ihresgleichen hatte.

Die Städte, Länder und Flüsse, die zu Suleimans Herrschaftsgebiet gehörten, tragen hochberühmte Namen, als seien sie einem geographischen Buch entnommen worden, das besonders bekannte Orte beschreibt. »Die türkischen Gebiete jener Zeit umfaßten alle berühmten Städte der biblischen und der klassischen Geschichte mit Ausnahme von Rom, Syracus und Persepolis«, schrieb Stanley Lane-Poole. Karthago, Memphis, Tyrus, Ninive, Babylon und Palmyra lagen auf türkischem Grund und Boden. Und die Städte Alexandria, Jerusalem, Smyrna, Damaskus, Nicäa, Prusa, Athen, Philippi und Adrianopel unterstanden neben vielen anderen erst später, aber deshalb nicht weniger berühmt gewordenen Orten wie Algier, Kairo, Mekka, Medina, Basra, Bagdad und Belgrad dem Sultan von Konstantinopel. Der Nil, der Jordan, der Orontes, der Euphrat, der Tigris, die Donau, der Hebrus und der Ilissos ließen ihr Wasser »im Schatten der Pferdeschweife« fließen. Der östliche Abschnitt des Mittelmeeres, das Marmara-Meer, das Asowsche Meer, das Schwarze und das Rote Meer waren türkische Gewässer. Der Ottomanische Herrschaftsbereich dehnte sich bis zum Atlasgebirge und bis an den Kaukasus aus. In seinem Gebiet lagen der Berg Athos, der Sinai, der Ararat, der Berg Karmel, der Taurus, das Idagebirge, der Olymp, der Pelion, der Haemus, die Karpaten und die Akrokeraunischen Höhen.

Suleiman schaute stets nach Europa hinüber. Und er wußte eine ganze Menge davon. Von seinem Vater hatte er eine Kopie der Seekarte geerbt, die Kolumbus gezeichnet hatte, als er in die neue Welt gesegelt war. Er hatte sie später wieder verloren. Es ist erstaunlich, sich vorzustellen, daß die von den Christen verächtlich als »Barbaren« bezeichneten Ottomanen ihre Feldzüge mit Hilfe einer Landkarte vorbereiteten, die die Westküsten von Spanien, Frankreich, Afrika und dem Atlantischen Ozean aufwies und sogar die Ostküste von Mittel- und Nordamerika zeigte.

Als jetzt Ungarn endlich unterworfen war, wandte er sein Interesse dem letzten und wichtigsten Eingangstor nach Europa zu: der Stadt Wien, die zu jener Zeit eine kleine Stadt mit Kirchen und Klöstern war, die rings um den Stephansdom herum gebaut waren.

Seit acht Jahrhunderten, seit der Schlacht von Tours, war die Christenheit nicht mehr in einer so großen Gefahr gewesen. Aber jetzt waren die Europäischen Mächte von so vielen Seiten her militärischen Bedrohungen ausgesetzt, daß der Garnison in Wien nur wenig Hilfe angeboten wurde. Das war kaum zu glauben. In den letzten Tagen des September 1529 hatten Suleiman und Ibrahim die Stadt eingeschlossen, nachdem sie unterwegs Buda eingenommen hatten. Es sah ganz so aus, als ob Wien sehr bald fallen würde. Suleiman verfügte über eine Viertelmillion Mann und dreihundert Geschütze. Wien wurde nur von sechzehntausend Mann verteidigt, die über zweiundsiebzig Geschütze verfügten. Sie befanden sich hinter einer fünf Fuß breiten Ringmauer ohne Bastionen. Meilenweit füllten im Weichbild der Stadt die Zelte Suleimans die Ebene, während seine Reiterei mit unbeschreiblicher Wildheit und Grausamkeit das Land verwüstete. Vierhundert kleine türkische Boote überquerten die Donau. Aber die für die Belagerung notwendigen Geschütze Suleimans waren auf halbem Wege liegengeblieben. Durch ein in solcher Gewalt seit Jahren nicht dagewesenes Unwetter waren sie unbrauchbar geworden. Obwohl Suleiman drei Wochen lang ununterbrochen angriff, erreichte er gar nichts. Die ganze Gegend war so ausgeplündert, daß es bald nicht mehr genug Nahrung für seine Truppen gab.

Suleiman hatte keine andere Wahl. Er mußte die Belagerung abbrechen. In der letzten Nacht wurde die gesamte riesige Beute, die man gemacht hatte, unter den Mauern von Wien verbrannt. Die schönsten Frauen unter den Gefangenen wurden für die Sklavenmärkte herausgesucht, der Rest wurde vor den Augen der Wiener in die lodernden Flammen gejagt. Meist handelte es sich dabei um Bauern, die überhaupt nichts mit dem Krieg zu tun hatten.

Ohne Verzug begaben sich Suleiman und Ibrahim nach Konstantinopel zurück, wo die Tatsache, daß der Sultan den Widerstand Wiens nicht hatte brechen können, durch phantasievolle Berichte zu einem »Erfolg« umgedeutet wurde. Niemand aber konnte es übersehen, daß das Ottomanische Reich zum ersten Mal seit siebzehn Jahren von weit unterlegenen Kräften in seinem Vormarsch aufgehalten worden war.

Es ist eine ernüchternde Tatsache, daß Suleiman auf jeden Fall Wien bezwungen hätte, wenn das Unwetter ihn nicht daran gehindert hätte, seine schweren Geschütze heranzuschaffen. Die Weltgeschichte hätte dann einen ganz anderen Verlauf genommen.

Suleiman stand jetzt auf dem Höhepunkt seines Goldenen Zeitalters. Er hatte nicht nur auf dem Land Siege errungen, sondern seine Flotte beherrschte unter dem meistgefürchteten Admiral seiner Zeit namens Barbarossa auch das Mittelmeer. Barbarossa war ein mordlustiger rotbärtiger Seeräuber mit einer Hakennase, den Suleiman geschickt dafür hatte einspannen können, unter der türkischen Flagge zu dienen. Der Sultan gab ihm ein mit Juwelen besetztes Schwert und verlieh ihm den Titel eines Großadmirals. Er schuf eine aus schnellen und furchterregend aussehenden Kriegsgaleeren bestehende völlig neue Flotte für ihn. Die Schiffe wurden von fünfzig langen Rudern angetrieben, und auf ihren Vorderdecks wurden Kanonen aufgestellt. Sie sahen so aus wie die heutigen Rennboote und waren achtmal so lang wie ihre Decksbalken. Man bemannte sie mit Galeerensklaven, armen Teufeln, die meist im Krieg gefangengenommen worden waren, manchmal auch aus türkischen Familien stammten und im Sommer angeheuert wurden. Sie waren an den langen Rudern angekettet.

Auf kühnen Raubzügen verwüstete Barbarossa die Küsten Afrikas und Europas, Italien, Spanien, Sardinien und sogar die Adriatische Küste suchte er heim. In Afrika eroberte er die Stadt Tunis, wobei er den Überfall damit zu rechtfertigen suchte, daß er den Sultan Boni Hafis einen degenerierten Schuft nannte. Damit hatte er sicher recht, denn jener Sultan »verschwendete seine Kraft damit, daß er sich einen Harem mit vierhundert gutaussehenden jungen Männern einrichtete«.

Wie Ibrahim war Barbarossa stets darauf bedacht, den Sultan mit passenden Geschenken zu versehen, wenn er sich selbst gerade bereichert hatte. Als er einmal von einer Serie Raubzüge nach Konstantinopel zurückkehrte, »kleidete er zweihundert Knaben in scharlachrotes Tuch, die in ihren Händen goldene und silberne Flaschen und Pokale trugen. Ihnen folgten weitere dreißig, von denen jeder einen Beutel mit Gold auf der Schulter trug. Dann kamen noch einmal zweihundert Männer, von denen jeder einen Sack mit Geld schleppte. Den Abschluß bildeten zweihundert Ungläubige in Halsringen, von denen jeder eine Rolle Tuch auf dem Rücken hatte. Alles das waren Gaben für den Herrscher, und nachdem er die erlauchte Hand geküßt hatte, erhielt er seinerseits sehr kostbare Gewänder *).«

Als Barbarossa starb, baute Suleiman ein Grab für ihn, wie es sich der listige alte Seeräuber sicherlich selbst ausgesucht hätte: Es war aus grauem Granit und wurde von den Wellen des Bosporus umspült. Man hatte drei arabische Wörter eingraviert, deren Übersetzung lautet: »Der Tod ist der Herrscher des Meeres.«

Während so die Heere und Flotten des Reiches ungezählte Reichtümer zusammenhäuften, wuchs auch der Glanz des Lebens am Hofe. Der Lieblingskiosk Suleimans hinter der »Pforte zur Glückseligkeit« hatte marmorne Wände, in die Edelsteine eingelassen waren, und die bunten Fenster hatten goldfarbene Spitzenvorhänge. Hier ruhte er sich während des Tages gelegentlich auf zwei Matratzen aus, von denen die eine mit Gold und die andere mit Silber bestickt war. Nachts schlief er auf drei Matratzen, die mit rotem Samt bezogen waren.

Niemals trug der Sultan die gleichen Kleider zweimal. Sie wurden immer mit Aloeholz parfümiert, und auch die mit Rubinen besetzten Zobelmäntel trug er nur einmal. Er speiste an einem silbernen Tisch, in dessen Platte Juwelen eingearbeitet waren, und seine Kost bestand aus Hummern, Schwertfisch und Stör aus dem Bosporus oder aus gefüllten Fasanen und Wild aus den Jagdrevieren. Wein trank er aus einem Pokal, der aus einem einzigen Türkis geschnitten war.

Auch seine vier Boote waren prunkvoll ausgestattet. Auf dem Heck hatten sie mit Vorhängen versehene und mit Perlmutter ausgelegte Pavillons, in den Rand des hölzernen Daches waren kunstvoll Rubine und Türkise eingearbeitet. Zweifellos hatte das ausschweifende Leben des Zeitalters auch auf Suleiman einen gewissen Einfluß, denn er hatte es ja Tag für Tag vor Augen. Der Reichtum des Herrscherhauses, der Müßiggang, die Kirchen und die vom Einfluß byzantinischer Architektur keineswegs freien neuen Moscheen, alles wies darauf hin, daß die einst an einen kargen

*) Berichtet aus G. E. Hubbard: »The day of the Crescent« (Der Tag des Halbmondes). Cambridge 1920.

Lebensstil gewöhnten Türken, die Konstantinopel erobert hatten, langsam, aber sicher zu verweichlichen begannen.

Als Suleiman im Jahre 1534 vierzig Jahre alt geworden war, beschrieb ihn der Venezianer Daniello de Ludovisi als »hochgewachsen, schlank und mit einer Adlernase«. Es gab Anzeichen dafür, daß der Sultan mehr und mehr die Zügel der Regierung aus seiner Hand in die Hände Ibrahims gleiten ließ. Ludovisi hatte den Eindruck, daß der Sultan »lieber ein müßiges Leben führte, als daß er sich mit Arbeit befaßte. Er war strenggläubig und führte einen anständigen Lebenswandel.« Es heißt jedoch allgemein, daß sein Verstand nicht sehr beweglich sei, und er besitze auch nicht die Stärke und die Klugheit, die für einen so großen Fürsten eigentlich selbstverständlich wären. Denn er hat offensichtlich die Regierung seines Reiches einem anderen überlassen, und zwar seinem Großwesir Ibrahim. Ohne diesen kann weder er selbst noch sein Hof irgend etwas Wichtiges unternehmen oder beschließen, während Ibrahim selbst freie Hand hat, alles zu tun, ohne den Großen Herrn oder irgend jemanden befragen zu müssen.

Wie es auch bei anderen Leuten geschieht, die schnell zu Rang und Macht aufsteigen, so waren auch Ibrahims Eitelkeit und Anmaßung im Laufe der Jahre gewachsen und sogar zu einer Gefahr geworden.

Bei einem Empfang im Jahre 1533 wurden ausländische Gesandte dazu aufgefordert, den Saum des Kaftans aus goldfarbenem Tuch zu küssen, den der Großwesir trug, ehe sie ihm ihre Geschenke überreichten. Als sie alle versammelt waren, hielt Ibrahim eine sonderbare Ansprache: »Ich bin es, der dieses riesige Reich regiert«, verkündete er. »Alles, was ich tue, ist richtig. Ich habe die ganze Macht, mir gehören alle Ämter, ich bin Herrscher über alles. Was ich jemandem gebe, das ist gegeben und darf ihm nicht wieder fortgenommen werden. Über das, was ich nicht gebe, darf kein anderer verfügen. Wenn der Große Sultan irgend etwas verschenken will oder verschenkt hat, dann ist dies nicht geschehen, wenn ich nicht meine Zustimmung dazu gegeben habe. Alles liegt in meiner Hand, Frieden, Krieg, auch der Staatsschatz. Ich sage diese Dinge nicht ohne Grund, sondern ich möchte euch dazu anspornen, frei und offen zu mir zu sprechen.«

Dies war nicht das erste Mal, daß er sich so unverblümt ausdrückte, und es war Wasser auf die Mühlen seiner Feinde, von denen er eine ganze Menge besaß und zu denen natürlich auch Roxelana zählte. Es kann wenig Zweifel darüber bestehen, daß sie es war, die einen Flüsterkrieg gegen ihn in Szene setzte.

Rücksichtslos hatte sie in diesen Jahren ein einziges Ziel verfolgt: Sie wollte ihrem Sohn Selim zum Thron verhelfen. Dabei war ihr Mustafa im Wege, der Sohn von Frühlingsrose. Und in geringerem Maß war ihr auch Ibrahim dabei hinderlich, weil er einen so großen Einfluß auf ihren Gatten ausübte. Sie wußte genau, daß Ibrahim im Begriff stand, dem Sultan die Macht zu entreißen, und es gab viele Leute, die ihrer Meinung waren. Wir werden freilich niemals die geheimen Gedanken Suleimans kennen, als er mit sich im Zwiespalt darüber war, ob er sich für seinen alten Freund oder für seine Lieblingsfrau entscheiden sollte. Er hat jedoch sicherlich geahnt, daß dieser Zwiespalt nur mit einer Katastrophe enden konnte. Es mußte ihm klar sein, daß Ibrahim ihn niemals hintergangen hatte. Andererseits klangen aber auch Roxelanas Anschuldigungen überzeugend, besonders wenn sie auf die großsprecherischen Reden des Großwesirs anspielte. Und Ibrahim schien wirklich seinen Verstand verloren zu haben.

Dutzende verärgerter Hofbeamter hörten zu, als er verächtlich und großsprecherisch behauptete: »Wenn er (der Sultan) einen Befehl gibt, der mir nicht gefällt, dann wird er nicht ausgeführt, aber wenn ich etwas tun will, was nicht seine Billigung findet, dann mache ich es trotzdem.«

Es muß mehrere Monate gedauert haben, während der Suleiman von Gewissensnöten gepeinigt wurde, aber letztlich war er doch davon überzeugt, daß Ibrahim eine Gefahr für seine Macht bedeutete. Er war immer noch in einem Zwiespalt des Gewissens, denn er hatte Ibrahim sein Wort gegeben, ihm niemals seine Gunst zu entziehen, solange er lebte, und er mußte jetzt eine Lösung finden, die diesem Versprechen nicht entgegenstand. Den Ausweg zeigte ihm ein Rechtsberater des Diwan, der ihm sagte: »Du hast geschworen, daß Du ihn nicht töten willst, wenn du am Leben bist. Laß ihn erdrosseln, wenn du gerade schläfst. Denn wenn jemand schläft, so ist er doch im eigentlichen Sinne nicht lebendig, und so kannst du sein ungetreues Verhalten ahnden, ohne deinen Eid zu verletzen *).«

Ob dies nun erfunden war oder nicht, es klingt jedenfalls einleuchtend und stimmt mit den türkischen Bräuchen überein. Nun leitete Suleiman in aller Stille seine Maßnahme ein, er handelte heimlich und schnell. Wie so oft kam Ibrahim am 15. März 1536 in das Serail, um mit seinem Herrn zu speisen. Er muß völlig ahnungslos gewesen sein, denn Suleiman stellte ihn weder zur Rede, noch forderte er seine Ehre heraus. Die Historiker berichten, daß sie statt dessen in aller Ruhe miteinander aßen, als ob sie sich wie gewöhnlich am nächsten Morgen wiedersehen wollten. Als Suleiman sich zurückziehen wollte, lud er Ibrahim ein, die Nacht in einem Nebenzimmer zuzubringen, wo die Matratze für ihn bereitlag, die er auch sonst zuweilen zu benutzen pflegte.

Man sah ihn lebend niemals wieder. Am nächsten Tag fand man ihn erdrosselt am Tor des Serail, und alle Spuren wiesen darauf hin, daß ein erbitterter Kampf zwischen dem Großwesir und den Taubstummen stattgefunden haben mußte, die man zu ihm geschickt hatte, um ihn zu ermorden. Die Wände des Zimmers waren mit Blut bespritzt, das noch ein Jahrhundert später dort zu sehen war. Es hieß, daß zur gleichen Zeit Suleiman nicht schlafen konnte, daß ihn aber Roxelana in Küssen erstickt habe, so daß er den Kampf im Nebenzimmer nicht hören konnte. Diese farbige Ausschmückung der Geschichte ist wohl recht zweifelhaft.

Auf Ibrahim folgten drei unbedeutende Großwesire. Der erste war so sehr mit seinem Harem beschäftigt, daß er gleichzeitig vierzig Wiegen in seinem Palast hatte. Er hinterließ hundertzwanzig Kinder, als er an der Pest starb.

Der zweite war nur ein Jahr im Amt und wurde dann in Pension geschickt.

Der dritte war ein Eunuch und wurde 1544 abgesetzt. Erst der vierte spielte wieder eine größere Rolle. Er hieß Rustem Pascha und war mit Roxelanas Tochter verheiratet. Von diesem Augenblick an wurde Rustem Großwesir; er und Roxelana konnten sich

*) Aus M. Bandier: »The History of the Imperial Estate of The Grand Seigneur« (Die Geschichte des Kaiserlichen Staates des Großen Herrn), aus dem Französischen übersetzt, London 1635.

gegenseitig unterstützen. Und beide waren sehr daran interessiert, Selim anstatt Mustafa zum Thron zu verhelfen.

Neun Jahre mußten sie warten, ehe Roxelana ihren Gatten dazu überreden konnte, das Verbrechen im Jahre 1553 zu wiederholen, das er bereits an Ibrahim begangen hatte. Aber wieder einmal gelang es ihr, obwohl Mustafa ein »hübscher, volkstümlicher und sehr fähiger Mann« war. Er war das Leitbild der Soldaten, und niemand zweifelte auch nur einen Augenblick daran, daß er einmal der Nachfolger seines jetzt sechzigjährigen Vaters werden würde. Der französische Schriftsteller Guillaume Postel hatte den Eindruck, daß Mustafa »außerordentlich sorgfältig erzogen worden war, daß er klug war und das Alter erreicht hatte, in dem er fähig war zu regieren«. Zusammen mit Roxelana begann Rustem, Ränke gegen ihn zu schmieden. Die Anspielungen auf seinen angeblichen Verrat gegen den Sultan waren fast die gleichen, die auch zu Ibrahims Ermordung geführt hatten.

Wieder fand Suleiman einen Ratgeber, der ihm klarmachte, daß sein Vorhaben nicht gegen das Gesetz verstoße, wenn diesmal die Begründung auch etwas anders aussah. Er erfand eine Geschichte von einem Sklaven, dem er vertraut hatte und der seines Herrn Geld unterschlagen hatte. Dann hatte er angeblich eine Verschwörung gegen ihn angezettelt – alles in allem eine recht schwache Untermauerung des Verdachtes, daß Mustafa versucht haben sollte, die Macht an sich zu reißen. Sein geistlicher Lehrer sagte zu Suleiman, daß er »verdiente, zu Tode gequält zu werden«. Es war ein Freibrief für den Mord, und als sich Suleiman mit seinen Truppen in Kleinasien befand, befahl er seinem Sohn, am 21. September 1553 in seinem Zelt zu erscheinen. Mustafas Freunde warnten ihn zwar, aber er antwortete verächtlich, »wenn er sein Leben verlieren sollte, dann könnte er sich nichts Besseres wünschen, als es dem zurückzugeben, von dem er es erhalten habe«.

Jedenfalls errichtete Mustafa sein Zelt neben dem seines Vaters, und wie es die Überlieferung gebot, legte er am nächsten Morgen die wenigen Schritte, die ihn von ihm trennten, zu Pferde zurück.

Das Zelt des Sultans war riesig und aufwendig ausgestattet, es war in mehrere Abteilungen aufgeteilt. Der Erdboden beim Eingang war mit reichen Teppichen und Diwanen belegt, die schrägen Wände waren mit goldfarbener Seide ausgelegt. In der Mitte stand ein kleiner Tisch mit silberner Tischplatte. Mustafa grüßte die Wachen, stieg vom Pferde und gab den beiden ihn begleitenden Stallmeistern ein Zeichen, daß sie draußen warten sollten. Er selbst betrat das Zelt, wo er seinen Vater anzutreffen glaubte. Statt dessen empfingen ihn fünf taubstumme Männer, von denen einer eine seidene Bogensehne in den Händen hielt. Seide war damals Leuten von Rang vorbehalten und galt als Ehre. Taubstumme wurden als Scharfrichter für Hohe Würdenträger eingesetzt und dafür präpariert, indem man ihnen die Zungen aufschlitzte und die Trommelfelle durchbohrte. Allen Berichten zufolge hatte es einen furchtbaren Kampf gegeben, als Mustafa um sein Leben rang. Als der Kampf tobte, hielt sich Suleiman hinter einem Vorhang verborgen und sah der Hinrichtung zu. Als alles vorbei und der Sohn, den er geliebt hatte, tot war, erschien er »ohne das geringste Zeichen von Mitleid oder Reue«.

Nachdem Suleiman nach Konstantinopel zurückgekehrt war, folgte ein makabres Schauspiel, das genauestens dem Protokoll entsprach. Vom Diwan kam ein mit weißer Tinte auf schwarzem Papier geschriebener Brief an, der ihn über den Tod seines Sohnes in Kenntnis setzte. Suleiman warf seinen Turban auf den Fußboden, riß sich alle Juwelen herunter und drehte die Teppiche so um, daß die Unterseite nach oben zeigte. Er ordnete eine Trauer von drei Tagen für den Sohn an, den er selbst umgebracht hatte. Schafe wurden als Opfer geschlachtet, an die Bedürftigen wurden Almosen verteilt. Am Tage der Bestattung wurden die Pferde, die den Wagen mit der Leiche ziehen sollten, so eingehenden Vorbereitungen unterzogen, daß man bei ihrem Anblick hätte weinen können.

Jetzt war der Weg frei für Selim, den Sohn Roxelanas.

Die letzten Jahre des Großen Suleiman müssen äußerst unglücklich für ihn gewesen sein. Zwei Jahre nach der Ermordung seines Sohnes schrieb Ogier Ghiselin Busbecq, der Gesandte Karls des Fünften, daß er in Anbetracht seiner Jahre sich einer guten Gesundheit erfreue, obwohl es möglich sei, daß seine schlechte Gesichtsfarbe von einer heimlichen Krankheit herrühre. Es sei ein

Gerücht im Umlauf, daß er ein unheilbares Magengeschwür oder ein Krebsgeschwür an seinem Oberschenkel habe. Wenn er bei einem scheidenden Gesandten den Eindruck erwecken wolle, daß er bei bester Gesundheit sei, verberge er seine schlechte Gesichtsfarbe unter einer Schicht roter Schminke. Er glaube nämlich, daß die fremden Mächte ihn mehr fürchten, wenn sie ihn für stark und kerngesund hielten. »Ich habe untrügliche Zeichen dafür entdeckt, daß er solche Dinge tut, denn ich habe sein Gesicht beobachtet, als er mir eine Abschiedsaudienz gewährte. Ich fand, daß sein Gesicht jetzt völlig anders aussah als damals, als er mich bei meiner Ankunft empfing.«

Fünf Jahre nach der Ermordung Mustafas war auch Roxelana tot. Da sie eine Frau war, erregte ihr Tod wenig Aufsehen, und Suleiman erlaubte sich auch selbst nicht den Luxus, seine Trauer öffentlich zur Schau zu stellen. Die Tür zu Roxelanas Räumen wurde versiegelt. Von der Zeit an speiste der Herrscher allein. Der Sekretär des Venezianischen Gesandten Donini fand, daß »Seine Majestät viele Monate im Jahr eine sehr anfällige Natur besaß, so daß er manchmal dem Tode nahe war«. Er war wassersüchtig, hatte geschwollene Beine, keinen Appetit mehr, sein Gesicht war aufgedunsen und hatte eine sehr ungesunde Farbe. Im letzten März hatte er vier oder fünf Schwächeanfälle, und einen hatte er noch einmal danach, in dessen Verlauf seine Diener nicht wußten, ob er noch lebte oder schon tot war. Sie glaubten kaum, daß er sich noch einmal von diesen Anfällen erholen würde.

Jetzt wurden auch die Nachteile seines Charakters allmählich erkennbar. Es waren sämtlich Charakterschwächen, die auch seine Nachfolger besaßen. Er nahm schon lange nicht mehr an den Sitzungen des Diwans teil. Und dies verringerte sehr wesentlich das bisherige Ansehen des Herrschers, von dem man andererseits nicht erwarten konnte, daß er alles wußte, was um ihn vorging. Seine Gewohnheit, Günstlinge zu fördern – wie er es bei Ibrahim und bei seinem Schwiegersohn Rustem getan hatte –, wurde schließlich der Anlaß dazu, daß die Bestechlichkeit immer mehr um sich griff. Als Rustem kurz nach Roxelana starb, hinterließ er ein beträchtliches Vermögen – erstaunlich für einen Mann, der als Zögling in einer Tributknabenschule begonnen hatte: achthundertfünfzehn

Landgüter, vierhundertsechsundsiebzig Wassermühlen, tausendsiebenhundert Sklaven, zweitausendneunhundert Kettenpanzer, achttausend Turbane, siebenhundertsechzig Säbel, sechshundert Abschriften des Koran, mit Goldplättchen besetzte Helme, Dutzende Paar aus Gold gearbeitete Steigbügel und zwei Millionen Dukaten.

Suleimans üble Gewohnheit, seinen Günstlingen das Zusammenhäufen großer Reichtümer zu ermöglichen und gleichzeitig hohe Ämter zu verkaufen, breitete sich wie ein Krebsgeschwür allmählich über das ganze Land aus. Aber noch schlimmer war es, daß jetzt die Herrschaft des Harems begann, eine Herrschaft, bei der der Harem zum Mittelpunkt von Ränkespielen wurde. Das hatte beinahe verhängnisvolle Folgen für das Reich. Es hatte damit begonnen, daß Roxelana ganz offen sich damit brüsten konnte: »Ich lebe mit dem Sultan zusammen, und ich lasse ihn das tun, was ich selbst will.«

Immerhin war Suleiman ein beachtenswerter Mann. Er war grausam, doch er lebte in einem Zeitalter, in dem Grausamkeit nicht auf das Ottomanenreich beschränkt blieb. Sie griff auch nach Europa über, das seinerseits ebenso schlimme Beispiele von wildestem religiösem Fanatismus lieferte: Ketzer wurden auf dem Scheiterhaufen verbrannt, und Folterungen waren eher die Regel als die Ausnahme, was möglicherweise darauf zurückzuführen war, daß das Leben selbst in jenen Tagen voller Mühen und Ängste war und die Leute deshalb weniger durch Foltern abgeschreckt wurden, als dies heutzutage der Fall ist. Wenn seine Regierungszeit von Morden innerhalb der eigenen Familie befleckt war, so war doch auch das Privatleben seines Zeitgenossen Heinrichs des Achten in England keineswegs das Leben eines Tugendboldes. Wie so viele Kinder der Renaissance-Zeit konnte Suleiman ebenso empfindlich wie grausam sein. Mit der gleichen Inbrunst, mit der er sich der Politik widmete, schrieb er Gedichte. Mit dem gleichen Feuereifer, mit dem er in den Krieg zog, ließ er neue Bauten errichten. Außer seiner eigenen prächtigen Moschee bauten er und der Architekt Sinan – der im übrigen ein Tributknabe gewesen war – alle notwendigen Bauwerke, vom Aquädukt mit vierzig Bögen bis zu den Mauern, die noch immer die Altstadt von Jerusalem umgeben.

Im Krieg war er der Befehlshaber eines Heeres, dessen Disziplin besser war als sonst irgendwo in Europa, und er führte stets selbst seine Truppen in die Schlacht, oft gegen seine meistgehaßten Feinde, die persischen Ketzer und die ungläubigen Ungarn. Für Europa schien er ein furchterregendes Rätsel zu sein, aber während seiner langen Regierungszeit wurde Konstantinopel ein Mekka für ausländische Gesandtschaften. Elisabeth beschwor ihn sogar, ihm »gegen diesen Götzendiener, den König von Spanien, beizustehen«. Sein Vertrag mit Frankreich, der eine dauernde Freundschaft vorsah und 1535 geschlossen wurde, blieb zweihundert Jahre lang ein wichtiger Faktor in der Politik Europas.

Er starb so, wie er es sich gewünscht haben mag: auf dem Schlachtfeld. Er war zweiundsiebzig Jahre alt, als er zum letzten Mal nach Europa gegen Kaiser Maximilian den Zweiten in den Krieg zog. Der alte Sultan war schon zu schwach, um auf ein Pferd zu steigen, und so trug man ihn auf einer Tragbahre. Aber es mangelte ihm noch nicht an Energie, denn während des Marsches nach Norden zögerte er nicht, den für die Gegend zuständigen Pascha in Buda hinrichten zu lassen, »weil er unfähig war«.

Er starb in seinem Zelt, als seine Truppen gerade in eine wilde Schlacht verwickelt waren. Es geschah am 5. September 1566. Sein Tod wurde drei Wochen lang geheimgehalten. Seinen Arzt hatte man erwürgt, um sicher zu sein, daß keine Lücke entstand, bis Roxelanas Sohn Selim Zeit fand, wieder nach Konstantinopel zu kommen; er hielt sich gerade in Kleinasien auf.

Für mehrere Tage hatte man den toten Sultan in seinem Zelt auf den Thron gesetzt. Man hatte seine Augen offengehalten, die Wangen hatte man rot gefärbt und das Haar geschwärzt. Der Großwesir und nur einige Diener wußten um das Geheimnis, und die hielten die makabre Maskerade weiter aufrecht, indem sie ausdrücklich darauf bestanden, daß der übliche Tagesablauf nicht unterbrochen wurde. Speisen wurden aufgetragen und später versteckt. Botschaften wurden empfangen und beantwortet. Und noch als die Schlacht zu Ende und das Zelt des Herrschers abgebrochen war, setzte man Suleiman in die Hofkutsche, so daß sein ernstes und strenges Gesicht deutlich erkannt werden konnte, und seine Soldaten jubelten ihm zu, als er vorbeifuhr.

Die Nachricht von seinem Tode wurde erst bekanntgemacht, als der Zug den Wald von Belgrad in der Nähe der Hauptstadt erreichte. Dort wurde Selim zum Sultan ausgerufen, und als die Geistlichen Suleimans Tod verkündeten, »warfen die riesigen Bäume das Echo lauten Klagegeschreis zurück, so daß die Blätter aus Mitgefühl mit der Trauer eines Reiches zu zittern anfingen«.

Suleimans Leiche wurde gewaschen, und seine Hände wurden über seine Brust gekreuzt, wie es der Überlieferung entsprach. Seine Nase, sein Mund und seine Ohren wurden mit Baumwolle ausgestopft, und im letzten Augenblick, kurz bevor der Tote in ein Leichentuch gehüllt wurde, das aus einem einzigen Stück schwerer Seide bestand, flüsterte ein Priester dem toten Mann die Antworten auf zwei Fragen ins Ohr, die ihm die Engel im Paradies stellen würden, wenn sie ihn prüften.

Dann wurde er begraben. Er lag auf seiner rechten Seite und hatte den Blick nach Mekka gerichtet, dicht bei der großen Moschee, die er und Sinan erbaut hatten. Den Geistlichen wurde befohlen, vierzig Mal am Tage vierzig Tage hintereinander den Koran aufzusagen.

Die Herrschaft der Lieblingsfrauen

Die ersten neun Sultane der Ottomanen hatten dreihundert Jahre dazu gebraucht, ein riesiges Imperium mit dreißig Millionen Untertanen zu schaffen, in dem zwanzig verschiedene Sprachen gesprochen wurden. Jeden Zoll davon hatten die jeweiligen Herrscher in ihrer Eigenschaft als Heerführer erobert, die sich persönlich an die Spitze ihrer Armeen stellten und sie von Sieg zu Sieg führten. Wenn man ihnen auch Gnadenlosigkeit und Grausamkeit nachsagen kann, so waren sie doch oft so bedeutende Staatsmänner, daß man im damaligen Europa wohl kaum jemanden hätte finden können, der ihnen gleichgekommen wäre. Es waren an Kunst und Wissenschaft interessierte Männer, es gab Historiker, Architekten und Richter von Ruf unter ihnen. Auf jeden Fall handelte es sich um eine der mächtigsten Dynastien, die die Welt je sah.

Ganz plötzlich wurde alles anders. Die Größe machte dem Niedergang Platz, die Tapferkeit auf dem Schlachtfeld wich der Verwegenheit im Harem. Die Politik wurde zum Spielzeug in Händen von Bestechlichen oder von solchen, die selbst bestechen wollten. Und diese seltsamen Zustände dauerten bis in das zwanzigste Jahrhundert hinein an.

Das war weniger auf die Unfähigkeit einzelner Landesherrn zurückzuführen, das Land zu regieren, denn es gibt kein Herrscherhaus, das nicht auch einmal ein paar Schwachköpfe hervorbrächte. Hier handelte es sich vielmehr um eine lückenlose Aufeinanderfolge solcher Versager. Allen sechsundzwanzig Sultanen, die auf Suleiman folgten, mangelte es fast ausnahmslos an dem Geschick, das nun einmal zum Regieren erforderlich ist.

Frau Professor Barnette Miller schreibt in ihrem Buch »Jenseits der Hohen Pforte«: »Es gab keinen allmählichen Übergang von ihm zu seinen unmittelbaren Nachfolgern, die überraschend plötzlich aufhörten, Soldaten oder fähige Politiker zu sein. Durch ganz bewußte Abkapselung und durch Trägheit waren sie sowieso schon geschwächt und in eine Art Lebensüberdruß geraten, und so suchten sie Vergnügen und Zerstreuung in allen möglichen Ausschweifungen, in der Zügellosigkeit und sogar im Laster.«

Der Umschwung war so erstaunlich, daß viele Historiker mit der Möglichkeit liebäugelten, daß es von nun an die bisher ununterbrochene Reinblütigkeit des Ottomanengeschlechtes nicht mehr gab.

Selim hatte ein Gesicht, das eher gedunsen als fett war. Es sah aus wie das eines Säufers, und wenige Monate nach seinem Regierungsantritt waren aus Hofkreisen Gerüchte bis in die letzten Winkel der Hauptstadt gedrungen, daß Suleiman nicht der Vater des neuen Sultans sei. Von Hammer, der beste Kenner der Geschichte der Ottomanen, meint, daß Selim tatsächlich nicht Suleimans Sohn gewesen sei. Wenn dies auch nicht bewiesen werden kann, so ist es doch einer skrupellosen, geistvollen Frau wie Roxelana durchaus zuzutrauen, daß sie heimlich einen Liebhaber in den Harem zu schmuggeln wußte.

Es ist aber auch möglich, daß Ibrahim Selims Vater war. Luigi Bassano, ein italienischer Geschichtswissenschaftler, der während der ersten Zeit von Suleimans Regierung Page im Großen Serail war, behauptet nämlich steif und fest, Roxelana sei ursprünglich Ibrahims Sklavin gewesen und er habe sie dem Sultan geschenkt. Aber eine Sklavin von Roxelanas Format war nicht dazu geboren, den Fußboden im Harem auszufegen.

Was auch immer daran stimmen mag, »man muß sich jedenfalls fragen, ob wirklich das echte Blut des Herrschergeschlechtes der Osmanen in den Adern dieser fünfundzwanzig degenerierten Nachkömmlinge floß«, so schreibt der Historiker Lord Eversley.

Die erste Tat Selims war die Verbannung des Harems seines Vaters nach Adrianopel. Dorthin schickte man alle Konkubinen, wenn sie gewissermaßen »außer Dienst« waren und man sie nicht mehr benötigte. Dafür nahm er seine damalige eigene Lieblingsfrau zu sich, die Sultanin Nur Banu, die ihm seinen ersten Sohn geschenkt hatte. Mit hundertundfünfzig Hofdamen kam sie in den Großen Serail, und sie hatte sich fest vorgenommen, Roxelana in der Machtpolitik des Harems nachzueifern. Diese Aufgabe wurde ihr schon dadurch leichtgemacht, daß Roxelana inzwischen gestorben war. So gab es keine Königinmutter, die ihr als Gegenspielerin gegenübergestanden hätte. Geduldig wartete Nur Banu auf ihre Stunde, bis Selim endlich starb und sie selbst dadurch zur Königinmutter wurde. Sie hatte einen guten Grund dafür: Selim war fast ständig betrunken und hatte keinen Sinn für das Regieren. Glücklicherweise aber hatte er den letzten Großwesir Suleimans »geerbt«, den hochbegabten Mehmed Sokolly, der das Land in Ordnung hielt. Mit viel Erfolg führte er die Armeen in die Schlacht.

Nur Banu merkte bald, daß Sokolly für das eigene Volk im Lande und auch für Europa ein wirkungsvolles Aushängeschild darstellte, mit dessen Hilfe man ihren liederlichen Gatten in den Hintergrund treten lassen konnte. Auch dem Sultan selbst kam dies keineswegs ungelegen. Selim ist niemals an der Spitze seiner Truppen in den Krieg gezogen. Aber seine Trunksucht steigerte sich mehr und mehr, und bald deuteten seine Untertanen dies als einen Freibrief, seinem Beispiel folgen zu dürfen. Sogar Richter

Roxelana, wie sie sich ein Maler aus Westeuropa vorstellte

Der Kapitän und Pascha mit seinem zahmen Löwen. Stich von Miger nach Cassas, 1788

Der Großwesir empfängt den britischen Gesandten.
Aquatinta von W. Watts nach Mayer, 1801

Mustafas Tod, Stich von Duflos nach N. Hallé

Etchi Baschi oder der »Oberkoch«
(= Sergeant) der Janitscharen.
Kolorierter Stich, 1803

Das Feldlager des Großwesirs, 1788. Aquatinta von W. Watts nach Mayer, 1801

und Geistliche begannen das unbeugsame Gesetz des Koran zu mißachten, das den Genuß von Alkohol verbot. Bald ging ein neues Scherzwort im Großen Basar um: »Wer wird uns wohl heute etwas zum Trinken spendieren, der Khodja (Geistliche), der Kadi (Richter) oder der Kalif selbst?«

Hafis, der berühmteste Dichter Konstantinopels, schrieb ein von Begeisterung erfülltes Gedicht, in dem er ausdrückte, daß »Wein süßer ist, als es die Küsse von jungen Mädchen sind«. Fromme Moslems verlangten vom Mufti, daß er diese Verse in Acht und Bann tue, weil sie den Geboten des Koran widersprachen. Aber der Mufti lehnte ab. Sein Urteil darüber lautete: »Wenn ein Sultan trinkt, dann ist das Trinken auch seinen Untertanen erlaubt, und den Dichtern steht es frei, es in Gedichten zu verherrlichen.«

Der venezianische Gesandte Barbaro hat uns eine Beschreibung Selims überliefert: »Wer sein vom Wein aus Zypern gerötetes Gesicht und seine kleine durch Maßlosigkeit beim Essen fett gewordene Gestalt sah, der wurde sich bald darüber klar, daß er weder einen Krieger noch einen Anführer von Soldaten vor sich hatte. Er zog die Gesellschaft von Eunuchen und Frauen jeder anderen Gesellschaft vor, und im Serail hielt er sich weit lieber auf als in seinem Feldlager. Seine Tage verbrachte er in sinnlicher Lust, im Rausch oder in träger Untätigkeit.«

Selim selbst faßte den Sinn seines Lebens darin zusammen, daß er offen zugab, niemals an die Zukunft zu denken, sondern daß er jeden Tag so genieße, wie es sich gerade ergebe.

Wenn es irgendwo Kriege gab, wenn Schlachten in seinem Namen gewonnen wurden, so interessierte ihn das nur am Rande, mit einer Ausnahme: Selim hatte nämlich einige Schwierigkeiten damit, seinen Vorrat von dem ihm so ans Herz gewachsenen Wein aus Zypern zu ergänzen. Das war verständlich, denn er brachte es ohne weiteres fertig, eine ganze Flasche davon in einem Zuge so schnell auszutrinken, wie es manche Leute mit einem halben Liter Bier machen, ohne auch nur ein einziges Mal Atem zu holen. So paßte es ihm recht gut, als ein einflußreicher Gegner Sokollys ihm vorschlug, ein Heer nach Zypern zu entsenden, um die Insel zu erobern, die damals unter venezianischer Oberhoheit stand. Sokolly war gegen den Krieg, aber dieses eine Mal während seiner achtjährigen Regierungszeit setzte sich Selim gegen seinen Großwesir durch, und dies nur deshalb, weil er sich unter allen Umständen regelmäßigen Nachschub an Wein sichern wollte.

Selim bekam seinen Wein. Aber erst nach einer Belagerung, die durch unmenschliche Grausamkeiten an den Christen der Insel gekennzeichnet war. Als den türkischen Truppen erlaubt wurde, Nikosia zu plündern, brachten sie gnadenlos dreißigtausend Einwohner um, und als die wichtigste Festung Famagusta fiel, die heldenhaft beinahe zwei Jahre lang Widerstand geleistet hatte, wurden die Reste der Garnison getötet. Ihren tapferen Anführer Bragadino zog man bei lebendigem Leibe die Haut ab. Man stopfte diese dann mit Heu aus und gab sie der Willkür der türkischen Soldateska preis. (Gerechterweise sollte man aber an dieser Stelle nicht verschweigen, daß etwa zur gleichen Zeit Iwan der Schreckliche von Rußland Wittenstein besiegte und den finnischen Heerführer lebendig an einem Speer rösten ließ.)

Den Christen hatte das Gemetzel von Zypern einen gewaltigen Schrecken eingejagt, und dies um so mehr, als die Türken vorher ausdrücklich versprochen hatten, das Leben der Garnisonsangehörigen zu schonen. Zusammen mit Spanien konnte Venedig unter Don Juan de Austria eine Flotte von zweihundert Galeeren zusammenbringen, mit der man ein für allemal die Vorherrschaft der Türken im Mittelmeer brechen wollte. Demgegenüber stellten die Türken eine weit größere Flotte von fast dreihundert Galeeren zusammen.

Beide Flotten waren mit Galeerensklaven bemannt. Bei den Türken wurden je fünf Gefangene zusammen auf einer Bank festgebunden, gemeinsam mußten sie ein einziges Ruder bedienen. Jeder von ihnen war halb nackt und unter dem Sitz mit einem Fuß angekettet. Als die Schiffe die Dardanellen verließen, wurden noch zusätzlich eiserne Fesseln um die Handgelenke eines jeden Mannes geschmiedet. An Hand und Fuß gebunden, hatten diese Menschen so keinerlei Möglichkeit, Widerstand zu leisten, wenn sie mit Peitschenhieben zur Arbeit angetrieben wurden. Die Peitschenschnüre, mit denen sie geschlagen wurden, waren meistens vorher ins Meer getaucht worden, um so die Schmerzen an den klaffenden Striemen auf dem Rücken noch zu steigern. Ein christlicher Gefangener hat später von einer weiteren zusätzlichen Quälerei berichtet:

»Oft machte sich irgendein naseweiser und bösartiger türkischer Lümmel einen Spaß daraus, von Bank zu Bank zu gehen, um einen Galeerensklaven nach dem anderen zu schlagen und ihn auch noch auszulachen. Man mußte sich dies nicht nur von irgendeinem schmutzigen Kerl geduldig und schweigend gefallen lassen, sondern man wurde auch noch dazu gezwungen, sich so weit zu erniedrigen, seine Hand und seinen Fuß zu küssen und obendrein eine solche sadistische Bestie darum bitten, nicht böse zu sein.«

Tagelang ruderten die Sklaven auf das Mittelmeer hinaus, bis sie im Oktober 1571 schließlich im Golf von Lepanto auf die feindliche Flotte stießen. Die größere türkische Flotte wurde vernichtend geschlagen. Zweihundertsechsundsechzig türkische Schiffe waren gekapert oder versenkt worden, fünfzigtausend Türken fielen, und fünfzehntausend christliche Galeerensklaven wurden befreit.

Aber die Christen nutzten den Sieg nicht aus. Gleich nach Lepanto zerstreuten sich die Sieger wieder, und die so glänzend geführte und schlagkräftige Flotte hörte auf zu bestehen. Auf der Gegenseite begann Sokolly unverzüglich damit, eine noch größere Flotte zu bauen, und er schaffte dies in der unglaublich kurzen Zeit von achtzehn Monaten. Als dann eine Art friedensähnlicher Zustand zwischen Venedig und Konstantinopel ausgehandelt worden war, konnte sich Sokolly dem venezianischen Gesandten gegenüber mit beißendem Spott brüsten: »Wir haben einen eurer Arme abgeschlagen, als wir ein Königreich eroberten (damit war Zypern gemeint), ihr aber habt uns höchstens unseren Bart geschoren, als ihr unsere Flotte vernichtet habt. Ein abgeschlagenes Glied kann man nicht wieder ersetzen, ein abgeschorener Bart aber wächst kräftiger wieder nach, als er vorher gewesen ist.«

»Selim der Trunkenbold« starb nach achtjähriger Regierungszeit auf eine Weise, die recht gut zu seinem Leben paßte. Er wollte gerade ein Bad nehmen, nachdem er eine Flasche zyprischen Wein auf einen Zug geleert hatte. Als er in das Wasser steigen wollte, stolperte er, rutschte auf dem Marmorfußboden aus, fiel hin und brach sich den Schädel.

Als Selims Sohn wurde Murad III. im Dezember 1574 zum Sultan ausgerufen. Dadurch wurde Selims Witwe Nur Banu automatisch zur Königinmutter, und jetzt fingen die Machtkämpfe im Harem erst richtig an. Sie dauerten hundert Jahre, und die Türken nennen diese Zeit »Kadilar Sultanati«, was etwa die Herrschaft der Lieblingsfrauen bedeutet. Es war eine Zeit, zu der eine ganze Anzahl Königinmütter und Sultaninnen zuerst im stillen und später dann heftig und ganz offen eine nach der anderen um Reichtum, Vorrechte und Macht kämpften.

Selims erste Sultanin Nur Banu hatte am Ende des »Goldenen Pfades« in einer prachtvollen Zimmerflucht gewohnt, deren Wände mit Blattgold ausgelegt waren. Als sie jetzt Königinmutter geworden war, nahm sie einen bedeutsamen Wechsel vor: Sie zog in die Nähe der Räume ihres Sohnes um, dorthin, wo der »Goldene Pfad« begann, dicht am Eingang zum Harem und zum Diwan, so daß sie leicht in das Turmzimmer schlüpfen und zuhören konnte, wenn im Diwan eine Sitzung stattfand.

Murad III. war keineswegs ein Sohn, der sich schwer lenken ließ. Er war schlank und blaß, von mittelgroßer Gestalt, besaß einen langen roten Bart und hatte eine Schwäche für Opium. Wie man damals annahm, war dies der Grund für seine bleiche Gesichtsfarbe. Als er dann später in seinem Leben vom Opium zum Wein überging, war dies sicherlich die Ursache dafür, daß der Farbton seines Gesichts mehr ins Rote überging und er wesentlich an Gewicht zunahm. Am Regieren war er nicht sonderlich interessiert, seine beiden Leidenschaften waren das Malen und das Uhrmacherhandwerk. Es gefiel ihm, ganze Vormittage in Gesellschaft von Schriftstellern, Dichtern und Malern zuzubringen, und er ist es im wesentlichen gewesen, auf den ein bescheidenes Wiederauferstehen des kulturellen Lebens in Konstantinopel zurückzuführen ist. Er gab das *Buch der Handfertigkeiten* heraus, das mit einigen seiner eigenen Miniaturen versehen war und das andere dazu anspornte, selbst Bücher zu schreiben, um sich bei ihm beliebt zu machen.

Seine Mutter Nur Banu hatte für diese Art Beschäftigung nur wenig Verständnis. Sie hatte mit ihrer einzigen Rivalin zu tun, die ihr gefährlich werden konnte: Dabei handelte es sich um die

Lieblingsfrau ihres Sohnes, die Sultanin Baffo, die Mutter von Murads einzigem Sohn. Im Harem war sie als »Safiye« bekannt, als die »Blonde« oder »Helle«, und sie war eine Frau, deren Ehrgeiz weiter ging als der der Königinmutter. Es war ein Ehrgeiz, der genau so groß war wie der der verstorbenen Roxelana.

Die Sultanin Baffo entstammte der vornehmen venezianischen Familie Baffo. Alle Berichte überliefern übereinstimmend, daß sie groß und blond war und »eine Figur hatte, die einen tänzelnden Gang besaß«. Es gibt einander widersprechende Berichte darüber, wie sie in den Harem gelangte. Die meisten sagen, sie sei von einem türkischen Schiffskapitän geraubt worden. Andere nehmen an, daß sie von den Venezianern ganz bewußt als Geheimagentin in den Harem eingeschleust worden ist. Im Alter von dreizehn Jahren war sie Murad geschenkt worden, und die Königinmutter spürte sofort eine heftige Abneigung gegen sie. Am gleichen Tage, als Murad den Thron bestieg, war der Krieg zwischen den beiden Frauen erklärt. Es war ein Kampf mit dem Harem im Hintergrund, der von nun an mit Blut besudelt wurde. Dort gab es feuchte und dunkle Steinkorridore, die zu neuen fast jeden Monat hinzugebauten Räumen führten und sich bis zu den auf den Hängen des Hügels angelegten Wäldern und Gärten erstreckten, bis hinunter zum eigentlichen Serail selbst. Die Gebäude waren so eigenwillig gebaut, daß ihr Inneres zu Murads Zeiten erstaunliche Gegensätze aufwies. Die Sultane und Sultaninnen lebten in Prunk und Glanz, sie besaßen Schwimmbäder und sogar einen See, auf dem sie rudern konnten. Aber schon die nächstgelegenen Steintreppen führten zu muffigen und unpersönlich gehaltenen Schlafkammern, in denen ein halbes Dutzend gerade nicht in Gunst stehender Frauen eng zusammengedrängt auf dem Fußboden schliefen. Sie warteten darauf, daß sie des Sultans Auge auf sich lenkten.

Nur Banu hatte verschiedene Pläne. Zunächst wollte sie den Großwesir Sokolly loswerden, der ihr zu ehrenhaft und zu unbestechlich war. Ihr Verbündeter war der Kislar Aga, damals ein besonders leicht bestechlicher riesenhafter Klotz von einem Eunuchen, der durch den Verkauf von Ämtern ein Vermögen verdient hatte. Mit ihm versuchte sie ein Komplott zu schmieden, das Sokolly zu Fall bringen sollte. Aber das war gar nicht so einfach. Sokolly war der treue Diener dreier Sultane gewesen, und so konnte sie ihn nicht wegen Verrates anklagen, eine solche Beschuldigung hätte ihr niemand geglaubt. Vielleicht hatte Nur Banu den Plan ganz allein ausgeheckt, in den sie Murads größte Schwäche mit einbezog: seine Geldgier. Er war ein Geizhals. Skrupellos beim Verkauf von Ämtern, häufte er seine daraus gewonnenen Einkünfte so lange unter seinem Bett auf, bis es dort keinen Platz mehr dafür gab. Dann legte er darunter einen Schacht an, in den er »jeden Abend das hineinschüttete, was ihm der Tag eingebracht hatte«. Als Murads Mutter »bewies«, daß auch Sokolly Ämter verkauft und dadurch ihn selbst bestohlen hatte, wurde der Sultan zornig und beschloß Sokollys Tod. Der Mord wurde mit List und Vorbedacht ausgeklügelt, denn es mußte ja so aussehen, als ob es sich um ein unvorhergesehenes Attentat handelte. Man wollte Sokolly umbringen, wenn der Diwan sich in voller Sitzung befand und alle führenden Staatsmänner auf dem langen Sofa saßen, das auf drei Seiten die Wände des Saales säumte. Sokolly saß in der Mitte, die anderen Wesire befanden sich zu seiner Rechten, und alles sah ganz unverfänglich aus. Plötzlich stürzte sich ein Soldat, dessen Gesuch abgelehnt worden war, auf den Großwesir und versetzte ihm einen Dolchstich, der ihn mitten ins Herz traf. Ein Dutzend Krummsäbel wurden gezückt, um den Attentäter niederzuschlagen, als in diesem Augenblick die Stimme des Sultans aus dem verborgenen Gitter zu vernehmen war. Der Herrscher sprach den Soldaten von jeder Schuld am Tode des Großwesirs frei. So einfach war das. Etwas aber entsprach dann doch nicht so ganz den Erwartungen Murads: Als er sich das Vermögen Sokollys nach dessen Tod aneignen wollte, mußte er feststellen, daß dieser ein verhältnismäßig armer Mann gewesen war.

Für einen Zeitraum von hundert Jahren war Sokolly der letzte Großwesir gewesen, der sich wirklich Macht zu erobern verstand. In den zwölf Jahren nach Suleimans Tod vergrößerte er das Imperium um Zypern, um einen großen Teil Persiens und um den Jemen, außerdem eroberte er die Provinz Tunis für das Land zurück. Die Gebiete, die jetzt Murad oder besser gesagt seiner Mutter unterstanden, dehnten sich vom Herzen Ungarns im Norden bis zum Persischen Golf und bis zum Sudan im Süden aus, vom Kaspischen Meer und von Persien im Osten reichten sie im Westen bis nach Oran. Das östliche Mittelmeer war jetzt praktisch ein ottomanisches Gewässer.

Von nun an ging das Amt des Großwesirs von einer Hand in die andere über. Auf Fähigkeit kam es kaum noch an. Jetzt zählten nur noch die wechselnden Launen des Sultans. Als Murad eines Abends verkleidet den Basar besuchte, blieb er stehen, um einem Koch namens Ferhat zuzuhören, der lauthals die Mißstände in der Regierung tadelte. Er unterhielt sich mit ihm, fand seine Antworten treffend und geschickt und seine Gedanken klug. Er zitierte den verblüfften Mann am folgenden Tage in den Palast, wo er ihn sogleich an die Stelle dessen setzte, über den er tags zuvor sich so abfällig geäußert hatte. Der Koch brachte es später bis zum Großwesir.

Die Königinmutter wandte jetzt ihre ganze Aufmerksamkeit ihrer Gegenspielerin Baffo zu. Es war freilich unmöglich, auch sie umbringen zu lassen. So beschloß sie, auch diesmal die Unterstützung des Kislar Aga in Anspruch zu nehmen, aber eine völlig andere Methode anzuwenden, die auf einer gut durchdachten Politik aufgebaut war: Sie versorgte ihren Sohn mit einer endlosen Zahl von Konkubinen, von denen jede schöner und jünger war als die Baffo. Murad war offensichtlich ein schwacher Charakter, aber zu jener Zeit war er noch nicht durch und durch verdorben. Es gibt im Britischen Museum eine Darstellung von ihm, die sich in einem Dokument befindet und sehr verschieden von dem Bild ist, das man aus dem Anfang seiner Regierungszeit kennt: Jetzt war er ein »Mann von mittlerer Größe und so gedrungen gebaut, daß es so aussah, als habe er keinen Hals. Seine Gesichtsfarbe war rosa und weiß, sein Gesichtsausdruck war der eines Königs; er blickte großmütig, gütig und freundlich drein, sein Bart war blond, beinahe goldfarben. Er trug ein reichverziertes und prächtiges Gewand«. Er liebte das Wohlleben und auch die Musik – wenn im Harem ein Konzert stattfand, wurden den Musikern die Augen verbunden –, und er war auch ein Freund von Festen und von Geselligkeit. Kurz gesagt, er war genau der Mann, der zu schwach war, um trotz seiner Zuneigung zu der Baffo den

Versuchungen zu widerstehen, wenn seine Mutter ihm an jedem Freitag eine neue und schöne Sklavin schenkte. Besonders dann wurde er schwach, wenn ihn nicht nur seine Mutter, sondern auch maßgebliche Staatsbeamte aus seiner täglichen Umgebung eindringlich darauf hinwiesen, daß seine Anhänglichkeit an die nach der Geburt ihres Sohnes kinderlos gebliebene Baffo die Ursache dafür war, daß es zur Erhaltung des von Osman abstammenden Herrschergeschlechts bisher nur einen einzigen männlichen Erben gab. Er war der einzige Sohn der beiden. Es war folglich seine »Pflicht«, noch mehr Kinder in die Welt zu setzen, und wenn es auch nur aus dem Grunde geschah, das Geschlecht nicht aussterben zu lassen. So quoll der Harem bald über von den »schönsten Blüten aus den Sklavenmärkten des Ostens«, und der Kislar Aga zeigte sich so emsig im Beschaffen immer neuer Odalisken, daß »der Preis für diese Ware auf den Sklavenmärkten ganz beträchtlich in die Höhe kletterte«.

Murad wurde der Vater von hundertdrei Kindern. Abwechslung in der Liebe war eine Sache, Anhänglichkeit eine andere, und wenn die Baffo auch nicht mehr das Nachtlager des Sultans teilte, so blieb sie doch weiterhin seine ständige Gefährtin. Als Nur Banu im Jahre 1583 starb, herrschte die Baffo unbeschränkt über den Harem, denn jetzt stand ihr keine nach Macht strebende Schwiegermutter mehr im Wege. Es paßte ihr ganz gut, ihren Gatten bei seinen allnächtlichen Vergnügungen gewähren zu lassen. Ihr genügte es, wenn sie bei den öffentlichen Angelegenheiten ihren Einfluß auf ihn geltend machen konnte.

Im Laufe aller dieser von Weibergezänk widerhallenden Jahre hatte sich Konstantinopel verändert. Die meisten außerhalb des Hofes lebenden Bürger hatten sicher keine Ahnung von den Machtkämpfen, die sich hinter der »Pforte zur Glückseligkeit« abspielten. Für sie war das Leben ernst genug. Aber Konstantinopel war wenigstens auf einem Gelände erbaut worden, das sich »durch atemberaubende und von der Natur selbst geschaffene Schönheit auszeichnete«, wie Gibbon schrieb, »und dort ist diese Stadt zum Mittelpunkt und zur Hauptstadt einer großen Monarchie geworden«. Wenn diese Metropole auch nicht mit weltberühmten Straßennamen protzen kann und wenn damals auch die meisten Häuser aus Holz waren, so gab es doch schon zu jener Zeit eine überraschend große Zahl von Annehmlichkeiten.

Bei den Riten der islamitischen Religion spielte das Wasser stets eine sehr wichtige Rolle; deshalb gab es überall Springbrunnen. »Wasser galt stets als ein besonders wertvolles Geschenk Gottes«, und wo auch immer eine Quelle sprudeln mochte, da entstand sehr bald ein Springbrunnen. Wasserleitungen beförderten das Wasser in Zisternen oder zu hochmodernen Wassertürmen. Dort wurde es gefiltert und in Röhren in die Häuser der reichen Leute oder in zentral gelegene Wasserbehälter geleitet. Die öffentlichen Bäder waren prachtvoll ausgestattet, das Wasser in ihnen war so heiß, daß es dampfte.

Der »Große Basar« war von einer Mauer mit achtzehn Toren umgeben und besaß siebenundsechzig Hauptstraßen. Er war keineswegs bloß ein Platz für Zusammenkünfte, sondern vielmehr ein Supermarkt von einem Ausmaß, das die bunteste Phantasie übertraf.

Dort gab es fast viertausend Läden unter einem Dach, in denen man alles Erdenkliche kaufen konnte, vom Kamel bis zu einem Topf mit Rosenblättern gewürzter Marmelade. Nördlich des Bosporus hatten die Bordelle in den Vorstädten Pera und Galata*) bis zum frühen Morgen Hochbetrieb, und zur gleichen Zeit schüttelten in benachbarten Kaffeehäusern hartnäckige Zecher ganze Gallonen von Kuttelsuppe in dem festen Glauben in sich hinein, daß sie auf diese Weise einen Katzenjammer vermeiden konnten. Die Stadt war ein bißchen stolz darauf, daß sie dreihundert Läden besaß, die nichts anderes als dieses überall beliebte Kuttel- oder Kaldaunengericht verkauften, zu dem stets auch Knoblauch gehörte. Dies paßt zu dem Bericht des Evliya Effendi, der damals gelegentlich die Türkei bereiste und dem es auffiel, daß Kuttelsuppe niemals ohne Beigabe von Knoblauch aufgetragen werden darf, denn wenn dieser auch übel riecht, so ist er doch eine der Segnungen aus der Hand Gottes selbst.

Die Leute, die den Geruch loswerden wollten, aßen zur Abhilfe große Mengen warmer Mandelspeise, über die man Zimt oder

*) Das Wort »Galata« ist von dem griechischen Wort für »Milch« abgeleitet. Zur Zeit von Byzanz fand in Galata der Milchmarkt statt.

Ingwer streute. Wenn die nach Knoblauch riechenden Männer dann ihre in Wut geratenen Frauen besänftigen wollten, dann konnten sie in Adrianopel hergestelltes Rosenöl, den Extrakt aus Hyazinthen oder auch das aus Mandeln und Nüssen aus Zypern gewonnene ätherische Öl kaufen.

Wer Geld und Macht besaß, kleidete sich prächtig und trug lange, wallende Kaftane aus mit schwerem Brokat besetztem Brusasamt. Die Reichen wohnten längs des Ufers am Goldenen Horn in einer Reihe von Palästen oder in Villen, die in dichten Hainen aus Zypressen und Platanen standen.

Die meisten Türken besaßen zu Hause einen Negersklaven, auch die weniger begüterten Leute. Er hielt die Wohnung in Schuß und bereitete über einem Holzkohlenfeuer die Speisen zu, wobei er mit einem Truthahnflügel die rote Glut in Gang hielt. Im einfachsten Haushalt gab es einen Harem, auch wenn er nur aus einer einzigen verschleierten Frau bestand. Die Männer aßen stets allein, und vom »Selamlik« – von der »Männerseite« – aus wurden die Speisen mit Hilfe von einer Art Drehtisch in den Harem hinübergeschafft.

Für die Armen gab es billiges Gemüse, aus dem man dicke Suppen kochen konnte. Es gab viel Zwiebeln und Knoblauch, um das schiere Fleisch oder die Kutteln zu würzen. Milch und Yoghurt waren ebenfalls billig, und für Reis galt das gleiche. Die Leute, die außerhalb ihrer Wohnungen zu arbeiten hatten, wickelten Brotscheiben zusammen mit ein paar Zwiebeln in ein Tuch und steckten das Ganze bis zur Essenszeit in ihre Blusen. Es war ein einfaches Mahl, bei dem nur eine Bedingung eingehalten werden mußte: Man durfte es nur in der Nähe von Wasser zu sich nehmen, denn es war verboten, etwas zu essen, wenn man sich nicht vorher gewaschen hatte.

Im Winter wurden die Zimmer dadurch geheizt, daß man glimmende Holzkohle in ein rundes Gefäß tat und mit Holzasche bedeckte. So hielt sich die Wärme noch lange in der Wohnung, nachdem der Sklave die Betten für die Nacht zurechtgemacht hatte, was freilich nur darin bestand, daß er ein paar Matratzen auf dem Fußboden ausbreitete.

Ein Dienerproblem gab es nicht, denn der Sklavenmarkt in

Konstantinopel war außer freitags täglich von acht Uhr morgens bis zum Mittag geöffnet. Dort befand sich hinter einem riesigen hölzernen Tor ein von kleinen Kammern umgebener und mit Säulen versehener großer Innenhof. Auch ein Kaffeeausschank war vorhanden, wo sich die Kauflustigen aufhalten konnten. Hier war der Sklavenmarkt für »Hauspersonal«, auf dem meist Negerinnen verkauft wurden, deren Zähne, Muskeln und Beine man ebenso eingehend untersuchte, wie es die Pferdehändler bei ihren Tieren zu tun pflegen. Etwas ganz anderes war es freilich, wenn es sich um den Kauf eines schönen georgischen oder tscherkessischen Mädchens handelte, das zur Konkubine bestimmt war. Ganz sicher wurden die besten von ihnen für den Sultan zurückbehalten, und sie waren in der Tat so knapp, daß die Tscherkessen, wie berichtet wird, »ihre eigenen Farmen zur Aufzucht von Sklavinnen« einrichten mußten, in denen sie »schöne Frauen aufzogen, wie man in anderen Ländern Rinder oder Weizen züchtet – lediglich zum Verkauf«. Immerhin gab es eine für die Nachwelt vorteilhafte Begleiterscheinung dieser »Sklavenzuchtfarmen«, denn »die lebhafte Nachfrage nach Sklavinnen in Istambul veranlaßte die Eltern, ihre Töchter durch Impfung vor der Entstellung durch die weitverbreiteten Blattern zu schützen«.

Vom Tscherkessengebiet aus gelangte diese Sitte des Impfens durch die zahlreichen in Konstantinopel lebenden europäischen Ärzte nach dem Westen. So geschickt diese ja stets männlichen Mediziner auch waren, ihre Möglichkeiten, weibliche Patienten zu kurieren, waren doch erheblich eingeschränkt, denn sie durften diese ja niemals zu Gesicht bekommen. Immerhin taten sie ihr Bestes, wenn dies auch nur darin bestehen konnte, daß sie ein paar Blutegel beschafften, die die Eunuchen oder Haremssklaven den Frauen ansetzten. Für Blutegel gab es ein eigenes Regierungsmonopol, und sie wurden in großen Mengen nach Deutschland und Rußland ausgeführt. Die besten kamen aus Anatolien, denn »man sagt ihnen nach, daß sie bei der Ausübung ihrer blutsaugerischen Tätigkeit besonders eifrig sind«. Wenn das Heilverfahren beendet war, dann wurde der Blutfluß mit einem türkischen Gegenstück zu den heute üblichen Gerinnungsmitteln zum Stillstand gebracht. Dabei handelte es sich um eine Auflage von gemahlenem Kaffee, und das war nicht weiter unbequem, außer daß die Patientin im Bett bleiben mußte.

Vernünftigerweise scheinen die meisten Türken zu jener Zeit mit einer einzigen Frau recht glücklich gewesen zu sein. Das war sicher darauf zurückzuführen, daß der Bräutigam die Mitgift zu beschaffen hatte, vielleicht aber auch darauf, daß es in jenen Tagen sehr leicht war, sich scheiden zu lassen. Das war auch ganz angebracht, denn viele Knaben wurden schon mit dreizehn oder vierzehn Jahren mit elf- oder zwölfjährigen Mädchen verheiratet, die sie vor der Hochzeit niemals gesehen hatten.

Die leichte Scheidungsmöglichkeit hatte jedoch recht seltsame Folgeerscheinungen. Ein Mann durfte nicht eher eine geschiedene Frau heiraten, als bis viereinhalb Monate seit der Scheidung von ihrem Mann verstrichen waren. Wenn ein Mann sich zweimal von seiner Frau scheiden ließ, durfte er sie noch einmal ehelichen. Aber zuweilen kam es nach einem Ehestreit vor, daß ein Mann sich zum dritten Mal von seiner Frau trennte, später dann aber merkte, daß er sie doch noch liebte. In diesem Fall durfte sie erst dann wieder zu ihm zurück, wenn sie zwischendurch mit einem anderen Mann verheiratet war. Dies sollte eine Art Warnung davor sein, sich allzu oft scheiden zu lassen. Aber bald gab es den eigenartigen Beruf des »Zwischenehemannes«, der sich dazu hergab, die betreffende Frau für nur eine Nacht zu heiraten. Gewöhnlich handelte es sich dabei um einen alten Mann, der für diese Dienstleistung bezahlt wurde, der aber keineswegs besonders darauf erpicht war, seinen ehelichen Pflichten nachzukommen.

Bei einer Gesellschaftsschicht in Konstantinopel waren Scheidungen gang und gäbe, denen oft eine Wiederverheiratung folgte: bei den Männern, die eine oder mehrere Konkubinen besaßen. Das führte unausweichlich zur Ehezerrüttung, zu Eifersuchtsszenen und vielfach auch zu Gewalttaten, besonders dann, wenn die Ehefrau merkte, daß sie um ihre ehelichen Rechte betrogen wurde. Sechs Nächte in der Woche durfte sich zwar der Gatte mit seinen Konkubinen vergnügen, jeder Freitag aber blieb unweigerlich seiner eigentlichen Ehefrau vorbehalten.

Man mußte freilich ein Türke sein, um die bescheidenen Vergnügungen des Lebens in Konstantinopel des sechzehnten Jahrhunderts genießen zu können. Das Leben der Angehörigen der im Lande lebenden unterjochten Völker war vielen strengen Einschränkungen unterworfen, besonders dann, wenn es sich um Christen handelte. Armenier mußten dunkelrote Schuhe tragen, Griechen schwarze, Hebräer blaßblaue. Ottomanische Christen mußten ihre Häuser mit schwarzer Farbe kenntlich machen und schwarze Kleidung tragen. Wenn sie irgendwo einen Moslem trafen, dann mußten sie vom Pferde steigen.

Christliche Reisende waren der Willkür jedes Moslems preisgegeben, der gerade seinen antichristlichen Empfindungen Ausdruck geben wollte. Das hatte ein Engländer namens Fynes Moryson am eigenen Leibe erfahren müssen, der zu jener Zeit die Türkei bereiste. »Zu meinem erheblichen Mißvergnügen«, schrieb er, »riß mir ein wild dreinblickender Türke meinen Hut vom Kopf. (Dort war nämlich die europäische Sitte, Hüte zu tragen, nicht üblich.) Nachdem er ihn hin und her gewendet und lange betrachtet hatte, sagte er – um seine nicht ganz gesellschaftsfähigen Wörter zu gebrauchen –, ›Leih mir doch rasch einmal diesen Topf, damit ich meinen Darminhalt darin entleeren kann.‹ Damit schleuderte er hämisch grinsend den Hut auf den schmutzigen Erdboden, ich aber trug es mit Würde.«

Die wenigen ausländischen Diplomaten sahen sich anderen Problemen gegenüber, besonders die ersten englischen Gesandten, welche Elisabeth I. etwa während der Mitte von Murads Regierungszeit entsandte. Wenn die knauserige Elisabeth auch einen Gesandten besaß, dessen Aufgabe es war, dem gefährlichen Treibsand politischer Winkelzüge auszuweichen, so zahlte sie ihm doch nicht einen einzigen Penny dafür. Ihr zweiter Gesandter, Edward Barton, mußte sie um ausreichende Mittel für seinen Lebensunterhalt bitten. Er sollte für die Britisch-Türkische Gesellschaft tätig sein, dabei aber ausdrücklich auch im Namen der Königin wirken. Sein gesamtes Einkommen hing jedoch nur von dieser Gesellschaft ab.

Die ersten Gesandten wie Barton waren eigentlich Händler, und während der ersten fünf Jahre des Bestehens der Britisch-Türkischen Gesellschaft machten britische Schiffe siebenundzwanzig Fahrten zwischen England und Konstantinopel, wobei sie wollene Stoffe, Zinn einschließlich Schüsselzinn, Blei und Kaninchenfelle ausführten. Sie brachten Rohseide, Indigo, Korinthen, Öl, Wein, Angorawolle und die Vorläufer der heutigen Kamelhaarstoffe nach England mit, die »Chamblette« genannt wurden. Sie importierten auch eine Ware, die im damaligen England Elisabeths sehr beliebt war: Angorawolle von strahlend weißer Farbe aus der Stadt des gleichen Namens, die heute Ankara heißt. Sie war schon damals teuer, denn die Türken entdeckten, daß sie rauh war, wenn man dazu geschorene Ziegenhaare verwandte. Aber wenn man die Haare einzeln herauszog, wurde die Wolle so weich und fein wie Seide. Für die Ziegen war es freilich eine ziemlich schmerzhafte Angelegenheit, wenn man ihnen die Haare auszupfte, aber einige mitleidige Türken linderten die Schmerzen dadurch, daß sie die Ziegen mit einer Mixtur aus Kalk und Asche wuschen. Es gab noch einen anderen hochgeschätzten Ausfuhrartikel: die Exkremente von Hunden aus Stambul, die man in England zum Gerben brauchen konnte.

Es gelang schließlich Barton, Elisabeth zu veranlassen, Geschenke für den Sultan zu schicken. Zweifellos war es damals für einen Diplomaten gar nicht so einfach, eine Audienz zu bekommen. Das konnte Barton feststellen, als er die Gaben Elisabeths überbrachte, die aus »zwölf hübschen vergoldeten Tellern, sechsunddreißig Gewändern aus feinem englischen Tuch in allen Farben, zwanzig Roben aus goldfarbenem Stoff, zehn Gewändern aus Satin, sechs Stück feinem ungebleichtem Leinen und noch anderen Dingen von hohem Wert« bestanden.

An jenem Tage, an dem ihm eine Audienz gewährt wurde, fuhr Barton von seiner Gesandtschaft in Pera aus in einem goldfarben und silbern schimmernden Prachtgewand quer über das Goldene Horn. Er wurde von »sieben in kostbaren Satin gekleideten Leuten« und dreißig Mitarbeitern aus seinem Stabe begleitet, die eine dunkel-rostbraune Livree trugen. Als Barton in der Nähe des Serails an Land ging, feuerte ein britisches Handelsschiff Salut aus sämtlichen Geschützen. Zwei Paschas und vierzig Herolde standen hoch zu Roß bereit, um Barton würdig zu empfangen, als er in voller Gala in den ersten Vorhof des Serails hineinritt. Noch vor dem zierlich wirkenden Tor zum zweiten Hof, dessen schmucke

Türmchen wie Kerzenlöscher aussahen, stieg er vom Pferd. Vor dem Zusammentreffen mit dem Sultan mußte er freilich noch allerlei umständliche Vorbereitungen über sich ergehen lassen. Eine Ehrengarde säumte den Pfad, der zum Diwan führte. Ganze Reihen von Hofbeamten neigten zeremoniell ihre Häupter, als Barton zwischen ihnen hindurchschritt. Noch ehe die Speisen aufgetragen waren, händigte der Britische Gesandte im Diwan die Briefe der Königin Elisabeth dem Großwesir aus.

Das Mahl bestand aus hundert verschiedenen Gerichten, die auf langen Teppichen bereitstanden. Ihre Skala reichte von »gekochtem und geröstetem Hammelfleisch« über »Reis mit verschiedenen Beilagen« bis zu »allerfeinsten Pfannkuchen«. Alle hockten sich zum Essen auf den Fußboden nieder und spülten die Speisen mit gezuckertem Rosenwasser hinunter, das ein Diener mit unfehlbarer Zielsicherheit aus einer um seinen Rücken geschlungenen Ziegenhaut in Becher spritzte. Das Mahl wurde mit »großer Nüchternheit und schweigend« eingenommen, bis die Gäste sich erhoben und »es plötzlich eine ziemlich würdelose Balgerei unter den schwarzen Sklaven um die übriggebliebenen Brocken« gab.

Der Sultan hielt sich im Thronsaal des dritten Hofes hinter der »Pforte zur Glückseligkeit« auf, aber ehe man es Barton gestattete, zu »Seiner Erhabenen Person« aufzublicken, wurde er erst einmal so gekleidet, wie es sich bei einer solchen Gelegenheit ziemte. Eine besonders gearbeitete goldfarbene Robe wurde über sein eigenes Staatsgewand gezogen, dann begann die Übergabe der Geschenke. Hundert Männer wurden dazu gebraucht, um sie wie in einer Prozession zum Sultan zu tragen. Doch dieser blieb noch immer für Barton unsichtbar, während er außerhalb des Tores wartete, umringt von einer fremdartigen Menge von Eunuchen, Zwergen und ebenfalls zum Hof gehörenden Taubstummen.

Nachdem der letzte Diener mit der letzten Tuchrolle im Thronsaal verschwunden war, folgte ihm Barton. Wie es der Brauch gebot – weil man einem möglichen Mordanschlag vorbeugen wollte –, packten zwei Paschas die Falten seiner langen Ärmel, hielten seine Arme fest und schoben ihn in den Audienzsaal.

Murad war allein, bis auf einen Pascha, der »mit geneigtem Haupt und gesenktem Blick« in seiner Nähe stand. Der Sultan war in silberfarbenes Tuch gekleidet, er saß auf einem goldenen Thron, den ihm seine ägyptischen Vasallen geschenkt hatten und der aus achtzigtausend eingeschmolzenen Golddukaten hergestellt war. Rings um den Thron herum lag ein mit Silber und Perlen bestickter Teppich aus grünem Satin. Noch immer im Griff der Paschas, verneigte sich Barton und küßte Murads juwelengeschmückte Hand. Dann wurde er ganz unzeremoniell rückwärts bis zum Eingang geschoben, und damit war die seltsame Audienz vorüber. Jetzt ließ man ihn los, und er konnte zu seinem »Kayik« – seinem Boot – zurückkehren. Zweitausend Reiter begleiteten ihn bis ans Ufer. Es war damals eine Zeit, zu der der Austausch von Geschenken üblich war. Der Hof in Konstantinopel war offensichtlich von den großzügigen Geschenken aus England beeindruckt. Ganz im Gegensatz dazu bestanden die Geschenke aus Venedig nur aus vier Stück Parmesankäse. Als Murad dann starb, sprach man Elisabeth in einem Brief dadurch eine Anerkennung für ihre Freigebigkeit aus, daß man ihn an die »edelste unter den Frauen der Welt« richtete.

Königin Elisabeth hatte auch die Sultanin Baffo mit Geschenken bedacht. Sie bestanden in einem »Juwel von einem Bild Ihrer Majestät, das mit einigen Rubinen und Diamanten besetzt war, drei vergoldeten Tellern, zehn Gewändern aus goldfarbenem Tuch, einem hübschen Kasten mit silber- und goldfarbenen Glasflaschen und zwei Stück ungebleichter Leinwand«.

Die Baffo war entzückt, als sie diese Geschenke erhielt, und ließ über den Kislar Aga anfragen, welche Gegengeschenke Elisabeth gern haben wollte. Barton riet ihr zu einem Prunkgewand, das für einen königlichen Prinzen paßte, weil es so etwas sehr selten gab. Die Baffo schickte es ihm umgehend und sandte einen etwas sonderbaren Begleitbrief mit: »Ich schicke Eurer so ehrenhaften und süßen Majestät einen Friedensgruß«, so schrieb sie, »denn Eurer Majestät kommen die Lieder ganzer Herden von Nachtigallen nicht gleich, und auch dieser so einfältige Brief von mir ist Eurer Majestät nicht würdig. Aber in uns ist eine einzigartige Liebe gewachsen, die auf Gegenseitigkeit beruht und die einem von lieblichen Vögeln belebten Garten gleicht... Ich will vor dem Antlitz des allermächtigsten Herrschers stets eine Sachwalterin aller Dinge sein, die Eure Majestät betreffen, so daß Eure Majestät allezeit vollstens mit mir zufrieden sein werden.«

Barton muß ein sehr scharfsinniger Diplomat gewesen sein, und schon früh hatte er sich für den Verkehr zwischen seiner Gesandtschaft und London einen geheimen Code ausgedacht: Für den Sultan galt die 105, für Elisabeth hatte er die Ziffer 9 ausgewählt. Als Murad III. dann im Jahre 1595, acht Jahre vor Elisabeths Tod, starb, fügte er seinem alle zwei Wochen fälligen Bericht eine Fußnote bei: »105 ist schwerkrank, einige sagen, er sei bereits tot und sein Sohn sei an seine Stelle getreten.« Es stimmte. Vier Tage bevor Barton an die Königin schrieb, war Murad mitten in der Nacht während eines epileptischen Anfalles einem Nierenleiden erlegen. Sein Tod war durch sein lasterhaftes Leben noch beschleunigt worden, denn »er lebte nur von derbem Fleisch, dicken Suppen, dem Mark aus Schafsknochen und anderen die Liebeskraft steigernden Nahrungsmitteln«, berichtete der Venezianische Gesandte und fuhr dann fort: »Ständig quälte ihn sein Geschlechtstrieb.« Fünfzig Jahre wurde er alt, zwanzig Jahre lang hatte er regiert, zwanzig seiner Söhne und siebenundzwanzig Töchter überlebten ihn. Bei seinem Tode waren sieben seiner Frauen schwanger.

Mit neunundzwanzig Jahren wurde Mohammed III. neuer Sultan. Er war ein großer Mann und besaß einen furchteinflößenden, schwarzen Bart. Außerdem hatte er einen Hang zu abnormer Grausamkeit. Im Britischen Museum gibt es in einer Handschrift eine Beschreibung von ihm, in der es heißt, daß ihn sein Vater wegen seines ungezügelten Temperamentes ohne jede Rücksichtsnahme in eine entlegene Provinz verbannt hatte. Auch von seinen wahnsinnsähnlichen Anfällen und seiner Grausamkeit ist dort die Rede, die manchmal auf die in seiner Natur liegende Brutalität zurückzuführen war, manchmal aber auch nur als Stimmungen oder Launen zu deuten sind. Diese Ausbrüche rissen ihn sogar dazu hin, die Brüste von Frauen mit glühenden Eisen herausbrennen zu lassen.

Als Mohammed sicher zu sein glaubte, daß sein Vater nicht mehr lebte, tauchte er an einem Januarmorgen in einer Admiralsgaleere beim Großen Serail auf. Es war kurz nach neun Uhr, ein leichter Regen fiel. Zum Dank für die ohne Zwischenfälle verlaufene Reise ließ er die Galeerensklaven frei. Außerdem forderte er eine halbe Million Hyanzinthenzwiebeln aus Aleppo an, mit denen er an der Stelle, wo er angekommen war, einen Garten anlegen und bepflanzen lassen wollte, noch ehe er an der Bestattung seines Vaters teilnahm.

Ganz Konstantinopel war auf den Beinen, als Mohammed in einem purpurroten Umhang dem Leichnam des alten Sultans folgte. Der Sarg aus Zypressenholz war mit goldfarbenem Tuch und einem mit Diamanten besetzten Gurt geschmückt, als man ihn zur Hagia-Sophia-Moschee brachte. Die Offiziere der Leibgarde hielten Palmen über ihren toten Herrn, die Männer vom Hofstaat waren sämtlich schwarz gekleidet und trugen zum Zeichen der Trauer ungewöhnlich kleine schwarze Turbane.

Kaum lag der Tote in seinem Grab, als Mohammed sich unverzüglich zu der Baffo begab. Zwölf Jahre vorher hatte er seine Mutter zum letzten Male gesehen. Es wurde niemals bekannt, was bei jener verhängnisvollen Begegnung zwischen Mutter und Sohn vorging, die meisten Geschichtsschreiber aber stimmen darin überein, daß es die herrschsüchtige Mutter war, die in ihrer Gier nach Macht ihrem charakterschwachen Sohn gegenüber darauf bestand, daß das »Gesetz der zugelassenen Brudertötung« zur Anwendung kam. Mohammed war einverstanden, obwohl ihm sicherlich vor Kummer das Herz blutete, wenn er an den schauerlichen Abend dachte, den er noch durchzustehen hatte. Bei den Herrschern der Ottomanen war eine solche Regung freilich ziemlich selten. Die Baffo wollte auf keinen Fall Zeit verlieren, und so befahl der Sultan noch am gleichen Abend seine neunzehn Brüder zu sich, »weil sie ihm die Hand küssen sollten«. Der Größte war erst elf Jahre alt, »es waren wirklich allesamt sehr gutgewachsene und hübsche Knaben«.

Als sie in den Thronsaal trotteten, versicherte Mohammed ihnen, daß sie nichts zu fürchten hätten und daß er ihnen nichts Böses antun wollte. Er meinte aber, daß es höchste Zeit sei, sie endlich beschneiden zu lassen.

Die Chirurgen warteten schon in den angrenzenden Zimmern, wo sich auch die taubstummen Höflinge aufhielten. Innerhalb von wenigen Minuten wurde jeder der Sultanssöhne im Rahmen einer kurzen Audienz beim Herrscher beschnitten. Dann brachte man einen nach dem anderen in ein Nebenzimmer, wo sie sämtlich mit einer seidenen Bogensehne mit großer Geschicklichkeit von hohen Geistlichen erdrosselt wurden. Diese Todesart war nur bei den Türken üblich.

Am nächsten Morgen legte man die neunzehn Toten in neunzehn kleine Särge. Der Brauch gebot es, daß der Sultan sich noch einmal zu einer kurzen Besichtigung der schaurigen Leichenparade zu ihnen begab, ehe man sie fortbrachte, um sie bei ihrem Vater beizusetzen.

Diese Schandtat wurde ausdrücklich durch ein Gesetz zugelassen: durch das zanán námeh. Mohammed der Eroberer hatte es erlassen, um die Gefahr von Erbstreitigkeiten bei der Thronfolge auszuschließen. Es besagte, daß »die Mehrzahl der Gesetzgeber ausdrücklich erklärt hat, daß diejenigen meiner erlauchten Kinder und Kindeskinder, die den Thron besteigen werden, das Recht haben sollen, ihre Brüder umzubringen, damit der Friede in der Welt gewahrt bleibt. Sie werden dazu angehalten, eine milde Todesart zu wählen.« Es war jedoch immer noch etwas anderes, ob man dieses Recht nur hatte oder ob man es auch anwandte. In diesem Fall setzte sogar eine Mutter alles daran, daß es mit aller Härte durchgeführt wurde, nachdem es ihr gelungen war, das Einverständnis ihres Sohnes zu erreichen.

Aber Mohammed hatte auch Sinn für die Würde, die einem Herrscher anstand: Als er die offizielle Nachricht vom Tode seiner Brüder erhielt – man schrieb solche Nachrichten gewöhnlich mit weißer Tinte auf schwarzes Papier –, ordnete er sogleich ein Staatsbegräbnis an, zu dem er alle Leute von Rang und Namen einlud.

Am Tage nach der Bestattung schickte Mohammed sich an, eine Art Frühlingskehraus in seinem eigenen Hause zu veranstalten. Das lief zunächst darauf hinaus, daß er die Konkubinen seines Vaters in den Alten Serail bringen ließ – Adrianopel war inzwischen aus der Mode gekommen –, wo sie ihren Leidensschwestern in klösterlicher Abgeschiedenheit für den Rest ihres Lebens Gesellschaft leisten konnten. Murad war so reich an Nebenfrauen gewesen, daß »alle Fahrzeuge, Kutschen, Maultiere und Pferde des

Hofes für diesen Zweck gebraucht wurden«. Die sieben schwangeren Witwen steckte man in Säcke, die man oben zuband und dann in den Bosporus warf, um sie zu ertränken. In einer den ganzen Tag währenden düsteren Prozession zogen die Frauen in den Alten Serail um. Dort konnten die Mütter der neunzehn erdrosselten Knaben wenigstens ungestört ihre Söhne beweinen. Im Großen Serail war dies so streng untersagt, daß eine Übertretung dieses Verbotes den sofortigen Vollzug der Todesstrafe nach sich gezogen hätte.

Wie Messalina begann jetzt die Baffo ganz bewußt damit, ihren verderblichen Einfluß auf ihren eigenen Sohn von Tag zu Tag wirksamer werden zu lassen. Sie wußte genau, daß ihr am ehesten der Weg zur Macht jetzt wieder offenstehen würde, wenn sie den Harem ihres Sohnes so anziehend wie möglich ausstattete und außerdem jede Woche mit neuen Schönheiten besetzte. Wie Fynes Moryson berichtete (das war jener britischer Reisende, dessen Hut zur Auseinandersetzung mit einem Muslim geführt hatte), »hieß es, Mohammed habe bei seiner Thronbesteigung geschworen, daß er niemals eine Nebenfrau nehmen werde und auch nie eine andere Frau kennenlernen wolle als seine eigene Sultanin«. Diese Einstellung war sicher auf seinen Kummer über die Ermordung seiner Halbbrüder zurückzuführen. Doch Moryson schreibt dann weiter, daß »Mohammed schon nach kurzer Zeit fünfzig Jungfrauen bei sich aufnahm, die ihm geschenkt worden waren, und daß er im Zeitraum von wenigen Monaten fünfhundert Konkubinen für sein Bett besaß«.

Jetzt war die Baffo allmächtig. Im Laufe von acht ereignislosen Jahren hatte sie während der Regierungszeit ihres Sohnes einen Krieg mit ihrem Heimatland Venedig verhindert, wobei sie sich einer jüdischen Frau namens Chiarezza bediente, die in regelmäßigen Abständen Juwelen zum Verkauf in den Harem brachte. Sie richtete dem venezianischen Gesandten Botschaften von der Baffo aus und nahm heimlich von ihr Briefe an Catharina von Medici nach Venedig mit. Nur einmal konnte sie ihren Sohn nicht zurückhalten; als der Krieg gegen Ungarn ausbrach. Die Baffo wußte genau, daß für sie auch bei ihrem Sohn das Sprichwort galt: aus den Augen, aus dem Sinn! Als im Jahre 1593 Transsylvanien und die Walachei sich in hellem Aufruhr befanden, setzten sich Österreich und Ungarn unter Kaiser Maximilian gegen das Ottomanenreich in Marsch. Ehe man in Konstantinopel so recht begriffen hatte, was vorging, hatte der Feind die Donau überschritten und die Türken aus mehreren wichtigen Stützpunkten verjagt. Sofortiges Handeln war erforderlich, und so sah Mohammed sich dazu gezwungen, die Fahne des Propheten zu entfalten und sich an die Spitze seiner Truppen zu stellen. Nach langem Zögern tat er dies endlich – zum ersten und einzigen Mal in seinem Leben und gegen den ausdrücklichen Willen seiner Mutter.

»Sich an die Spitze seiner Truppen stellen« ist ein Ausdruck, für den es mehrere Deutungen geben kann; Mohammed nahm keineswegs persönlich an den Kämpfen teil. Er überließ das Oberkommando vielmehr seinem Großwesir, wenn er sich auch am Rande des Schlachtfeldes aufhielt. Seine Leibgarde war bei ihm. Die Heere prallten in der ungarischen Tiefebene in der drei Tage währenden Schlacht von Cerestes aufeinander, und in den ersten beiden Tagen schlugen die Österreicher den Feind in die Flucht, wo immer sie auf ihn trafen. Mohammed geriet in Panik und drängte zum sofortigen Rückzug. Ausschließlich dem Mut und der Fähigkeit eines zum islamischen Glauben übergetretenen italienischen Renegaten war es zu verdanken, daß die Türkei noch einmal glimpflich davonkam. Sein Name war Cicala. Am dritten Tag führte er eine kühne Reiterabteilung in die Schlacht und erreichte damit die große Wende: Dreißigtausend Österreicher und Ungarn fielen, und Maximilian mußte fliehen, um das nackte Leben zu retten. Das ganze verlorene Gebiet wurde zurückerobert, und als willkommener und gefeierter Held konnte Mohammed nach Konstantinopel zurückkehren.

Von nun an wurde der Einfluß der Baffo noch größer, als er je zuvor gewesen war. Sie war es, die die Großwesire aussuchte; der Posten war teuer. Den Verkauf von Ämtern dehnte sie bis in die höchsten Stellen von Justiz und Armee aus. Hohe Beamte, die ihre Stellungen behalten wollten, konnten dies nur durch Zahlungen an die Baffo erreichen. Unausweichlich griff Bestechlichkeit in der Regierung immer mehr um sich. Jeder Beamte wußte genau, daß seine mit Geld erworbene Stellung zeitlich begrenzt war.

Folglich mußte er sich dadurch schadlos halten, daß er rasch möglichst viele Reichtümer zusammenraffte, solange er kraft seines Amtes dies noch ungestraft tun konnte, bevor irgendein unbekannter Rivale sich die Gunst der Baffo erkaufte. Wenn ein Großwesir die Erlaubnis erhielt, Schiffe zu bauen, dann ergaunerte er sich dadurch ein Vermögen, daß er dem Sultan aus sicherer Entfernung ein paar abgetakelte und ausgediente Windjammer in der Werft von Konstantinopel zeigte und dabei erklärte, es handle sich um nach neuesten nautischen Erkenntnissen gebaute Wasserfahrzeuge.

Im Alter von zweiundfünfzig Jahren starb Mohammed, vom Hof unbeweint. Man war dort froh darüber, daß es mit einem Herrscher ein Ende nahm, der sich in seinem Leben ausschließlich sinnlichen und seichten Vergnügungen hingegeben hatte, deren häßliche Spuren er überall mit sich herumtrug: Sein schwerfälliger, aufgedunsener, ungeschlachter und viel zu schwerer Körper war eine ständige Erinnerung an sein ausschweifendes Leben.

Er war der letzte Sultan, der sich schon zu Lebzeiten seines Vorgängers gewisse Freiheiten herausnehmen durfte. Und seine neunzehn Halbbrüder waren die letzten Prinzen, die dem »Gesetz der zugelassenen Brudertötung« zum Opfer fielen. Dies schloß freilich nicht aus, daß auch noch später einige zukünftige Erben der Sultane nicht ganz ohne Grund in Furcht vor der »Bogensehne« lebten.

Nicht viel später wurde die Baffo in ihrem Bett erwürgt. Ihr Tod bedeutete noch nicht das Ende der Haremsherrschaft. Ein neuer Brauch kam auf, der nach Mohammeds Tod den Prinzen das Leben vergällte: Sie hatten ein Schicksal vor sich, das in gewisser Weise noch schlimmer als der Tod war. Weil man ganz sicher sein wollte, daß sie niemals in Machtkämpfe gegen den regierenden Sultan verwickelt werden konnten, wurden sie als »mögliche« Thronerben in ein innerhalb des Serails gelegenes Gebäude eingesperrt, das man »Kafes«, den Käfig, nannte.

Die Jahre der Absonderung

Der »Kafes« war nicht etwa ein vergitterter Käfig im eigentlichen Sinne des Wortes, sondern es war ein außerordentlich sicher abgeschlossener Bau. Es war ein zweistöckiges graues Gebäude, das hinter einer hohen Mauer im Herzen des Großen Serails verborgen war, den Räumen der ersten Sultanin fast gegenüber. Es hatte hübsche Höfe und Gärten, und mit seinem Ziegeldach gehörte es zu den schönsten Bauten des Serails. Aber es machte irgendwie einen düsteren Eindruck. Im Erdgeschoß gab es keine Fenster, während die des zweiten Stockes an der Seeseite lagen.

In den nächsten zwei Jahrhunderten wurden die Thronerben hier eingekerkert, manchmal schon wenn sie erst zwei Jahre alt waren, entweder bis sie auf den Thron berufen wurden oder bis man ihr jämmerliches Dasein gnädig mit der Bogensehne beendete. Einer der Thronerben durfte an die fünfzig Jahre das Gebäude niemals verlassen, und als er dann als erwählter Sultan endlich zum Vorschein kam, hatte er fast das Sprechen verlernt. Die einzigen Gefährten der Prinzen waren Taubstumme, die keinerlei Nachrichten von der Außenwelt weitergeben konnten. Sie besaßen außerdem einen bescheidenen Harem von Konkubinen, die die einzigen lebenden Wesen waren, mit denen sie sich unterhalten konnten. Die Odalisken teilten das Schicksal ihrer Herren, sobald sie sich erst einmal im »Kafes« befanden. Sie verließen es niemals, außer wenn eine von ihnen unvorsichtigerweise schwanger wurde. In diesem Fall wurde sie sofort ertränkt. Dies geschah freilich sehr selten, denn man verwandte große Sorgfalt darauf, diese Frauen unfruchtbar zu machen. Das geschah entweder dadurch, daß man ihnen die Eierstöcke entfernte oder daß man Mittel verwendete, die die Empfängnis verhüteten. Diese wurden von den Ärzten des Serails aus einer verwirrenden Menge von Ingredienzen zusammengebraut, zu denen Muskatnuß, Ambra, Aloe, Kardamom, Ingwer, Pfeffer und Nelken gehörten.

Sultan Achmed I., der Mohammed im Jahre 1603 auf den Thron folgte, richtete diese »Käfige« deshalb ein, weil er sich gegen die barbarische Sitte des »erlaubten Brudermordes« wandte. Vielleicht war er sogar stolz darauf, daß er einen solchen menschenwürdigen Weg gefunden hatte, das Leben seiner Brüder zu schonen. Aber man kann sich unschwer vorstellen, daß sich die jahrelange Absonderung nicht gerade günstig auf den körperlichen und geistigen Zustand der Männer auswirkte, die plötzlich die Zügel der Regierung in die Hände nehmen sollten, nachdem sie ihr halbes Leben öde und unausgefüllt verbracht hatten. Ein führender Kenner der Verhältnisse im Harem – sein Name ist N.m.Penzer – schrieb: »Der Kafes war mehr als irgendein anderer Raum in einem anderen Palast Europas der Schauplatz tierischer Grausamkeiten, erbärmlicher Lebensumstände und oft auch des Blutvergießens. Schwäche, Laster und Geisteskrankheit so vieler Sultane sind auf diese Einrichtungn zurückzuführen, und sie ist außerdem in sehr entscheidendem Maße eine der Ursachen des Niedergangs und Zerfalls des osmanischen Reiches gewesen.«

Achmed war auch der Urheber einer ganz anderen Neuerung während seiner vierzehnjährigen Regierungszeit, ehe er im Alter von achtundzwanzig Jahren an der Schwindsucht starb. Das war die Einführung des Tabaks, und diese stieß auf den hartnäckigen Widerstand der geistlichen Führer. Der Scheich-ul-Islam, der höchste geistliche Würdenträger, verbot den Tabak mit den Worten: »Sein Genuß steht im Gegensatz zum Koran. Das Rauchen ist eine gräßliche und verabscheuenswerte Angewohnheit, der kein wahrer Gläubiger frönen sollte.« Und so verhielt es sich auch, bis irgend jemandem auffiel, daß der Scheich wohl doch nicht so ganz im Recht war, denn im Koran wird der Tabak überhaupt nicht erwähnt. Der neunmalkluge Scheich mußte widerrufen, und der Tabakanbau in der Türkei nahm von da an gewaltig zu.

Während der Regierungszeit Achmeds brachte sein Nachfolger Mustafa mehr als zehn Jahre in der »Absonderung« zu. Er war das erste Beispiel für die katastrophalen Folgen dieser Gefangenschaft, und unter den späteren Sultanen übertraf jedesmal der Nachfolger seinen Vorgänger an Geistesschwäche, Habsucht und Verdorbenheit. Zu der Zeit, als Mustafa der Erste Sultan wurde, war sein Geist bereits völlig verwirrt. Er bestimmte zwei kaum dem Kindesalter entwachsene Günstlinge aus den Reihen seiner Pagen zu Gouverneuren von Kairo und Damaskus. Einen hochgestellten Beamten entließ er, um dessen Posten einem Bauern zu übertragen, der ihm einen Schluck Wasser gegeben hatte, als er gerade auf der Jagd war. Unter fadenscheinigem Vorwand sperrte er den französischen Gesandten in die »Burg mit den sieben Türen« ein.

Nach drei Monaten wurde Mustafa sehr taktvoll und zurückhaltend abgesetzt: Um ihn zu zerstreuen, war eine fünftägige Jagd veranstaltet worden, und als er zurückkam, war er nicht mehr Sultan. Er ging in die »Absonderung« zurück. Sein Neffe Osman der Zweite folgte ihm im Jahre 1618 im Amt, das war kurz bevor die ersten Negesklaven aus Virginia kamen. Sein liebster Zeitvertreib war das Bogenschießen, wobei es ihm ganz besonderes Vergnügen bereitete, lebende Zielscheiben zu verwenden. Kriegsgefangene galten als »geeignetes Wild« für ihn, aber wenn es an diesen mangelte, bestand Osman darauf, seine eigenen Pagen zu benutzen. Nach vier Jahren seiner miserablen Regierung, die eigentlich überhaupt keine Regierung war, beschlossen die Janitscharen, ihn abdanken zu lassen.

Der »Junge Osman«, den man wegen seiner Bartlosigkeit diesen Spitznamen gegeben hatte, versuchte zu fliehen. Aber als die Janitscharen von seinen Fluchtplänen erfuhren, eilten sie unbewaffnet in den ersten Hof und holten sich von dem aufgeschichteten Brennholz Latten und Balken, die sie vor die »Pforte zur Glückseligkeit« und in den Heiligen Bereich des dritten Hofes warfen. Dort entdeckten sie das Zimmer im Harem, in dem Osman sich verbarrikadiert hatte. Sie schlugen die Tür ein und schleppten ihn zum Gefängnis mit den Sieben Türmen – das war eine Art türkische Bastille –, das sich außerhalb der Hauptstadt befand. Osman war ein Mann von schwerem Körperbau, und mit der oft bei Wahnsinnigen zu beobachtenden zusätzlichen Körperkraft kämpfte er um sein Leben. Sechs seiner Angreifer tötete er, ehe ihn ein Säbelhieb zu Boden streckte. Es war die erste Ermordung eines Herrschers in der Geschichte der Ottomanen.

Wer aber sollte sein Nachfolger werden? Es ist kaum zu glauben, aber man entschied sich dafür, dem unglücklichen wahnsinnigen Mustafa noch einmal eine Chance zu geben. Aber das war leichter gesagt als getan. Während eine Gruppe hinter Osman hergewesen war, hatte sich eine andere um Mustafa gekümmert.

Als er das Tor des »Käfigs« nicht aufmachen wollte, erkletterten einige Männer das Dach, deckten ein paar Ziegel ab und konnten Mustafa sehen, wie er mit zwei Odalisken auf einem Kissen saß und sie »mit leerem Blick angrinste«. Einer ließ einen Strick hinunter, aber Mustafa weigerte sich, die Tür zu öffnen. So banden die Verschwörer Mustafa an das Seil und hievten ihn durch das Dach nach oben. Sie hofften, ihn auf ein Pferd setzen und der Menge im ersten Hof zeigen zu können, aber dazu war er zu schwach.

Während des Durcheinanders hatten die Palastdiener vergessen, ihm etwas zu essen zu geben. So wurde Mustafa stattdessen in den Thronsaal getragen und sitzend dem Volke gezeigt.

Sein zweiter Versuch, Sultan zu sein, scheiterte vollständig. Es dauerte nur ein Jahr und vier Monate, dann wurde er in aller Stille erdrosselt.

Jetzt machte der Verfall des Ottomanenreiches schnelle Fortschritte. Der von König Jakob zu jener Zeit eingesetzte britische Botschafter Sir Thomas Roe schrieb in einem seiner Berichte: »Aus Mangel an Weidegründen und infolge der gewaltsamen Unterdrückung ist das ganze Gebiet des ›Großen Herrn‹ entvölkert, und zwar in einem solchen Ausmaß, daß ein Reiter in den besten Gegenden Griechenlands und Anatoliens drei, vier oder manchmal gar sechs Tage lang reiten kann, ohne ein Dorf zu finden, in dem er selbst etwas zu essen finden oder seinem Pferd Futter geben könnte. Die Staatseinkünfte sind dadurch so zurückgegangen, daß es keine Mittel gibt, die Soldaten zu bezahlen und den Hofstaat aufrechtzuerhalten. Eine Zeitlang mögen vielleicht die Reserven des Staatsschatzes ausreichen, und auch zusätzliche Abgaben werden erhoben. Diese aber lasten so sehr auf den Kaufleuten und der arbeitenden Bevölkerung, daß letzten Endes nur die Geier davon satt werden.

Ich kann nur sagen, daß die innere Zerrüttung dieses Reich zugrunde richten wird. Täglich erwarten wir weitere Änderungen und noch mehr Blutvergießen. Die klügsten Männer lehnen es ab, sich an das Steuer des Staatsschiffes zu stellen, und die Narren werden sich selbst ins Unglück stürzen und andere Leute mit sich nehmen.«

Es ist kein Wunder, daß Roe das Ottomanische Reich mit »einem alten Mann« verglich, »der durch die vielen Laster wahnsinnig geworden ist, die an die Stelle der längst dahingeschwundenen Jugend und Stärke getreten waren«. Das Ansehen des Reiches war tatsächlich so sehr gesunken, daß Europa allmählich die Furcht vor dieser Macht verlor, die noch in den Tagen Suleimans des Prächtigen Schrecken verbreitete. Aber die Christen waren untereinander zerstritten und gar nicht dazu fähig, aus dem Niedergang dieses Reiches fremder Religion einen Vorteil herauszuschlagen. Dabei hatte doch gerade diese Macht die Christen so nachhaltig verfolgt. Die Deutschen Staaten waren in religiöse Kämpfe verwickelt. Spaniens Größe begann seit dem Tode Philipps des Zweiten dahinzuschwinden, und das Land war innerlich fast ebenso morsch wie die Türkei. In Rußland zeigten sich erste Anzeichen eines Aufstandes. England mußte sich mit seinen eigenen inneren Verfassungsschwierigkeiten befassen. Wäre irgendeine christliche Macht in der Lage gewesen, das von den Christen so verachtete türkische Volk und seine ebenso verachtete Religion anzugreifen, dann hätte das Ottomanische Reich keinerlei Widerstand leisten können.

Bei dieser Lage der Dinge erschien ein von seinen unmittelbaren Vorgängern völlig verschiedener Sultan auf der Bildfläche. Murad der Vierte war erst zehn Jahre alt, als er im Jahre 1623 zum Sultan ausgerufen wurde. Das bedeutete wenigstens, daß seine »Absonderung« nicht so lange gedauert hatte, um seinen Geist zu verwirren. Während seiner Jugend regierte Kiusum, Murads Mutter, die einen guten Blick für die Zukunft hatte. Klug wählte sie seine Großwesire aus, und sie traf außerdem eine für eine liebende Mutter etwas ungewöhnliche Maßnahme: Sie unterstützte die Neigung des jungen Prinzen zur Homosexualität. Sie nahm an, daß sie ihm dadurch die gefährliche Einmischung der Haremsfrauen in seine Angelegenheiten ersparen konnte. Für eine gewisse Zeit hatte sie damit auch Erfolg, aber als Murad erwachsen wurde und im Jahre 1632 die Macht in seine eigenen Hände nahm, war dieser Teil seines Lebens schnell vergessen.

Murad war in jedem Sinne des Wortes ein großer Mann. Er war ein Ungeheuer, was seine Grausamkeit betraf, aber er war auch der letzte tüchtige Sultan. Seine wild dreinblickenden Augen starrten aus einem Gesicht, das halb von seinem dunkelbraunen Haar und seinem langen Bart verdeckt wurde. Stets war er in blaue Seide gekleidet, und er konnte schneller reiten als sonst irgendein Mann im Land. In einer Zeit, zu der Bogenschießen ein Volkssport war und Bogenschützen ebenso gefeierte Helden waren und eine ebenso begeisterte Anhängerschaft hatten wie im alten Griechenland die Athleten oder heutzutage die Fußballspieler, konnte Murad sich mit jedem von ihnen messen. Er traf mit dem Pfeil eine 1500 Fuß entfernte Säule im Hippodrom und war auch geübt im Speerwerfen. Mit dem Schwert konnte er ebenso gut umgehen wie mit der Muskete. Im Ringen war er unschlagbar, und stets war er dazu bereit, sich dem Tagessieger im Ringen in einem offenen Kampf zu stellen. Es hieß, daß niemand es schaffte, die starken Finger seiner geballten Faust zu lösen.

Vom ersten Augenblick seiner Thronbesteigung an sah er sich mit den Janitscharen konfrontiert, deren Disziplin im Laufe der Jahre erheblich nachgelassen hatte. Der »Keuschheitseid« war aufgehoben worden, und ihre Söhne waren im Laufe der Zeit zu ihren Kameraden geworden. Das war eine gewaltige Änderung seit den Tagen Suleimans, als diese Truppe noch ausschließlich aus »Tribut-Knaben« und kriegsgefangenen christlichen Sklaven bestanden hatte. Inzwischen waren sie völlig andere Menschen geworden. Als ein schwachsinniger Sultan auf den anderen folgte, wurden die Janitscharen immer maßloser in ihren Forderungen. Jetzt drehten sie ihre Kessel um – was ein überliefertes Symbol dafür war, daß sie wieder einmal rebellierten – und verlangten vom neuen Sultan das Leben des Großwesirs und von sechzehn hohen Beamten. Murad mußte nachgeben, aber er begriff sofort, daß dies für ihn eine tiefe Demütigung war. Er beschloß sofort, sich zu rächen. Heimlich zog er eine Anzahl ihm ergebener Soldaten zusammen, und als die Janitscharen am wenigsten darauf gefaßt waren, ließ er ihre Führer ergreifen und unverzüglich erdrosseln. Mehr als sechshundert von ihnen fanden in ihren Unterkünften den Tod.

Murad ersann gegen die Mißstände im Lande ein einfaches Allheilmittel: Er ließ jedem den Kopf abschlagen, der auch nur den leisesten Verdacht erregte, daran mitschuldig zu sein. Im Jahre 1637 ließ er fünfundzwanzigtausend Untertanen »im Namen des Rechts« hinrichten; bei vielen tat er dies mit eigener Hand. Sein Wahlspruch war: »Rache wird niemals altersschwach, mag sie auch noch so grauhaarig aussehen.« Er richtete den Großmufti hin, weil er mit dem Zustand der Straßen unzufrieden war. Er ließ seinen Obermusikmeister köpfen, weil dieser eine persische Weise spielte. Er verbot den Genuß von Opium und das Tabakrauchen in der Öffentlichkeit. Wie der berühmte Harun-al Raschid liebte er es, nachts verkleidet die Schenken aufzusuchen, und wenn er jemanden beim Rauchen erwischte, gab er sich zu erkennen und tötete den Übeltäter auf der Stelle. Als er einen seiner Gärtner und dessen Frau beim Rauchen ertappte, schnitt er ihnen die Füße ab und stellte beide Übeltäter öffentlich zur Schau, bis sie verbluteten.

Es war zu erwarten, daß sein wildes und gnadenloses Wesen schließlich mit ihm durchging und sich gegen Mißstände wandte, die er sich einbildete. Als ein Venezianer namens Zanetti auf dem Dach seines Hauses sich ein zusätzliches Zimmer einrichtete, war Murad überzeugt, daß er dies nur getan hatte, um die Haremsdamen heimlich beobachten zu können, und er hängte den nur mit seinem Hemd bekleideten Mann auf. Als ein französischer Dolmetscher eine heimliche Verabredung mit einer türkischen Frau traf, ließ Murad den unglückseligen Mann pfählen. Viele Stunden saß er im Alai-Kiosk an der am weitesten nach Westen zu gelegenen Ecke der Mauer des Serails, um dort das ihm zustehende Vorrecht des Herrschers in die Tat umzusetzen, jeden Tag zehn unschuldigen Menschen das Leben zu nehmen. Er tat dies dadurch, daß er seine Kräfte an der Arkebuse übte und auf Vorübergehende schoß, die den Palastmauern zu nahe kamen. Bei einer anderen Gelegenheit ertränkte er eine Anzahl Frauen, die ihm zufällig auf einer Wiese begegneten, weil er an dem Lärm Anstoß nahm, den sie machten. Er ließ die Küstenbatterien auf eine Bootsladung von Frauen im Bosporus feuern und sie versenken, als ihr Fahrzeug sich den Mauern des Serails zu sehr näherte. Wenn er ausritt und irgendein armer Teufel seinen Weg kreuzte, der ihm mißfiel oder ihm im Wege stand, dann wurde dieser unverzüglich getötet. Oft genug fiel er auch von einem Pfeil des düsteren Despoten durchbohrt zu Boden.

Wohin der Sultan auch ging, stets folgte ihm sein höchster Scharfrichter Kara Ali, dessen Gürtel sich vor lauter Nägeln, Nagelbohrern und Keulen bauschte. Er brauchte diese Dinge, um Hände und Füße zu brechen. Er hatte einige Behälter mit verschiedenen Pulvern bei sich, die er zum Blenden verwandte.

Wenn Murad einmal weniger grausamer Stimmung war, dann war er darauf aus, den Haremsdamen einen Streich zu spielen. Wie Sir George Courthop berichtete, der damals in Konstantinopel war, besaß der Sultan einen ganz aus Porphyr angefertigten Teich, mitten in einem dicht mit Bäumen bestandenen Hain. An diesen Bäumen hängte er Teppiche auf, so daß niemand in den Teich hineinsehen oder es wagen konnte, ihm zu nahe zu kommen. Hier stellte er seine Konkubinen splitternackt hin und schoß mit kleinen Kugeln auf sie, die an ihnen haftenblieben, ohne irgendeinen Schaden anzurichten. Manchmal begoß er sie mit so viel Wasser, denn er konnte so viel Wasser in den Teich hineinlassen, wie er wollte, daß sie abwechselnd auf- und untertauchen mußten, um ihr Leben zu retten. Wenn er von diesem Spaß genug hatte, ließ er das Wasser wieder ab und rief die Eunuchen, die sich dann um die Frauen kümmern und sie herausholen mußten, solange sie noch am Leben waren.

Um das Unglück in der schon so schwer geprüften Stadt noch größer zu machen, suchte eine der sich ständig wiederholenden Pestepidemien im Jahre 1637 Konstantinopel heim und forderte täglich fünfhundert Todesopfer. Ein englischer Kaufmann namens Abel Cook, der sich damals in der Stadt aufhielt, schrieb verzweifelt nach Hause: »Am Tage ist es nicht möglich, sich in den Straßen sicher zu fühlen, geschweige denn, wenn man sie in der Nacht betritt. Die Hunde sind aus Mangel an Futter so heißhungrig, daß es gefährlich ist, sich ihnen zu nähern. Die Leute verkaufen und verspeisen ihre Toten ... das Elend kann sich niemand vorstellen, man kann es kaum fassen, was da geschieht. Ich bitte Euch, laßt in allen Euren Kirchen für uns beten, denn wir Christen sind hier in einer schrecklichen Notlage. Sogar eine Ratte ist eine willkommene Speise für uns.«

Der Sultan traf weiter seine Maßnahmen. Er richtete fünfzig Männer hin, weil sie eine Hungersnot zugelassen hatten, die keiner voraussehen konnte. Alles, was er über die Pest zu sagen wußte, war: »In diesem Sommer straft Gott die Schurken. Vielleicht wird er im Winter zu den ehrenhaften Leuten kommen.«

Aber dennoch war Murad bei all seiner Wildheit und Grausamkeit letztlich ein geistiger Erbe der schlimmen Hinterlassenschaft der ersten ottomanischen Sultane, und im Jahre 1638 unternahm er seinen größten Feldzug gegen die Perser. Er wollte Bagdad erobern, aber nach der Überlieferung durfte diese Stadt nur durch einen Herrscher persönlich eingenommen werden. Suleiman hatte sie früher einmal erobert, aber seine Nachfolger hatten sie dann wieder aufgeben müssen. Am 8. März 1638 wurde die kaiserliche Flagge auf den Höhen von Skutari an der asiatischen Küste des Bosporus aufgepflanzt. Ein riesiges Heer bereitete sich auf einen Marsch von hundertzehn Tagen vor.

Der Aufbruch zu einem so langen Krieg erforderte ein Höchstmaß an Vorbereitungen. Ganz anders als Suleiman, der ein mönchisches Leben vorzog, wenn er seinen Pflichten nachkam, bestand Murad darauf, ein Gefolge von sechzehn Haremsfrauen ins Feld mitzunehmen. Sie begleiteten ihn in mehreren Kutschen und wurden von Eunuchen bewacht *).

Skutari erstrahlte in asiatischem Glanz, und jetzt war alles für den langen Marsch bereit. Das Heer wurde unterwegs durch Truppen vergrößert, die man aus den Gegenden zusammenzog, durch die man marschierte. Es war eine große und farbenprächtige Reiterschar, die sehr einem riesigen Fluß ähnelte, in den mehrere Nebenflüsse einmündeten und seine Stärke vermehrten, bis schließlich dem gewaltigen Strom einer halben Million Menschen nichts mehr zu widerstehen vermochte.

Am 16. November 1638 wurden die Fahnen der Ottomanen vor Bagdad entfaltet, und Murad begann die Hauptstadt zu belagern. Sie wurde verzweifelt verteidigt, aber Murad selbst gab

*) Nicht nur Murad legte Wert auf weibliche Begleitung, wenn er sich im Krieg befand. Genau fünfzig Jahre vorher wurden sechshundert Frauen auf den Schiffen der spanischen Armada entdeckt, bevor sie nach England segelte.

seinen Soldaten den Kampfgeist, den sie für den Sieg brauchten. Er schuftete Seite an Seite mit ihnen in den Schützengräben, er half ihnen dabei, die Kanonen aufzustellen und auf die Ziele einzustellen, und wenn er auch seine Haremsdamen regelmäßig in ihrem Zelt besuchte, so war doch in den meisten Nächten sein Sattel sein Ruhekissen. Als bei einem Ausfall ein riesiger persischer Soldat den tapfersten Türken zu einem Einzel-Zweikampf aufforderte, ließ Murad sich dies nicht zweimal sagen und »spaltete den Kopf seines Gegners von der Schädeldecke bis zum Kinn mit einem einzigen Säbelhieb«.

Als das Jahr zur Neige ging, war die Stadt gefallen, und Murad gab den Befehl, in der Garnison ein Blutbad anzurichten. Dieses allgemeine Gemetzel fand an einem einzigen Tage statt, an dem mit Ausnahme von dreihundert Mann alle dreißigtausend Garnisonsangehörige niedergemacht wurden. Aber es sollte noch schlimmer kommen. Als zufällig ein Pulvermagazin in die Luft flog und einige türkischen Soldaten dabei umkamen, ließ der erzürnte Murad weitere dreißigtausend Menschen umbringen, wobei es sich diesmal um die unschuldigen Bürger handelte, meist waren es Frauen und Kinder.

Murad hatte viel Sinn für wirkungsvolles Auftreten in der Öffentlichkeit, und so entschloß er sich, den Sieg in Konstantinopel in einem Ausmaß zu feiern, daß die Bürger sich noch lange daran erinnern sollten. Als er nur noch wenige Tagesmärsche von seiner Hauptstadt entfernt war, schickte er durch Brieftauben*) seine Anweisungen voraus. Als er im Siegeszug die Stadt wieder betrat, begab er sich »mit soviel Glanz und Pracht zum Großen Serail, daß dies keine Zunge zu schildern vermag«. Er ritt ein Schlachtroß aus Nogai und trug den Kettenpanzer, in dem er gekämpft hatte. Es war ein sorgfältig aus goldenen und stählernen Gliedern verfertigtes Stück. Über seine Schultern hing ein Leopardenfell herab, das von einer Spange aus Diamanten gehalten wurde. In seinem Turban prangte ein mit Edelsteinen geschmückter drei-

*) Von der Zeit der Sarazenen an wurden Brieftauben verwendet; reiche Türken nahmen auf ihren Pilgerzügen nach Mekka oft Brieftauben mit, um Nachrichten über die einzelnen Stationen ihrer Reise heimzuschicken.

Machmud II. in seinem Staats-Kayik. Farbige Lithographie um 1838

»Aurat-Basar«, der Sklavenmarkt. Stich von Ellightfoot um 1836

Hochzeitszug im Hippodrom. Aus einer Radierung von W. Hogarth, 1723

Geburt im Harem. Aus der Handschrift Zanân-nâmeh

Der Große Basar in Konstantinopel. Stich von J. W. Lowry nach Allom

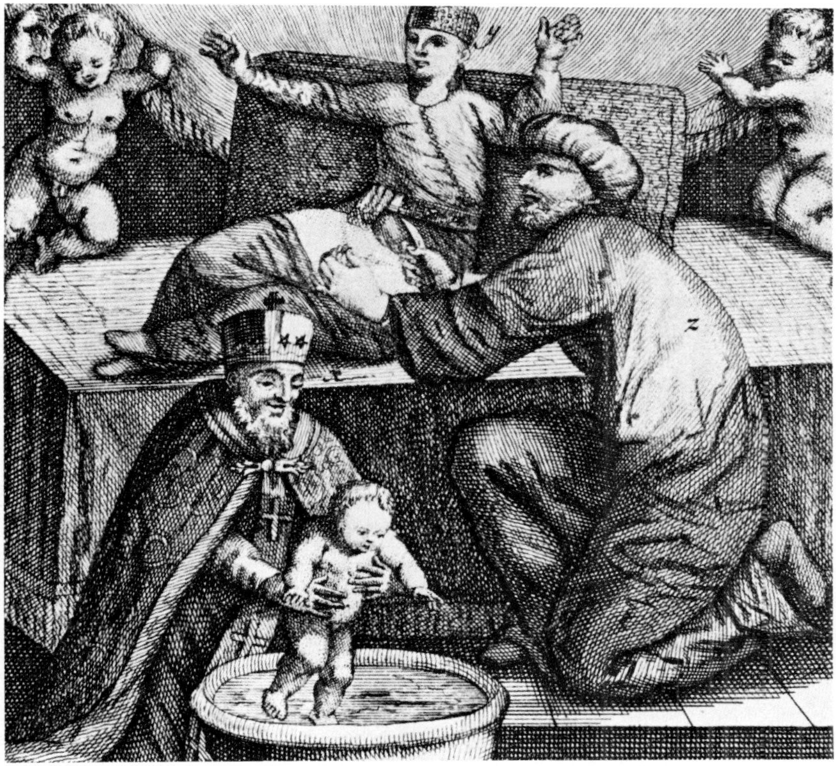

Beschneidung. Aus einem Stich von R. Smith, 1723

Tscherkessische Sklavinnen im Harem. Farblithographie um 1836

facher Federbusch. Sieben Leitpferde mit juwelenbesetzten Schabracken folgten ihm, zusammen mit zweiundzwanzig Persern zu Fuß aus vornehmsten Kreisen, die goldene Ketten trugen. Die Begeisterung war so groß, daß die Leute sogar auf die Dächer kletterten, um einen Blick auf den Helden und das siegreiche Heer werfen zu können, das unter seiner Beute ächzte. Im Bosporus feuerte jedes Schiff hintereinander unzählige Salutschüsse ab, »so daß das Meer von Flammen eingehüllt zu sein schien«. Es war das letzte Mal, daß ein Sultan als Eroberer und Held in seine Hauptstadt einzog. Aber Murad hatte Bagdad zurückerobert, und wenn er auch überaus grausam war und sein Reich in Blut ertränkte, so kann man doch von ihm sagen, daß er bei allen seinen Untaten doch eigentlich nur seine eigenen Verbrechen duldete und zeitweilig sogar den Niedergang seines Reiches aufhielt.

Sein letzter Befehl war typisch für ihn: Als er im Februar 1640 nach einem Trinkgelage von einer bösartigen Krankheit befallen wurde und nach einem Fieberanfall im Sterben lag, befahl er, seinen Bruder Ibrahim hinzurichten, der sein Nachfolger werden sollte. Er selbst hatte keine Kinder. Wahrscheinlich wollte er lieber als der letzte große Sultan der Osmanen in der Geschichte gelten als das Reich einem unfähigen Nachfolger überlassen. Doch die »Königinmutter« Küsem wußte diesen Mord zu verhindern. Sie war die Mutter beider Brüder und ahnte, daß ihre Macht mit Ibrahims Tod zu Ende sein würde. So schickte sie eine falsche Nachricht zu Murad, daß Ibrahim erwürgt worden sei, worauf »Murad nach einem schrecklichen und schauerlichen Grinsen seinen Geist aufgab«.

Ibrahim war vierundzwanzig Jahre alt, im Alter von zwei Jahren war er in die »Absonderung« gebracht und eingesperrt worden. Seither waren Mustafa, Osman und Murad an der Regierung gewesen. Er hatte keine Ahnung von Kriegspolitik, und zweiundzwanzig Jahre hatte er in Todesangst von der »Bogensehne« zugebracht. So war er überzeugt, daß man ihn erdrosseln wollte, als die Soldaten mit der Nachricht kamen, daß er Thronfolger geworden sei, und wollte ihnen einfach nicht glauben. Mit Unterstützung seiner unfruchtbar gemachten Konkubinen schob er alle Möbel quer durch das Zimmer und verbarrikadierte die Tür. Er hörte nicht hin, als man ihm gut zuzureden versuchte, und hartnäckig widersetzte er sich allen Versuchen, die Tür aufzubrechen. Der Großwesir kam schließlich auf die einzige Möglichkeit, Ibrahim seine Furcht auszutreiben: Er brachte Murads Leiche in den Hof des »Käfigs« und forderte Ibrahim auf, von dem Fenster oberhalb der Treppe einen Blick auf den Toten zu werfen. Für einen Moment »stand Ibrahim wie versteinert da und wußte nicht recht, ob er sich freuen oder ob er sich weiter fürchten sollte«. Dann stolperte er die Treppe hinunter und umtanzte die Leiche seines Bruders, wobei er wie ein Wahnsinniger vor Freude schrie: »Endlich ist der Schlächter des Reiches tot!«

Nachdem er den Thron bestiegen hatte, zeigte es sich, daß Ibrahim der verabscheuungswürdigste und verdorbenste aller ottomanischen Sultane war. Ein Bild von ihm zeigt den trüben Gesichtsausdruck eines Säufers; sein Turban ist verrutscht und sitzt ihm schief auf dem Kopf. Vom Augenblick seiner Thronbesteigung an schien ihn nur ein einziger Gedanke zu beherrschen: Er wollte die verlorene Zeit nachholen. Er war ein Mann, der den Geschlechtsverkehr beinahe als eine Pflichtübung ansah, die täglich verrichtet werden mußte, und seine Ausschweifungen nahmen Formen an, die sogar den Harem dagegen aufmucken ließ, von den Mitgliedern der Regierung ganz zu schweigen.

Seine in ihrer Machtgier fast nicht mehr normale Mutter war keineswegs unerfahren in der im Harem üblichen Kunst, die Regierung in die Hände zu nehmen, denn schließlich war sie die Mutter dreier Sultane gewesen. Schnell nahm auch sie das inzwischen bekannte und bewährte Mittel wieder auf, dadurch für Zerstreuung des Herrschers zu sorgen, daß sie ständig neue Jungfrauen für den Harem besorgte. Doch jetzt gab es für diese Maßnahme einen weiteren Grund: Ibrahim litt trotz seiner Sinnlichkeit in fortschreitendem Maße an Anfällen von Impotenz, und da er das letzte lebende Glied des Geschlechtes der Osmanen war, wollte seine Mutter ihm unbedingt zu einem Erben verhelfen. Zwei Jahre nach seiner Thronbesteigung hatte sie dann auch damit Erfolg, als das erste seiner zehn Kinder geboren wurde.

Zufällig war das erstgeborene Kind kurz nach der Bekanntschaft Ibrahims mit einem »Zauberer« empfangen worden, den ihm seine Mutter zugeführt hatte. Er hieß Cinci Hussein und brüstete sich damit, verschiedene Zauberformeln zu kennen, die Fruchtbarkeit garantieren. Als es ganz so aussah, als ob der Zauberer und die Geburt miteinander im Zusammenhang standen, wurde Cinci mit Geschenken überhäuft. Er erhielt ein wichtiges geistliches Amt und wurde zu einem reichen Mann gemacht. Ibrahims Anfälle von Impotenz wiederholten sich während seines ganzen Lebens regelmäßig. Ihre Ursache war eine eigenartige Veranlagung in seiner Natur – eine unersättliche Gier nach solchen Frauen, die für ihn unerreichbar waren. Mit wenigen Ausnahmen langweilten ihn die Odalisken im Harem, und es sagte ihm auch nicht zu, mit Sklavinnen zu schlafen, die keine andere Wahl hatten und sich willig zeigen mußten. Er brauchte offensichtlich erst einmal den Reiz der Herausforderung, ehe er mit einem Mädchen ins Bett ging.

Seine Mutter vermochte ihm nicht zu helfen, doch es gab jemanden, der es konnte: Setschir Para – »Süßer Zuckerklumpen« – eine seiner Sultaninnen. Sie war eine Todfeindin und Rivalin von Küsem, die sie haßte. Denn Zuckerklumpen teilte nicht nur – und mit Erfolg – Ibrahims Bett, sondern sie war auch eine geborene Kupplerin, die sich darüber im klaren war, daß sie ihren hochgeborenen Liebhaber noch mehr an sich fesseln konnte, wenn sie für ihn außerhalb des Harems hübsche Mädchen auftrieb. Ibrahim schenkte ihr eine mit Edelsteinen verzierte Kutsche, in der sie die öffentlichen Bäder und ähnliche Plätze aufsuchte, um dort nach reizvollen Mädchen zu suchen. Diese sonderbare Veranlagung Ibrahims wäre vielleicht niemals bekanntgeworden, wenn Zukkerklumpen nicht die Tochter des Mufti beim Baden gesehen hätte. Sie berichtete dem Sultan, daß ihr »das schönste Mädchen in ganz Konstantinopel« vor Augen gekommen sei.

Ibrahim reagierte sofort. Er mußte sie haben, koste es, was es wolle. Aber auch Ibrahim wußte, daß selbst er niemals die Erlaubnis erhalten würde, die Tochter eines so hochgestellten geistlichen Führers zu Gesicht zu bekommen, wie es der Mufti war. Es gab nur eine Möglichkeit, und Ibrahim nutzte sie: Er ließ den Mufti kommen und bat ihn um die Hand seiner Tochter, er wolle sie heiraten. Der Mann war erstaunt und erschrocken zugleich.

So etwas war in der Geschichte einer aus Sklaven hervorgegangenen Dynastie von Herrschern bisher noch niemals vorgekommen. Dem Mufti waren die Ausschweifungen im Harem bekannt, schließlich waren sie überall im Gespräch. Aber er wußte auch, daß ihm der Kopf sehr locker auf den Schultern saß, wenn er nicht sehr diplomatisch vorging. Er antwortete also, daß nichts seinem Namen mehr Ehre machen würde, als wenn seine Tochter die Ehefrau des Sultans werden würde. Doch er fügte hinzu, daß der Sultan wisse, daß es gegen die Grundsätze des islamischen Rechtes verstieße, wenn er als hoher Geistlicher »die Empfindungen eines Kindes beeinflußte«. Er versprach, daß er alles tun würde, was in seiner Macht stehe, um sie zur Annahme einer so hohen Ehre zu bewegen. Aber »im Falle ihrer Ablehnung hätte er nicht die Möglichkeit, Zwang auf sie auszuüben«.

Man braucht nicht viel Phantasie, um sich auszumalen, wie sehr der Mufti seine Tochter gewarnt haben mag, bis sie dem Sultan dann eine zwar höfliche, aber doch recht kühle Abfuhr erteilte. Ibrahim war wütend. Er gab Zuckerklumpen den Auftrag, dem Mädchen in die Bäder zu folgen und zu versuchen, sie zu einer Sinnesänderung zu bewegen. Aber ihre Versuche scheiterten, und so ließ Ibrahim sie beobachten und eines Morgens entführen. Jetzt lernte die verschreckte Frau einige der mehr als sonderbaren Vorgänge im Harem kennen, der gerade zu jener Zeit eine wahre Brutstätte widernatürlicher Laster war. Es gab dort zum Beispiel ein Zimmer, in dem Ibrahim Spiegel an den Wänden hatte anbringen lassen, die ihm dazu verhelfen sollten, seine Geschlechtslust zu steigern. Eines der von ihm dort praktizierten »kleinen Spielchen« bestand darin, daß sich alle seine Frauen nackt ausziehen und seine Stute darstellen mußten. Er selbst spielte dann bei ihnen die Rolle des Hengstes, »bis ihm die Kraft ausging«.

Die Tochter des Mufti muß ein mutiges Mädchen gewesen sein, denn wie berichtet wird, schickte Ibrahim sie »voller Zorn und Verachtung« zu ihrem Vater zurück, nachdem er sich einige Tage mit ihr vergnügt hatte. Freilich kam sie tränenüberströmt daheim an. Von diesem Augenblick an hatte Ibrahim im Mufti einen unversöhnlichen Feind, der nicht eher zu ruhen gelobte, als bis der Sultan tot war.

Mit Hilfe seiner Mutter gelang es jetzt Ibrahim, die Mitglieder seiner Regierung auszuwechseln. Als Küsem sich darüber beklagte, daß nicht genug Holz für die Feuerungsanlagen des Harems vorhanden war, erhob er eine schwerwiegende Anklage gegen den Großwesir, der dann später hingerichtet wurde. Als einige seiner Eunuchen anläßlich einer Pilgerfahrt nach Mekka von Piraten gefangengenommen wurden, und als diese Seeräuber dann in Kreta Unterschlupf suchten, brach Ibrahim einen unsinnigen Krieg gegen die Insel vom Zaun, die zur Republik Venedig gehörte, mit der die Türkei einen Friedensvertrag besaß. Der Krieg hatte seinen Höhepunkt in der geschichtlich berühmt gewordenen Belagerung von Candia, Kretas wichtigster Festung, die den Türken fast fünfundzwanzig Jahre lang Widerstand leistete.

Alle diese Sinnlosigkeiten konnte nur ein geistesschwacher Herrscher tun. Er verzierte seinen Bart mit Diamanten. Er hatte eine krankhafte Vorliebe für Ambra und rieb seinen Bart, seine Kaftane und sogar seine Vorhänge mit diesem zu Kopf steigenden Duftstoff ein. Als ihm eine seiner Konkubinen die Geschichte eines Königs erzählte, der ständig in Zobelfelle gekleidet war, entschloß sich auch Ibrahim, ein »Zobelkönig« zu werden, und brachte überall an seiner Kleidung Zobelfelle an. Auch die Wände und Vorhänge seines Lieblingszimmers stattete er mit Zobelfellen aus. Sogar seinen Katzen ließ er Mäntel aus Zobelfellen überziehen. Aber es war schwierig, Zobelfelle in so großen Mengen heranzuschaffen, bis Ibrahim sich dadurch half, daß er den Diwan zu einer Sitzung einberief und eine allgemeine Ablieferung von Zobelfellen anordnete, die nicht einmal die entferntesten Ecken des Reiches außer acht ließ.

Doch alle diese Dinge waren nicht mit den schrecklichen Vorgängen zu vergleichen, die schließlich etwa um die Mitte seiner achtjährigen Regierungszeit zu einem Massenmord im Harem führten. Das Trauerspiel begann damit, daß Zuckerklumpen dem Sultan von dem Gerücht berichtete, eine Konkubine sei angeblich in einer verfänglichen Situation mit einem Mann ertappt worden. So etwas schien völlig unmöglich zu sein, und es mag sein, daß Zuckerklumpen irgend etwas aus zweiter Hand gehört hatte, denn sie konnte keinerlei Einzelheiten angeben. Den Namen des betreffenden Mädchens wußte sie auch nicht. Aber Ibrahim brauchte keine Beweise.

Es war freilich zuweilen wirklich vorgekommen, daß Mädchen in irgendwelche Liebesangelegenheiten verwickelt waren. Niemand konnte jeden Klatsch im Harem nachprüfen, nicht einmal der scharfäugige Kislar Aga. Es war ganz natürlich, daß es sich dabei in erster Linie um lesbische Liebesverhältnisse handelte. Aber es kam auch vor, daß manche Konkubinen das tödlich langweilige Warten auf den Gunstbeweis des Despoten satt hatten. Dann geschah es zuweilen, daß sie sehr enge Beziehungen oder sogar sexuelle Bindungen zu Eunuchen anknüpften. Dabei handelte es sich entweder um die im Kriege gefangenen weißen Kastraten, die man außerhalb der Stadt entmannt hatte, da der Koran das Kastrieren verbot, oder es waren die schwarzen Eunuchen, die in der Gegend des oberen Nils und südlich vom Tschad-See als Sklaven gekauft worden waren. Nicht bei allen diesen Eunuchen war die Operation so gründlich gewesen, daß von ihrer Männlichkeit nichts mehr übriggeblieben wäre. Den meisten schwarzen Eunuchen hatte man zwar sowohl den Penis als auch die Hoden abgeschnitten. Aber bei einigen hatte man entweder durch Herausreißen oder durch Zerquetschen nur die Hoden entfernt, so daß die Samendrüsen für immer unfruchtbar blieben. Bei einigen hatte man nur den Penis abgeschnitten, so daß bei diesen Männern das sexuelle Empfinden erhalten blieb. Doch waren sie nicht dazu in der Lage, den Geschlechtsakt zu vollziehen. Penzer sagt in seinem Buch über den Harem: »Es ist völlig falsch anzunehmen, daß ein kastrierter Mann auf einen Schlag alle seine sexuellen Empfindungen verliert. Nicht selten fühlt er sich ganz im Gegenteil sehr zu Frauen hingezogen, und er erweckt oft sogar auch Gegenliebe, so seltsam dies auch klingen mag. Im Laufe der Geschichte des Harems haben sich viele Eunuchen verheiratet. Die Art der Mittel, die etwas Ähnliches wie einen Geschlechtsverkehr ermöglichen, hängt natürlich stets von den Umständen und auch von der körperlichen Verfassung des jeweiligen Kastraten ab. Einem Eunuchen, der vom Harem Ibrahims aus Verbindung zur Außenwelt hatte, war es leicht möglich, allerlei Hilfsmittel einzuschmuggeln, die zur Steigerung der sexuellen Lust und zu ihrer

Befriedigung dienten und die damals sehr in Mode waren. Damit konnte er dann ohne weiteres die Rolle einer lesbischen Liebhaberin spielen und jederzeit mit dieser neuen Methode die Begierden einer gelangweilten und vernachlässigten Frau stillen.«

Auch Juvenal schreibt, daß »einige Frauen sich ständig mit sanften Eunuchen und an zärtlichen Küssen ergötzen, wobei ihre Lust sich noch dadurch steigert, daß diese Kastraten keinen Bart haben und daß sie selbst keine empfängnisverhütenden Mittel zu verwenden brauchen«.

Es wird nie bekannt werden, ob eines dieser unglücklichen Geschöpfe ein Verhältnis zu einer Konkubine aus dem Harem Ibrahims unterhielt. Aber verschiedene Quellen wollen wissen, daß der Sultan davon überzeugt war. Der Kislar Aga versuchte herauszubekommen, um welches von den Mädchen es sich handelte, und deshalb folterte er einige von ihnen. Aber der Name blieb unbekannt, vielleicht weil die so schändlich vernachlässigten Konkubinen wie ein Mann bei ihrer Verteidigung zusammenhielten, vielleicht auch weil dieser Vorfall gar nicht geschehen war und es ein solches Mädchen überhaupt nicht gab.

Drei Tage lang stolzierte Ibrahim »in wütender Stimmung und düsterem Zorn« im Harem umher.

Als sein Sohn Mohammed, der für die Absonderung im Käfig noch zu jung war, eine scherzhafte Bemerkung machte, die seinem Vater nicht paßte, zog der wütende Sultan seinen juwelenbesetzten Dolch hervor und verletzte seinen Sohn im Gesicht. Die Wunde war nicht gefährlich, aber Mohammed behielt sein ganzes Leben lang eine Narbe.

Schließlich entschloß sich Ibrahim zum Handeln. Wie ein Schulvorsteher, dem sich der Schuldige nicht offenbart hat, entschied er sich dafür, die gesamte »Schule« zu bestrafen. Aber niemand, nicht einmal der Kislar Aga, hätte ahnen können, wie furchtbar diese Strafe sein sollte: Ibrahim beschloß, mit Ausnahme von Zuckerklumpen alle seine zweihundertachtzig Konkubinen ertränken zu lassen.

Schubweise wurden die Odalisken des Harems umgebracht. Man steckte sie in mit Steinen beschwerte Säcke und brachte sie zum Tor am Wasser, wo jeder Sack in ein kleines Boot verladen wurde, das an einem etwas größeren Boot angebunden war. So konnten die Eunuchen das beladene Boot vom Ufer abstoßen, und durch einen Ruck mit dem Seil kippten sie die Säcke mit den Frauen ins Wasser.

Alle Odalisken ertranken, bis auf eine. Ihr Sack war nicht fest genug zugebunden, und so konnte sie sich herauswinden. Als sie an der Wasseroberfläche dahintrieb, schrie sie um Hilfe und wurde von einem nach Frankreich fahrenden Schiff aufgenommen, das gerade vorbeikam. Sie konnte der Mannschaft alle Einzelheiten über den Massenmord berichten und gelangte dann wahrscheinlich später nach Paris. Doch lange vorher schon machten schlimme Gerüchte in der Stadt die Runde, besonders nachdem es noch ein geradezu gespenstisches Nachspiel gegeben hatte: Einer der dreihundert in Konstantinopel ansässigen Taucher wurde von einem Boot aus ins Meer hinuntergelassen, um ein Wrack im Bosporus zu untersuchen. Obwohl er keine Maske hatte, konnte er dennoch wie alle Taucher in jener Zeit sogar die kleinsten Gegenstände erkennen, die im Meeresbett umherschwammen. Die Taucher nahmen Öl in den Mund, und wenn sie untertauchten, dann spieen sie es aus, »wobei sich die Öltropfen unter Wasser in ebenso viele Vergrößerungsgläser verwandelten, durch die man sogar so kleine Gegenstände wie eine Nadel erkennen konnte«.

Der Taucher berichtete, daß er »eine große Zahl von Säcken gesehen habe, die im Wasser dahintrieben und sich auf und nieder bewegten. In jedem habe sich eine auf dem beschwerten Unterteil des Sackes aufrecht stehende Frauenleiche befunden, und die Säcke seien mit der Strömung hin und her geschwommen«.

Für eine Anzahl von Tagen war diese Geschichte Stadtgespräch, und jetzt hatte der Mufti endlich die Gelegenheit, sich zu rächen. Er und seine Anhänger waren entschlossen, Ibrahim abzusetzen und durch seinen siebenjährigen Sohn Mohammed zu ersetzen. Aber man mußte alles sorgfältig vorbereiten, und so nahm man zu allererst Kontakt mit der mächtigen »Königinmutter« auf und trug ihr die Anklage vor, die folgenden Wortlaut hatte: »Padischah hat die Welt der Ottomanen ausgeplündert und durch Tyrannei zugrunde gerichtet. Frauen üben die Herrschaft aus. Der Staatsschatz kann ihre Ausgaben nicht decken. Die Untertanen sind ruiniert. Die Heere der Ungläubigen belagern mehrere Städte an den Grenzen. Ihre Flotten blockieren die Dardanellen.«

Küsem brachte allerlei Gegengründe hervor, aber dann gab sie schließlich doch ihre Einwilligung zur Absetzung des Sultans. Sehr bald danach hielten der Scheich-ul-Islam und der Mufti eine öffentliche Sitzung in der Hagia-Sophia-Moschee vor einem zahlreich erschienen Kongreß ab, der ohne eine einzigen Gegenstimme ihren Forderungen entsprach. Jetzt war der Weg frei. Die Janitscharen marschieren zur »Pforte zur Glückseligkeit« und verlangten Ibrahim persönlich zu sehen. Kurz gaben sie die Entscheidung der Regierung bekannt. Es scheint, daß Ibrahim sie in Ruhe aufgenommen hat. Auf jeden Fall konnte er nichts dagegen unternehmen, und so wurde er zum Käfig zurückgebracht, wo er vor seiner Thronbesteigung so lange gelebt hatte.

Das aber war dem Mufti nicht genug, denn er wollte das Leben des Mannes, der seine Tochter geschändet hatte. Aber da er ein geistlichen Führer war, brauchte er für einen solchen Plan eine gesetzliche Begründung. Viele Vorbereitungen waren dazu nicht erforderlich. Während Ibrahim sich in der Absonderung befand, stellten sich die geistlichen Führer dem Mufti zu einem Gespräch, – diese Zusammenkunft war zweifellos bewußt arrangiert worden – und fragten ihn: »Ist es gesetzlich zulässig, einen Padischah abzusetzen und zu töten, der alle hohen Stellen im Reich nicht denen überträgt, die ihrer wert sind, sondern nur denen, die Geld dafür bezahlt haben?« Der Mufti antwortete mit einem einzigen Wort: »Ja.«

Es klingt unglaublich, aber Ibrahim, der so viele Jahre hindurch während seiner Absonderung im Käfig ständig in Furcht vor den Taubstummen gelebt hatte, scheint sich nun der Illusion hingegeben zu haben, daß es nur eine Frage der Zeit war, bis man ihn wieder auf den Thron setzte. Deshalb dachte er auch gar nicht daran, seine Tür zu versperren, wie er es vor acht Jahren getan hatte, als jetzt die Beauftragten eintrafen. Ganz im Gegenteil, begrüßte er sie sogar freudig. Aber diesmal handelte es sich wirklich um die Bogensehne.

Ibrahims Regierung war im ganzen gesehen sehr unheilvoll gewesen, wenn er auch einen wichtigen Sieg errungen hatte, als die

Türken die Kosaken schlugen und die Stadt Asow zurückeroberten. Der immer noch nicht beendete Krieg in Kreta saugte das Land aus. Alle Mißstände, die Murad – wenn auch mit grausamen Mitteln – bekämpft hatte, waren jetzt wieder an der Tagesordnung. Die Rücklagen des Staates waren durch die Haremsherrschaft aufgebraucht. Verständlicherweise verlangte die Regierung mehr als das Blut des Sultans: Es kam darauf an, daß jetzt endlich die Herrschaft der Haremsfrauen zu Ende ging, und zwar für immer. Das bedeutete, daß Küsem sterben mußte.

Es war ein schrecklicher und unwürdiger Mord, der sich völlig von dem unterschied, was sonst bei der Ermordung von Personen von Rang in der Türkei üblich war. Küsem war vorher gewarnt worden. Sie floh aus ihrem Zimmer den Goldenen Pfad entlang und verbarg sich in einem kleinen Raum neben dem für die Kutschen bestimmten Tor hinter dem Diwan. Das Serail wurde durchsucht, und die zahnlose zweiundsechzigjährige alte Frau wurde schließlich unter einem Haufen schmutziger Kleider gefunden, wo sie sich zusammengekrümmt in einer Kiste versteckt hatte. Diesmal war es ein Mord ohne jedes zeremonielle Beiwerk. Küsem wurde herausgezerrt, man riß ihr ihre Ringe, Ohrringe und Armbänder ab und zerriß ihre Kleider in Fetzen. Erst als sie nackt war, – ein ähnliches Schauspiel war nachweislich nie zuvor im Serail geschehen –, schleppte man sie an den Füßen bis zu einem der Tore. Sie wehrte sich bis zuletzt, ehe sie mit einem Vorhangstrick erdrosselt wurde, wobei das Blut, das ihr aus Ohren und Nase quoll, die Kleidung ihrer Mörder befleckte.

Zuckerklumpen hatte mehr Glück, wenigstens eine gewisse Zeit lang. Sie war eine der wenigen Sultaninnen, die nach dem Tode ihres Gatten wieder heiratete. Doch als auch ihr zweiter Mann gestorben war, wurde sie die berühmteste Kupplerin Konstantinopels. Für diese Beschäftigung besaß sie ja gründliche Vorkenntnisse. Überall war sie als »La Sultana Sporca« – schmutzige Sultanin – bekannt. Sie spezialisierte sich darauf, junge Mädchen zu kaufen und im Singen, im Tanzen und in der Kunst auszubilden, Männer zu gefallen, und dann vermietete sie sie an die jungen Lebemänner der Stadt oder an reiche Paschas. Ihr blieb ein etwas standesgemäßerer Tod vorbehalten: Sie wurde von einem ihrer vielen Feinde umgebracht. Auf die traditionelle türkische Weise wurde sie mit einer Tasse Kaffee vergiftet, den man mit kleingehacktem Haar und winzigen Glassplittern vermischt hatte. Dadurch wurden ihre Gedärme zerrissen, und sie starb einen langsamen und qualvollen Tod.

Eine Spur von Humor steckt in den Worten, mit denen der Angestellte der Bank von Genua über dieses Geschehen berichtete: »Le stata assassine aquella Sultana che si chiami La Sporca che le fu una vecchia meterola« – Dieses unmoralische alte Weib, die schmutzige Sultanin, ist ermordet worden.

Die Herrschaft der Wesire

Während der nächsten anderthalb Jahrhunderte waren die Sultane des türkischen Reiches völlig bedeutungslos. Es war eine Zeit, die durch Meilensteine der Geschichte in den Beziehungen zwischen der Türkei und Europa gekennzeichnet war. Es war so, als ob ein alter Mann nach einem Leben voller Ausschweifungen so übersättigt von ihnen war, daß er nur noch den einen Wunsch hatte, seine Tage ungestört zu beschließen und den anderen die Arbeit zu überlassen. Die Sultane behielten den übertriebenen Luxus ihrer Hofhaltung bei, der in Europa seinesgleichen suchte, – wenn auch Frankreichs Sonnenkönig, Ludwig XIV., einen schwachen und nur kurze Zeit währenden Versuch gemacht hatte, einen ähnlichen Pomp zu entfalten. Sie hatten noch immer ihre Marotten, der eine seine Jagdleidenschaft, der andere seine Leidenschaft für Tulpen. Aber bei den meisten dieser Herrscher hielt sich ihre Verkommenheit doch in Grenzen und war keineswegs übermäßig groß.

Mohammed IV., der im Jahre 1648 den Thron bestieg, erbte einen sehr fähigen Staatsmann, der ihm als Großwesir zur Seite stand: Es war der erste, der aus der berühmten Familie der Köprülü stammte. Seine Mutter hatte ihn ausgesucht, als Mohammed noch minderjährig war. Die Köprülüs – Vater, Sohn und Bruder –

lenkten ein halbes Jahrhundert hindurch das Schicksal des Reiches. Während die Großwesire wirklich bedeutende Männer waren, war ein Sultan nach dem anderen froh, die Geschicke des Landes in solchen Händen zu wissen.

Die ganze Lage des Reiches entbehrt aber nicht einer gewissen Ironie, denn obwohl die Großwesire so geschickte Männer waren – wem sollte man nun den Schwarzen Peter zuschieben –, erlitten die Ottomanen eine vernichtende Niederlage nach der anderen. Ganz allmählich schwand die Furcht vor ihrer militärischen Tapferkeit.

Der erste Großwesir aus der Sippe der Köprülü war ein Albanier namens Mohammed, der sein Arbeitsleben als Küchenjunge im Palast des Sultans begann. Auf den Rat der Mutter des Sultans Mohammed, der Königinmutter Tarkhan, wurde er im reifen Alter von siebzig Jahren im Jahre 1656 Großwesir. Die Paschas des Diwans sahen diese Ernennung als einen neuen Scherz des Herrschers an, denn sie meinten, daß Köprülü bereits an Altersschwachsinn leide. Er konnte weder lesen noch schreiben. Aber die Besserwisser hatten sich diesmal gründlich geirrt. Köprülü hatte sich schon nacheinander als Gouverneur von Damaskus, Tripolis und Jerusalem durchaus bewährt, und er war erst mit seiner Bestallung zum Großwesir einverstanden, nachdem die Königinmutter feierlich im Namen des für eine Machtübernahme noch zu jungen Mohammed geschworen hatte, daß sie alles bedingungslos hinnehmen wolle, was er als Großwesir tun würde, und daß sie ihm bei der Besetzung aller Ämter bei der Regierung völlig freie Hand lasse. Köprülü scheint sich im klaren darüber gewesen zu sein, welcher Unsinn es war, auf Prinzen oder auf ihre Mütter zu vertrauen, denn er ließ sich seine Bedingungen noch vom Mufti bestätigen.

Als dies geschehen war, wurde er »mehr ein Herrscher als ein Wesir« und machte sich sogleich daran, das Haus der Ottomanen in Ordnung zu bringen. Wie Murad, so mußte auch der kampflustige Köprülü den Verwaltungsapparat der Türkei erst einmal durch einen erbarmungslosen Kampf gegen Übeltäter aller Art säubern. Beamte, Richter und Generäle bekamen dies empfindlich zu spüren. In fünf Jahren wurden fünfunddreißigtausend Menschen hingerichtet. Der oberste Scharfrichter von Konstantinopel, Soulfikar, gab zu, daß er persönlich während dieser Zeit fünftausend Menschen erdrosselt habe. Aber der Bestechung und der Ungerechtigkeit wurde doch endlich Einhalt geboten. Eine neue Flotte wurde geschaffen. Die Armee wurde wieder zu einer gut geschulten und schlagkräftigen Waffe, so daß mehrere verlorene Provinzen zurückerobert werden konnten. Köprülü konnte sich daran machen, einen Feldzug gegen Ungarn unter seiner Führung vorzubereiten, als er plötzlich sterbenskrank wurde.

Der Sultan befand sich gerade in der Nähe von Adrianopel auf der Jagd, aber er eilte nach Konstantinopel zurück. Der Großwesir wohnte schlicht in einem verhältnismäßig bescheidenen Palast, der nur einen kleinen Harem besaß; der Sultan begab sich unverzüglich zu ihm. Mit blutendem Herzen sagte er zu Köprülü, daß er ihm gern zehn Jahre seines Lebens abgeben würde, wenn er dies tun könnte, und als er den alten Mann um seinen Rat bat, zögerte Köprülü nicht, ihm einen solchen zu geben: Er riet dem Sultan dringend, niemals auf den Rat von Frauen zu hören, niemals einen Minister zu ernennen, der zu reich war, und darauf zu achten, daß das Staatssäckel immer gefüllt bleibe. Auch die Armee sollte er stets in Bewegung halten. Als der Großwesir dann im Sterben lag, fragte der Sultan ihn, wer sein Nachfolger werden sollte. Köprülü antwortete: »Ich kenne keinen, der dazu besser geeignet wäre als mein Sohn Achmed.«

So wurde Achmed im Alter von sechsundzwanzig Jahren Großwesir; er war sechs Jahre älter als der Sultan. Er regierte das Land fünfzehn Jahre lang mit fester Hand und mit noch mehr Scharfsinn und Pflichteifer als sein Vater, soweit dies überhaupt möglich war. Alle, die ihm begegneten, stellten ihn an die erste Stelle unter den Staatsmännern. Er war »ein Mann von sehr gewinnendem Wesen, würdevoll und bescheiden. Er wählte bedächtig seine Worte und vermied jedes sinnlose Gerede«.

Obwohl er ein sehr strenggläubiger Moslem war, duldete Köprülü alle anderen Religionen. Jede Gewalttätigkeit Andersgläubigen gegenüber verbot er ausdrücklich. Den Christen von Konstantinopel gab er die feste Zusage, daß sie ihre alten Kirchen wieder aufbauen durften, und als irgendein Untergebener darauf hinwies, daß man dies nach einem alten Gesetz nur mit dem gleichen Holz und mit den gleichen Steinen tun dürfe, mit denen sie ursprünglich erbaut worden waren, antwortete Köprülü: »Die Leute, die diese Bestimmung erdacht haben, sind ausgemachte Narren, und noch größere Toren sind die, die es dann auch wirklich tun. Diese Leute möchten ihren Tempel wieder aufbauen. Wenn er so zerfallen ist, daß man ihn nicht ausbessern kann, dann sollen sie sich einen neuen bauen. Wir müssen lediglich darauf achten, daß sie das auf ihre eigenen Kosten tun und nicht mit dem Geld von uns Muselmanen. Wenn sie regelmäßig ihre Steuern zahlen, so interessiert uns nicht, was sie sonst treiben.«

Es war der erste Staatsmann im Ottomanenreich, der den freien Handel zuließ. Als man ihn aufforderte, Gesetze für die Regelung des Verkaufs zu erlassen, antwortete er: »Der Koran sagt nichts darüber. Kauf und Verkauf sollten der freien Entscheidung von Käufern und Verkäufern überlassen bleiben.«

Auch als Mohammed erwachsen wurde, mischte er sich niemals in die Angelegenheiten seines Großwesirs ein. Wenn er auch, wie jeder Sultan, seine Launen hatte, so leistete er sich doch keinerlei Übergriffe auf die Staatsgeschäfte. Seit seinem achten Lebensjahr war die Jagd seine ganze Leidenschaft, die ihn voll in Anspruch nahm. Der »Große Jäger« unterhielt eine Mannschaft von achthundert Falknern, die die Jagdvögel zu betreuen hatten. Jeder der Falken trug entweder einen Diamanten oder einen anderen wertvollen Stein als Schmuck am Hals, und ihre Kopfhauben waren mit Perlen bestickt. Der Sultan kümmerte sich nicht um das Wetter, wenn er in der Umgebung von Adrianopel auf die Jagd ging, und eines Nachts erfroren mehr als zwanzig Falkner. Die übrigen waren »in einem solchen Zustand, daß ihnen beinahe das gleiche Schicksal drohte«. Als der Anführer der Falkner vorsichtig darauf anspielte, war die einzige Reaktion des Sultans die, daß er ihm befahl, besser für die Hunde zu sorgen. Bei einer anderen Gelegenheit holte sich Mohammed aus verschiedenen Teilen des Landes dreißigtausend Bauern zusammen, die ihm als Treiber während einer großen Jagd dienen sollten. Das Wetter war kalt und stürmisch und fegte die behelfsmäßigen Unterkünfte der Treiber hinweg. Dreißig von ihnen erfroren. Der Sultan besah sich die

Leichen und bemerkte lakonisch: »Diese Leute hätten sicherlich einen Aufstand gegen mich angezettelt. Jetzt haben sie im voraus ihre Strafe erhalten.«

Mohammed war ein Bewunderer der Künste. Er hatte ein großes Interesse daran, daß die Geschichtsschreiber die Ereignisse während seiner Regierungszeit festhielten. Besonders lag ihm an solchen Historikern, die schöngefärbte Berichte über jeden Vogel und jedes Tier schrieben, das seiner Jagdlust zum Opfer gefallen war. Unter seinen Günstlingen war der türkische Historiker Abdi, der sehr vorsichtig sein mußte, denn der Sultan hatte einen etwas grimmigen Humor. Als Mohammed ihn eines Abends danach fragte, was er an diesem Tage über seine Regierung geschrieben habe, entgegnete Abdi unvorsichtigerweise, daß nichts Besonderes geschehen sei. Ohne einen Augenblick zu zögern, schleuderte der Sultan einen Jagdspeer nach dem Chronisten und verwundete ihn leicht. »Jetzt hast du etwas, worüber du schreiben kannst«, rief er aus.

Obwohl der Sultan keinerlei Interesse an Politik hatte, glaubte er dennoch, den Glanz seines Hofes bei jeder sich bietenden Gelegenheit zeigen zu müssen. Diesen Eindruck hatte wenigstens Dr. John Covel, der Vizekanzler der Universität in Cambridge, als er sich während der Beschneidungsfeierlichkeiten für den Sohn des Sultans zufällig in Adrianopel aufhielt. Der junge Prinz ritt zum Zelt seines Vaters, Vorreiter schützten ihn mit großen Fächern aus Bussardfedern vor der heißen Sonne, während andere vorauseilten und den Weg mit Wasser besprengten, um den Staub niederzuhalten. Die Menge der Zuschauer wurde von Dienern mit in Teer getauchten Tierblasen in gebührendem Abstand gehalten, und »die reinlichen Türken flohen vor diesen Blasen«, wie Covel schreibt, »als sei der leibhaftige Teufel hinter ihnen her«.

Dann folgte ein Zug von hundert Sklaven, von denen jeder eine dreißig Fuß hohe Stange trug, die einem Maibaum ähnelte. Diese Stangen waren mit Ornamenten aus Papier, mit Früchten aus Wachs und mit Blumen geschmückt. Vor dem Zelt des Herrschers wurden sie im Erdboden festgemacht. Der Überlieferung gemäß wurden zwanzig Straßenbuben zusammen mit dem Prinzen beschnitten, die zu arm waren, um an einer angemessenen Beschneidungszeremonie teilnehmen zu können und die normalerweise der Gnade eines Friseurs und seinem rostigen Rasiermesser ausgeliefert gewesen wären. Sie erhielten dann ebenfalls der Sitte entsprechend für ihr ganzes Leben ein bescheidenes pensionsähnliches Einkommen. Die eigentliche Beschneidung wurde von Mohammed erstem Chirurgen, einem Italiener, »mit Hilfe eines Rasiermessers, einer Pinzette und eines Stäbchens aus Buchsbaumholz ausgeführt«. Covel berichtet, daß der Italiener eine Belohnung von sechstausend Pfund erhielt, die ihm in einer silbernen Schüssel ausgehändigt wurde. Danach klang der Tag mit einem Volksfest aus, bei dem es allerlei Lustbarkeiten und Sportveranstaltungen gab.

Manchmal hielt sich der Sultan mehrere Monate hintereinander nicht in Konstantinopel auf, doch das Serail blieb natürlich der Mittelpunkt der Regierung, und die dort lebenden und arbeitenden Tausende von Beamten (und Speichelleckern) müssen einen gewaltigen Appetit gehabt haben, denn ungefähr zu jener Zeit machte der französische Reisende Aubry de La Motraye eine Aufstellung darüber, was dem Serail im Laufe eines Jahres an Fleisch geliefert wurde: sechzigtausend Hammelköpfe, zwanzigtausend Kalbsköpfe, zweihunderttausend Stück Geflügel, hunderttausend Tauben, dreitausend Truthühner. Erstaunlich war auch die Menge an anderen Nahrungsmitteln für das Serail. In einer Handschrift werden die Lieferungen für die Lagerräume des Palastes während des Jahres 1660 aufgeführt: Dreitausend Pfund Fadennudeln, zweitausendfünfhundert Scheffel Kichererbsen und ebensoviel Linsen, fünfundzwanzig Scheffel Eierpflanzen (Auberginen?), sechshundert Zentner Zwiebeln, zwölf Fässer Stärkemehl, sechzigtausend Pfund Honig, vierzigtausend Pfund gelbes Wachs, sechstausend Zuckerhüte, neunhundertachtzehn Pfund Pfeffer, zweitausend Pfund Gewürznelken und Muskatnuß, zweihundertsiebenundneunzig Pfund Ingwer, zweihundertsechs Pfund Saffran, zwölftausend Pfund Salz, siebenhundertachtzig Kamelladungen Eis, fünf Krüge Olivenöl, siebzig Fässer Weinessig, zwanzig Fässer Zitronensaft, dreißig Faß gewöhnlicher Essig, sechshundertdreiundneunzig Pfund Henna, zweitausendvierhundertfünfundsiebzig Pfund Hirschhornsalz und zweiundachtzig Pfund Ambra.

Einige dieser Vorräte wurden von ausländischen Gesandten verspeist, die, wie viele Jahre zuvor Barton, sich stets durch ausgedehnte Gastmähler hindurchessen mußten, ehe sie zu einer Audienz beim Herrscher vorgelassen wurden. Als der venezianische Gesandte Giorgio Battista Donado seine erste Audienz beim Sultan Mohammed erhielt, setzte er sich zu hundertdreißig Gängen nieder, die auf grünem Seladon-Porzellan serviert wurden, von dem es hieß, daß »es Gift unwirksam mache«. Jetzt gab es noch einen zusätzlichen Spaß, eine persönliche Belustigung für die Gastgeber, von der der Gesandte keine Ahnung hatte, denn sicherlich hätte er sich sonst in seinem Stolz verletzt gefühlt. Mohammed war den Christen nicht besonders zugetan und ließ keine Gelegenheit vorübergehen, dies auch zu sagen – in der Landessprache, wohlverstanden. So war eine nach festen Regeln eingehaltene Konversation zwischen ihm und seinem Großwesir entstanden, die jedesmal stattfand, wenn er einen Christen empfing. Als der Großwesir dem Sultan die Ankunft von Donado mitteilte, antwortete Mohammed: »Füttere und kleide das Hundevieh und bringe es dann zu mir!« Nach dem Essen verkündete der Großwesir ordnungsgemäß: »Der Ungläubige ist gefüttert und angekleidet, und jetzt drängt er sich danach, den Staub unter dem Thron Eurer Majestät aufzulecken.« – »Dann laß den Köter herein«, war die lakonische Antwort des Sultans, und darauf durfte der Gesandte dem Herrscher die Hand küssen, was er mit einem leichten und stillen Lächeln des Triumphs auch tat, weil er es erreicht hatte, empfangen zu werden.

Das Bild, das Mohammed bot, war das eines Mannes von zufriedenem Aussehen. Er gab sich leutselig, und einige Historiker meinen, er sei homosexuell gewesen. Sein Verhalten änderte sich, wenn er sich in Adrianopel aufhielt und sich fern von seinen Pflichten als Herrscher befand, denn er hegte einen tiefen Haß gegen Konstantinopel. Einmal hielt es ihn von der Jagd fern, und dann erinnerte es ihn daran, daß es noch andere Leute gab, die seinen Thron beanspruchten: seine beiden Brüder, die beide Söhne der gleichen Mutter waren wie er selbst, der Königinmutter Tarkhan. Seine Furcht vor einem Anschlag auf ihn wurde zur fixen Idee, so daß Mohammed schließlich die beiden jungen Prinzen umzubringen versuchte. Die Königinmutter war sich sehr bald der Gefahr bewußt und versteckte die Jungen jede Nacht in einem Zimmer, das nur auf dem Wege über ihr Schlafzimmer erreichbar war. Dennoch schlich sich der Sultan mit einem Dolch in der Hand in ihren Schlafraum. Zwei Pagen sahen voller Schrecken zu und wagten nicht zu sprechen. Einer aber berührte die Königinmutter, die von ihrem Schlafdiwan aufsprang und sich an den Sultan klammerte. Sie bat ihn, lieber sie selbst zu töten, als ihren Kindern etwas anzutun. Zweifellos rettete Tarkhan so das Leben der beiden Knaben, die beiden Pagen aber wurden am nächsten Morgen getötet.

Achmed Köprülüs staatsmännisches Geschick hatte viel dazu beigetragen, daß die inneren Angelegenheiten des Landes in Ordnung kamen. Doch als Krieg ausbrach, hatte er keine so glückliche Hand. Wenn er auch alle Anstrengungen machte, die nun schon fünfundzwanzig Jahre andauernde Belagerung von Candia zu beenden und Kreta dem Lande einzuverleiben, so verlor er doch zwei Schlachten von großer historischer Bedeutung. Im Jahre 1663 marschierte er an der Spitze von hundertzwanzigtausend Mann gegen Österreich, hundertdreiundzwanzig Geschütze führte er mit sich. Er überquerte die Donau und wandte sich nach Norden, bis er schließlich in der Nähe des Klosters von St. Gotthard auf die österreichisch-ungarische Armee stieß. Die Türken waren zahlenmäßig gewaltig überlegen und wurden doch vernichtend geschlagen, in erster Linie durch die österreichische schwere Kavallerie unter dem kühnen Prinz Karl von Lothringen, der schon im Begriff stand, eine lebende Legende zu werden. Zehntausend Türken fielen, dreißigtausend suchten schreckerfüllt ihr Heil in der Flucht. Es war die erste große Niederlage, die die Ottomanen durch die Österreicher erlitten.

Neun Jahre später setzte sich Achmed gegen die polnische Armee in Marsch, die von ihrem späteren König Sobieski angeführt wurde. Zum ersten Male ließ sich jetzt auch die Stimme des Zaren von Rußland vernehmen, als er zusammen mit dem König von Polen gegen die »türkische Einmischung« protestierte. Köprülüs Antwort war zwar stolz, aber politisch ungeschickt: »Das ist eben die Stärke des Islam«, sagte er, »daß die Vereinigung von Russen und Polen uns überhaupt nicht beeindruckt.« Aber das stimmte nicht. In mehreren größeren Schlachten wurden die Türken geschlagen, und als dann der Krieg nach vier Jahren langsam zu Ende ging, waren die Zeichen für ganz Europa deutlich erkennbar: Die türkischen Waffen waren nicht mehr unbesiegbar.

Weniger Jahre nach Unterzeichnung des Friedensvertrages starb Achmed Köprülü, und es schien nur folgerichtig, daß ihm sein Bruder Zadé im Amte folgen sollte, der bereits gezeigt hatte, daß auch er die Fähigkeiten der Familie Köprülü besaß. Aber zum ersten und einzigen Male während seiner Regierungszeit mischte sich jetzt Sultan Mohammed ein. Indem er von dem ihm als Herrschern zustehenden Einspruchsrecht Gebrauch machte, bestimmte er seinen Schwiegersohn zum Großwesir, einen munteren Jagdkumpan und einigen Quellen zufolge auch einen ihm sehr nahestehenden bisexuellen Freund. Die Einsetzung von Kara (= »Schwarz«) Mustafa war eine verhängnisvolle Wahl, denn er war nicht nur blutdürstig, sondern auch durch und durch verdorben. Die Jahre des Unheils für das Land fanden im Jahre 1683 bei der Belagerung von Wien ihren Höhepunkt. Im Grunde wollte niemand den Krieg, am allerwenigsten der Sultan selbst. Aber Kara Mustafa übte einen ungeheuren Einfluß auf seinen Sultan aus, und um ihn endlich von seinem Standpunkt zu überzeugen, brachte er es fertig, gefälschte Briefe zur Unterstützung seines Standpunktes anfertigen zu lassen, die angeblich von einem Beamten stammten, der sich aber in Wirklichkeit mit allen Kräften diesen Kriegsplänen widersetzte. Schließlich schaffte es Mustafa, die Zustimmung des Sultans zu erhalten.

Im Mai 1683 sammelte Kara Mustafa ein Heer, das mehr als zweihunderttausend Mann stark gewesen sein soll. Wenige Tage vor dem Abmarsch stimmte der Sultan in seinem Bestreben, dem Freund und Jagdgefährten möglichst zu Gefallen zu sein, zu, eine eindrucksvolle Heerschau abzuhalten. Er selber wollte dabei »persönlich in Erscheinung treten«, um dem Volk den Krieg schmackhafter zu machen. Es war vielleicht das seltsamste Schauspiel, das selbst Konstantinopel jemals gesehen hatte. Auf der asiatischen Seite des Bosporus wurden die Truppen in grünen, roten, weißen und orangefarbenen Zelten untergebracht. Daneben befand sich ein riesiges, mit Zeltplanen überdachtes Gelände, dessen Mittelpunkt das eigentliche in drei Unterabteilungen aufgeteilte Zelt des Sultans bildete: Es enthielt seine Privaträume, einen Thronsaal und eine Gerichtshalle. Jeder nur erdenkliche Luxus war mit einbezogen worden, von türkischen Bädern, in die durch eigens angelegte Rohre das Wasser geleitet wurde, bis zu einem Pagen »mit höchst lieblichem Gesicht«, dessen Aufgabe angeblich darin bestand, die Füße des Sultans abzureiben, wenn sie kalt geworden waren. Kara Mustafas Zelt war fast ebenso prächtig ausgestattet. Ein Mitglied der venezianischen Gesandtschaft namens Benetti sah dies alles und konnte sogar einen verstohlenen Blick auf die Lieblingsfrau des Sultans werfen, als sie vom Palast aus aufbrach, um den Bosporus zu überqueren. Sie wurde von einer doppelten Reihe von schwarzen Eunuchen abgeschirmt, die Tücher aus grüner Seide über ihren Kopf hielten, während das Boot von einem Mann gesteuert wurde, der furchtsam seine Augen abwandte. Als sie am Ufer angelangt war, wurde die Sultanin in einer Kutsche zum Feldlager gebracht, die mit silbernen Verzierungen geschmückt war und von vier mit Brustharnischen gepanzerten Rossen gezogen wurde.

Der Sultan kam im Rahmen einer Prozession an, die ein Emir mit der grünen Fahne des Propheten anführte. Dann – so berichtete Benetti – folgten Gerichtsbeamte, die »so große Turbane trugen, daß sie die Arme eines Mannes kaum hätten umfassen können«. Eine Meute Wolfshunde bot einen seltsamen Anblick, denn die Tiere trugen goldbestickte Mäntel und mit goldenen Stacheln besetzte Halsbänder. Ihre Pfoten und Schwänze waren rot und gelb gefärbt. Reiter folgten, die an ihren Sätteln angeleinte Jagdleoparden mit sich führten, ebenso wie zwei mit Federn geschmückte Kamele. Das eine trug den Koran in einem grünen Schrein, das andere einen Fetzen von der Kleidung, die der Prophet einst getragen hatte. Hundert Janitscharen klapperten und rasselten mit ihren Kesseln und mit ihren Schüsseln, hundert Bogenschützen des Sultans trugen Helme aus getriebenem Gold, die in der Sonne aufleuchteten. Auf hundert Mann in Tiger- und Pantherfellen folgten hundert Pikenträger in Panzern – das war neu im Heer –, und ihre tänzelnden, schäumenden und sich aufbäumenden Pferde, die an der Seite, an den Schultern und am Rumpf mit Metallplatten gepanzert waren, boten mit ihren aus getriebenem Gold gefertigten Kopfhauben einen eigenartigen Anblick, als ob sie Masken trügen. Sogar an ihren Zäumen klimperten Goldplättchen.

Dann kam der Großwesir. Ihm schritt eine berittene Kapelle voran, mit Kesselpauken, Zymbals und Trompeten – Militärkapellen sind zuerst in der Türkei entstanden –, und ihm wiederum folgten die Pagen des Palastes in schimmernden Rüstungen. Ihre Barette waren mit goldenen Plättchen geschmückt. Unmittelbar hinter ihnen ritt Mohammed in einer weißen Toga mit diamantenbesetzten Schnüren. Eine pelzbesetzte Kapuze reichte bis hinunter zu seinen Schultern, und ein Diamant funkelte in seinem Turban. Der »Große Jäger« machte keineswegs den Eindruck eines kühnen Mannes, denn Benetti fand, daß »der Mann selbst einen traurigen Gegensatz zu seinem aufwendigen Schmuck bildete, wie er so mit gebeugten Schultern, seiner spitzen Nase, dem schütteren Bart, seinem Schwanenhals und seinem nichtssagenden Gesichtsausdruck dahinritt. Dies alles wurde höchstens durch seine schönen schwarzen Augen etwas gemildert, die ein Erbe des Herrscherhauses waren.«

Sechs Wagenladungen mit Haremsdamen schlossen den Zug ab, ihre Kutschen wurden von weißen Ponys gezogen. Zwanzig Kamele waren mit Haushaltsgegenständen beladen. Derwische hüpften unablässig aus dem Zug hinaus und wieder in ihn hinein. Sie waren nackt bis auf ihre mit Ebenholzperlen besetzten grünen Schürzen und schürten den religiösen Eifer der Soldaten, indem sie Kuhhörnern mißtönende Klänge entlockten. Einen zusätzlichen Reiz stellten die Händler dar, die in Wirklichkeit Sklaven waren. Sie boten ihre erlesensten Waren feil und hofften auf schnelle Verkaufserfolge. Mehr als zweihundert Geisteskranke waren aus ihrem Gefängnis herausgeholt worden, damit die Leute ihren Spaß an ihnen hatten. Mit silbernen Ketten waren sie aneinandergefesselt. Sie wurden von ihren Wärtern geführt, die Medizinfläschchen bei sich hatten, um sie zu beruhigen, wenn sie unruhig wurden, sofern sie nicht schon mit einer Ohrfeige besänftigt werden konnten. Einige waren nackt, ein paar weinten, andere lachten und fluchten, als ihre Wärter sie verprügelten. Zu jener Zeit waren Prügel als Heilmittel gegen Geisteskrankheiten überall anerkannt.

Niemand hätte damit gerechnet, daß solch ein günstiges Vorspiel für den Krieg gestört werden könnte. Am Tage bevor der Marsch der Armee beginnen sollte, fegte ein Orkan das ganze Feldlager hinweg. Auf Meilen im Umkreis wurden die Zelte dem Erdboden gleichgemacht, und von der Unterkunft des Sultans blieb nur noch ein nasses Feld voller Schlamm übrig. Das schlimmste aber war – wenigstens für die abergläubischen Türken –, daß ein Windstoß den Turban des Sultans von seinem Haupt blies. Unter diesem schlechten Vorzeichen setzte sich das Schwert des Islam in Marsch; die Reihen der Soldaten in ihrem Federschmuck und in hellen Farben erstreckten sich über Meilen hinaus und zogen dem Schauplatz ihres größten Unheils entgegen.

Der Zahl nach hätte des Grafen von Starhembergs winzige Garnison von 11000 Mann hinter den Mauern von Wien mit Leichtigkeit geschlagen werden müssen. Die Verteidigungsanlagen waren vernachlässigt worden. Der Kaiser war in das sichere Bayern geflohen und das polnische Heer so weit entfernt, daß es noch fast acht Wochen gedauert hätte, bis es Wien erreicht hätte. Die Türken besaßen eine überwältigende Überlegenheit, und jetzt hatten sie sogar Steinschloßgewehre, die schwerer als die europäischen Modelle waren und eine größere Reichweite besaßen. Ihre Bogenschützen waren besser als alle anderen auf der Welt, und ihre mit stählernen Spitzen ausgerüsteten Pfeile konnten einen Panzer auf eine Entfernung von hundert Meter durchbohren. Den Pionieren, die sich beim Bauen von Verteidigungsanlagen auszeichneten, zollte man höchste Achtung, aber man fürchtete sie auch. Was die schweren Geschütze betraf, so hatten die Türken das Problem, sie zu transportieren, dadurch gelöst, daß sie für ihre Artillerie Kamele statt der schwerfälligen Ochsen benutzten. Und vor allen Dingen kämpfte der türkische Soldat mit religiösem Fanatismus und glaubte fest daran, daß ein auf dem Schlachtfeld gefallener Krieger sich einen Anspruch auf sofortige Aufnahme im Himmel erworben hatte. Gegen die schreckliche Wirklichkeit der türkischen Waffen gab es, wie es schien, keinerlei

Rettung für diesen Tag. Was war es also, das am 15. Juli 1683 sich für die Türken so unheilvoll auswirkte, als Kara Mustafa die Stadt zu belagern begann?

Die Gier des Großwesirs, eines habsüchtigen und jeder Bestechung zugänglichen Mannes, war noch nicht gestillt, wenn er auch bereits ungeheure Reichtümer aufgehäuft hatte. Und diese Gier war es, die letztlich den Sultan um seinen Sieg bringen sollte. Kara Mustafa wollte Wien und seine Reichtümer selbst besitzen. Doch er sah sich einem Problem gegenüber. Wenn die Stadt durch einen Angriff fiel, dann würde der größte Teil der Beute in die Hände der Truppen fallen. Wenn man aber die Stadt zur Kapitulation bewegte oder durch Aushungerung dazu zwang, dann konnte er als Vertreter des Sultans ihre Reichtümer selbst beschlagnahmen. So sorgte er dafür, daß sich der Angriff verzögerte, und das hatte verhängnisvolle Folgen. Es ließ Sobieski genügend Zeit, mit seinem Heer von Polen aus herbeizueilen, und auch Prinz Karl von Lothringen konnte noch mehr Verstärkungen heranschaffen. Ende August durchschwamm ein Soldat aus der Armee Sobieskis die Donau; er hatte Briefe voller Zuversicht bei sich, die er in einer Blase an seinem Hals trug. Am sechsten September, sieben Wochen nach der Einschließung Wiens, kündigten der belagerten Garnison Raketen der Hilfstruppen an, daß jetzt Unterstützung durch weitere achtzigtausend Mann in Sicht war.

Die erste Aufgabe Sobieskis und Karls von Lothringen war die Eroberung der Höhen oberhalb Wiens. Sobieski hielt in dieser Nacht eine Ansprache an seine Truppen: »Wir müssen heute nicht nur eine einzige Stadt retten«, rief er aus, »sondern die ganze Christenheit, für die die Stadt Wien ein Bollwerk ist. Es ist ein heiliger Krieg. Jetzt sehen euch die Ungläubigen über ihren Häuptern, ihre Hoffnung ist dahin, und Mut haben sie auch nicht mehr, beides hat sich in die Täler verflüchtigt, die zu ihren Gräbern werden sollen. Ich habe nur noch einen Befehl zu geben: ›Mir nach!‹ Für die jungen Männer ist jetzt der Augenblick gekommen, sich ihre Sporen zu verdienen!«

An einem schönen Septembermorgen, als Herbstnebel noch über den Tälern lagen und einen warmen Tag versprachen, griffen Sobieski und Karl von Lothringen an. Kara Mustafa, der auf die zahlenmäßige Überlegenheit seiner Soldaten vertraute, hatte schon die Niedermetzelung von dreißigtausend Gefangenen befohlen und nahm den Weg nach Wien auf.

Selbst in seinen wildesten Träumen hätte er sich solch eine vernichtende Niederlage nicht vorstellen können. Als Sobieski und Prinz Karl angriffen, schwankten die türkischen Linien, gerieten in Verwirrung und brachen schließlich völlig auseinander. Sogar die Janitscharen wurden vernichtend geschlagen, und das ganze türkische Heerlager fiel in die Hände der Christen. Die ungeheure Beute bestand aus dreihundert Kanonen, neuntausend Munitionswagen und fünfundzwanzigtausend Zelten. Die von Panik erfaßten Türken flohen ziellos davon. Dutzende von Paschas und Generälen wurden getötet, doch Kara Mustafa konnte mit einer Binde auf dem rechten Auge mit seinem Schatz und mit der Fahne des Propheten entkommen.

Etwa um sechs Uhr abends begab sich Sobieski, der den ganzen Tag noch nichts zu sich genommen hatte, in den prunkvollen Pavillon Kara Mustafas, in das Hauptzelt aus reinster chinesischer Seide und aus mit Edelsteinen bestücktem und mit scharlachroten Quasten versehenem Goldbrokat. Dem erstaunten Sobieski gingen die Augen über: Ein Raum war prunkvoller ausgestattet als der andere, überall gab es silbernes Tafelgeschirr, kostbare Möbel, sogar ein Hofraum mit seinem Springbrunnen war vorhanden, in dem sich zahme Kaninchen, verschiedene Arten von Katzen und ein Papagei befanden.

Als er wieder in Adrianopel war, verstand es Kara Mustafa, sich mit solcher Überzeugungskraft zu verteidigen, daß der Sultan ihn für den Augenblick von aller Schuld freisprach. Mustafa hatte jedoch auf dem Heimweg einen verhängnisvollen Fehler gemacht: Er hatte den Pascha von Buda hinrichten lassen, denn dieser wäre bei vielleicht zu erwartenden Nachforschungen ein feindlich gesinnter Zeuge gegen ihn gewesen. Der Pascha war mit der Schwester des Sultans verheiratet, einer Frau, die über viele Dinge informiert war. Sie war entschlossen, ihrem Bruder die Wahrheit zu sagen. Sie fürchtete sich, in aller Öffentlichkeit von Buda aus nach Konstantinopel zu reisen, und so schlich sie sich verkleidet aus dem Harem und gelangte nach Konstantinopel, wo der Diwan und die Janitscharen ihren Bericht bestätigten. Mohammed hatte keine Wahl, er mußte seine Einstellung ändern, wenn er dies auch nur sehr gegen seinen Willen tat. Als man Kara Mustafa herbeirief, damit er seine Beamtensiegel abgab, fragte er nur kurz: »Muß ich sterben?« Als der Scharfrichter mit der Bogensehne näher trat, bat er um etwas Zeit, weil er sich noch waschen und beten wollte. Dann kniete er nieder und legte sich selbst die Schlinge um den Hals. Alles, was er sagte, war: »Wie es Gott gefällt!« Sein Kopf wurde mit Stroh ausgestopft und am Tor des Diwans ausgestellt.

Es war am 25. September 1683, die Türken dürften sich freilich nur ungern an diesen Tag erinnern. Es war der Tag, an dem der letzte Versuch der Ottomanen scheiterte, ihr Reich durch einen Angriff zu vergrößern. Von jetzt an sollten sie sich nur noch verteidigen müssen. Andere Mächte waren schnell bei der Hand, ihrerseits anzugreifen. Der Papst bereitete sich auf einen Kreuzzug vor. Die Regierung der Republik Venedig rüstete mit Hilfe des Papstes und der Malteserritter eine Flotte aus. Eine venezianische Armee marschierte in Bosnien und Albanien ein und eroberte Athen. Die Österreicher schlugen die türkische Armee in Kroatien und befreiten das Land nach hunderteinundfünfzig Jahren türkischer Herrschaft. Der Prinz Karl von Lothringen nahm die Festung Buda ein, die hundertfünfundvierzig Jahre hindurch türkisch gewesen war. Es war unvermeidbar, daß türkische Köpfe rollten, doch das Haupt des Herrschers war nicht darunter. Jetzt war Zadé Köprülü Großwesir, der Bruder Achmeds. Er bestand darauf, daß Mohammed nach einundvierzig Jahren erfolgloser Regierungszeit abgesetzt wurde, aber er schonte sein Leben. Mohammeds Bruder Suleiman mit seinem »langen, mageren und blassen Gesicht« hatte fünfundvierzig Jahre in der Absonderung zugebracht und wurde jetzt Sultan. Mohammed bewohnte von nun an für den Rest seines Lebens dessen verhältnismäßig behagliches Gefängnis.

Der letzte erwähnenswerte Köprülü eroberte innerhalb von zwei Jahren beträchtliche Gebiete wieder zurück, bevor er im Getümmel der Schlacht bei Salankemen getötet wurde, als wieder einmal die Türken und Österreicher in einen Krieg verstrickt waren. Danach folgte ein Unheil dem anderen, besonders nachdem Mustafa der Zweite, der fast einunddreißig Jahre in der Absonderung zugebracht hatte, Achmed dem Zweiten auf dem Thron gefolgt war. Er bestand darauf, seine Truppen gegen Ungarn in den Kampf zu führen.

Es war ein hoffnungsloses Unterfangen. Die von Prinz Eugen von Savoyen angeführten Ungarn trafen bei Zenton an der Theiß etwa hundert Kilometer oberhalb ihrer Mündungsstelle mit den Türken zusammen. Hier hatte der Sultan eine Pontonbrücke errichten lassen, damit seine Truppen übersetzen konnten. Eugen wartete, bis sich der Sultan und seine Artillerie auf dem einen Ufer befanden und die Infanterie auf dem anderen. Dann griff er an. Der Sultan mußte hilflos zusehen, wie sechsundzwanzigtausend Infanteristen getötet wurden und weitere zehntausend ertranken, als sie schwimmend ihr Heil in der Flucht suchten. Der Großwesir und vier andere Wesire wurden getötet.

Jetzt erwachten auch die größeren europäischen Mächte. Sie erkannten die Gefahr, die für sie darin bestand, daß ihre Rivalen die Möglichkeit hatten, die geschwächte Türkei anzugreifen. Es war das Ziel dieser Rivalen, sich in den Besitz von Konstantinopel zu setzen, weil diese Stadt strategisch so günstig lag wie kein anderer Ort.

Jedes Land wünschte sich eine neutrale Türkei. England war um einen gefahrlosen Weg nach Indien besorgt. Frankreich und Italien wollten ein sicheres Mittelmeer, Rußland war daran interessiert zu verhindern, daß die anderen Mächte zu stark wurden. In den letzten Jahren des 17. Jahrhunderts erboten sich England und Holland, einen Frieden zu vermitteln, der auf dem Prinzip des »uti possidetis« – des status quo – aufgebaut war. Österreich, Venedig und Polen sollten ihre Zustimmung dazu geben, daß sie lediglich die Gebiete behielten, die den Türken wieder abgenommen worden waren. Im Jahre 1699 fand die Friedenskonferenz in Karlowitz an der Donau statt. Sie dauerte zweiundsiebzig Tage. Die für das Ottomanische Reich erniedrigendsten Bedingungen waren die, daß Österreich zwei Drittel von Ungarn behielt und Rußland das ganze Gebiet nördlich vom Asowschen Meer einschließlich der Stadt Asow. Die neu festgelegten Grenzen müssen in Konstantinopel viel Kummer verursacht haben, aber es waren nicht die Grenzlinien auf einer Landkarte, die den Vertrag von Karlowitz zu einem Meilenstein in den Beziehungen zwischen der Türkei und Europa machten. Seine Bedeutung lag viel tiefer. Karlowitz machte nicht nur alle Pläne der Ottomanen für künftige Eroberungen zunichte, sondern der Vertrag erkannte ausdrücklich an, daß die politische Situation der Türkei auch eine sehr wichtige Angelegenheit für alle größeren europäischen Mächte war. Dies galt auch dann, wenn die Europäer sich nicht im Kriegszustand mit den Türken befanden. Für das Ottomanenreich dauerte es jedoch noch weitere fünfzig Jahre, bis die überragende Bedeutung von Karlowitz dahinschwand, und während dieser Zeit schwankte das Schicksal des Reiches auf und nieder.

In diesen turbulenten Jahren änderte sich in einer Beziehung überhaupt nichts: Das Große Serail mit seiner zügellosen Verschwendungssucht blieb, was es war. Hinter der »Pforte zur Glückseligkeit« blieb der Verlauf der Kriege, die das Reich allmählich zerstückelten, fast völlig unbemerkt. Achmed III., der im Jahre 1703, vier Jahre nach dem Frieden von Karlowitz, den Thron bestieg, neigte während der meisten Zeit seiner achtundzwanzigjährigen Regierung zu den seltsamsten Absonderlichkeiten. Als seine Tochter heiratete, bereiteten fünfzehnhundert Köche das Fest vor. Der Sultan dachte sich neuartige Zuckergärten aus, die ungefähr fünf Meter lang waren; sie wurden in Zelten angelegt, wo die Gäste von diesen Gärten knabbern konnten, wenn sie einmal eine Pause beim Anschauen von Gauklern machen oder sich beim Anhören von Konzerten erholen wollten, an denen mehr als zweitausend Musiker beteiligt waren.

Achmeds größte Leidenschaft waren die Tulpen*), die zu Tausenden in den Steppen der Mongolei wuchsen. Jetzt wurden sie noch mehr veredelt, denn in der Mitte des 16. Jahrhunderts hatte ein Amsterdamer Kaufmann die ersten Tulpenzwiebeln nach Holland mitgenommen und später Hunderte von verschiedenen Abarten der Gartentulpen entwickelt und gezüchtet. Achmed führte zwölfhundert verschiedene Tulpenarten für die Gärten des Serails

*) Der Name »Tulpe« ist vom türkischen Spitznamen »Tulbent« abgeleitet, das einen Turban bezeichnet.

ein. Die seltenen Blumen wurden listenmäßig erfaßt, und bei Strafe der Verbannung durfte außerhalb der Hauptstadt niemand Tulpen verkaufen. Beliebten Blumen gab man poetische Namen, und ein französischer Kaufmann, Jean Claude Flachat, fand, daß die Türken »das Leben eines Menschen niedriger einschätzten als ein Pferd oder eine schöne Tulpe«. Wenn ein Gesandter eine Tulpenzwiebel verlor, die als eine Gabe für Achmed bestimmt war, dann schickte der Großwesir einen städtischen Ausrufer durch die Straßen von Konstantinopel, der dem Finder eine hohe Belohnung versprach.

Jeden April veranstaltete Achmed ein Tulpenfest, wenn es möglich war, in hellem Mondschein. Meilenweit wurden im Serail auf eigens angefertigten Regalen abwechselnd Vasen mit Tulpen und mit verschieden gefärbtem Wasser gefüllte Glaskugeln aufgestellt. Dazwischen stellte man noch Lampen aus farbigem Glas. Gäste durften sich nicht in Farben kleiden, die miteinander nicht harmonisierten. Dutzende von Kanarienvogelkäfigen hingen an den Bäumen, Achmed saß in der Mitte, wo er die Hofbeamten empfing, und an einem Abend arrangierten ausschließlich die Damen des Harems einen Wohltätigkeitsbasar, bei dem die Odalisken als Verkäuferinnen auftraten, für den Sultan natürlich, der ihr einziger Kunde war.

Bald jedoch wirkte sich Achmeds Leidenschaft für die Tulpen sehr nachteilig auf die Regierungsgeschäfte aus. Die Kosten seiner Feste rissen ein solches Loch in das Staatssäckel, daß er im Jahre 1730 abgesetzt wurde. Als Sultan Machmud I. sein Nachfolger geworden war, sorgte er rücksichtslos dafür, daß diese aus der »Tulpenleidenschaft« hervorgegangene Verschwendungssucht ein Ende nahm.

Machmud war sowieso mehr auf die Vergnügungen eingestellt, die ihm der Harem bieten konnte, wie Monsieur Flachat feststellte, ein französischer Geschäftsmann, der zum vertrauten Freund des Kislar Aga geworden war. Wie Flachat berichtet, liebte es der Sultan, die Mädchen heimlich zu beobachten. Hinter einem Gitter verborgen, sah er zu, wie sie in ihren weißen Hemden in die zierlichen Bäder des Harems schlüpften. Machmud hatte jedoch vorher alle Nähte an den Hemden aufgetrennt und sie dann wieder zusammengeleimt. Als dann die Türen geschlossen waren und sich die übliche Dampfwolke entwickelte, »löste der heiße Wasserdampf die Bekleidung auf. Einige ... lachten, als ihre Hemden in Stücken auseinanderfielen, aber andere wurden sehr zornig.« Diese Geschichte mag erfunden sein, aber so ungefähr spielten sich die Dinge ab, die der Sultan dem schwarzen Oberhaupt seiner Eunuchen brühwarm erzählt haben mag, von dem sie Flachat dann gehört hat.

Machmud war ebenso erfolglos wie Osman, der ihm im Jahre 1754 auf dem Thron folgte. Er war ein großer, dunkler und grüblerischer Mann und vierundfünfzig Jahre alt, als er den Thron bestieg. Seine Hauptleidenschaft war das Essen. Vermutlich ließ ihn die Kost unbeeindruckt, die ihm die Küchenmeister des Palastes vorsetzten. Jeden Abend nach Eintritt der Dunkelheit vertauschte er seine Prunkgewänder gegen eine bescheidenere Bekleidung und machte sich auf, um einen Streifzug durch die Speisehäuser der Stadt zu machen. Später kaufte er sich dann noch auf dem Markt ein paar Leckerbissen, um sie für den Fall mitzunehmen, daß er in der Nacht hungrig wurde. Obwohl seine zweite Leidenschaft das Bauen war, war Osman nicht verschwenderisch. In den drei Jahren seiner Regierung entließ er alle Musikanten, die er geerbt hatte – er verabscheute Musik –, und er brachte den Harem zur Verzweiflung, weil er wenig Verwendung für Frauen hatte.

Außerhalb des Serails war der größte Teil des Landes in einem bemitleidenswerten Zustand. Bocaretto, ein italienischer Reisender, schrieb: »Wenn man es nicht selbst gesehen hat, dann könnte man es kaum glauben, daß menschliche Wesen in solchem Schmutz leben können. Jeden Tag gibt es eine neue Tragödie. Eines Morgens sah ich eine Pyramide von Menschenköpfen auf der linken Seite des Haupteinganges zum Sultanspalast. An einem anderen Tage wurden eine Anzahl von Gefangenen bei den Sieben Türmen über das Geländer des Turmes geworfen, der an die Folterkammer grenzt und der an der Ecke des Platzes steht, auf dem gewöhnlich die politischen Hinrichtungen stattfanden. Unter ihnen befanden sich mehrere Christen. Von der Straße aus kann man nackte und noch lebende Männer sehen, die man auf lange

Stangen aufgespießt hat, wo man sie so lange hängen läßt, bis der Tod sie erlöst.«

Der Höhepunkt dieser Zeitperiode war jetzt schon beinahe erreicht; er würde durch einen der dümmsten aller Kriege der Ottomanen herbeigeführt, als Osmans Nachfolger Mustafa III. im Jahre 1757 den Thron bestiegen hatte. Voreilig faßte er den Entschluß, seine Stärke gegen die Russen zu erproben. Er machte sich mit einer viel zu großen Last an Versorgungsgütern auf den Weg nach Norden. Ältere Generäle und Paschas hatten das Recht, fünfzig Kamelladungen an persönlicher Habe mit sich zu führen. Das war freilich gar nichts im Vergleich zu den jetzt südwärts marschierenden Russen, denn bei diesen durfte jeder General dreihundert Wagenladungen mit persönlichem Besitz und mit Lebensmitteln mitnehmen.

Der Krieg dauerte fünf Jahre, während der die beiden Heere »wie zwei geistlose Ungeheuer auf manchem blutbeflecktem Acker aufeinandertrafen und sich in schrecklichen Blutbädern und zielloser Vernichtung austobten«. Erst kurz nach dem Tode Mustafas nahm der Krieg mit dem Vertrag von Kainardji im Jahre 1774 ein Ende. Für die Türkei war es ein unheilvoller Abschluß, denn sie verloren die Herrschaft über die Krim, während andere Staaten Vasallen der russischen Zarin wurden. Es gab noch eine zusätzliche Klausel in dem Friedensvertrag, die damals kaum beachtet wurde, die in späteren Jahren aber eine gefährliche Bedeutung bekommen sollte. »Die Türkei«, so hieß es darin, »verspricht, die christliche Religion und die christlichen Kirchen stets zu schützen und den geistlichen Würdenträgern Rußlands zu erlauben, in Konstantinopel öffentlich aufzutreten und ihre Interessen zu wahren.« So wurde mit einem Schlag eine Moslem-Provinz vom Reiche getrennt, und Rußland erhielt das Recht, sich für die christliche Bevölkerung der Türkei wirksam einzusetzen.

Nach Jahrhunderten, während der das christliche Europa Krieg gegen die islamitische Türkei geführt hatte, war eine völlig veränderte Lage entstanden. Von nun an mußten die europäischen Völker darauf vorbereitet sein, für das Reich der Ottomanen zu kämpfen, es zu unterstützen, es zu schützen und darauf zu achten, daß es nicht unterging. Dabei geschah dies nur aus dem Grunde, rivalisierende Mächte daran zu hindern, sich in den Besitz Konstantinopels zu setzen. Noch in der Nacht, bevor die Stadt in die Hände der Türken fiel, hatte der Kaiser Konstantin sie gefeiert als »Königin der Städte, die sich fast alle Länder unter der Sonne untertan gemacht hat«.

Die Sultanin aus Frankreich

Niemals gibt es nur einen Grund dafür, wenn ein großes Reich seinem Untergang entgegengeht. Der Niedergang des Ottomanischen Reiches wurde zweifellos nicht nur durch die Ausschweifungen seiner Sultane ausgelöst, wenn sie auch weitgehend den inneren Verfall beschleunigen halfen. Die Nachwirkungen und die Ehrenhaftigkeit des Regierungssystems Suleimans des Prächtigen wurden langsam von den in seiner eigens eingerichteten Schule erzogenen »Tributknaben« zunichte gemacht. Nachdem die »Regeln« von den nachfolgenden Sultanen mehr und mehr mißachtet wurden und als die Vetternwirtschaft um sich griff, da konnte die Regierung sich auch nicht mehr so streng nach ihnen richten, wie dies vorher geschehen war. Fast das gleiche geschah bei den Janitscharen, als man ihnen erlaubte, sich zu verheiraten. Sie waren verdorben und verzärtelt und bald keine echten Soldaten mehr. Sie versuchten, ihre Stärke gegen die Sultane unter Beweis zu stellen, wenn auch ohne Erfolg. Schließlich wurde dann auch das Heer, das vorher maßgeblich an der Ausweitung des Osmanischen Reiches beteiligt gewesen war, zu einem der Hauptfaktoren seines Niederganges.

Viele andere Gründe kamen noch dazu: Der hohe Preis für ein hohes Amt, die Krebsgeschwüre der Bestechung und der Verderbnis, alle diese Dinge schwächten die Lebenskraft des Landes. Auch die Größe des Reiches wirkte sich jetzt nachteilig aus, denn in einer feindlichen Umgebung in fernen Provinzen und unter fremden Völkern war die Verwaltung schwierig, zumal die Türken niemals wirklich begriffen haben, wie sie die von ihnen unterworfenen Völker zu regieren hatten. Aber im wesentlichen war das Türkische Reich ein Militärstaat, dessen erstes Ziel die Eroberung nichttürkischer Länder war. Wie Köprülü es dem Sultan auf dem Totenbett gesagt hatte, mußte das Heer stets in Bewegung gehalten werden. Das mag noch vergleichsweise leicht gewesen sein, als sich in alten Zeiten wandernde Nomadenvölker in den Besitz des Byzantinischen Reiches gesetzt hatten. Aber wie der Verfall von Byzanz die Stärke eines Volkes von Kämpfern untergrub, so sah sich das Ottomanenreich nicht nur dem Problem gegenüber, daß Rußland ständig mächtiger wurde, sondern es mußte sich auch damit auseinandersetzen, daß es in England, Ungarn, Polen und Österreich hervorragende Staatsmänner gab. Dort waren die Soldaten sämtlich mit neuen Waffen ausgestattet, diszipliniert und von Haß gegen die »ungläubigen Türken« erfüllt. Sie kämpften mit einem Eifer, als befänden sie sich auf einem heiligen Kreuzzug. Alle zusammen bildeten sie ein europäisches Bollwerk, das einer einzelnen Macht überlegen war.

Wenn auch schon die Zeichen des Niedergangs für ganz Europa deutlich zu erkennen waren, so besaß das Ottomanische Reich auf diesem Erdteil zu Beginn des neunzehnten Jahrhunderts immerhin noch Griechenland, Kreta, Serbien, Bosnien, die Herzegowina und die Gebiete, auf denen heute Bulgarien und Albanien liegen. Dazu kam noch die Hälfte des damaligen Montenegro. Südlich der Donau waren das Moldaugebiet, die Wallachei und ein Teil von Bessarabien der Türkei tributpflichtig. Insgesamt umfaßte der türkische Herrschaftsbereich in Europa dreihundertachtzigtausend Quadratkilometer. Doch war es nicht nur die Größe, die das Reich am Leben hielt, die Gründe lagen viel tiefer. Scott Fitzgerald drückt dies so aus: »Europa war ein Land, Rußland bestand aus einem Volk, aber das Ottomanische Reich war ein Begriff!«

Jahr für Jahr bröckelte eine Provinz nach der anderen ab. Doch auch dann konnte sich das Reich noch einigermaßen auf den Beinen halten, und die Türken waren glücklich in der Überzeugung, daß dies für immer und ewig so bleiben würde. Vielleicht war es ein instinktives Gefühl. Dies geht wenigstens aus den Worten des fähigen türkischen Diplomaten Fuad Pascha hervor, der spöttisch zu einem westlichen Amtskollegen sagte: »Unser Staat ist der mächtigste Staat, den es gibt; denn ihr versucht ihn von außen her zugrunde zu richten, und wir versuchen das gleiche im Inneren. Aber er geht noch immer nicht daran zugrunde.«

Gegen Ende des achtzehnten Jahrhunderts erhielt der neunundfünfzigjährige Abdul-Hamid der Erste, der elf Jahre Sultan gewesen war, ein Geschenk, das ihm ausnehmend gut gefiel und ihn wieder jung machte. Es bestand aus einer goldhaarigen Französin mit einer vorwitzigen Stupsnase unter großen blauen Augen. Ihr Mund bildete einen wunderschönen »Bogen Cupidos« über einem energischen Kinn. Sie stammte aus einem vornehmen normannischen Geschlecht und war von algerischen Seeräubern geraubt worden, als sie sich nach dem Besuch einer Klosterschule in Frankreich auf dem Heimweg nach Martinique befand, wo ihre Eltern lebten. Die Piraten hatten sie zum Bey von Algier mitgenommen, der sie dem Sultan zum Geschenk machte. Sie hieß Aimée Dubucq de Rivery. Ihre beste Freundin war ihre dunkelhaarige Cousine, die ebenfalls aus Martinique stammte und ein fröhlicher Mensch war. Obwohl die beiden Mädchen einander niemals wieder begegnen sollten, waren sie doch beide dazu ausersehen, die geheime Macht hinter den Thronen großer Herrscher zu werden.

Aimée brachte ihr weiteres Leben im Harem zu, zuerst als Ehefrau von Abdul-Hamid, dann als Freundin des Sultans Selim und schließlich als Königinmutter des Sultans Machmud des Reformers. Ihre dunkelhaarige Cousine war Josephine Bonaparte.

Aimée muß ein bemerkenswert widerstandsfähiges Mädchen gewesen sein, als sie dazu gezwungen wurde, das sittenstrenge und keusche Leben im Kloster mit dem im Harem des Herrschers zu tauschen, wo die Odalisken »lange Stunden damit zubrachten, sich nackt und bloß in türkischen Bädern aufzuhalten und sich gegenseitig mit parfümiertem Wasser zu besprengen«. Im Kloster hatte sie jedesmal einen Kattunüberhang tragen müssen, wenn sie ein Bad nahm, und sie muß sehr schnell begriffen haben, daß es keinen Sinn hatte, sich gegen das Schicksal zu sträuben.

Die Odalisken im Harem zollten ihr dadurch höchste Anerkennung, daß sie ihr den Namen »Naksch« gaben, was »Die Schöne« bedeutet. Aimée hatte den Sinn einer Französin für guten Geschmack und kleidete sich stets in türkische Tracht. Sie trug Kaftane aus Samt und aus Fellen und Hosen, ein säulenförmiges Hütchen saß schräg auf ihrem Kopf, und das Haar fiel ihr bis auf die Lenden hinunter. Es war mit Brillantsplittern bedeckt, die den Eindruck erweckten, als seien sie wahllos auf dem goldenen Haar verstreut worden, um dort hervorzuleuchten. In Wirklichkeit waren sie mit kleinen Ketten befestigt.

Es dauerte nicht lange, bis man die französische Klosterschülerin den Goldenen Pfad entlang bis zu Abdul-Hamids Bett geleitete. Schon im ersten Jahr, 1783, schenkte sie einem Sohn das Leben, der Machmud genannt wurde. Der alternde Abdul-Hamid war außer sich vor Freude. Er hatte außerdem nur noch einen Sohn mit Namen Mustafa.

Für eine strenggläubige Katholikin wie Aimée muß das mit der Geburt eines Sohnes verbundene Zeremoniell im Harem etwas Ähnliches wie eine Feuerprobe gewesen sein. Sie mußte zusehen, wie die Windeln durch ein Amulett und außerdem dadurch vor dem bösen Blick geschützt wurden, daß man sie mit Sesamsamen bestreute. Der Koran in einem silbernen Beutel wurde oben auf das Bündel gelegt. Als der Zeitpunkt der Geburt näherkam, brachte eine Hebamme den üblichen Geburtsstuhl aus Walnußholz, in dessen Sitz vorn eine hufeisenförmige Aussparung angebracht war.

Hier saß die arme Aimée und klammerte sich an die festen Arme des Stuhles, während die Hebamme »Allah ist der Größte« sang, bis das Kind geboren war. Dann wurde sie in ein Bett gesteckt, auf das man wertvolle Tücher, eine Zwiebel, eine Knoblauchzehe, einige blaue Perlen und einen Koran gelegt hatte, um sie vor Unheil zu schützen. Das Kind wurde gewaschen, die Nabelschnur abgeschnitten, und drei Sesamsamen wurden auf seinen Nabel gelegt, ehe man es in Windeln wickelte und verschnürte.

Jetzt war das Schlimmste vorüber, und wie eine Braut gekleidet empfing Aimée am sechsten Tage ihre Freundinnen im Harem im schönsten Schmuck. Aber erst am vierzigsten Tage nach der Geburt nahmen sie und ihr Sohn gemeinsam an einer Zeremonie teil, wobei die Hebamme den Neugeborenen in dem verschwenderisch ausgestatteten Bad des Harems wusch. Musik spielte unterdessen im Hintergrund, und in einem Räucherbecken brannte Aloeholz. Den armen Knaben*) rieb man über und über mit einem zerbrochenen Entenei ein, »um ihn so an Wasser zu gewöhnen, wie eine Ente an Wasser gewöhnt ist«.

Wie schwer die Geburt auch gewesen sein mag, sie erfreute nicht nur den Sultan, sondern sie festigte auch Aimées Stellung. Von diesem Augenblick an war Mustafas Mutter vergessen, und Aimée wurde die unumstrittene Lieblingsfrau des Sultans. Abdul-Hamid war so außer sich vor Freude, daß er ein großes Tulpenfest veranstaltete, und mitten im Serail ließ er einen Kiosk errichten, der ganz aus gesponnenem Zucker war und mit Palmen geschmückt wurde, dem traditionellen Symbol für Fruchtbarkeit. Nachtigallenkäfige hingen an den Bäumen oder waren rund um die plätschernden Springbrunnen aufgestellt. Später fanden Ringkämpfe im Hippodrom statt, denen Aimée ungesehen von einem Gitterfenster aus zuschauen konnte. Fünfhundert Schafe wurden nach ritueller Vorschrift geschlachtet und an die Armen verteilt.

Es kann wenig Zweifel darüber bestehen, daß Aimée dem Sultan eng verbunden war, der genügend Kultur besaß, um ein für allemal den teuflischen Brauch abzuschaffen, mögliche Erben im Käfig abzusondern. Seinen Neffen Selim, den Thronerben**), behandelte er wie seinen eigenen Sohn, und er ließ ihm völlig freie Hand. Selim war ungefähr ebenso alt wie Aimée, und als Abdul-Hamid im Jahre 1789 starb und Selim der Dritte zum Sultan ausgerufen wurde, war er bereits ein begeisterter Anhänger ihres »Französischen Liberalismus«. Der Einfluß der verwitweten Aimée war in verschiedener Hinsicht deutlich zu erkennen, und nichts konnte ihre Liebe zu diesem großen Lande erschüttern.

Aber es muß sie doch beeindruckt haben, als drei Monate nach Selims Thronbesteigung die Bastille in Paris gestürmt wurde. Es ist gut möglich, daß es auf dieses Ereignis zurückzuführen ist, daß

*) Später versuchte man, das Schreien der Kinder durch beruhigende Getränke aus Mohnköpfen zu verhindern, oder man gab ihnen auch einen Schnuller zum Saugen, der aus einem Stück Marzipan bestand, um das man ein Tuch gewickelt hatte.

**) Erbe des Thrones war stets das älteste lebende männliche Mitglied der Sippe, nicht der älteste Sohn.

Selim sich veranlaßt sah, ein »Neues Heer« zu schaffen, zumal er auch einen Aufstand der Janitscharen fürchtete. Dieses Heer war ein eigener Truppenkörper und nur ihm gegenüber verantwortlich. Es wurde nach französischen Richtlinien ausgebildet. Die Janitscharen muckten auf, aber sie hielten sich für den Augenblick zurück, als französische Artillerieoffiziere das neue Heer ausbildeten. Der junge Napoleon hatte sich freiwillig dazu gemeldet, aber er war abgewiesen worden. Französische Marineoffiziere bauten die türkische Flotte wieder auf. Französische Ingenieure begannen mit dem Bau der berühmten Kanonengießerei in Top Hané. Französische militärische Handbücher wurden für die türkischen Truppen übersetzt. Und Selim war es, der die erste türkische Wochenzeitung erscheinen ließ, »Le Moniteur de l'Orient« (= Der Ratgeber des Ostens), und Aimée dürfte wohl die eifrigste Leserin dieses Blattes gewesen sein.

Das Verhältnis zwischen Selim und Aimée gibt den Geschichtsforschern ein Rätsel auf, das von keinem bisher gelöst werden konnte: Sie hatten einander bereits gekannt, seit Aimée den Harem zum ersten Mal betreten hatte, um dann später die Sultanin eines alternden Gatten zu werden, der Selim jede Freiheit gelassen hatte. Er ließ es sogar zu, daß Selim die wertvolle Kunst französischer Diplomatie von Aimée lernte, wobei sie freilich verschleiert blieb und zweifellos strengstens beaufsichtigt wurde. Sie waren beide in den zwanziger Jahren, sie sahen beide gut aus und teilten miteinander die Liebe zur Literatur. Selim hatte eine »vornehme blasse Gesichtsfarbe«, er glich jenen seufzenden Prinzen, deren pergamentfarbenes Antlitz einen weiblichen Zug aufweist. Lamartine beschrieb ihn als einen »einsamen, träumerischen Prinzen, sensibel und scheu, mit Mandelaugen und einem langen ernsten Gesicht«. Er konnte stundenlang zuhören, wenn Aimée ihm etwas vorlas. Sie war eine Vollblutfranzösin in der Blüte ihrer Jahre, und sie war zu einem Leben in Keuschheit verurteilt. Selim war an seinem Harem völlig uninteressiert und starb kinderlos. Es scheint fast unmöglich, daß sie nach Abdul-Hamids Tod kein Liebespaar geworden sind. Aber außerdem gab es noch etwas anderes, das ebenfalls sehr merkwürdig war: Warum verschwand völlig unmotiviert die Mutter des Thronerben Mustafa während der Regierung Selims vom Schauplatz der Ereignisse? Selim war schließlich der einzige, der ihrem Sohn auf dem Wege zur Herrschaft im Wege stand, und man sollte annehmen, daß sie heimlich gegen ihn intrigierte. Aber die Geschichte berichtet nur vom selbstlosen Einfluß Aimées. Es ist tröstlich, wenn man hoffen kann, daß das zur Sklavin gewordene unschuldige goldhaarige französische Mädchen nicht nur eine treue Ehefrau und hingebungsvolle Mutter gewesen ist, sondern auch die tüchtige Lehrerin eines klugen Mannes, der ihr so ergeben war, daß ihn keine andere schöne Frau interessierte, obwohl er an jedem Finger zehn davon hätte haben können.

Der arme Selim hatte nicht viel Glück mit seiner Regierung. Als die Franzosen die Bastille stürmten, setzte Katharina die Große in Rußland alles daran, was in ihrer Macht stand, Unruhe im Ottomanenreich zu stiften. Im Jahre 1790 beschloß sie, Ismail anzugreifen, eine wichtige Festung an der Donau, die vierzig Meilen vom Schwarzen Meer entfernt lag und von einer vierzigtausend Mann starken Garnison verteidigt wurde. Potemkin, Katharinas Liebhaber, hatte damals gerade das Oberkommando über die russischen Truppen. Er ließ General Suwarow kommen und gab ihm den Befehl: »Sie müssen Ismail erobern, koste es, was es wolle!«

Suwarow war ein militärisches Genie ersten Ranges. Er war ein schroffer Mensch, aber durch und durch Soldat, und er teilte alles Ungemach mit seinen Truppen, die ihn vergötterten. Sein höchster Grundsatz hieß: »Marschieren und schlagen!« Er hatte wenig Sinn für den Kampf mit dem Gewehr. »Die Kugel ist ein Narr«, sagte er, »aber das Bajonett ist ein Held.« Sechs Tage nach seiner Ankunft vor Ismail befahl er den Angriff, und er tat dies in seiner üblichen spaßigen Art: »Meine Brüder!« rief er, »Unterkunft haben wir nicht, und unsere Kost ist knapp.« Nach einem furchtbaren Gemetzel wurde die Stadt genommen. Vierunddreißigtausend Türken wurden bei einem Wetter getötet, das so bitter kalt war, daß man niemanden begraben konnte. Man hackte Löcher in das Eis der Donau, und es dauerte sechs Tage, bis man die Leichen im Fluß versenkt hatte. Suwarow konnte ebenso wortkarg sein wie Potemkin und verkündete den Sieg mit dem Satz: »Die russische Fahne weht auf den Wällen von Ismail.« Als dann die Nachricht Petersburg erreichte, war es die Kaiserin Katharina, die England, das sich als Vermittler angeboten hatte, zurückwies, indem sie zu dem Britischen Gesandten mit einem spöttischen Lächeln sagte: »Ich hoffe, daß die Leute, die mich aus Petersburg hinausdrängen wollen, mir erlauben, mich nach Konstantinopel zurückzuziehen.«

Selims Reich befand sich jetzt auf einem Abstieg, der offensichtlich nicht mehr aufzuhalten war. Aber für Selim und Aimée gab es wenigstens noch immer Frankreich als letzten Ausweg. Selim war einer der ersten Herrscher, die die Republik Frankreich anerkannten. Nachdem er gründlich mit sich selbst zu Rate gegangen war, machte Selim Geschichte, indem er im Jahre 1797 den ersten türkischen Gesandten nach Frankreich schickte, obwohl Aimée über die Hinrichtungen Ludwigs des Sechzehnten und Marie Antoinettes zutiefst erschrocken war. Aber inzwischen hatte sich Napoleon mit Josephine verheiratet, und so konnten die beiden Cousinen sich gegenseitig schreiben. Napoleon empfing den neuen Gesandten herzlich, wenn er auch »schon lange insgeheim ein Auge auf Konstantinopel hatte, weil dies der größte strategische Preis war, den Europa zu bieten hatte«. Doch schien es keinen Grund zu geben, weshalb die feste Freundschaft zwischen den beiden Ländern nicht noch mehrere Jahrzehnte halten sollte. Sie hatte ja nicht nur durch die Gegenwart militärischer Fachleute in der Türkei einen Rückhalt, sondern auch durch den Einfluß der Frau Napoleons in Frankreich und durch ihre Cousine, die in einem türkischen Harem geheiratet hatte.

Napoleon war auch ein Nachbar der Türkei, da sein Einfall in Italien die lange Regierungszeit der Republik Venedig beendete und er die Ionischen Inseln besetzte, die, wie er sagte, »für uns von größerer Wichtigkeit sind als das ganze übrige Italien«. Dies muß Aimée und Selim noch größere Sicherheit gegeben haben, die glücklicherweise nicht wußten, daß Napoleon an das Direktorium geschrieben hatte: »Für uns ist es nicht nützlich, den Versuch zu machen, das Türkische Reich zu erhalten. Wir werden noch zu unserer Zeit Zeugen seines Unterganges werden.«

Der Zustand von Selims Reich rechtfertigte diese Voraussage

durchaus. Die Macht Konstantinopels war praktisch lahmgelegt. Die Paschas in den großen fernen Provinzen waren in allem unabhängige Herrscher, nur dem Namen nach regierten sie noch als Statthalter des Sultans. Ägypten war so sehr unter die Herrschaft der Mameluken geraten – die ebenso korrupt waren wie die Janitscharen –, daß Selim in Kairo keinerlei Autorität mehr besaß.

Im Juli 1798 kam dann der große Schlag. Napoleon landete an der Spitze von vierzigtausend Mann in Ägypten, in einer Provinz des Ottomanischen Reiches. Selim hatte keine Wahl, er mußte gegen Frankreich in den Krieg ziehen.

Der Schlag wurde auch dadurch nicht gemildert, daß er nicht gegen die Türkei, sondern gegen England gerichtet war. Napoleons »Befehle« liefen darauf hinaus, daß er »die Engländer aus allen ihren Besitzungen im Orient vertreiben wollte, die er erreichen konnte, und ganz besonders wollte er alle ihre Niederlassungen am Roten Meer vernichten«. Gegenüber seinen Generälen brüstete er sich: »Ich werde das Britische Imperium auf den Kopf stellen.« Dabei war es noch gar kein eigentliches »Imperium«, sondern es setzte sich aus einer Anzahl von Handelsmissionen und befestigten Stützpunkten zusammen. Napoleon wußte genau, daß ein Ägypten in französischen Händen es England unmöglich machen würde, über ein wertvolles Bollwerk zu verfügen, das nicht nur zur Verteidigung Indiens dienen konnte, sondern auch zur Verteidigung eines Handelsweges, der wesentlich schneller war als der lange Umweg über das Kap.

Jeder kennt die Geschichte von dem Sieg Nelsons am Nil und wie mit einem Schlag Napoleons Heer in Ägypten von französischem Boden abgeschnitten war. Auch Selim in Konstantinopel faßte jetzt wieder Mut. Er wußte, daß Frankreich nicht die Schiffe besaß, um in großem Ausmaß Ersatztruppen zu senden. Er schloß ein Bündnis mit England.

In diesen Jahren war Aimées Sohn Machmud sorgfältig und mit viel Geschick von seiner Mutter und von den besten Hauslehrern aus Frankreich erzogen worden. Er wuchs zu einem hübschen und talentierten jungen Mann heran. Wenn er auch nicht der Thronerbe war, so sah sich Aimée doch ständig dem Problem gegenüber, vertrauenswürdige Wächter zu finden, die den Knaben beschützen sollten. Mustafas Mutter sah ihn immer noch als eine Gefahr für die Thronbesteigung ihres Sohnes an, und sie versuchte es bei mehreren Gelegenheiten, ihn vergiften zu lassen. Wenn Aimée nicht die Vorsichtsmaßnahme getroffen hätte, einen Fachmann im Serail unterzubringen, der sich in Giften auskannte, wäre Machmud sicherlich gestorben. Diese Gefahr war besonders groß, als die ungelösten Streitigkeiten zwischen Selim und den Janitscharen im Sommer 1807 in eine tragische und offene Revolte mündeten.

Der größte Teil der Janitscharen befand sich gerade beim Heer an der Donau und kämpfte. Selim glaubte dummerweise, daß er es sich leisten könne, seine neue Armee durch Eingliederung der jüngsten und besten Janitscharen zu stärken. Die Janitscharen, die sich noch in Konstantinopel in der Garnison befanden, drehten wieder ihre Kessel um und lehnten es ab, »die Kost des Sultans zu essen«. Schließlich schickten sie eine Abordnung zum Mufti, die diesem die Frage stellte: »Welche Strafe hat ein Mann verdient, der eine neue militärische Macht aufstellt?« Nach wenigen Tagen, während insgeheim die Strömungen des Hasses, der Verschwörung und der Gegenverschwörung immer stärker wurden, gab der Mufti seine Antwort: »Er hat den Tod verdient, und zwar im Einklang mit dem Koran. Denn der Diwan hat unter den Moslems die Sitten der Ungläubigen eingeführt und außerdem die Absicht bekundet, die Janitscharen zu unterdrücken, die die treuen Verteidiger des Gesetzes und des Propheten sind.« Jetzt forderten die Janitscharen in einer Entschließung die Absetzung Selims, aber der war vorher gewarnt worden. Er brachte sich im »Käfig« in Sicherheit, suchte seinen Halbbruder Mustafa auf, der ja der Erbe war, gab seine Abdankung bekannt und huldigte ihm als dem Sultan Mustafa dem Vierten. Als Mustafa erfuhr, daß Selim zum Selbstmord entschlossen sei, gelang es ihm, im letzten Augenblick den Giftbecher zu zertrümmern, den Selim schon angesetzt hatte. Als die Janitscharen im Großen Serail ankamen, saß Mustafa bereits auf dem Thron, und Selim hatte sich »würdevoll in die Absonderung zurückgezogen«.

Dies hätte ein glücklicher Ausgang der Regierung Selims sein können, wenn er nicht Freunde gehabt hätte, die ihm wieder zur Macht verhelfen wollten. Ihr Anführer war der Pascha der Provinz Rustschuk, Bairactar, der Selim seine Stellung verdankte. Als der Sultan abdankte, befand er sich gerade im Krieg, und er erhielt die Nachricht zu spät. Unverzüglich marschierte er mit vierzigtausend Mann nach Konstantinopel, und im Morgengrauen des 28. Juli 1808 schlug er unweit der Hauptstadt sein Feldlager auf.

Mit einer kleinen Gruppe zuverlässiger Anhänger betrat Bairactar heimlich die Stadt. Er begab sich sofort zum Haupttor des Serail und begehrte Einlaß, um Selim zu sehen. Man wies ihn ab. Bairactar und seine Leute versuchten, die Tür einzuschlagen, aber das Geräusch warnte den neu eingesetzten Sultan Mustafa, und ihm war sofort klar, daß es für ihn nur eine Möglichkeit gab, sein Leben zu retten: Er mußte Selim und Aimées Sohn Machmud töten, damit er der letzte Nachkomme des Geschlechtes der Osmanen blieb. Als Bairactar sich anschickte, das Haupttor mit Gewalt aufzubrechen, gab Mustafa Befehl, beide zu erdrosseln. Er begab sich zum »Käfig«, um Zeuge von Selims Ermordung zu werden.

Als die Taubstummen mit der Bogensehne bei Selim auftauchten, gelang es ihm noch, eine Warnung an Aimée zu schicken, und dann versuchte er ein Verzögerungsmanöver. Er zog seinen Dolch und stürzte sich auf die Taubstummen. Zwei von ihnen erstach er, ehe es einem gelang, die Bogensehne um seinen Hals zu legen. Sein Verhalten rettete Machmud das Leben. Aimée riß ihn an sich, und um Haaresbreite gelang es beiden zu entkommen. Als die Mörder den »Goldenen Pfad« entlangstürmten, stellte sich ihnen eine der Sklavinnen Aimées in den Weg, eine furchterregende Georgerin, die im Harem unter dem Namen »die Starke« bekannt war. Allein konnte sie zwar nichts ausrichten, doch sie wartete bis zum letzten Augenblick, ehe sie den Mördern ein Räucherbecken mit glühenden Kohlen in die Gesichter schleuderte. Dadurch gewann Machmud einige wenige wertvolle Sekunden. Er kroch durch einen Kamin in den Heizraum eines stillgelegten Baderaumes und hielt sich dort unter einem Haufen alter Kleider versteckt, während die Mörder den Nebenraum durchsuchten.

Inzwischen hatte Bairactar das Tor zur Glückseligkeit zertrümmert. Die weiträumigen Flächen, die Kioske und die Hofräume lagen verlassen da. Von den Ministern bis zu den Köchen schienen alle das Weite gesucht zu haben, als Bairactar nach Selim rief. Als er schließlich zu einer mit einem schweren Vorhang verhängten Tür kam, war dahinter die Stimme Mustafas zu hören. Er rief: »Händigt doch den Sultan Selim dem Pascha von Rustschuk aus, wenn er den Kadaver des Schweines haben will!« Dann beförderte er Selims Leiche mit einem Fußtritt aus dem Zimmer hinaus in das helle Sonnenlicht des Hofraumes.

Bairactar warf sich über den Toten und weinte bitterlich, bis einer seiner Hauptleute, Ramis Pascha, ausrief: »Ist es eines Pascha von Rustschuk würdig, wie ein Weib zu flennen? Wir wollen lieber Sultan Selim rächen!« Nachdem Bairactar den traditionellen schweren Ledervorhang aufgeschlitzt hatte, der die Tür verhüllte, fand er Mustafa auf dem Thron sitzend vor. Ohne einen Augenblick zu zögern, warf er ihn auf den Fußboden.

Aber als Bairactar und seine Leute sich gerade anschickten, Mustafa zu töten, gab es ein dramatisches Zwischenspiel. In zerfetzter Kleidung und von Ruß geschwärzt tauchte plötzlich Machmud auf. Schon in diesem Augenblick, der der erste seiner einunddreißigjährigen Regierungszeit war, zeigte Aimées Sohn die ganze Würde, die ihm später den Beinamen »Der Reformer« einbringen sollte. Seine erste Amtshandlung bei seiner Thronbesteigung bestand darin, daß er Mustafa zur Absonderung in den Käfig schickte.

Als Bairactar niederkniete und den Saum des schmutzigen Gewandes des neuen Sultans küßte, ließ Machmud ihn aufstehen und ermahnte ihn, nicht auf Rache zu drängen. Er versprach, daß er sich zu gegebener Zeit nicht nur an Mustafa rächen würde, sondern auch an den Janitscharen, bei denen nach seiner Meinung die Ursache aller dieser Vorgänge lag.

Noch ehe die Dunkelheit hereinbrach, verkündeten an diesem Abend Schüsse aus der Kanone des Großen Serail dem Volk von Konstantinopel die Neuigkeit, daß Mahmud der Zweite jetzt Sultan des Ottomanischen Reiches geworden war.

Es dauerte noch Jahre, bis Machmud die Janitscharen zu bezwingen vermochte, denn bald nachdem er Sultan geworden war, brannte ein Teil von Konstantinopel in wenigen Tagen bis auf die Grundmauern nieder, während die Janitscharen wieder einmal meuterten und ein Bürgerkrieg ausbrach. Machmud hatte Bairactar zum Großwesir gemacht. Unglücklicherweise hatte er bei der Feier dieser Ernennung einen verhängnisvollen Irrtum begangen: Er erteilte bis auf 4 000 Mann allen seinen Soldaten die Erlaubnis, in ihre Häuser zu gehen. Die restlichen Truppen reichten nicht aus, die Janitscharen in Schach zu halten.

Bairactar war ein Freund des guten Lebens. Er aß und trank gern und gut, und er schätzte die Dinge, die das Amt mit sich brachte, wozu auch ein Harem gehörte. Nach einem üppigen Gastmahl schlief er gerade fest in den Armen einer Odaliske, als die Janitscharen losschlugen. Sie bildeten einen Ring um den Palast des Großwesirs, steckten alle angrenzenden Häuser in Brand und warteten, bis die Flammen das aufwendige Heim Bairactars erreichten. Erst als rings um ihn die Mauern einstürzten, wurde er von seiner Konkubine geweckt.

Aber statt sich einen Weg durch die Janitscharen zu erkämpfen, zog es der Großwesir vor, sich in einen stabil gebauten viereckigen Turm zurückzuziehen, der sich auf der Rückseite seines Palastes befand. Er benutzte ihn als Lagerraum für Waffen und Munition, und er hoffte, seine steinernen Mauern würden standhalten, bis Hilfe kam. Die Hilfe kam auch in Gestalt von Ramis Pascha, der erst kurz vorher, beim Tode Selims, seinen Herrn ermahnt hatte, nicht zu weinen. Ramis' Soldaten eilten zur Hilfe herbei, als die Flammen das ganze Gelände vom Serail bis zum Palast des Großwesirs bereits erfaßt hatten. Der feste alte Turm stand noch immer. Doch plötzlich erreichte ein Funken oder eine Kugel die Pulverkammer, es gab eine Detonation, und das ganze Mauerwerk stürzte zusammen. Die Janitscharen triumphierten, als sie Bairactars verkohlten Körper in den qualmenden Ruinen entdeckten.

Als der Bürgerkrieg einige Tage anhielt, wurde es Machmud klar, daß sein Leben in Gefahr war. Es gab für ihn nur eine Möglichkeit: Er befahl, Mustafa im Käfig zu erdrosseln. Er wußte, daß er vor Anschlägen auf sein Leben sicher sein würde, wenn er dafür sorgte, daß er selbst als letzter lebender männlicher Nachkomme des Geschlechtes der Osmanen übrigblieb.

Nun stand Machmud vor dem erniedrigendsten Augenblick seines Lebens. Er war gezwungen, jeder Forderung der Janitscharen nachzugeben. Er mußte seinen Namen unter ein Schriftstück setzen, daß die Reformen Selims widerrief. Alle die alten Mißstände stellten sich jetzt allmählich wieder ein. In den nächsten drei oder vier Jahren waren es die Janitscharen, die im Grunde das Reich regierten, und sie setzten die Großwesire so ein oder ab, wie es ihnen paßte. Alles, was der »Reformer« tun konnte, war, auf den Augenblick zu warten, an dem er diese Feinde seiner Dynastie vernichten konnte.

Machmud war ein gutaussehender Mann. Ein Engländer namens Charles Mac Farlane hat ihn mehrmals gesehen und erinnerte sich an seine »robuste und kräftige Gestalt, an seine prachtvolle Brustweite, an sein sehr ausdrucksvolles Gesicht, das Stolz und Selbstbewußtsein verriet und durchaus schön zu nennen war. Er hatte große pechschwarze Augen, die durch einen hindurchblicken konnten und niemals stillstanden.« Es war sicher auf den Einfluß Aimées zurückzuführen, daß er liberal eingestellt war, und wie Selim war er ein leidenschaftlicher Verehrer Frankreichs. Er saß lieber auf Stühlen als auf Kissen, und statt seiner Finger benutzte er ein goldenes Messer und eine goldene Gabel. Er gewöhnte sich freilich auch an, zuviel zu trinken, und er bestand darauf, zu jeder Mahlzeit Champagner zu sich zu nehmen. Alle Nachwirkungen wurden durch Opiumtabletten gemildert, die mit mehreren goldenen Schichten überzogen waren, welche sich zu verschiedenen Zeiten auflösten. Fast unmittelbar nach seiner Thronbesteigung verminderte er die Zahl der Odalisken, denn er hatte sich in eine dralle im Badehaus beschäftigte Dienerin verliebt. Sie hieß Besma und gebar ihm sechs Kinder. Natürlich stand er sehr unter dem Einfluß von Aimée, die jetzt Königinmutter war und Luxus und Zerstreuung liebte. Sie besaß ihre eigene mit Spiegeln ausgestattete Kutsche, die außen mit einer verwirrenden Mischung aus diamantähnlich geschliffenen Glasstücken und Perlmutter verziert war. Aimée schwelgte in Edelsteinen, aber oft dachte sie sich noch zusätzlich etwas Besonderes aus: Statt ihre Juwelen zu tragen, erschien sie in schlichter Kleidung, aber ein Sklave folgte ihr, der ihre Preziosen auf einem Tablett trug. Wenn sie in ihrem bemalten, von zwölf Sklaven geruderten Kayik den Bosporus überquerte, dann folgte dem Boot ein Schwarm juwelengeschmückter Fische, die an Ketten angebunden waren, so daß es aussah, als seien sie ihr Gefolge.

Machmud war von Aimée dazu veranlaßt worden, westliche Wesensart in seinem Lande heimisch zu machen, und so begann er bald mit aufsehenerregenden Neuerungen. Er war der erste Ottomanische Sultan, der eine Ausbildungsanstalt für Ärzte einrichtete, in der natürlich französische Ärzte tätig waren. Er schickte Gruppen von Studenten zum Studium nach Paris, London und Wien. Er schuf ein Quarantänesystem, um die alljährlich wiederkehrenden Ausbrüche der Pest zu bekämpfen, die im Jahre 1812 hundertfünfzigtausend Menschen tötete und jahrhundertelang die Bevölkerung Konstantinopels dezimiert hatte. Als ein Besucher aus London beiläufig erwähnte, daß im Jahre 1802 in England eine Volkszählung stattgefunden habe, bei der für London eine Zahl von achthundertvierundsechzigtausend Einwohnern ermittelt worden war, ließ auch er eine Volkszählung durchführen, bei der sechshundertdreißigtausend Einwohner in Konstantinopel gezählt wurden. Er gründete eine Zeitung und einen offiziellen Staatsanzeiger, der etwa so aufgezogen war wie in Frankreich das »Journal Officiel«, das offizielle Staatsblatt. Er ließ Kleinmünzen prägen und baute die erste Brücke über das Goldene Horn. Zum Entsetzen der vielen an der Überlieferung hängenden Türken änderte er auch die Nationaltracht. Über Nacht wurden die romantischen bauschigen Pluderhosen abgeschafft, die mit Zobelfellen besetzten Kaftane und die zwei Fuß hohen Turbane verschwanden, um bei allen Beamten durch enge schwarze Hosen, den »Stambulin«, einen wenig kleidsamen schwarzen rockähnlichen Mantel, und den »Fez« ersetzt zu werden, eine rote Kopfbedeckung, die aus Marokko stammte*).

Sogar Stratford Canning bei der Britischen Botschaft, der später Englands wichtigster Gesandter in der Türkei werden sollte,

*) Einige der Reformen Machmuds grenzten ans Absurde, wie zum Beispiel ein Erlaß, der die Länge von Schnurrbärten regelte.

war schockiert. Er schrieb: »Jeder der abwesend war und jetzt zurückgekommen ist, nimmt die Änderungen zur Kenntnis, die jetzt ein außerordentliches Ausmaß angenommen haben. Noch wenige Jahre, und es wird keinen einzigen Turban mehr geben ... Angestellte aller Schattierungen tragen jetzt die rote Kappe, Kosakenhosen, schwarze Stiefel und einen einfachen roten oder blauen Mantel, den man unter dem Kinn zuknöpft. Es gibt weder Goldstickereien noch Edelsteine und auch keine verzierten Mäntel mehr.«

Die Reformen erregten großen Unwillen, und ähnlich wie die Türken waren auch die Russen der Meinung, daß Peter der Große »Die Seele Moskaus gespalten« hatte. Ein Derwisch packte die Zügel des Pferdes Machmuds und rief aus: »Ungläubiger Sultan, Gott wird dich für deine Lästerungen zur Verantwortung ziehen! Du richtest den Islam zugrunde!« Doch Machmud blieb hart. Er kämpfte für den Grundsatz der Gleichheit aller ottomanischen Untertanen und sagte: »Ich unterscheide unter meinen Untertanen Moslems in der Moschee, Christen in der Kirche und Juden in der Synagoge, aber in irgendeiner anderen Beziehung gibt es keinen Unterschied unter ihnen.«

Trotz der liberalen Einstellung Machmuds erfuhr das Reich während seiner Regierungszeit empfindliche Einbußen. Die Russen gewannen die uneingeschränkte Oberhoheit über mehrere Provinzen zurück einschließlich großer Landstriche am rechten Donauufer. Vielleicht wären sie noch viel tiefer in türkisches Gebiet eingedrungen, wenn nicht Napoleon 1812 in Rußland einmarschiert wäre und den Zaren Alexander dadurch gezwungen hätte, seine Truppen von der Donau abzuziehen. Aber Machmud war wenigstens darin vom Glück begünstigt, daß keine Großmacht es sich leisten konnte zuzulassen, daß Konstantinopel in die Hand eines Nebenbuhlers fiel. Denn sie alle dachten wie der Deutsche General von Moltke, der Selim behilflich gewesen war, das neue Heer aufzubauen und gesagt hatte: »Die Teilung der Türkei ist das gleiche Problem, als wollte man einen Diamantring zerteilen. Wer wird dann wohl Konstantinopel bekommen, den einzigen wertvollen Stein?« England fürchtete, daß ein Sieg Rußlands über die Türkei seinen lebenswichtigen Weg nach Indien

Aimée Dubucq de Rivery

Abdul Hamid verläßt das Serail, um sich zu den Freitagsgebeten in die Moschee zu begeben. Stich von Levasseur nach Cassas, 1788

Gottesdienst in der Moschee des Sultans Achmed. Stich von Née, 1787, nach Cochin d. J.

gefährden könnte. Österreich befürchtete, daß Rußland es besiegen könnte, wenn es zu stark wurde. Und diese Befürchtungen und der Argwohn waren so groß, daß der Wiener Kongreß 1815 ausdrücklich festlegte, daß die Türkei niemals in die Hände einer einzigen Macht fallen dürfe.

So hatte Machmud zu jener Zeit wenigstens keine Schwierigkeiten mit dem Westen, zumal Napoleon bereits auf Sankt Helena kaltgestellt worden war. Aber innerhalb seiner eigenen Grenzen mußte er in zwei Provinzen weitere Demütigungen hinnehmen: in Griechenland und in Ägypten. Die Griechen hatten mehr als alle anderen unterjochten Völker Grund zur Auflehnung. Ihr Haß gegen die Türken trat im Jahre 1821 offen zutage. »Nirgendwo im ganzen Ottomanischen Reich waren die Auswirkungen seiner Herrschaft entwürdigender und unerträglicher als in Griechenland. Die Sicherheit von Leben, Eigentum und Ehre war nicht mehr gewährleistet.« Dies traf freilich nicht auf die Griechen in Konstantinopel zu, die Reichtum und Vorrechte besaßen und nutzen konnten und deren Religion seit den Tagen Mohammeds des Eroberers geschützt war. Aber in Griechenland selbst waren die Verhältnisse völlig anders. Hier waren die unterdrückten Bauern zahlenmäßig den ungefähr zwanzigtausend Moslems weit überlegen, die dünn über ein weites Gebiet verstreut waren. Als sich dann von Morea aus der Aufstand wie ein Lauffeuer ausbreitete, ermordeten die Griechen fast jeden Moslem, Männer, Frauen und Kinder. Bald waren größere Städte wie Navarino und Tripolitza in griechischer Hand. Beim Fall jeder Festung versprachen die Griechen, das Leben der Moslems zu schonen, aber nur selten hielten sie sich daran. In Tripolitza brachten sie achttausend Menschen um, darunter Frauen und Kinder. Finlay bemerkt in seiner »History of Greece« nicht ganz richtig, die Geschichtsschreiber hätten es nicht gewagt, über diese Exzesse zu berichten, während sie die von den Türken begangenen Schandtaten brandmarkten.

Die Reaktion in Konstantinopel auf diese Metzeleien war der Schrei nach sofortiger Rache. Massenmord mag im Rahmen der militärischen Strategie der Türken eine zulässige Waffe gewesen sein, aber wenn ein unterworfenes Volk sich zu solchen Ausschreitungen hinreißen ließ, dann konnte es zur Bestie werden.

Die führenden Griechen in Konstantinopel wurden hingerichtet einschließlich des griechischen Patriarchen Georgios, der am Ostertag am Tor der bischöflichen Residenz erhängt wurde, obwohl er wahrscheinlich gar nichts mit dem Aufstand zu tun hatte. Vier andere Bischöfe wurden gleichfalls erhängt und Tausende einfacher griechischer Bürger umgebracht. Der Sultan rührte keinen Finger, um diesen Brutalitäten Einhalt zu gebieten, die auf beiden Seiten nahezu vier Jahre währten. Die Türken zogen schließlich den kürzeren, nachdem die Griechen eine Flotte gebaut und eine provisorische Regierung eingesetzt hatten und nach Norden bis zum Golf von Korinth und nach Thessalien vorgestoßen waren. Sie befreiten auch die damals ziemlich unsaubere drittklassige Stadt Athen.

Zunächst verspürten die Staatsmänner in Europa wenig Neigung, den Kampf der Griechen um ihre Unabhängigkeit zur Kenntnis zu nehmen. Sie standen dazu wie Metternich, als er im Jahre 1821 schrieb: »Es ist nicht weiter wichtig für uns, wenn dort weit außerhalb unserer Grenzen drei- oder vierhunderttausend Menschen gehängt, erwürgt oder gepfählt werden.« Aber allmählich änderte sich diese Einstellung. Für Tausende von Studenten und denkende Menschen wurde die Größe des alten Griechenlands mit dem neuen Kampf der Griechen um ihre Freiheit gleichgesetzt, und man maß diesem Kampf weit mehr Bedeutung bei als dem Kampf um Emanzipation in anderen Ländern, der die Landkarte nicht veränderte.

Es war mehr als bloße Anteilnahme, als Europa schließlich den »Tragischen Vorgang in Griechenland« mit offenen Augen beobachtete und als Männer wie Byron auszogen, um an dem Befreiungskampf teilzunehmen.

Nach vier Jahren begriff Machmud, daß er Griechenland ohne fremde Hilfe nicht unterwerfen konnte, und so bat er den großen Vasallenstaat Ägypten um Unterstützung, der eine der blühendsten Provinzen des Reiches war. Sie wurde von einem bemerkenswerten Mann regiert, der während der Auflösungserscheinungen im Lande an die Macht gelangt war, die auf die Schlacht am Nil folgten. Er hieß Mehemet Ali und war der Sohn eines albanischen mohammedanischen Fischers. Während der Schlacht war er dadurch vor dem Ertrinken gerettet worden, daß ein Rettungsboot Nelsons ihn aus dem Wasser holte. Er war ein militärisches Genie, aber er konnte weder lesen noch schreiben, und er brüstete sich damit, daß die Gesichter der Menschen die einzigen Bücher seien, die er zu lesen verstehe.

Nach der Vernichtung des Napoleonischen Heeres fand sich Mehemet Ali in Kämpfe mit den britischen Kräften verstrickt. Er feierte seinen Sieg, indem er durch eine Allee von auf Stangen gesteckten Köpfen von Engländern in Kairo einmarschierte. Die Mameluken rottete er dadurch aus, daß er fünfhundert ihrer Führer einlud, an einem verschwenderischen Mahl in der Zitadelle von Kairo teilzunehmen. Als der letzte Gast die letzten Krümel von seinen Lippen wischte, befahl Mehemet Ali die Türen zu verschließen. Alle, mit Ausnahme eines einzigen, dem die Flucht gelang, wurden eiskalt ermordet.

Von diesem Augenblick an war Mehemet Ali der unbestrittene Herr Ägyptens. Machmud bat ihn um Hilfe. Mehemet sagte zu, aber er hatte genug Macht, um Bedingungen zu stellen: Als inzwischen Pascha von Ägypten war er bereit, für den Sultan zu kämpfen, der theoretisch sein Oberherr war. Aber er verlangte, die Rechte eines Paschas auch in Syrien, Damaskus und auf Kreta zu erhalten. Machmud hatte keine Wahl, er mußte sich damit einverstanden erklären, und Mehemet schickte seine Truppen in den Kampf. Die Griechen waren es schon lange gewohnt, sich mit den ungebärdigen und undisziplinierten Türken herumzuschlagen, aber im Kampf mit den nach europäischen Richtlinen ausgebildeten ägyptischen Soldaten waren sie machtlos. Eine von der Türkenherrschaft befreite Stadt nach der anderen fiel den Ägyptern in die Hände, und bald war ein großer Teil Griechenlands dem Reich wieder eingegliedert. In diesem Augenblick griff England ein. Die öffentliche Meinung war entsetzt über die Greueltaten der Türken. George Canning war damals Sekretär für Äußere Angelegenheiten und glaubte, daß das pausenlose Kämpfen Rußland dazu ermutigen könnte, die geschwächte Türkei anzugreifen. Genau das war das Letzte, was England sehen wollte. Im Jahre 1826 schickte Canning den Herzog von Wellington nach Petersburg, um mit dem Zaren über die Angelegenheit zu sprechen, und etwa im Juli des folgenden Jahres kamen England, Rußland und Frankreich überein, der Türkei ein formelles Angebot zu machen, in dem Krieg zu vermitteln. Sie unterzeichneten zusätzlich eine geheime Klausel und vereinbarten, daß die europäischen Mächte im Falle einer Ablehnung seitens des Sultans sich veranlaßt sehen müßten, mit Gewalt einzugreifen.

Der Sultan weigerte sich rundweg, fremden Nationen zu erlauben, sich in etwas einzumischen, was er als eine innenpolitische Angelegenheit ansah. Die Griechen hätten keinen Grund, sich zu beklagen, sagte Machmud, und er fügte hinzu: »Sie sind von dem gegenwärtigen Sultan geradezu mit Wohltaten überschüttet worden!« Daraufhin bezog eine aus drei Mächten zusammengesetzte Flotte unter dem britischen Admiral Sir Edward Codrington außerhalb der Bucht von Navarino Posten, um alle türkischen oder ägyptischen Schiffe daran zu hindern, den Hafen zu benutzen. Codrington hatte den Befehl, auf keinen Fall den ersten Schuß abzufeuern. Aber als die Türken das Feuer eröffnet hatten, war eine Seeschlacht unvermeidlich, und die türkisch-ägyptische Flotte wurde praktisch vernichtet. Nur neunundzwanzig von ihren zweiundachtzig Schiffen blieben ganz. Der Feind verlor sechstausend Mann, die Verluste der Verbündeten beliefen sich demgegenüber auf hundertzweiundsiebzig. Es war die größte türkische Niederlage seit Lepanto, und alle Verbindungswege zwischen Mehemet Alis Truppen und Ägypten waren abgeschnitten. Griechenland hatte die Oberhand auf dem Meere und im Archipel, und die Unabhängigkeit der Griechen war gesichert.

Trotz der endlosen Kämpfe, die Machmud auszufechten hatte, war er von dem einzigen Ehrgeiz beseelt, in Frieden sein Land zu reformieren. Schließlich machte er auch den Janitscharen ein Ende für immer. Es waren die Männer, die nach der Meinung von Stratford Canning »Die Herren der Regierung, die Schlächter ihrer Herrscher und für alle mit Ausnahme der Feinde ihres Landes zu einer Quelle des Schreckens geworden waren«.

Machmud mußte achtzehn Jahre auf den Tag warten, der als das »vielversprechende Ereignis« in die Geschichte der Türkei eingegangen ist. Im Juni 1826 berief er eine Sitzung im Diwan ein, denn er wollte sichergehen, daß sich jede Aktion, die er plante, im Rahmen des Gesetzes hielt. Die ideale Lösung wäre gewesen, die Janitscharen zu einem neuen Aufstand herauszufordern, und genau dies wollte er auch tun.

Machmud erklärte der Versammlung von politischen und geistlichen Führern, es habe sich gezeigt, daß die nach europäischen Grundsätzen ausgebildeten Truppen jeder Macht im Reich überlegen seien. Die Janitscharen seien von Mal zu Mal von den griechischen Aufständischen geschlagen worden, während die Ägypter erfolgreich für die Türkei gekämpft hätten. Sorgfältig vermied Machmud jeden Anschein, daß er die Janitscharen abschaffen wollte, und machte lediglich einen Vorschlag, daß ihre Schlagkraft sich heben würde, wenn man ihnen eine Abteilung des neuen Heeres zuwies, das von Selim aufgestellt worden war. Der Diwan stimmte zu und gab ihm formell Handlungsfreiheit. Machmud beruhigte diejenigen, die einen Aufstand befürchteten, doch hielt er es nicht für notwendig preiszugeben, daß er ein nur ihm persönlich unterstelltes Heer von vierzehntausend Artilleristen aufgestellt hatte, die durch eine harte Ausbildung geschult waren. Sie wurden von einem dem Sultan vorbehaltlos ergebenen Offizier angeführt, die bald den Spitznamen »Kara Dschehennem« – »Schwarze Hölle« – erhalten sollte.

Machmud gab jetzt den erforderlichen Erlaß heraus. Die Janitscharen grollten und drehten ihre Kessel um, was dem Sultan ausgezeichnet in den Plan paßte. Am 14. Juni versammelten sie sich im Hippodrom und riefen: »Tod dem Sultan, der ein Giaur (= Christ) ist!« Der Sultan war entschlossen, sich korrekt zu verhalten, und schickte vier Offiziere mit einer Waffenstillstandsfahne zu ihnen, die den Janitscharen die Verzeihung des Sultans unter der Bedingung zusicherten, daß sie unverzüglich auseinandergingen. Wie er es erwartete, wurde das Angebot nicht nur mit Verachtung zurückgewiesen, sondern die vier Offiziere wurden getötet. Dann marschierten die Janitscharen in geschlossener Formation zum ersten Hof des Großen Serail. Offensichtlich hofften sie, den Sultan einschüchtern zu können.

Ihre Anführer versammelten sich unter einer riesigen Platane, deren Stamm acht Mann mit ausgestreckten Armen nicht umfassen konnten. Sie hatten sich stets dort getroffen, wenn sie unzufrieden waren und sich gegen den Sultan aufzulehnen begannen.

Sodann erschien Machmud vor ihnen. Er ritt ein weißes Pferd, das man mit einer Schabracke aus goldfarbenem Tuch und einem goldenen Harnisch geschmückt hatte. Der Herrscher trug jedoch eine schlichte Uniform. Sein einziges Zugeständnis an die Tradition war ein diamantgeschmückter Federbusch an seinem Fez. Persönlich entfaltete er die grüne Fahne des Propheten und forderte alle wahren Gläubigen auf, sich um ihren Sultan zu versammeln. Die Janitscharen drängten nach vorn.

Jetzt war der Augenblick für »Schwarze Hölle« gekommen. Machmud sah zu, wie seine Truppen das Feuer eröffneten. Ein Streufeuer riß Gassen in die Reihen der kämpfenden Janitscharen, als sie zum Hippodrom zurückflohen. Aber »Schwarze Hölle« hatte auch das Hippodrom besetzen lassen. Hunderte wurden niedergeschossen, als die Überlebenden in panischer Angst in ihre sicheren Kasernen zurückhasteten. Sie verriegelten die Türen und machten sich auf einen Angriff gefaßt.

Aber der Sturmangriff der Soldaten, der klassische nächste Schritt in der türkischen Kriegführung bei einer Belagerung, blieb aus. Statt dessen stellte »Schwarze Hölle« seine Geschütze vor den Kasernen auf und gab Befehl, Feuer an die Gebäude zu legen und sie mit ihren Insassen niederzubrennen. Der furchtbare Befehl wurde auch wortgetreu ausgeführt.

Mehrere Stunden lang wurden die Kasernen unbarmherzig mit Granatfeuer beschossen. Unterdessen wartete Machmud in einem kleinen viereckigen Zimmer über dem Haupttor des Serails auf Nachrichten. Als die Gebäude in Flammen aufzugehen begannen, wurden die Janitscharen, die dem Feuertod zu entkommen versuchten, erschossen oder niedergestochen.

Es gab noch eine letzte grausige Schlacht gegen die Überlebenden, denen es gelungen war, sich bis zur »Großen Zisterne der tausendundeins Säulen*)« durchzuschlagen. Sie liegt dicht bei der Hagia Sophia und bildet einen großen unterirdischen See von

*) In Wirklichkeit wird das Dach nur von dreihundertsechsunddreißig auserlesenen schönen Säulen aus Marmor gestützt, die zwölf Reihen von jeweils achtundzwanzig Säulen bildeten. Es befindet sich noch jetzt in ausgezeichnetem Zustand.

mehr als dreihundert Fuß Länge, der seit den Zeiten von Byzanz genug Wasser enthielt, um im Falle einer Trockenheit die Bevölkerung von Konstantinopel zwei Wochen lang zu versorgen. Ungefähr hundert Janitscharen mit unbeugsamem und zähem Lebenswillen wateten in dem trüben Wasser herum, sie kämpften bis zum letzten Mann. Licht schien nur spärlich durch Löcher im Dach herunter. In einem wilden Kampf Mann gegen Mann reichte beiden Parteien das Wasser bis zur Schulter, sie glitten aus, sie ertranken, den meisten von ihnen dürfte es kaum möglich gewesen sein, Freund und Feind zu unterscheiden.

Insgesamt wurden an diesem Tage wenigstens zehntausend Menschen umgebracht, einige Historiker sprechen sogar von zwanzigtausend. Die Leichen derer, die nicht in den Flammen umgekommen oder in der Zisterne ertrunken waren, wurden in den Bosporus geworfen, wo sie viele Monate umhertrieben. »Fisch war damals in Konstantinopel ungenießbar.«

Als Machmud 1839 starb, hatte das Reich Griechenland und Ägypten (dieses zwar nicht dem Namen nach, aber in Wirklichkeit) verloren. Es war in Kriege mit Frankreich, England und Rußland verstrickt. Doch ließ er einen Staat zurück, der stärker war als bei seiner Thronbesteigung. Denn trotz der überhandnehmenden Schwierigkeiten, mit denen er fertig werden mußte, konnte er wenigstens Ordnung im eigenen Hause schaffen. Freilich war es ein kleineres Haus, doch das hatte auch seine Vorteile, denn jetzt ließ es sich leichter darin regieren.

Was Machmud auch immer für Fehler gemacht haben mag, so war er doch schließlich der Sohn Aimées, der das Ottomanische Reich aus dem entnervenden Griff des Mittelalters befreite.

Es war schon lange her, seit seine Mutter im Harem gestorben war, die einen so großen Einfluß auf ihn ausgeübt hatte. Dort hatte sie dreiunddreißig Jahre gelebt, und als Aimées Leben allmählich erlosch, tat der von tiefer Trauer erschütterte Machmud etwas, das nur als Zeichen von Mut und Liebe bei einem mohammedanischen Herrscher eines mohammedanischen Reiches gedeutet werden kann:

Ein Sturm zerrte an den knarrenden hölzernen Häusern der Stadt, aber zwei Palastwächtern gelang es, das Goldene Horn bis nach Pera zu überqueren. Dort begaben sie sich zum Kloster des Heiligen Antonius. Der Abt des Klosters, Vater Chrysostomos, befand sich in seiner Zelle, als ihn ein heftiges Klopfen bei seinen Gebeten störte. Die Palastwächter legten ihm eine Botschaft mit dem Siegel des Herrschers vor. Vater Chrysostomos stieg daraufhin den steilen Hügel bis nach Galata hinab und bestieg einen Kayik des Sultans, der von zwölf Rudern angetrieben wurde. Auf der anderen Seite des Goldenen Hornes wurde er durch verlassene Gärten zu einem prächtig möblierten Raum geleitet, der mit seidenen Wandbehängen und wertvollen Teppichen ausgestattet war. In der Mitte lag eine sterbende Frau auf einem Bett. Ein griechischer Arzt stand an ihrer Seite. Zwei schwarze Sklaven standen wie Statuen neben der Tür, dort befand sich auch der von Kummer überwältigte Machmud. Der gute Vater hatte den Eindruck, daß »er etwa vierzig Jahre alt sein mochte, von überdurchschnittlicher Größe war und hohe und vornehme Augenbrauen hatte. Er hatte einen gebieterischen Gesichtsausdruck. Sein Bart war schwarz und verlieh seinem Gesicht eine eindrucksvolle, schwermütige Schönheit.«

All dies nahm der Vater mit einem einzigen Blick wahr. Machmud gab dem griechischen Arzt und den Sklaven einen Wink, sich zurückzuziehen. Dann ging er nahe an das Bett heran, kniete nieder und sagte zu seiner Mutter: »Du hattest immer den Wunsch, im Glauben deiner Eltern zu sterben. Dein Wunsch soll erfüllt werden.«

Vater Chrysostomos hörte sich Aimées Beichte an, betete eine Stunde lang mit ihr und erteilte ihr Absolution, während in einer Ecke des Zimmers der »Christliche Sultan«, wie ihn die Gegner seiner Reformen nannten, zu Allah betete, daß er ihm den Verlust tragen helfen möge. So starb Aimée in dem Glauben, in dem sie getauft war. Vater Chrysostomos wurde von den gleichen Palastwächtern zum Kloster zurückbegleitet. Er wehrte die Fragen seiner Klosterbrüder ab, die durchaus wissen wollten, weshalb er sich um Mitternacht während eines Sturmes aus dem Kloster entfernt hatte. Er brachte die Nacht im Gebet für die Seele von Aimée Dubucq de Rivery zu, die aus Martinique stammte und es bis zur Königinmutter im Ottomanischen Reich gebracht hatte.

Der Weg zur Krim

Abdul Medschid war sechzehn Jahre alt, als sein Vater Machmud der Reformer im Jahre 1839 starb, zwei Jahre nachdem Königin Victoria den britischen Thron bestiegen hatte. Seine Mutter Besma, die einst Dienerin im Bad gewesen war, war immer der Überzeugung, daß Trunksucht den Tod ihres Gatten beschleunigt habe. Folglich warnte sie mit tadelnden Worten ihren Sohn vor der Gefahr des übermäßigen Trinkens – leider vergeblich. Sie suchte ihn dadurch vor dieser Gefahr zu schützen, daß sie die übriggebliebenen Vorräte Machmuds an Champagner, Branntwein und Wein vernichtete. Wenigstens fünfzigtausend Flaschen wurden an der Stadtmauer zertrümmert und in den Bosporus geworfen, zusammen mit allen Karaffen und Gläsern, die Aimée gesammelt hatte.

Dem schlichten Bauernmädchen Besma war nicht bewußt, daß auch sexuelle Ausschweifungen Gefahren in sich bargen. So ermunterte sie ihren Sohn dazu, sich mit den Damen im Harem zu vergnügen – so oft er wollte oder dazu in der Lage war. Denn Abdul Medschid war »schwächlich, schmalbrüstig, hatte einen trüben Blick und sah kränklich aus, er war gutmütig und freundlich«. Doch wie es jeder andere junge Mann im zweiten Jahrzehnt seines Lebens getan hätte, erlag er dem Charme der schönen Mädchen, die ihm seine Mutter zuführte. So kam es, daß Medschid »schon früh während seiner Regierungszeit durch übertriebene Exzesse im Harem geschwächt war«. Und er wurde schon in einem frühen Lebensalter impotent und griff zur Flasche.

Abdul Medschid war im Grunde kein liederlicher oder lasterhafter Mann, und er besaß auch keine Anzeichen ererbten Schwachsinns. Aber die mit der Regierung verbundenen Mühen waren nichts für ihn. Er war entschlossen, sein großes Vermögen zu genießen. Ihm gefielen aber die Dinge nicht, die das Große Serail umgaben. Als er langsam erwachsen wurde, fand er, daß das im Laufe der Jahrhunderte immer größer gewordene Durcheinander der Pfade, Hofräume und Kioske einen ziemlich trübseligen Eindruck machte. Zweifellos verwirrte auch die Gegenwart so vieler ernster und ihrer Arbeit nachgehender Beamter den Mann, dem das tägliche Einerlei der Arbeit in einem Amt höchst zuwider war. So entschloß er sich, sein Privatleben vom Regierungszentrum so zu trennen, daß zwischen beiden die ganze Breite des Goldenen Hornes lag. Er begann damit, für sich und seine Familie ein Haus am Bosporus zu bauen.

Das war der Palast von Dolma Baghtsche, der »wohlgefüllte Garten«, der auf einem Lad lag, das von sechzehntausend christlichen Sklaven zu Zeiten Suleimans dem Meer abgerungen worden war und von dem sein Admiral Barbarossa zu sagen pflegte, daß in ihm der schönste Kohl im Ottomanischen Reich wuchs. Abdul Medschid nahm sich einen armenischen Architekten namens Balian, ließ ihm völlig freie Hand und stellte ihm Geldmittel in unbegrenzter Höhe zur Verfügung. Er stellte nur eine Bedingung: »Dieses Bauwerk muß jeden anderen Palast irgendeines Machthabers irgendwo in der Welt in jeder Beziehung übertreffen.« Was die Größe anging, traf dies sicherlich zu, weniger allerdings, was den Geschmack betraf. Seine Terrasse aus Marmor erstreckte sich längs der Küste des Bosporus über eine halbe Meile. Der Palast selbst war verrückt gewordenes Rokoko. Allein zur Verzierung wurden mehr als vierzehn Tonnen Blattgold verwendet. Der Thronsaal war hundertfünfzig Fuß lang, das Dach wurde von vergoldeten korinthischen Säulen getragen, von denen jeweils vier beieinanderstanden. Sie reflektierten den Glanz der größten Spiegel der Welt, während im Tanzsaal in der Mitte ein Kronleuchter hing, der mehr als vier Tonnen wog. Es war der größte Ballsaal der Welt. Unmittelbar in der Nähe der hohen Decke des Raumes spielten die Musikanten auf vier Galerien, und dort gab es auch fächerförmige vergitterte Fenster für die Damen des Harems, von denen aus man die Festlichkeiten unten beobachten konnte. Die Haupttreppen, die sich wie zwei Schlangen nach oben wanden, besaßen Geländer, die von Hunderten von Balustern aus Kristall gestützt wurden. Medschids Bett war aus massivem Silber. Das Bad und die Becken in seinem mit marmornem Fußboden ausgelegten Badezimmer waren aus durchsichtigem Alabaster, in den Blumen und Stalaktiten reliefartig eingeschnitten waren. Sie besaßen silberne Wasserhähne, die die Form von Schwänen hatten. Er vergaß auch Besma nicht, die ihren Namen in »Pertevalé« änderte, als sie Königinmutter geworden war. Sie erhielt ein Schlafzimmer mit blattgoldverzierten Stühlen und Garderoben. Zu den dreihundert Zimmern gehörten fünfundzwanzig Prunksäle, und es gab auch eine Anzahl mönchszellenartige Räume, in denen die Konkubinen jeweils zu dritt auf Matten schliefen, bis ihre Dienste in Anspruch genommen wurden. Diese Räume lagen jedoch etwas abseits.

Die riesige Höhe des Mittelteils brachte für die Maurer einige Schwierigkeiten mit sich. Aber statt Leitern zu benutzen, bauten sie schiefe Ebenen, die vom Fußboden aus bis zu Plattformen am Baugerüst emporführten; so konnten Maultiere auf ihnen hinaufsteigen.

Bald erreichten Berichte von dem neuen Bauvorhaben Europa, und die europäischen Machthaber suchten sich gegenseitig dadurch auszustechen, daß sie Geschenke für die Einzugsfeier schickten. So bestand der größte Teil des Mobiliars bald aus einer verwirrenden Vielfalt der verschiedensten Stile. Uhren kamen von Victoria von England, Franz Joseph schickte böhmisches Glas, Napoleon sandte Tische aus Bühl, die sein Bild auf der Tischplatte enthielten, und der Zar sandte Teppiche aus weißen Eisbärenfellen.

Als der Palast fertig war, hatte Abdul Medschid ein Vermögen ausgegeben. Das Große Serail, das Schauplatz so vieler Dramen gewesen war, war nur noch Regierungssitz, und der dortige Harem wurde zu einem weiteren Ruhesitz der nicht mehr gebrauchten Odalisken, deren Sultan gestorben war.

Nachdem Machmud der Reformer sich so ernsthaft für das Leben seiner Untertanen interessiert hatte, ging jetzt eine spürbare Erleichterung durch Konstantinopel, als Abdul Medschid wieder mehr Gefallen am Luxus zeigte und seine Freude am Geldausgeben offensichtlich wurde. Das traf besonders auf die Leute zu, die glücklich waren, zu seinen Empfängen eingeladen zu werden. Er ließ dazu Schauspieler aus Europa kommen, auch Ballettänzerinnen und Zauberer, die im Westen schon berühmt geworden waren. Er baute ein schönes Theater, in dem die weiblichen Hauptrollen von einem hübschen Pagen gespielt wurden, der sich in einen ebenso schönen jungen Mann verliebte. Frauen durften nicht als Schauspielerinnen auftreten, denn die Vorschriften für sie, sich zurückzuhalten, waren so streng, daß »einige Frauen auf dem Lande dies in einem solchen Ausmaß übertrieben, daß sie ihr Geflügel nicht unverschleiert fütterten, wenn ein Hahn darunter war«.

Das aufwendige Leben am Hof fand bald in Konstantinopel selbst Nachahmer, besonders nachdem Abdul Medschid einigen bevorzugten Mitgliedern seines Harems den Besuch von Kaufläden gestattete, wo sie ihre Waren selbst auswählen durften. Vorher hatten sie in ihren Kutschen darauf warten müssen, daß man ihnen die Waren herausbrachte. Keine Sultanin konnte dieser neuen Versuchung widerstehen, Geld auszugeben, besonders als der Sultan ihnen befahl, sich »zum Zeichen des Fortschrittes« neue Kleider anzuschaffen. Der überdachte Markt in Konstantinopel wurde jetzt mit Waren überschwemmt, mit denen man die Wünsche der schillernden Persönlichkeiten erfüllen konnte, die so aussahen, als seien sie einem orientalischen Märchenbuch entsprungen. Die Käufer kleinerer Artikel wurden mit bestickten Taschentüchern beschenkt, in denen sie diese einpacken konnten, denn Körbe galten als nicht standesgemäß. Ein englischer Besucher, Mr. Tugay, war der Meinung, daß »kein Ort auf der Welt sich damit rühmen konnte, eine solche Anhäufung wertvoller Waren von weither aufzuweisen wie der Große Basar in Konstantinopel, nicht einmal die Pariser Boulevards oder unsere eigene Regent Street. Darunter war etwas ganz Neues: Flaschen mit einer das Haar bleichenden Flüssigkeit, die bei den Damen sehr begehrt war, denn Abdul Medschid hatte eine Schwäche für blauäugige zarte Schönheiten mit goldenem Haar.«

Die Europäer in Istambul besaßen etwas in Pera, das man als ihr ureigenes Einkaufszentrum bezeichnen konnte: Das war das Geschäft von Stampa, wo man alle die Dinge kaufen konnte, nach denen man sich aus Heimweh nach England oder seiner sonstigen Heimat sehnte. Dort gab es alles, von der Flasche mit »Tennants hellem Bier« oder »Harveys Sauce« bis zum Käse aus Stilton oder Seife aus Windsor. Stampa war kein Brite, aber er sprach gut Englisch, und sein Sohn war in London erzogen worden, so daß Stampa mehr war als nur irgendein Geschäft, in dem man etwas kaufen konnte. Es war ein Treffpunkt, und wenn man den Namen eines Kaufmannes oder die Abfahrtzeit eines Dampfers wissen wollte, Stampa holte sich die Auskunft aus seinen Fingerspitzen. Wenn er selbst dies nicht zufällig konnte, dann half sein kluger Sohn aus, der ein wandelndes Auskunftsbüro war.

Sehr weit nördlich der marmornen Pracht von Dolma Baghtsche stand ein ebenso großer und aufwendiger Palast wie das Palais Abdul Medschids. In ihm regierte ein ebenso allmächtiger Despot wie der Sultan. Es war der Winterpalast, der sich in Petersburg längs der Newa erstreckte. Der Mann war Zar Nikolaus der Erste.

Im Jahre 1853 hatten Rußland und die Türkei vielerlei gemeinsam. Die rauschenden Feste und Bälle am Kaiserlichen Hof von Petersburg waren so glanzvoll, daß der französische Künstler Horace Vernet den Eindruck hatte, daß »man buchstäblich auf Diamanten herumtrampeln konnte«. Doch dieser Prunk des Hoflebens verhüllte nur – wie es in Konstantinopel auch der Fall war – die elendeste Armut im russischen Volk, das damals fünfzig Millionen zählte. Es wurde ebenso schlecht behandelt wie die Bauern in der Türkei, obwohl die führenden Russen aufgeklärter waren als die Türken. Ein englischer Reisender wurde entgeisterter Zeuge, wie sein sonst so weltmännischer Gastgeber während einer Mahlzeit einen Diener niederschlug, weil er die falsche Schüssel aufgetragen hatte. Das Land war ebenso rückständig wie die Türkei, und wie die Türken den Sultan für Gottes Stellvertreter hielten, so waren viele russische Bauern fest davon überzeugt, daß der Zar einmal in der Woche zum Himmel emporstieg, um sich dort mit Gott zu beraten.

In jedem Hotel in Petersburg gab es eine Menge Ungeziefer, sogar im Winterpalast. Das war wahrscheinlich darauf zurückzuführen, daß im oberen Stockwerk des Palastes, in unmittelbarer Nähe der Hofdamen, Milchkühe gehalten wurden.

Nikolaus war kein Schwächling wie Abdul Medschid, sondern er hielt sich für einen Soldaten. Er schockierte die Königin Victoria, als er in ihrer Gegenwart aus den Ställen Stroh für seine tragbare Leinwandmatratze holen ließ. Victoria nannte ihn den »Mächtigen Potentaten«, und sein selbstherrlicher, beinahe unverschämter und geringschätziger Gesichtsausdruck wurde noch vertieft durch eine leichte Verletzung an einem Auge, die ihm einen so schreckeneinflößenden Blick verlieh, daß Victoria meinte: »Der Ausdruck seiner Augen hat etwas Furchtbares an sich, und ich habe bisher niemals etwas Ähnliches gesehen.«

Der Zar beschloß, daß es Zeit sei, seiner Krone durch Eroberungen noch mehr Glanz zu verleihen, und das geeignete Gebiet für einen Angriff war das Reich der Ottomanen. Es war leicht, einen Anlaß zum Streit mit Konstantinopel zu finden, indem man wieder einmal energisch auf die Rechte Rußlands hinwies, das Heilige Grab in Jerusalem zu bewachen. Es war ein Recht, das durch einen Vertrag für achtzig Jahre gelten sollte, auf dem aber nur selten bestanden worden war.

Nikolaus mußte jedoch vorsichtig handeln. Er brauchte die Hilfe Englands, wo sich der einzige andere noch nicht wankende Thron in Europa befand, nachdem es in Frankreich eine »Revolution aus Verachtung« gegeben hatte, in deren Verlauf Louis Philippe seinen Thron verloren hatte und nachdem der Kaiser von Österreich geflohen war, um sein Leben zu retten.

In einer Reihe von ziemlich närrischen Gesprächen mit Sir Hamilton Seymour, dem britischen Gesandten in Petersburg, versuchte Nikolaus, die Meinung der Engländer herauszuhören und jedes englische Gegenargument zu entkräften. Er ließ Seymour zu einer privaten Unterredung in den Palast kommen und brachte ihm sanft bei, daß das türkische Reich in einer so schlechten Verfassung sei, daß es für Rußland und England kein übler Gedanke wäre, seine europäischen Besitzungen an sich zu reißen und sich hinterher zu teilen. »Die Angelegenheiten der Türkei sind außerordentlich verworren«, sagte der Zar, »wir haben einen kranken Mann in unseren Händen, einen sehr kranken Mann. Ich sage Ihnen ganz offen, es wäre ein großes Unglück, wenn er uns eines Tages entwischen sollte, ehe alle notwendigen Vereinbarungen getroffen sind.«

Der britische Gesandte mag wohl gedacht haben, daß die Sache damit erledigt sei, aber wenige Tage später faßte ihn der Zar anläßlich eines privaten Gastmahles beim Revers und setzte ihm seine Ansichten lang und breit auseinander, wobei er sorgfältig darauf bedacht war, den Eindruck zu erwecken, daß er keine territorialen Ansprüche stellte. Er schloß seine Ausführungen mit den Worten: »Nunmehr möchte ich zu Ihnen als Freund sprechen und als Ehrenmann. Wenn England und ich ein Übereinkommen in dieser Angelegenheit treffen können, dann ist alles übrige von geringer Bedeutung für mich. Es interessiert mich nicht, was andere denken oder tun. Aber ich sage es Ihnen schlicht und offen: Wenn England daran denken sollte, sich eines Tages selbst in Konstantinopel festzusetzen, dann werde ich dies nicht zulassen. Ich selbst verpflichte mich gern gleichfalls dazu, mich dort nicht sozusagen als Herr im Hause niederzulassen.« Innerhalb von wenigen Tagen wiederholte der Kaiser Seymour gegenüber, daß »der kranke Mann im Sterben liege und daß wir es uns nicht leisten können, uns von einem solchen Ereignis überraschen zu lassen. Wir müssen zu einer Verständigung kommen.« Unmittelbar am nächsten Tage fügte er hinzu – und dies sollte sicherlich eine Ermutigung für England sein –, daß er im Falle des tatsächlichen Zusammenbruchs des Ottomanischen Reiches »nichts dagegen hätte, wenn England sich Ägypten nehmen würde«. »Das gleiche könnte ich über Candia (Kreta) sagen. Diese Insel wird Ihnen gefallen, und ich sehe nicht ein, warum sie nicht eine englische Besitzung werden sollte.«

Auf dieses erstaunliche Angebot des Zaren antwortete Seymour, daß er nicht der Meinung sei, daß England am Besitz Ägyptens interessiert wäre. Alles, was sein Land wünsche, sei ein sicherer Weg nach Indien. Seymours Erstaunen kann kaum geringer geworden sein, als der Kaiser antwortete: »Also gut, veranlassen Sie bitte Ihre Regierung, noch einmal in dieser Angelegenheit an mich zu schreiben, und zwar ausführlicher und unverzüglich. Ich vertraue auf die Britische Regierung. Ich fordere weder eine Verpflichtung noch ein Übereinkommen. Es handelt sich lediglich um einen freien Meinungsaustausch für den Notfall. Das Wort eines Ehrenmannes genügt unter uns.« Was also tat dann der Zar? Was waren seine Gedanken? Nahm er wirklich an, daß die Briten sich auf solchen undiplomatischen Unsinn und solche offenkundigen Schwindeleien einlassen würden? Seymour durchschaute, was der Zar mit dieser »ehrenhaften« Beeinflussung beabsichtigte. Er gab rückhaltlos seinen eigenen Standpunkt an den damaligen

Außenminister Lord John Russell weiter: »Der Souverän, der mit solcher Hartnäckigkeit darauf hinweist, daß der Fall eines Nachbarstaates unmittelbar bevorstehe, muß sich selbst fest eingeredet haben, daß wenn auch nicht die Stunde des Zusammenbruchs so doch wenigstens die Stunde für den Zusammenbruch bevorstehen muß.«

Zweifellos ermutigte die Haltung Seymours die Britische Regierung, es zwar höflich, aber sehr bestimmt abzulehnen, in der »östlichen Frage*)« irgendein geheimes Abkommen mit dem Zaren zu schließen.

Nikolaus war wütend. Er war fest davon überzeugt gewesen, daß er sich mit den Engländern hätte einigen können, und bald sprach er von »diesem Proleten Palmerston und diesen türkischen Hunden«. Er bestand weiterhin auf dem Recht Rußlands, die heiligen Stätten zu bewachen, und stellte noch eine weitere Forderung: »Rußland sollte im ganzen Ottomanischen Reich in allen Fragen der Religion über die Mitglieder der griechisch-orthodoxen Kirchen bestimmen.«

Jetzt kehrte Stratford Canning wieder auf den Schauplatz des Geschehens zurück, der Mann, der sein Leben lang ein Freund der Türkei geblieben ist. Nachdem er Gesandter in Konstantinopel gewesen war, hatte er sich erst ein Jahr zuvor nach England zurückgezogen, wo man ihn mit der Würde eines Peer belohnte. Nun schickte ihn England als Lord Stratford de Redcliffe zurück. Er erhielt den Auftrag, Englands ganzen Einfluß geltend zu machen, um die bedrohliche Situation zu entschärfen. Denn es bestand die Gefahr, daß Nikolaus jetzt schon zu weit gegangen war, um sich mit Anstand aus der Affäre ziehen zu können – wenn er dies überhaupt wollte.

Stratford war ein eigenartiger Mensch. Er war Eton-Schüler und hatte den größten Teil seines Berufslebens in der Türkei zugebracht. Auf Abdul Medschid hatte er einen sehr großen Einfluß. Eversley hielt ihn für den fähigsten Diplomaten, den die britische Regierung je beschäftigt hatte, und er glaubte auch, daß er einer der Männer war, »die viel Verantwortung auf sich nehmen

*) Obwohl England bestritt, daß es sich türkisches Gebiet aneignen wollte, nahm es wenig später Ägypten, den Sudan und Zypern in Besitz.

und die Politik ihrer Regierungen eher lenken als befolgen«. Er war hochgewachsen, von würdevollem Wesen und tadellosem Leumund. Die Türken vertrauten ihm blindlings, und es machte größten Eindruck auf sie, daß er sich standhaft weigerte, sich mit irgendeinem türkischen Staatsmann einzulassen, »von dessen Händen man wußte, daß sie von Blut befleckt waren«. Er liebte die Türkei und er liebte England. Die beiden Aufgaben seines Lebens waren einfach: Er wollte die Türkei zu Reformen veranlassen und er wollte seinem Lande dienen. Aber es war tragisch, daß ihm beides mißlang, vielleicht weil er sich noch ein drittes Ziel gesetzt hatte: Er hielt es für seine Pflicht – so drückte es Eversley aus –, sich auf jeden Fall gegen die Pläne Rußlands zu stellen. Er hegte einen blinden Haß gegen den Zaren Nikolaus, der noch aus dem Jahre 1833, als dieser ihm die Akkreditierung als Gesandten an seinem Hof verweigerte, stammte. Doch sein blinder Zorn hatte in der Vergangenheit kaum eine Rolle gespielt, wenn auch seine Regierung dadurch in Verlegenheit geriet. Aber Stratford hatte wenigstens dafür gesorgt, daß England eine mächtige Stimme am türkischen Hof besaß. Die Türken verehrten ihn und nannten ihn »den Großen Elchis« – den »Großen Gesandten«.

Es war klar, daß die scheinheiligen Ausflüchte des Zaren, die Christen retten zu wollen, nur seinen wahren Grund verschleierten, einen Krieg zu beginnen. In den zensierten russischen Zeitungen mochte etwas von einem »Heiligen Krieg« stehen, aber in Wirklichkeit war es ein Kampf um Konstantinopel. England konnte es nicht zulassen, daß die türkische Hauptstadt in russische Hände fiel, denn dadurch wäre sein lebenswichtiger Weg nach Indien gefährdet worden. Auch in England hielt man die wahren Gründe der Politik geheim. Die Generation der napoleonischen Kriege war ausgestorben und mit ihr die Erinnerung an die Not des Krieges. In den Hirnen der Abenteurer, die nichts vom Kriege wußten, wurde der Haß gegen Frankreich durch die Furcht vor den Russen abgelöst.

Österreich und Frankreich fürchteten Rußland ebenfalls. Frankreich sah seine Überlegenheit im Mittelmeer schwinden, wenn die Russen Konstantinopel eroberten. Österreich fürchtete einen Angriff zu Lande, falls die Russen allmächtig würden. Deshalb machte Europa ein letztes verzweifeltes Friedensangebot. Alle europäischen Mächte mit Ausnahme von Rußland trafen sich in Wien und setzten ein Schriftstück auf, das dazu beitragen sollte, die Meinungsverschiedenheiten zwischen Rußland und der Türkei in religiösen Angelegenheiten beizulegen. Das war vernünftig und gab Nikolaus eine Gelegenheit, einen Ausweg zu finden, ohne das Gesicht zu verlieren. Er stimmte den Bedingungen zu. Die europäischen Mächte legten auch der Türkei nahe, ihre Zustimmung zu geben, und England wies seinen Gesandten an, »seine ganze Energie daranzusetzen, das Einverständnis der Türken zu erreichen«. Stratfords Einfluß auf den Sultan war so groß, daß England sicher war, daß er Abdul Medschid zu überzeugen vermochte. Aber durfte man Stratford trauen? Der britische Premierminister Lord Aberdeen war so sehr im Zweifel, daß er eine Note an das Außenministerium schickte, die folgende Warnung enthielt: »Ich habe die Königin darauf hingewiesen, daß Stratford möglicherweise sein Amt niederlegen wird.« Der damalige Außenminister Lord Clarendon beklagte sich taktlos mit den Worten: »Es ist ein Unglück, daß die Regierung sich dessen nicht sicher sein kann, daß Stratford sich in unserem Sinne um eine friedliche Lösung bemüht.« Aber seine Abberufung war unmöglich, denn man hatte niemanden, der ihn zu ersetzen vermochte.

Die schlimmen Befürchtungen bestätigten sich sehr bald. Stratford sah sich bei seinem schon fast an Verfolgungswahn grenzenden Haß gegen Rußland und bei seinem Glauben, daß die Türken gedemütigt worden seien, nicht mehr in der Lage, weiterhin seines Amtes zu walten. Er bat zwar offiziell die Türken um ihre Einwilligung, wie es seine Aufgabe war. Aber die Türken kannten ihren Mann, und seine eigenartige Ausdrucksweise ließ bei ihnen keinen Zweifel darüber aufkommen, daß er die Haltung seiner Regierung mißbilligte. Sie wiesen die Wiener Vorschläge zurück, und – wie Eversley zusammenfassend meinte – Stratford war zweifellos die eigentliche Ursache für den Krieg, der bald zwischen Großbritannien und Rußland ausbrach.

Für die begeisterten Türken blieb Stratford noch immer der Große Elchis. Denn wenn er auch für den Tod Tausender seiner eigenen Landsleute verantwortlich war, so war es doch ein Krieg, der dank England und Frankreich dem schon sehr wackeligen Reich noch eine Atempause von zwanzig Jahren gab.

Der Irre von Dolma Baghtsche

Der Krimkrieg, der drei Jahre dauerte, hatte auf das Leben der Türken kaum Auswirkungen. Den meisten von ihnen waren die Namen der Schlachtorte völlig unbekannt, die in die Geschichte eingegangen sind: Balaclava, Inkermann und Sebastopol. Wenn die Prinzen aus dem Harem des Herrschers an Festtagen die Moscheen aufsuchten, dann wurde hastig alles von den Straßen geräumt, durch die ihre Kutschen fahren mußten, was irgendwie an den Krieg erinnerte.

Viele Türken kämpften und viele gingen vor Hunger elend zugrunde. Man hatte ihnen monatelang schon keinen Lohn mehr ausbezahlt, aber sie zogen beinahe lieber den Kampf und das Elend dem schrecklichen Anblick vor, den unverschleierte Frauen für sie boten wie etwa Florence Nightingale, die in Skutari verwundete Soldaten pflegte. »Es ließ ein bitteres Gefühl aufkommen.« Als Abdul Medschid pflichtgemäß eine Reise unternahm, um die Schlachtfelder zu besuchen, waren die türkischen Soldaten zutiefst enttäuscht, als sie sahen, wie ihr Sultan in Begleitung von ausländischen Generälen einherritt und wie er die rotgesichtigen Soldaten der Ungläubigen grüßte, deren nackte und behaarte Knie unter ihren Kilts hervorschauten.

Die Feindseligkeiten wurden im Jahre 1856 mit dem Vertrag von Paris beendet, der türkisches Gebiet völlig unbehelligt ließ. Rußland verzichtete auf seine »religiösen« Ansprüche. Das Schwarze Meer wurde für Handelsschiffe geöffnet, für Kriegsschiffe blieb es verschlossen. Die wichtigsten Klauseln aber waren die, in denen sich Europa für die Zukunft verpflichtete, sich nicht in die inneren Angelegenheiten der Türkei einzumischen. Für Stratford war dies der bitterste Schlag seines Lebens, denn er glaubte, daß die Rechte der Christen in der Türkei nur durch Reformen garantiert werden konnten, die aus dem Ausland kommen mußten. »Ich hätte mir lieber meine rechte Hand abschlagen lassen, als diesen Vertrag zu unterzeichnen«, sagte er.

Der Krimkrieg mag die Russen davon abgehalten haben, in Konstantinopel einzumarschieren, doch standen jetzt die Tore der Hauptstadt für einen Eindringling ganz anderer Art weit offen, der noch gewissenloser war: Es handelte sich dabei um die Geldverleiher aus Europa. Während der letzten fünf Jahre vor seinem Tod wurde Abdul Mejid der erste Sultan des türkischen Reiches, der westeuropäischen Geldhyänen in die Hände fiel. Er borgte sich riesige Summen unter dem Vorwand, daß er sie für den Krieg gegen Rußland brauchte, angeblich um sein Heer zu modernisieren. Aber auch die Rechnung für die Haushaltung in Dolma Baghtsche war sehr hoch, und so wanderte ein großer Teil des Geldes in eine von Abdul Medschids Taschen hinein und aus einer anderen wieder heraus. Er übertraf sich selbst im Geldausgeben für gewaltige Zechgelage und für zusätzliche Bauten, und er befahl den Haremsdamen, sich neue Kleider zu bestellen. Als eine seiner Töchter heiratete, gab er vierzig Millionen Francs für ihre Brautausstattung und für ihr Hochzeitsfrühstück aus, das eine Woche dauerte. Nach einiger Zeit starb Abdul Medschid, und im Jahre 1861 folgte ihm sein Bruder Abdul Asis auf dem Thron. Inzwischen war das Ottomanische Reich so weit gekommen, daß es dem doppelten Problem gegenüberstand, nicht nur moralisch, sondern auch finanziell bankrott zu sein. Diesen Abwärtskurs hielt auch der neue Thronfolger rücksichtslos weiter ein. Er war ein Hüne von einem Mann und wog zweihundertdreißig Pfund. Als er in Dolma Baghtsche einzog, ließ er sich zuerst einmal ein acht Fuß langes Bett bauen, das nicht nur groß genug war, seinen riesigen Körper aufzunehmen, sondern das auch noch für eine seiner Konkubinen genügend Platz bot. Er erhöhte die Zahl seiner Haremsfrauen auf neunhundert und ließ sie von dreitausend schwarzen Eunuchen bewachen.

Abdul Asis war in jeder Beziehung ein großer Mann. Er aß gern, und eines seiner Lieblingsgerichte bestand aus einem Dutzend gebratener Eier, die er hintereinander verspeiste. Er machte jedoch nicht immer alle Schüsseln leer, denn er hatte die sonderbare Angewohnheit, das Essen irgendeinem Hofbeamten an den Kopf zu werfen, der ihm nicht gefiel. Das war besonders dann der Fall, wenn ihm jemand Geld für ein neues Vorhaben verweigerte, wobei es sich manchmal um einen neuen Palast für aus Afrika und Indien importierte Löwen und Tiger handelte.

Auf den ersten Blick ließ immer noch jeder Zoll von ihm den Sultan erkennen. Er hatte ein volles Gesicht und große starrblickende Augen. Sein Bart war schon mit grauen Stellen durchsetzt, als er noch jung war. Physisch war er sicherlich der gesündeste seines Geschlechts seit vierhundert Jahren, »aber das war auch alles, was man über ihn Gutes sagen konnte. Sein Verstand war recht beschränkt.« Er versprach, Reformen durchzuführen und sparsam zu wirtschaften, aber er hielt keines dieser Versprechen. Obwohl er während seiner fünfzehnjährigen Regierungszeit keine Kriege zu führen brauchte, wuchsen durch seine sinnlosen Ausgaben die Schulden der Türkei an ausländische Bankleute bald bis auf zweihundert Millionen Pfund Sterling an.

In den sechziger Jahren entstand für Abdul Asis ein neues Problem: Die Türken verlangten immer dringlicher nach Reformen. Um das Jahr 1865 – es war das gleiche Jahr, in dem Lincoln ermordet wurde – hatte sich in Konstantinopel heimlich die »Gesellschaft der Neuen Ottomanen« gebildet. Sie bestand zuerst nur aus 245 Mitgliedern, aber ihr Führer war ein tatkräftiger liberaler Schriftsteller namens Namik Kemal, und zwei Prinzen aus dem Herrscherhaus nahmen an den ersten geheimen Versammlungen teil. Ihr Ziel war klar und einfach: Sie wollten die despotische Herrschaft der Sultane in eine konstitutionelle Monarchie umwandeln. Das Programm entsprach etwa dem der italienischen Geheimgesellschaft der Carbonari. Es handelte sich hier um die Vorläufer der »Jungtürken«, und die Anhängerzahl nahm sehr rasch zu. Damals lehnten sie jedenfalls noch den Einfluß des Westens strikt ab. Ihr Bestreben war vielmehr, den Weg für Reformen frei zu machen. Dabei sollte aber jede verhängnisvolle Reaktion vermieden werden. Unter ihren Sympathisanten war ein großer Patriot, der dazu ausersehen sein sollte, das ganze Bild der türkischen Geschichte zu verändern. Er hieß Midhat Pascha. Seine Familie stammte aus Bulgarien, und er hatte eine

Erziehung ganz im alten Stil genossen. Als er zehn Jahre alt war, kannte er den Koran auswendig. Er lernte Französisch und stieg zu immer höheren Regierungsämtern auf. Er nahm einen Urlaub von sechs Monaten, um Europa zu besuchen. Als Gouverneur einer Provinz erwarb er sich Ansehen, und er war fest von der Notwendigkeit einer konstitutionellen Monarchie überzeugt. Als scharfsinniger und ehrgeiziger Staatsmann wußte er genau, daß die einzige Hoffnung, den weiteren Niedergang des verarmten Reiches unter dem neuen halbirren Sultan aufzuhalten, nur darin bestehen konnte, von innen heraus Reformen durchzuführen.

Als Abdul Asis Gerüchte über die geheime Gesellschaft zu Ohren kamen, war er entsetzt, und erst im letzten Augenblick konnte man ihn davon abbringen, die maßgeblichen Führer der Bewegung hängen zu lassen. Er befahl, sofort die Gesellschaft aufzulösen, aber sein Erlaß blieb wirkungslos, denn zu viele Türken in hohen Regierungsämtern begannen sich bereits wegen der Unvernunft ihres Herrschers zu schämen. Offiziell hörte die Gesellschaft auf zu bestehen, aber im stillen wuchs ihr Einfluß noch mehr, und bald bildeten sich in allen größeren Städten Zweigstellen. Auch die Exiltürken machten überall in Europa Propaganda für sie.

Die meisten in der Türkei ansässigen Ausländer wußten von der Tätigkeit dieser Gesellschaft. Ein amerikanischer Missionar, Van Lennep, schrieb im Jahre 1864 in sein Tagebuch, daß »es eine Partei gibt, die sich hauptsächlich aus in Europa erzogenen jungen Männern zusammensetzt und als die junge Türkei bezeichnet werden kann. Ihr Ziel ist eine allgemeine und gründliche Reform, die sich auf alle Zweige der Verwaltung erstrecken soll.«

Auf die verständigeren Türken hatte Midhat Pascha einen ungeheuren Einfluß. Sein Name war gleichbedeutend mit dem Fortschritt, und bald merkte Abdul Asis, daß die Gefahr eines Aufstandes sehr groß war. Er glaubte an den Satz, daß im Geld die Wurzel allen Erfolges liege, und er beschloß eine erstaunliche Maßnahme: Er wollte der erste Sultan des Ottomanischen Reiches sein, der Europa besuchte. Louis Napoleon hatte ihn bereits nach Paris eingeladen, und obwohl er zuerst absagen wollte, änderte er jetzt seine Pläne. Eine Reise durch Europa hätte einen doppelten

Sinn: Er hoffte, daß die Jungtürken sie als Zeichen deuten würden, daß die Türkei nicht länger ein Land war, dessen Grenzen den liberalen Ideen Europas verschlossen blieben. In zweiter Linie aber würde seine Anwesenheit in Europa zweifellos dazu beitragen, das Problem der zweihundert Millionen Schulden zu lösen. Abdul Asis muß sich dies in seinem beschränkten Verstand erstaunlich leicht vorgestellt haben, denn schließlich war damals gerade die Blütezeit der Hochfinanz. Es war das Jahr, in dem die Vereinigten Staaten für etwas mehr als 7 Millionen Dollar Alaska kauften. Es kam dem Sultan überhaupt nicht in den Sinn, daß es schwierig sein könnte, eine neue Anleihe aufzunehmen und mit diesem Geld die Schulden zu bezahlen, die er vorher gemacht hatte.

Im Jahre 1867 absolvierte Abdul Asis seine Staatsbesuche in Paris und London, und er erreichte genau das Gegenteil von dem, was er beabsichtigt hatte. Vor seiner Abreise war er als der erlauchteste Sohn des Geschlechtes der Osmanen gefeiert worden, der jemals geboren worden war. Aber der Luxus und der Glanz, die er in Frankreich und England kennenlernte, hinterließen in seinem schon anfälligen Gemüt unauslöschliche Spuren. In den folgenden Jahren nahmen deshalb seine irrigen Ansichten über Pracht und Größe derartige Ausmaße an, daß sogar seine eigenen Regierungsbeamten sich gegen ihn auflehnten.

In Paris gingen gerade die friedlichen Tage des zweiten Kaiserreiches zu Ende, aber die Weltausstellung hatte Könige und ihre Gemahlinnen aus jedem Winkel Europas angezogen. Niemals zuvor gab es gleichzeitig eine solche Fülle gekrönter Häupter in der französischen Hauptstadt, und niemand reizte die Phantasie der Franzosen mehr als der Sultan, der nach den Worten einer damaligen Zeitung stets in einer massivgoldenen Kutsche mit einem Gefolge von Konkubinen reiste, wobei ihn eine Anzahl von Elefanten begleitete, die von Negersklaven an goldenen Ketten geführt wurden. Als der Sultan am Bahnhof Gare de Lyon ankam, muß aber der Anblick dieses behäbigen Mannes in einem schlichten Überrock doch etwas hinterwäldlerisch gewirkt haben.

Louis Napoleon feierte ihn mit rauschenden Festen und verwandelten ihm zu Ehren den Elysée-Palast in ein Märchenland aus.

Tausendundeiner Nacht. Doch war dieser Besuch kein Erfolg, denn der Sultan fühlte sich gröblich beleidigt, als Napoleon auf die Vergangenheit und auf Aimée und die Kaiserin Josephine anspielte. Er war so verwegen zu behaupten, daß die beiden Herrscher durch ihre kreolischen Großmütter miteinander verwandt seien. Darüber hinaus war es ein weiterer Mißerfolg, daß es dem Sultan nicht gelang, in Paris eine Anleihe aufzunehmen.

In England erging es ihm wesentlich besser. Gewiß, der Empfang war nicht so aufwendig, nachdem Asis mit seinen Neffen Murad und Abdul Hamid den Ärmelkanal überquert hatte, denn Königin Victoria hatte wochenlang überlegen müssen, ehe sie ihre Zurückhaltung aufgab und damit einverstanden war, sich mit ihm zu treffen. Aber als sie erst einmal zugesagt hatte – in ihrem Tagebuch hatte sie der Hoffnung Ausdruck gegeben, daß »der Sultan wahrscheinlich nicht noch einmal kommen werde« –, lud sie ihn nach Windsor ein, und die Regierung tat alles, was in ihrer Macht stand, um dem Besucher seinen Aufenthalt angenehm zu machen, und sie zeigte dabei weit mehr Taktgefühl als die Franzosen.

An den Straßenrändern stand eine jubelnde Menschenmenge, denn wenn auch der Krimkrieg längst vorüber war, so erinnerte sich England doch noch an seinen tapferen Verbündeten. Von dem Augenblick an, als Asis in den Zug gedrängt wurde, der die Entfernung zwischen Dover und London in der erstaunlich kurzen Zeit von nur zwei Stunden zurücklegte, und nachdem er von einer Gardekavallerie-Eskorte zum Buckingham-Palast geleitet worden war, bekam er einen tiefen und unauslöschlichen Eindruck von dem Reichtum dieses Landes. Daraufhin konnte er es sich nicht verkneifen, ein kleines Beispiel orientalischen Glanzes zu geben: Als er zu einem Diner im Rathaus eingeladen worden war, kam er dort auf einem weißen Schlachtroß an. Seine Uniform blitzte von lauter Orden, und an seinem Fez hatte er den traditionellen mit Edelsteinen verzierten Federbusch.

Leider stand der Höhepunkt seines Besuches unter einem ungünstigen Stern. Bei einer Flottenparade im Spithead herrschte stürmisches Wetter. Der Sultan war so seekrank, daß Viktoria in ihr Tagebuch schrieb: »Der Sultan fühlt sich auf See sehr unwohl.

Er zog sich dauernd nach unten zurück und kann nur sehr wenig gesehen haben. Das war schade, denn die Sicht war außerordentlich klar.«

Die Reise wirkte sich auf den größenwahnsinnigen Sultan so aus, daß er nach seiner Heimkehr noch mehr sinnlose Maßnahmen traf. Die alljährlich zur Erhaltung des Palastes von Dolma Baghtsche erforderlichen Kosten stiegen bald auf zwei Millionen Pfund an, und dies war damals eine ganze Menge Geld. Er besaß einen Stab von fünftausend Dienern, und es war damals die Zeit der größten Verschwendung in der Geschichte der Ottomanen. An den meisten Abenden speisten dreihundert oder noch mehr Gäste an der Tafel des Herrschers. Er hatte vierhundert Musikanten, zweihundert Wärter besorgten seine Menagerie, dreihundert Menschen arbeiteten in den Küchen und er hatte vierhundert Stallknechte. Jeden Morgen, wenn er nach dem Aufstehen sein hellrotes Gewand anlegte und sich seine weiße Kappe aufsetzte – dies war bis zum Mittagessen seine übliche Kleidung –, achtete ein Schwarm von Palastdienern auf jeden Wink von ihm, angefangen von dem Sklaven, dessen Aufgabe es war, das königliche Puffspiel an den dafür bestimmten Platz zu stellen, bis zum »Ternakji«, dem Pagen, der die Nägel des Herrschers zu pflegen hatte.

Der Glanz Europas hatte ihn so beeindruckt, daß er jetzt auf seine Kosten Zechgelage veranstaltete, bei denen er an Aufwand alle seine Vorgänger weit übertraf. Aus Paris ließ er sich ein massiv goldenes Tafelgeschirr kommen, in das Rubine und Smaragde eingearbeitet waren. Die Wände eines Palastes ließ er mit Perlmutter auskleiden. Aus England kaufte er Dutzende von Klavieren. Er hoffte, wenn er sie den Dienern auf den Rücken binden würde, die ihn durch die Palastgärten begleiteten, dann würde er auf allen seinen Spaziergängen Musik hören können. Er kaufte alles mögliche aus England, zum Beispiel Lokomotiven, obwohl es keine Eisenbahngleise gab, auf denen sie hätten fahren können, oder auch mehrere Panzerschiffe, obwohl er keine Seeleute hatte, mit denen er sie hätte bemannen können. Die Damen des Harems schwelgten im Geldausgeben wie nie zuvor. Pertevalé, die Königinmutter, hielt es für eine Kleinigkeit, sich täglich fünfzig Kleider aus Brusa-Seide zu kaufen, von denen sie dann die meisten an Sklavinnen verschenkte. Sie nannte dies »Glück um mich verbreiten«.

Der Wahnsinn des Sultans nahm immer bedrohlichere Formen an. Er schrieb alle türkischen Schulbücher um, wobei er jede Niederlage der Türken ausstrich, ebenso wie das Kapitel über die Französische Revolution und jeden Hinweis auf das Christentum. Im Palast führte er sich wie ein verrückter Leuteschinder auf, und manchmal zwang er seine Hofbeamten dazu, auf ihren Knien zu kriechen und seine Füße zu küssen, ehe sie das Wort an ihn richten durften. Als ein Regierungsbeamter niedrigeren Ranges mit Namen Asis ihm einmal einen Brief brachte, war er darüber so wütend, daß es jemand wagen konnte, den gleichen Namen zu tragen wie er, daß sofort jedes Mitglied der Regierung, das Asis hieß, seinen Namen ändern mußte. Während seiner Wahnsinnsanfälle konnte es geschehen, daß er mit einer abwehrenden Handbewegung alle mit schwarzer Tinte geschriebenen Dokumente zurückwies. Die ganze türkische Regierung, die im besten Falle eine kurze vor dem Zusammenbruch stehende Einrichtung war, hätte nicht weiterarbeiten können, wenn man von da an nicht alle Schriftstücke mit roter Tinte abgeschrieben hätte.

An den Abenden hatte er zwei Lieblingsbeschäftigungen. Die eine bestand darin, daß er mit Soldaten spielte, und zwar mit echten Soldaten. Er sah von einem vergitterten Fenster aus zu, wie Truppenabteilungen in den Kellern Scheinkämpfe ausfochten, und diese Kämpfe dauerten die ganze Nacht hindurch an. Schmutzig und rußgeschwärzt kamen die »Überlebenden« beim Morgengrauen zum Vorschein. Ein andermal spielte er mit Hühnern und Hähnen in der glanzvollen Pracht der Empfangsräume des Palastes. Die Beamten mußten stocksteif und still dastehen, wenn der Sultan die flatternden Vögel von einem Zimmer zum anderen jagte, bis er schließlich einen fassen konnte. Dann hängte er mit einem irren Lachen die höchste Verdienstmedaille des Ottomanischen Reiches für Tapferkeit um den Hals des Tieres. Die Palastdiener mußten dann dafür sorgen, daß später weder ein Hahn noch eine Henne ohne seinen ausdrücklichen Befehl wieder vor ihm erschien.

Manchmal überfielen ihn düstere Ahnungen. Wenn er glaubte, daß sein Hof ihn vergiften wollte, lebte er tagelang von hartgekochten Eiern, die nur die Königinmutter kochen durfte. Sie wurden ihm in einem Päckchen aus schwarzem Krepp serviert, der ihr eigenes Siegel tragen mußte. Zu anderen Zeiten fürchtete er sich vor Feuer, und dann durfte sich kein hölzerner Gegenstand in dem Raum befinden, in dem er sich aufhielt. Nachts las er bei einer Kerze, die in einen Eimer mit Wasser gestellt werden mußte.

Abdul Asis hatte nur einen Trost, und das war seine tscherkessische Lieblingssklavin, ein sechzehnjähriges Mädchen von seltener Schönheit namens Mihri Hanoum. Er hatte sie näher kennen gelernt, als sie eines Abends in den Palastgärten sang. Bald brachte er jeden Abend und oft auch den ganzen Tag in ihren Armen zu. Immerhin ließ er sich Mihris Launen die Summe von einer Million Pfund kosten.

Als das Geld in den Kassen dahinschwand, und als der Geist des alten Sultans sich immer mehr verwirrte, wurde die Unzufriedenheit in der Türkei ständig größer. Immer häufiger wurden die Zusammenkünfte der geächteten Partei der Jungtürken, die immer kühner wurde und ihre Stimme immer lauter hören ließ. Sie schaute auf Midhat und sah in ihm ihre einzige Hoffnung. Schließlich stellten einmal zweitausend Theologiestudenten den Sohn des Sultans und verlangten die Absetzung eines rußlandfreundlichen Großwesirs. Asis geriet in Panik und schloß sich mehrere Tage und Nächte im Harem ein. Schließlich überzeugte man ihn davon, daß er, um einer Revolution zuvorzukommen, Midhat von seinem Posten in der Provinz abberufen mußte, wohin er diskret »verbannt« worden war, und daß er ihn zum Großwesir ernennen mußte. Als er dies tat, besiegelte er damit sein eigenes Schicksal.

Das Land war reif für einen Aufstand. Die schlechte Lage des größten Teiles der Bevölkerung war durch zwei Mißernten noch verschlimmert worden. Eine Explosion des aufgestauten Unwillens stand unmittelbar bevor.

Die Bulgaren begannen am 21. April 1876 einen offenen Aufstand, nachdem es lange vorher unter ihnen gegärt hatte. Seit 1397 war Bulgarien ein Teil des türkischen Reiches gewesen. Wie die russischen, so war auch die bulgarische Sprache slawisch. Das Land gehörte zur Orthodoxen Kirche, und kurz vor dem Ausbruch des Krimkrieges war in Odessa ein Komitee gebildet worden, das auf Reformen im religiösen Leben drängen sollte. Jahrzehntelang waren die von Konstantinopel nach Bulgarien geschickten Bischöfe Griechen gewesen, die oft nicht ein einziges Wort Bulgarisch verstanden. So konnte die unermüdliche Lady Mary Wortley Montagu auf ihren Reisen durch die Provinz glauben, daß die Kirchen und ihre Gemeinden griechisch waren.

Alle Versuche, die griechische Liturgie durch eine slavische zu ersetzen, schlugen fehl, und so fiel es Rußland nicht schwer, einen Aufstand anzuzetteln, da Rußland den Bulgaren sympathisch und jederzeit darauf aus war, Verwirrung zu stiften. Es begann in den Bergen in der Umgebung der Stadt Batak. Es ist zweifelhaft, ob der halbirre Sultan überhaupt dazu fähig war, Batak auf einer Landkarte zu finden. Für ihn war diese Gegend lediglich der Teil des Reiches, in dem sich die berühmten Rosengärten von Warna befanden, die seinen Harem mit Rosenöl versorgten. Der Aufstand selbst konnte von Truppen aus Konstantinopel leicht unterdrückt werden, aber damit war die Angelegenheit noch nicht zu Ende, denn die Türken beschlossen, für das ganze Gebiet ein Beispiel zu geben. Tscherkessische Soldaten, die keinen Sold erhielten, sondern nur für die Beute kämpften, waren im dortigen Distrikt stationiert worden und wurden jetzt losgelassen, um gnadenlos Rache zu nehmen. Dies wäre in normalen Zeiten das Ende der Angelegenheit gewesen, denn die übrige Welt hätte sich kaum Gedanken darüber gemacht. Jedoch geschah es hier zum ersten Mal in der türkischen Geschichte, daß ein angesehener ausländischer Journalist der Londoner *Daily News* sich zufällig in Konstantinopel befand. Er war ein Amerikaner und hieß J. A. MacGahan. Bereits im russischen Krieg hatte er sich einen Namen gemacht, als er quer durch Zentral-Asien geritten war, um über die dortigen Kämpfe zu berichten. Jetzt reiste er in Begleitung des amerikanischen Generalkonsuls in der Türkei, Eugene Schuyler, nach Batak.

In ihrer Art erwiesen sich die Berichte MacGahans als ein Wendepunkt in der Ottomanischen Geschichte, denn bis dahin wurden bequemerweise die Nachrichten über die Bestialität und die Grausamkeiten der Türken stets als übertriebene Gerüchte angesehen. Aber jetzt konnten die authentischen Darstellungen zügelloser Morde und Raubzüge nicht mehr unbeachtet bleiben. Sechzig Dörfer waren niedergebrannt worden. Eintausendzweihundert Personen wurden lebendig in einer Kirche in Batak verbrannt, meist waren es Frauen und Kinder. Insgesamt wurden zwölftausend Menschen umgebracht, und Achmed Aga, der Anführer der türkischen Truppen, wurde persönlich vom Sultan mit einem Orden ausgezeichnet, weil er das getan hatte, was als ganz normale Methode angesehen wurde, einen Aufstand zu unterdrücken.

Am Morgen des 7. August war England wie betäubt und entsetzt, als MacGahans erster Bericht in der *Daily News* erschien. Er schilderte den Augenblick, als er sich Batak näherte:

»Ich habe vom Sattel aus hundert Totenschädel gezählt, die von Vögeln völlig kahlgepickt und von Hunden oder Wölfen abgeleckt waren: Sie stammten alle von Frauen und Kindern. Wir kamen in die Stadt. Auf jeder Straßenseite lagen verkohlte Schädel und Skelette zwischen den Ruinen, manche lagen auch noch unversehrt in ihren Kleidern dort, wo sie umgefallen waren. Es gab Skelette von Mädchen und Frauen, denen noch langes braunes Haar von den Schädeln herabhing. Wir kamen zur Kirche. Dort waren diese Überreste von Menschen noch häufiger, schließlich war der ganze Erdboden buchstäblich bedeckt von Skeletten, Schädeln und verwesenden Leichen, die noch ihre Kleider anhatten. Zwischen der Kirche und der Schule lagen sie in ganzen Haufen. Der Gestank war fürchterlich. Dann betraten wir den Friedhof. Dort sah es noch schrecklicher aus. In drei Fuß Tiefe verfaulten überall auf dem ganzen Kirchhof die Körper von toten Menschen, die nur teilweise mit Erde zugedeckt waren, so daß sich allenthalben der grausige Anblick von herumliegenden Händen, Beinen, Armen und Köpfen bot. Ich sah viele kleine Hände, Köpfe und Füße, die von dreijährigen Kindern stammten, und ich sah Mädchen, deren Schädel noch mit wunderschönem Haar bedeckt waren. In der Kirche war es noch schlimmer. Dort war der Fußboden voll von nackten verwesenden Leichen. Ich hätte mir so etwas Furchtbares niemals vorstellen können. Auf dem Friedhof und in der Kirche gab es dreitausend Tote... In der Schule, einem schönen Gebäude, waren zweihundert Frauen und Kinder lebendig verbrannt worden. Überall in der Stadt sah man das gleiche Bild... Der Mann, der dies alles tat, Achmed Aga, ist befördert worden und ist noch immer Gouverneur des Distriktes. Kein Verbrechen war hier ungeschehen geblieben, das sich die bestialischen Türken ausdenken konnten.«

Eine Woche später erschien sein zweiter Bericht:

»Ich fürchte, daß ich nicht länger unparteiisch bleiben kann, und ganz gewiß bin ich innerlich nicht mehr unbeeinflußt... Ich habe bereits genügend Nachforschungen angestellt, um davon überzeugt zu sein, daß außer von einem statistischen Gesichtspunkt aus weitere Untersuchungen sinnlos wären... Wenn man schon bei Beginn einer Nachforschung vor der Tatsache steht, daß sechzig oder siebzig Dörfer verbrannt worden sind und daß ungefähr fünfzehntausend Menschen niedergemetzelt wurden, von denen ein großer Teil Frauen und Kinder waren, dann wird man sich langsam darüber klar, daß jedes weitere Nachforschen zwecklos ist.

Wir fragten nach der Herkunft der Schädel und Knochen, die wir bei unserer Ankunft zuerst im Dorf auf einem Hügel gesehen hatten, als uns die Hunde ankläfften. Man erzählte uns, daß dies die Gebeine von zweihundert jungen Mädchen seien, die gefangengenommen worden waren. Ursprünglich waren sie für ein noch schlimmeres Schicksal bestimmt, als der Tod es ist. Bis zuletzt hatte man sie leben lassen. Mehrere Tage lang waren sie in den Händen ihrer Peiniger gewesen, denn das Brennen und Rauben hatte ja nicht nur einen Tag gedauert. Während dieser Zeit hatten sie alles Schlimme durchgemacht, was arme, schwache und zitternde Mädchen überhaupt erleiden können, die sich in den Händen von brutalen Schurken befinden. Als dann der Ort ausgeplündert und gebrannntschatzt worden war, als alle ihre Freunde abgeschlachtet waren, da ergriff man am hellen Tage unter dem lächelnden Baldachin des Himmels diese armen Geschöpfe, denen man ein solches Unrecht antat und an denen man so niederträchtige Schandtaten begangen hatte, daß allein dies schon Grund genug hätte sein müssen, ihr Leben zu schonen. Doch man schlug ihnen eiskalt die Köpfe ab, um sie dann dort auf einen Haufen zu werfen und verfaulen zu lassen.«

Schrecken und Erschütterung gingen durch die Welt. Die britische Regierung schickte Walter Baring von der Britischen Gesandtschaft in Konstantinopel nach Bulgarien, weil er nachprüfen sollte, ob diese Berichte in den Zeitungen übertrieben waren oder nicht. Er schrieb, daß das Geschehene das »abscheulichste Verbrechen war, das die Geschichte des gegenwärtigen Jahrhunderts befleckt hat«.

Obwohl England nichts dagegen unternehmen konnte, wurde die feindliche Einstellung gegen das türkische Reich ständig größer, wenn Disraeli auch den niederträchtigen Versuch machte, die Berichte MacGahans als »phantasievolle Zeitungsschreiberei« abzutun. Er hatte aber nicht mit Gladstone gerechnet, der sich ein Jahr vorher zur Ruhe gesetzt hatte und sich jetzt daran machte, eine in scharfen Worten gehaltene Flugschrift über die Grausamkeiten in Bulgarien zu verfassen, die gegen die Türkei gerichtet war und diese Brutalitäten als »großes Beispiel der Unmenschlichkeit« brandmarkte.

Diese Ausschreitungen machten ziemlich viel böses Blut in Europa, aber es gab noch einen weiteren Grund für das Anschwellen des Hasses gegen die Türken. Es war ein Grund, der die unmittelbaren eigenen Interessen berührte und zu Erschütterungen auf einem ganz anderen Gebiet führte: Abdul Asis hatte wegen seines ausschweifenden Lebens alle seine Schulden gestrichen, durch die er europäischen Aktionären verpflichtet war, die türkische Staatspapiere besaßen. In jeder europäischen Hauptstadt löste er dadurch wütende Erregung aus, außer bezeichnenderweise in St. Petersburg. Von dort aus beglückwünschte der Zar den Sultan offiziell zu dieser »klugen und vorbedachten Vorsichtsmaßnahme«.

Midhat Pascha war sich unterdessen in Konstantinopel darüber klargeworden, daß es nur noch einen, allerdings gefährlichen Weg gab: Der Sultan mußte abgesetzt werden. Der Thronerbe, sein Neffe Murad, war jedoch ein schwacher und unsicherer Mensch, der durch übermäßigen Genuß seines Lieblingsgetränkes – Champagner mit Branntwein vermischt – seiner Sinne schon nicht mehr ganz mächtig war. Es war ein Getränk, das er zuerst zusammen mit seinem Onkel gekostet hatte, als er sich zum Staatsbesuch in Paris aufhielt. Physisch war er ein Wrack, er war dem Trunk verfallen und lebte in ständiger Furcht vor der »Bogensehne« sehr zurückgezogen. Aber Midhat brauchte einen Thronfolger. Und so wurde, jedenfalls für das türkische Volk, der betrunkene Prinz so etwas Ähnliches wie ein zweiter »Murad der Reformer«.

Jetzt war Midhat so weit, daß er Asis stürzen konnte. Er bat den wortkargen und biederen Kriegsminister Hussein Avni um seine Hilfe, und am 29. Mai 1876 brachten diese beiden Männer mittleren Alters, die so gar nichts von einem Revolutionär an sich hatten, einen Plan zur Ausführung. Eine kleine Gruppe einschließlich des Kriegsministers überquerte in einem Kayik von Konstantinopel aus den Bosporus und fuhr zum weißen Dolma Baghtsche-Palast.

Der Wind heulte, als der Kriegsminister an der dem Wasser zugekehrten Seite der marmornen Mauer an Land ging. Soldaten hatten bereits eine Postenkette um die Tore gebildet, und Asis lag mit seiner Tscherkessin in seinem riesigen Bett, als die ersten Schüsse von den nassen und windigen Gärten her zu hören waren. Die wenigen ihm getreuen Wächter waren schnell überwältigt, und die Verschwörer drangen in den Palast ein.

Hussein Avni erzwang sich seinen Weg bis zu dem großen Thronsaal, wo er sich einer Menge von hysterischen Eunuchen gegenüber sah, die von der klobigen Gestalt des Kislar Aga angeführt wurden. Es war ein riesiger Nubier in einem weißen Nachthemd. Sie schrien und brüllten, und plötzlich erschien eine Gestalt oben auf der Treppe. Sofort war alles totenstill.

Es war Abdul Asis. Er trug ein rosa Nachtgewand. In einer Hand schwenkte er ein blankes Schwert, und mit der anderen hielt er Mihri fest, die Tscherkessin, die sich schluchzend furchtsam an ihn klammerte.

Zuerst wollte er Widerstand leisten. Aber dann wurde ihm eine Erklärung gezeigt, die der Scheich-Ul-Islam unterzeichnet hatte, der höchste Beamte im Reich, der die Geistlichkeit und das Gerichtswesen unter sich hatte. Für Asis bedeutete dies Kismet – Schicksal –, die »festgelegte Zeit«, über die Allah selbst entschieden hatte. Damals glaubte man, daß jedem Menschen sein Los mit unsichtbarer Tinte auf die Stirn geschrieben war*).

In diesem Augenblick tauchte auf der obersten Treppenstufe eine furchterregende Erscheinung auf: Es war Pertevalé, die Königinmutter. In diesem Augenblick waren die Anstandsregeln, die sie fünfzig Jahre lang im Harem gelernt hatte, völlig vergessen, und sie wurde wieder, was sie früher war. Groß und massig, mit aufgelöstem Haar und unverschleiertem Gesicht stürzte sie sich auf den Kriegsminister und zerkratzte ihm mit ihren bemalten Fingernägeln das Gesicht. Schließlich stieß sie ihn mit einem wohlgezielten Fußtritt in den Magen zu Boden.

In Konstantinopel spielte sich unterdessen ein anderes Schauspiel ab. Als Midhat unmittelbar vor Morgengrauen das vereinbarte Zeichen – es war ein einzelner Gewehrschuß – erhielt, daß Aziz nicht mehr Sultan war, ging er zu Murad, um ihm mitzuteilen, daß er jetzt Sultan des Ottomanischen Reiches geworden sei.

Doch das war leichter gesagt als getan. Murad war gerade aufgewacht. Er war noch halb betrunken und mußte beinahe aus dem Bett gezerrt werden. Sein erster Gedanke war, daß nun wirklich die Bogensehne zu ihm gekommen sei. Vergeblich drängte ihn Midhat, sich anzuziehen und ihm zu folgen. Er erzählte dem Prinzen von der wachsenden Unordnung in der Stadt, und er wies ihn warnend auf die Gefahr hin, daß die Russen möglicherweise die Gelegenheit nützen könnten, in ein führerloses Land einzumarschieren. Murad winselte vor Angst, und seine einzige Antwort bestand darin, daß er um sein Leben bettelte. Schließlich sagte Midhat zu Murad, daß er geradewegs zu seinem jüngeren Bruder Abdul Hamid gehen würde, wenn er sich weiterhin weigerte, den Thron anzunehmen. Das war genug, denn die beiden Brüder haßten sich gegenseitig. Wie ein ängstlicher Schuljunge ließ es Murad jetzt zu, daß man ihn zu dem Kayid begleitete, der ihn nach Dolma Baghtsche bringen sollte.

*) Wenn Midhat dem Sultan entgegengetreten wäre und nicht der Kriegsminister, dann hätte Aziz es möglicherweise auf einen Kampf auf Leben und Tod ankommen lassen, denn er haßte Midhat und vergaß ihm niemals, daß er einmal mit einer Brille vor ihm erschienen war.

Die beiden Fahrzeuge mit dem alten und dem neuen Sultan begegneten einander im Bosporus, und das Klagen der Frauen des Asis war deutlich zu hören. Noch vor Tagesanbruch war der abgesetzte Herrscher im Alten Serail untergebracht, und das Volk von Konstantinopel erwachte bei einem zu Ehren des Sultans Murad des Fünften abgefeuerten Ehrensalut.

Seltsamerweise erfuhr das britische Volk ebenso schnell von dem Staatsstreich wie das Volk von Konstantinopel. Ein britischer Journalist, der das Bevorstehen einer kritischen Situation ahnte, hatte sich einen Geheimcode ausgedacht, und noch in der Nacht erhielt er die Genehmigung, in einer dringenden Privatangelegenheit ein Telegramm aufzugeben. Es lautete: »Die Ärzte haben es für notwendig gehalten, der armen Jane Blut abzuzapfen. Großmutter ist bei ihr. Vater John hat die Geschäftsführung übernommen.«

Nun überstürzten sich die Ereignisse, und in ungewöhnlichem Maße häuften sich die Gewalttaten. Fünf Tage nachdem Abdul Asis abgesetzt worden war, wurde er tot aufgefunden, Blut tropfte aus Wunden an seinen Handgelenken. Er hatte mit der Königinmutter Pertevalé und der schwangeren Mihri im Harem seiner neuen Unterkunft gesessen. Beide Frauen, sowohl Mihri als auch die Königinmutter, wie diese selbst später bezeugte, waren über den Mann erzürnt, den sie liebten. Abdul Asis sah eingesunken und verhärmt aus. Er bat sie, ihn allein zu lassen, da er schlafen gehen wollte, und es sah fast wie ein nachträglicher Einfall aus, als er um eine persische Schere bat, um sich seinen Bart zu schneiden. Nach einigen Stunden fand Mihri ihn tot auf. Er hatte sich die Pulsadern aufgeschnitten.

Aber stimmte das wirklich? Das Schneiden eines Bartes kam beinahe einem Ritual gleich und mußte sehr sorgfältig vorgenommen werden. Jedes Haar mußte aufbewahrt werden, und dabei waren nach dem Protokoll so viele Dinge zu bedenken und zu tun, daß es für einen Mann mit dem Charakter von Asis ganz undenkbar schien, daß er sich seinen Bart selbst schneiden wollte. Die Königinmutter jedoch blieb steif und fest dabei, daß sie selbst ihrem Sohn die Schere gegeben habe, obwohl er ihr bei ihrer fünfzigjährigen Erfahrung im Harem eigentlich höchst verdächtig hätte vorkommen müssen. Sogar der britische Gesandte schöpfte Verdacht. Aber nie wird man ganz sicher wissen, ob Asis ermordet worden war oder nicht. Für Midhat, der verzweifelt darum bemüht war, das Ansehen Murads zu heben, war es sehr wichtig, die Gerüchte zum Schweigen zu bringen, daß hier ein falsches Spiel gespielt worden war.

Neunzehn Ärzte wurden zu Rate gezogen, es waren die hervorragendsten Mediziner in der Stadt, und viele von ihnen hatte man aus ausländischen Gesandtschaften kommen lassen. Sie sollten die wahre Todesursache feststellen. Alle waren sich darin einig, daß es Selbstmord war.

Wenige Tage später starb auch die tscherkessische Sklavin des Sultans im Wochenbett. Eine türkische Zeitung schrieb: »Als sie einem zweiten Prinzen das Leben schenkte, hat wahrscheinlich die so schwer auf ihr lastende Trauer über den Tod des Sultans vorzeitig diese junge und schöne Prinzessin hinweggerafft.«

Bei Mihris Bestattung waren die Straßen der Hauptstadt voller Menschen. Die Elemente Tragödie und Schönheit brachte Zehntausende dazu, dabei zu sein, wie ihr perlmuttverzierter und mit Girlanden aus frischen Rosen geschmückter Sarg aus poliertem Holz von Paschas, Beys, Beamten und Eunuchen nach Skutari getragen wurde.

Aber die Gewalttaten waren noch nicht zu Ende. Mihri hatte einen Bruder namens Hassan. Er war ein junger Offizier und als ausgezeichneter Pistolenschütze bekannt. Wie seine Schwester, so war auch er Asis treu ergeben gewesen, und er beschloß, das Leben dieser beiden Menschen dadurch zu rächen, daß er den Kriegsminister tötete.

Um sich selbst Mut zu machen, versetzte er sich mit Marihuana in einen Rauschzustand, steckte sich zwei Pistolen in die Stiefelschäfte, zwei weitere in die Taschen und drang in eine Kabinettssitzung ein. Mit seinen ersten beiden Schüssen tötete er den Kriegsminister und den Außenminister. Als Soldaten und Polizisten ihn festnehmen wollten, wurden sie von ihm niedergeschossen. Insgesamt wurden während des zwanzig Minuten dauernden Blutbades sieben Menschen getötet und acht verwundet, bis er überwältigt werden konnte. Am nächsten Morgen wurde er vor einer großen Menschenmenge öffentlich gehängt. Bis zu seinem Ende bestand er darauf, daß es sein einziges Motiv war, sich an dem Mann zu rächen, der Abdul Asis abgesetzt hatte.

Nach Jahren der Absonderung im Käfig überstieg diese Fülle von Gewalttaten das Fassungsvermögen des neuen Sultans. Ein Spezialist aus Wien und der Hofrat erklärten ihn für unheilbar wahnsinnig. So wurde er auf Veranlassung von Midhat abgesetzt, nachdem er nur drei Monate auf dem Thron gesessen hatte. Er wurde in einen anderen Palast verlegt. Jetzt kam sein Bruder Abdul Hamid der Zweite an die Macht.

Die Stadt der Ränkespiele

Abdul Hamid der Zweite wurde 1876, mit vierunddreißig Jahren, Sultan und letzter unabhängiger Despot des Ottomanischen Reiches, der die höchste Macht ausübte. Er war der zweite Sohn von Abdul Medschid. Seine Mutter war eine armenische Berufstänzerin, ehe sie in den Harem kam. Sie starb, als Abdul Hamid erst sieben Jahre alt war.

Er war schmal und häßlich, in seinem geblichen Gesicht hatte er stets mißtrauisch blickende Augen über einer riesigen Hakennase. Sein Mund hatte einen grausamen Zug, und er besaß einen schütteren schwarzen Bart. Jeder Prinz mußte sich einen Bart wachsen lassen, wenn er Sultan wurde. »Sein Antlitz unterschied sich erheblich von den frischen, massigen und fleischigen Gesichtern seiner Vorfahren.« Sein bis zu den Knien hinabreichender Stambuli-Mantel verhüllte seine schmächtige Gestalt, ohne daß sie dadurch elegant gewirkt hätte. Sein Fez über seinem blassen Gesicht wirkte übermäßig groß.

Professor Armenius Vámbery, ein Gelehrter aus Ungarn, kannte Abdul Hamid besser als irgendein anderer Europäer und schrieb: »Ich habe niemals einen anderen Mann getroffen, bei dem sich die wesentlichen Charakterzüge so widersprachen, so ungleich waren und in einem solchen Mißverständnis zueinanderstanden, wie es bei Abdul Hamid der Fall war. Wohlwollen und Bosheit, Edelmut und niedrige Gesinnung, Feigheit und Mut, Schlauheit und Dummheit, Mäßigung und Übertreibung und viele, viele andere Eigenschaften haben abwechselnd in seinen Tagen und Worten ihren Ausdruck gefunden. Wenn es einen hervorstechenden Zug in seinem Charakter gab, dann waren dies seine Schüchternheit, seine ständige Unentschlossenheit und das stetige Empfinden, daß er etwas Falsches getan habe. Dieser Wesenszug hinterließ bei allen seinen Taten Spuren, die sich nicht verwischen ließen. Diese unglückliche Veranlagung war eine Folge der Erziehung im Harem und machte seine besten Absichten zunichte. Seine sonst ausgezeichneten Geistesgaben wurden dadurch abgestumpft, und so wurde seine Regierung zu einem Unglück für sein Land.«

Vielleicht war es die größte Tragödie Abdul Hamids, daß er unfähig zu sein schien, sich der veränderten Haltung Europas gegenüber einem Reich anzupassen, das es einst gefürchtet hatte. Jetzt stellte Europa dieses Land nur noch einem kranken Bauern gleich. Vielleicht aber war Abdul Hamid auch nicht fähig, die Größe der Umwälzungen zu fassen, die innerhalb seines eigenen Landes vor sich gingen.

Auch Konstantinopel selbst machte einen Prozeß der Veränderung durch. Die ersten Telegraphenlinien wurden in Betrieb genommen. Das erste Benzin und das erste Erdöl waren eingeführt worden. Die erste Dampflokomotive fuhr bereits in der Hauptstadt. In Galata war das französische Lyzeum eröffnet worden und brachte Türken und Ausländer miteinander in Berührung. Auch auf anderen Gebieten breitete sich der Einfluß des Westens spürbar aus. Die wallenden orientalischen Gewänder in ihren leuchtenden Farben waren längst verschwunden, und viel von der Pracht des Lebens im Orient war dahingegangen, wie es so oft geschieht, wenn sich der Fortschritt Bahn bricht. Als dann der neue Sultan zwischen gestern und morgen ständig hin und her schwankte, versank Konstantinopel in einem Morast. Es verlor seine Buntheit, die Würze seines Lebens, und es kehrte wieder zu den dunkelsten Zeiten zurück. Es wurde zu einer Stadt des Argwohns und der Ränkespiele.

Für das Volk schien Abdul Hamid, als er eine Woche nach seiner Thronbesteigung mit dem Schwert Osmans umgürtet wurde, den Eindruck zu erwecken, als ob er ein ernsthafter und vielversprechender Herrscher sei. Am Morgen der feierlichen Handlung nahm der Sultan das traditionelle Milchbad, das zur Einleitung vieler religiöser Handlungen vorgeschrieben war. Zehntausend Männer, Frauen und Kinder drängten sich unterdessen an den Ufern des Bosporus und des Goldenen Hornes, um den Sultan sehen zu können, wenn er feierlich auf dem Meer von Dolma Baghtsche nach Eyub fuhr, zu der am höchsten verehrten Moschee. In Istambul gab es insgesamt vierhundert Gotteshäuser für die Moslems.

Es war ein windstiller Tag mit hellem Sonnenschein, der sich in Millionen von Lichtpünktchen auf der klaren blauen See widerspiegelte. Mehr als in irgendeiner anderen Stadt in der Welt schien in Konstantinopel das Meer jedem Haus nahe zu sein. Es war ein Meer ohne einen von Steinen durchsetzten Strand, ohne den Schlamm eines Flusses, ohne die schwarzen Abflußgewässer eines Kanals. Mehr als der Canale Grande in Venedig war hier das Meer zu einer Hauptstraße Konstantinopels geworden.

Hinter der Meeresküste lebte in den Straßen dicht gedrängt ein Dutzend asiatischer Völker (von den paar Europäern in ihren Filzhüten ganz zu schweigen), die den Feiertag genießen wollten. Inzwischen war den Frauen der Paschas und anderer Standespersonen ein gewisses Maß an Emanzipation zugebilligt worden. Obwohl sie noch verschleiert waren, trugen viele von ihnen einen weißen Kopfschleier aus fast durchsichtigem Seidenflor. Einige Leute kamen dichtgedrängt in Ochsenkarren an, andere in leichten, offenen Kutschen, die aus Wien importiert waren. Die eleganteren von ihnen wurden von einem Kutscher gelenkt, der von einem wild dreinblickenden und ein blankes Schwert tragenden nubischen Eunuchen zu Pferde begleitet wurde.

Die Männer waren schon lange vorher gekommen. Stundenlang kauerten sie in den Straßen und warteten. Sie rauchten fast pausenlos, und die reicheren Leute gaben sich damit zufrieden, nur den oberen Teil jeder Pfeife aufzurauchen, den »Kaimak« oder den »Krem«, die armen begnügten sich dann mit dem Tabak, den die

Reichen ausklopften. Als die Hitze des Tages größer wurde, priesen die Verkäufer von Melonen und von Limonaden lauthals ihre Ware an. Kinder lutschten »türkischen Honig«, der in bemaltes Papier gewickelt war. Verschleierte Damen, die ihren Durst nicht stillen durften, kauten Mastix, eine Art Kaugummi, den sie in kleinen mit Filigranarbeiten verzierten Schachteln bei sich trugen und von dem es hieß, daß er das Zahnfleisch gesund erhielt. An jeder Ecke gab es Haufen von Obst – Weintrauben, Birnen, Pflaumen und Granatäpfel – zusammen mit einem aus Früchten bereiteten Getränk, das man »Khoschab« nannte, was »angenehmes Wasser« bedeutet. Es wurde aus heimischen Pfirsichen und anderem Obst zusammengebraut und mit Muskatnuß und Ambra gewürzt*).

Für die Leute, die mehr Geschmack an herzhaften Leckerbissen fanden, wurden an diesem Morgen mit eisernen Harken Austern in den Straßen gebraten. Außerdem gab es Pilaw in verschiedenen Arten, gefüllte Gurken und schließlich zwei Gerichte, die noch heute hochgeschätzt werden: Hadschis (= Alte Hexen), die auf tragbaren Öfen an den Straßenrändern gekocht wurden, und die volkstümlichen Kaldaunen.

Kurz vor zwölf Uhr mittags kam in Weiß und Gold der mit vierzehn Paar Rudern ausgestattete Kayik des Herrschers am Goldenen Horn an. Der Sultan saß unter einem roten Baldachin, während Hunderte von ausländischen Schiffen zum Gruß ihre Flaggen senkten. In der Nähe von Eyub bestieg der Sultan ein weißes Schlachtroß mit goldenem Zaumzeug und ritt durch das Tor von Adrianopel. Er mußte sich mit seinem Pferd durch die überhängenden Dachvorsprünge aus Holz und durch die engen Straßen hindurchschlängeln, die durch die doppelte Reihe der in goldbestickten Uniformen gekleideten Soldaten noch enger geworden waren.

*) Es wurde hergestellt, indem man Rosenwasser über raffinierten Zukker goß. Dann entfernte man den Schaum, fügte Quellwasser und Obst hinzu, kochte alles zusammen und seihte es durch ein feines Sieb, wobei man noch mehr Obst und einen Tropfen Muskatwürze oder Ambra hinzutat. Dann löffelte man das Ganze mit einem Löffel aus Sandel- oder Birnbaumholz aus.

Als der Sultan die von Mohammed dem Eroberer erbaute Moschee erreichte, die außerhalb der Mauern des Herakles im Nordwesten der Stadt lag, verwandelte sich das normalerweise eintönige Konstantinopel in einen Schauplatz größten Glanzes. Soldaten und Seeleute – die Albanier in ihren hohen und mit Federn verzierten Hüten, die Tscherkessen, die Spahis in Gold und Blau, die »Bostangis« als stolzeste von allen mit goldgeränderten Uniformen und scharlachroten Mänteln – standen in Reihen im sonnendurchfluteten Hofraum, dessen mit Ziegeln gedeckte Mauern in kühnen Farben leuchteten und immer noch fest und unerschütterlich dastanden. Im Schatten einer riesigen Platane stieg der Sultan unmittelbar neben einem Springbrunnen vom Pferd. Die Fahnenträger trugen das grüne Banner des Propheten in das kühle Innere der Moschee; sie brachten es zwischen den nur wenig verzierten steinernen Wänden bis unter die weiße Marmorkuppel, die auf einfachen Säulen ruhte. Der Scheich-Ul-Islam folgte der Fahne in seinem Gewand aus feiner weißer und goldener Kaschmirwolle. Dann trat Abdul Hamid ein. Mit ruhiger Würde, wie es dem schon aus alten Zeiten stammenden Protokoll entsprach, legte er langsam die vorgeschriebenen sieben Schritte bis zum Anführer der Heulenden Derwische zurück, der seit den Zeiten Osmans das Vorrecht besaß, jedem neuen Sultan den Gurt mit dem Säbel anzulegen. Der Derwisch küßte seine linke Schulter. In seiner neuen Würde als Herrscher machte der Sultan drei Schritte in Richtung auf den Großwesir, der im Namen des Volkes den Saum seines Gewandes küßte.

In der Mitte der Moschee stand ein Grabmal aus weißem Marmor, das mit einer dünnen Silberschicht überzogen war. Es war so fein gearbeitet, daß es dünn wie feinste Spitze aussah. Darin befand sich die Asche des Bannerträgers des Propheten. Davor lag in einer von wertvollen Edelsteinen fast verdeckten blauen Scheide das Schwert selbst auf einem mit rotem Samt bedeckten Tisch. Der goldene Schwertgriff war mit Türkisen und Rubinen besetzt.

Genau siebzehn Minuten lang hallte das Innere der Moschee von gedämpften Gebeten wider. Dann verkündete der Muezzin von der Spitze des Minaretts aus dem Volke von Konstantinopel, daß sich der Herrscher der Gläubigen im Gotteshaus befand.

Während weniger Sekunden wurde dem Sultan der Gürtel überreicht, dann das Schwert selbst, damit fand die Zeremonie ihren Abschluß.

Als der Sultan mit seiner schmalen braunen Hand den Schwertknauf einhakte, lag die Moschee in unheimlichem Schweigen, das nur vom Geflatter der im Hofe nistenden Tauben unterbrochen wurde. Dann stieg vom dicht mit knienden Gestalten besetzten Boden das Geräusch gemurmelter Gebete auf, die an der hohen Kuppel widerhallten. Sodann kehrte der ganze Schwarm von Leuten in das grelle Sonnenlicht des Hofraumes zurück. Abdul Hamid bestieg sein weißes Pferd, und wie ein Historiker schreibt, »erschien auf seinem von Gedankenfalten durchfurchtem Antlitz ein zutiefst melancholischer Ausdruck«. Langsam ritt er in die Straßen zurück und wurde von der aufgeregten Menge mit großem Beifall als Gottes Stellvertreter auf Erden begrüßt.

Die politischen und finanziellen Schwierigkeiten blieben auf dieses Geschehnis ohne Einfluß. Die Türken waren darauf eingestellt, dem neuen Herrscher eine Gelegenheit zu geben, zu beweisen, daß jetzt bessere Zeiten anbrachen. Dies traf besonders auch deshalb zu, weil der immer populärer werdende Midhat Pascha seine Reformen sehr nachdrücklich in Aussicht gestellt hatte. In dem allgemeinen Freudentaumel hatte man Bulgarien beinahe vergessen. Für den Mann auf der Straße war Abdul Hamid an diesem sonnigen Tage ein Herrscher, der seine Pflichten ernst nehmen würde, doch wußte man, daß er weit davon entfernt war, etwa gottähnlich zu sein. Es gab nicht einen in der Menge, der an diesem Abend bei den lauten Jubelrufen im Hippodrom auch nur geahnt hätte, daß der junge Sultan (nach den Worten Eversleys) »der niederträchtigste, hinterlistigste, vertrauensunwürdigste und grausamste Intrigant in der langen Dynastie der Osmanen« werden sollte.

Es war genau der gleiche Tag, an dem Gladstone seine Flugschrift über die bulgarischen Menschenschlächtereien veröffentlichte. Vielleicht hatte der Sultan keine Ahnung davon, wie diese Flugschrift am Hof in Petersburg aufgenommen worden war, wo der General Ignatiew freudig zum Zaren sagte: »Die Grausamkeiten in Bulgarien haben Rußland zu etwas verholfen, was es nie zuvor besessen hat. Es hat jetzt die Unterstützung der öffentlichen Meinung in England.«

In Europa mußte irgend etwas geschehen. Die Schrecken von Bulgarien waren in aller Munde. Der Zar dürstete nach Blut. Jeder Politiker wußte, daß sich in der Türkei Umwälzungen anbahnten. Montenegro und Serbien hatten gemeinsam erklärt, »sie wollten lieber untergehen, als noch weiter die türkischen Schrekkensherrschaft dulden«. Bosnien und die Herzegowina lehnten sich offen gegen die Raubgier der türkischen Paschas auf. Bulgarien stand im Begriff, den letzten Atemzug seines Lebens zu tun. Und für Europa, besonders aber für England, das für seinen lebenswichtigen Weg durch den neueröffneten Suezkanal nach Indien fürchtete, bedeutete die größte aller Gefahren, daß »im Namen der Christenheit« der Zar die Gelegenheit beim Schopfe fassen und in das Ottomanische Reich einmarschieren könnte. Mit der Beherrschung des Bosporus hätte er dann eine ungeheure Macht besessen.

Deshalb brauchte England einen triftigen Grund, sich in die inneren Angelegenheiten der Türkei einzumischen, um so ein Mittel zu haben, den Kriegsdrohungen des Zaren entgegenzutreten. Es gab ein solches Mittel. Da England den Vertrag von Paris mit unterzeichnet hatte, war es sich darüber im klaren, daß es die türkischen Verbrechen gegen christliche Untertanen nicht untätig mit ansehen durfte. So überredete es, kaum zwei Monate nachdem Abdul Hamid mit dem Heiligen Schwert gegürtet worden war, die europäischen Mächte dazu, in Konstantinopel ein Treffen abzuhalten und der türkischen Verwaltung dringend nahezulegen, ihr Verhalten zu ändern und ihre christlichen Untertanen zu schützen.

Was für Fehler Abdul Hamid auch haben mochte, immerhin war er in ein echter Osmane. Er war über ein Ansinnen erbost, das er als freche Einmischung in innere Angelegenheiten des Landes ansah. Midhat Pascha teilte diese Einstellung, und er war klug genug, um zu wissen, daß er als maßgeblicher Mithelfer bei der Absetzung der beiden Vorgänger Abdul Hamids einige Hilfe und Dankbarkeit von dem jetzigen Souverän erwarten konnte. Im Augenblick hatte er damit recht.

Die Mitglieder der europäischen Konferenz, bei der der Staatssekretär für Indien, Lord Salisbury, England und der General Ignatiew den Zaren vertrat, trafen in Konstantinopel ein. Man hatte sich darauf geeinigt, die eigentliche Sitzungsperiode am 23. Dezember 1876 zu eröffnen. Als man sich gemeinsam mit den türkischen Delegierten in der Admiralitätshalle zusammensetzte, von der aus man das Goldene Horn überblicken konnte, hörte man ein Salutschießen von hundertein Kanonenschüssen. Als der letzte Schuß verhallt war, stand der älteste türkische Delegierte auf und verkündete: »Meine Herren, die Kanonen, die Sie soeben gehört haben, sind das Zeichen dafür, daß der Sultan eine Verfassung bekanntgibt, die die Rechte aller Untertanen ohne Unterschied garantiert. Angesichts dieses großen Ereignisses bin ich der Meinung, daß unsere Aufgabe damit überflüssig geworden ist.«

Tatsächlich war man noch während Murads Regierungszeit übereingekommen, eine weitreichende Verfassungsreform durchzuführen, doch Abdul Hamid hatte sich geweigert, ihr zuzustimmen, bis ihn die Umstände dazu zwangen, seine Meinung zu ändern. Eine Nationalversammlung wurde einberufen, die »durch eine allgemeine Abstimmung ohne Unterscheidung von Volks- oder Religionszugehörigkeit im ganzen Ottomanischen Reich« gewählt werden sollte.

Die verwirrten europäischen Diplomaten hatten nun nichts mehr zu tun, denn die Veränderungen, die sie für notwendig gehalten hatten, waren bereits verkündet worden. Sie waren zornig und vermuteten dahinter irgendeine Absicht, aber sie konnten nur wenig dazu sagen oder tun. Einige Tage lungerten sie noch herum, sie hielten ein paar Zusammenkünfte ab, dann packten sie ihre Koffer und kehrten in ihre Hauptstädte zurück. Eine frohgestimmte und unwissende Wählerschaft geriet nun in Bewegung und bemühte sich darum, Parlamentsmitglieder jeder Rasse und Religion zu wählen. Die erste Sitzung der Versammlung wurde in dem glanzvollen Dolma-Baghtsche-Palast abgehalten, der von hellstem Licht erstrahlte, das von Dutzenden von kristallenen Kronleuchtern ausging und von den Spiegelwänden und den marmornen Fußböden reflektiert wurde. Abdul Hamid zierte die Versammlung mit seiner Gegenwart. Er war schwarz gekleidet und hatte eine behandschuhte Hand auf sein Schwert gelegt. Er hörte zu, als seine Ansprache den ihn umdrängenden Mitgliedern vorgelesen wurde, von denen einige aus weit abgelegenen Gebieten des Landes kamen und noch in Schafsfelle gekleidet waren. Die Schlaueren bemühten sich darum, an seiner rechten Seite zu sitzen, denn man hatte ihnen erzählt, daß dies die Seite der Macht sei. Feierlich schwor Abdul Hamid, daß er sich getreu nach der Verfassung richten wolle. Mit Sinn für einen politischen Höhepunkt – als ob er gleichzeitig seine Duldsamkeit und seine Weisheit unter Beweis stellen wollte – ernannte er nicht nur Midhat zum Großwesir, sondern einen Armenier zum Vizepräsidenten der Versammlung und zwei Juden zu Adjutanten.

Nach einigen Tagen wurde der Sultan sowohl für die ersten Neuerer, die Jungtürken, zum Leitbild, als auch für alle anderen Leute, die ihre Hoffnung auf ihn gesetzt hatten.

Sie wurden grausam enttäuscht. Für den Sultan war lediglich eine Geste notwendig gewesen, um die Einmischung der christlichen Mittelsmänner zu verhindern. Aber kurz nachdem die europäischen Staatsmänner abgereist waren, wurde Midhat ohne eine Vorwarnung zum Dolma-Baghtsche-Palast befohlen. Als er sich auf dem Wege dorthin befand, bemerkte er ein unheilvolles Zeichen: Eine Abteilung Soldaten, die einen Ring um sein Haus bildete. Und als er dann darauf wartete, daß der Sultan seine Maßnahmen guthieß, saß er in einem Vorzimmer des Palastes und erblickte vom Fenster aus ein noch düsteres Vorzeichen: Die Jacht des Sultans, die an der Ladungsbrücke festgemacht war und zum Aufbruch bereitstand. Rauch stieg aus ihren Schornsteinen auf.

Eine Stunde wartete Midhat allein, das einzige Geräusch war das Klimpern eines Klavieres irgendwo in der Ferne, auf dem eine Melodie von Offenbach gespielt wurde. Schließlich erschien der Sekretär des Sultans und verkündete ihm mit einiger Verlegenheit, daß der Sultan ihn entlassen habe und daß die Jacht des Herrschers für ihn bereitstehe, um ihn in irgendeinen Hafen Europas ins Exil zu bringen, den Midhat selbst wählen sollte.

Der Sultan handelte nicht nur aus persönlichen Motiven. In einer kurzen Abhandlung über die Demokratie hatte Midhat unglaubliche Unregelmäßigkeiten in den Rechnungsberichten über den Staatsschatz aufgedeckt, die der Sultan »wieder in Ordnung gebracht« hatte. Große Mengen an Staatspapieren und anderen Staatsgeldern waren verschwunden. Der Sultan hatte nicht gewagt, die Nachforschungen weiter fortsetzen zu lassen.

In diesen ersten Monaten der Regierung des neuen Sultans sah es ständig nach Krieg mit Rußland aus. Aber das bedeutete für Abdul Hamid wenig, denn er mußte stets an ein außerordentliches persönliches Problem denken.

Seitdem seine beiden unmittelbaren Vorgänger abgesetzt worden waren, hatten sich Furcht und Argwohn im Verstand des Sultans festgesetzt, und er beschloß, sich selbst einen Palast zu bauen – wenn man dieses Wort überhaupt auf das anwenden kann, was dabei herauskam –. Es sollte ein Palast werden, der so befestigt war, daß er im Grunde einem von innen verschlossenen Gefängnis glich.

Die riesigen zu seiner Verfügung stehenden Paläste sagten ihm nicht zu, und er hatte auch keine Neigung, sich eine Festung mit Türmen und Wassergräben zu schaffen. So baute er eine ganze Stadt für sich allein.

Mit einer Ironie, die zweifellos dem Herrscher nicht bewußt wurde, der letztlich für den endgültigen Fall des Ottomanischen Reiches verantwortlich war, wurde der größte Teil dieser Stadt auf dem Gelände zweier großer Friedhöfe angelegt. Sie lagen jenseits von Pera auf der Nordseite des Goldenen Hornes, eine Meile hinter Dolma Baghtsche, wo die baufälligen Holzhäuser allmählich immer seltener wurden. Dort wand sich der Weg durch unebenes Gelände, bis zu einem anspruchslosen Kiosk empor, der »Yildiz« – »Stern-Pavillon« – hieß. Sein Onkel Abdul Asis hatte ihn nach dem Namen einer seiner Lieblingsodalisken benannt.

Hier wollte Abdul Hamid wohnen, und wie Minos, als er das ursprüngliche Labyrinth in seinem Palast auf Kreta baute, war der Sultan dazu entschlossen, niemandem das Geheimnis von Yildiz zu verraten, das er rings um die eigentliche Villa errichten lassen wollte. Es sollte eine Ortschaft von Hunderten von Gebäuden werden, die über ein großes Gebiet verstreut liegen sollten und in dem wenigstens fünftausend Menschen Platz finden sollten.

Ein Dutzend Architekten arbeiteten an dem Projekt, von denen jeder von den anderen elf keine Ahnung hatte. Die Maurer, die ein Gebäude für den Harem in der einen Ecke des Geländes erbauten, trafen niemals mit den Männern zusammen, die an einem künstlichen See arbeiteten. Die Bauleute, die eine ganze Straße niederreißen sollten, um mehr Platz zu schaffen, wußten nichts davon, daß etwa eine Meile weiter ein privater zoologischer Garten angelegt wurde.

Auf dem Hügelabhang arbeiteten Hunderte von Bauarbeitern in Schichten, von denen keiner den anderen kannte oder auch nur traf. Ein Ingenieur war mit der Einrichtung der halben elektrischen Anlage beschäftigt, ein anderer mit der anderen Hälfte. Männer, die im Wald von Belgrad Zypressen mit den Wurzeln ausgruben, sahen niemals die Leute, die sie in Hunderten von Ochsenkarren weitertransportierten, um damit auf dem Grund und Boden des Palastes einen Wald anzulegen.

Für einen furchtsamen Mann war die Lage des Ortes außerordentlich gut gewählt. Die schmutzigen Straßen von Pera lagen auf der Landseite, durch hohe Mauern wurden sie von dem ganzen Gelände getrennt. Direkt vor Yildiz lag am Fuße des Hügels der Bosporus. Auf der anderen Seite des Wassers tauchten die Segel der auf dem Goldenen Horn fahrenden Schiff zwischen den Zypressen der Anlagen des Serails am Horizont auf. Um sicherzugehen, daß er jede Bewegung eines jeden Schiffes verfolgen konnte, ließ der Sultan auf den kleinen Anhöhen Pavillons bauen, in denen er jeweils ein scharfes Fernrohr anbringen ließ.

Mehrere Monate lang ritt er mit einem Diener allabendlich beinahe verstohlen hinauf, um die Arbeiten zu leiten, bis die Wildnis auf den alten Friedhöfen in einen Irrgarten von Gebäuden verwandelt war, die in einem Park mit einem See, mit Springbrunnen, Tulpengärten und sogar mit einem zoologischen Garten standen. Exotische Vögel flatterten in den Gebüschen. Dort gab es Hunderte von Papageienkäfigen, denn Abdul Hamid glaubte, daß sie beim Anblick von Fremden unweigerlich laut schreien würden. An den Seiten schattiger Kieswege gab es Ausschankstellen für Kaffee, alle mit einem verkleideten Mann des Geheimdienstes besetzt. So konnte sich der Sultan in seinem selbstgewählten Gefängnis der Illusion hingeben, daß er ein normales

Leben führte. Er steigerte dieses Empfinden noch dadurch, daß er auf seinen morgendlichen Spaziergängen stets sein Getränk bezahlte.

Die neben einer Mauer aufgebauten häßlichen gelben Kasernen für die Soldaten, die übrigens auch jeden strategischen Punkt auf der Landseite besetzt hielten, waren die einzigen wirklich großen Gebäude. Sonst ähnelt Yildiz in allem einem schlecht geplanten Entwicklungsgebiet. Die Zimmer, in denen der regelmäßig seine Wohnhäuser wechselnde Sultan lebte, besaßen Möbel, die einen sonderbaren Geschmack verrieten. Viele Wände waren über und über mit Spiegeln bedeckt, so daß man jede Bewegung eines Fremden beobachten konnte. Antike türkische Teppiche und Diwane und wertvolle Porzellanvasen aus China standen dicht neben billigen aufgepolsterten französischen Plüschmöbeln und allerlei Krimskrams, von Kuckucksuhren angefangen bis zum neuesten Spielzeug des Sultans, einer englischen Mausefalle, die auf einem Tisch neben seiner juwelengeschmückten Zigarettenschachtel stand. Es gab auch vier Dutzend Klaviere, die strategisch sozusagen als dekorative Schranken neben den Türen aufgestellt worden waren, so daß Besucher beim Betreten eines Zimmers nur in einer Reihe hintereinander eintreten konnten. Die meisten der Zimmer, Flure und sogar ganze Gebäude waren durch geheime unterirdische Gänge miteinander verbunden, die sich zwischen den Knochen aus vergangenen Zeiten hindurchwanden, und nur Abdul Hamid allein kannte jeden dieser Gänge.

Als ob er auf eine Belagerung gefaßt gewesen wäre, füllte er viele Häuser mit Möbeln, Kleidung, Gewehren und sogar mit Kinderspielzeug und billigen Importartikeln. Nach kurzer Zeit schon enthielt eines der Häuser ein seltsames Sammelsurium verschiedener Maschinen. Dabei handelte es sich um die wesentlichen Bestandteile eines Kreuzers, der in England gekauft worden war. In dem Augenblick, als er im Bosporus eintraf, machte ihn Abdul Hamid unbrauchbar, weil er fürchtete, daß man ihn gegen ihn einsetzen könnte. In jedem Zimmer und in jeder strategisch wichtigen Ecke seines ausgedehnten Besitztums lag ein geladener Revolver griffbereit, insgesamt waren es tausend. Und Abdul Hamid war ein ausgezeichneter Schütze.

Die einzigen Konzessionen des Sultans an die neue Zeit bestanden in einem auf dem Gelände errichteten kleinen Theater, in einem elektrischen Boot auf seinem künstlichen See und in einem Telegraphen, der ihn mit seinen Spionen in jedem Winkel seines Landes verband. Er ließ auch in seinem Palast elektrischen Strom anlegen, obwohl elektrisches Licht noch immer in Konstantinopel verboten war, denn Abdul Hamid hatte das Wort »Dynamo« mit dem Wort »Dynamit« verwechselt. Er baute auch ein Gefängnis in der Nähe der Menagerie, damit man die Schreie von dort nicht hören sollte.

So sah das neue Heim Abdul Hamids aus, und von hier aus wurde das Land auch regiert, nicht von Konstantinopel aus. Es war eine Regierung der Geheimpolizei, und die wichtigsten Beamten waren die ein riesiges Heer bildenden Spione, von denen viele ihm täglich telegraphische Berichte schickten. Jede Tat und jede Reaktion des hageren, hakennasigen und unglücklichen jungen Mannes wurde von der Furcht vor der seidenen Bogensehne bestimmt. Bald bespitzelte eine Hälfte von Konstantinopel die andere. Wenn man zum Spion wurde, so war dies nicht nur ein möglicher Weg, sich das Vertrauen des Sultans zu erwerben, sondern es brachte auch Vorteile. Die Gehälter, die von der Regierung gezahlt wurden, mochten für Monate im Rückstand sein, die Spione aber erhielten pünktlich ihre Bezüge.

Tag für Tag wuchs sich die Furcht des Sultans immer mehr zu einer schauerlichen Besessenheit aus. Am meisten fürchtete er, daß man ihn vergiften könnte. Das Trinkwasser für seine Limonade – seinen Sorbett –, das stets von einer ganz bestimmten Quelle stammte, wurde in versiegelten Flaschen vor ihn hingestellt, die er persönlich öffnete. Seine Milch kam von seinem eigenen Landgut in Yildiz, und jede Kuh wurde Tag und Nacht bewacht. Alles, was für ihn gekocht wurde, wurde in Küchen mit eisernen Türen und vergitterten Fenstern zubereitet. Obwohl er nur ein mäßiger Esser war – Pilaw, mit Hackfleisch gefüllter Kürbis, Eier und Joghurt waren seine Lieblingsspeisen –, bestand der Sultan darauf, daß ganz außerordentliche Vorsichtsmaßnahmen eingehalten wurden, ehe er eine Speise berührte. Jede Schüssel mußte von dem Obersten Kammerherrn gekostet werden, der Osman Bey hieß

Abdul Medschid als junger Mann.
Farblithographie von Joseph Nash nach Wilkie, um 1842

Dolma-Baghtsche. Stich von J. Sands nach T. Allom, um 1836

Der Friedhof in Eyub. Stich von Née, 1787, nach Cochin d. J.

Gefallene in Plevna

Plevna – das Ende der Belagerung

und der »Wächter über die Gesundheit und das Leben des Sultans« war. Dann wurde einer Katze oder einem Hund eine Kostprobe gegeben. Manchmal wurden auch Regierungsbeamten Kostproben angeboten, von denen der Sultan annahm, daß sie ihn nicht leiden konnten. Erst dann wurden die Speisen aufgetragen. Auch wenn er allein aß, bestand er dabei auf einem ganz bestimmten Zeremoniell. Zuerst brachten zwei Sklaven in goldbestickten Uniformen das von einem Teppich zugedeckte Tafelgeschirr für den Herrscher herein. Die abgeschmeckten und geprüften Speisen folgten, sie standen auf einem großen silbernen Tablett und waren mit einem schwarzen Tuch bedeckt, das sie von allen Seiten verhüllte und das versiegelt war. Ein anderer Sklave trug den ebenfalls versiegelten Brotkorb.

Da der Sultan ständig an akuten Verdauungsstörungen litt, ließ er die Speisen oft unberührt. Statt dessen schluckte er gelegentlich eine von seinem Arzt verordnete Pille. Aber selbst dies wurde zu einer sorgfältig ausgearbeiteten Zeremonie, die schon an eine Farce grenzte. Ein Eunuch mußte für ihn Hunderte von Pillen einkaufen, die dann in einem Beutel durcheinandergeschüttelt wurden. Dann steckte der Sultan seine Hand hinein und fischte sich aufs Geratewohl eine Pille heraus. Nach seiner Meinung verminderte dies die Gefahr einer Vergiftung.

Abdul Hamid war ein eingefleischter Kettenraucher, aber er lehnte es ab, sehr starken Tabak zu rauchen, weil dieser möglicherweise mit schädlichen Bestandteilen untermischt sein konnte. Aber er kaufte den billigsten Knaster auf dem freien Markt. Der Eunuch durfte jedoch seine Zigaretten nicht eher drehen, bevor der Sultan das Päckchen eigenhändig geöffnet hatte. Der Eunuch mußte den ersten Zug tun. Der Sultan lebte auch in Furcht, daß seine Kleider vergiftet sein könnten. Sein Pflegebruder Izzet, der die gleiche Figur hatte wie er, »erwärmte« sie, ehe er selbst sie anlegte.

Obwohl er kein Wollüstling war, hielt er den Harem für den einzigen Ort, an dem er seine Furcht vergessen konnte. Der Harem mit seinen zweihundert Konkubinen war seine wirkliche Welt, er war das Herz von Yildiz, der Ort, an dem er sich hinter einer Mauer von menschlichen Wesen einigermaßen ungestört erholen konnte. Er wußte, daß sie ihn beschützen würden. Aber die Frauen waren für ihn mehr Mütter als Geliebte. Eine Ausnahme bildeten lediglich die »Glücksmädchen«, die ihm bei besonderen Festlichkeiten geschenkt wurden. Bald begann der Sultan sich sogar bei seinen Regierungsgeschäften auf seine Konkubinen zu verlassen. Wenn Besucher von der Außenwelt zu ihm kamen, dann fanden sie gewöhnlich eine Frau an der Seite des Sultans vor. Niemand wußte jedoch, welches weibliche Wesen sich hinter dem dichten Schleier verbarg, das von den Spionen eingetroffene Postsäcke öffnete und die Dokumente desinfizierte.

Obwohl er im Harem seine glücklichsten Stunden zubrachte, wobei er oft mit seinen Kindern spielte oder auf dem Klavier klimperte – sein Lieblingsstück war »Die Tochter von Madame Angot« –, kam es dann doch so weit, daß Abdul Hamids düsterer und grüblerischer Geist ihn dazu brachte, sogar seine eigenen Frauen zu verdächtigen. Jahre zuvor hatte er schon als Kind das türkische Gegenstück zu dem Wachskabinett der Madame Tussaud besucht, und jetzt stand eine lebensgroße Wachsfigur von ihm selbst im Schatten des Harem, damit seine Odalisken meinten, daß er sie beobachtete.

Tatsächlich besaß er zu jener Zeit eine Geliebte, die jedoch nicht im Harem wohnte. Das war bei einem Sultan sehr selten. Etwa im ersten Jahr seiner Regierung fand Abdul Hamid Trost und Entspannung außerhalb des Harems in den Armen eines blondhaarigen Mädchens mit lachenden Augen. Sie hieß Flora Cordier und war Belgierin. Sie besaß in der Grand Rue in Pera, im vornehmen Westen von Konstantinopel, an der Nordküste des Goldenen Horns, ein Handschuhgeschäft. Er lernte sie, zwei Jahre bevor er Sultan wurde, kennen und verliebte sich sofort leidenschaftlich in sie. Er war ihr nicht nur mit allen seinen Sinnen verfallen, sondern er hing auch an ihr, weil sie ihn mit dem neuesten Stadtklatsch versorgte, den sie von den jungen Leuten aufgeschnappt hatte, die regelmäßig ihren Laden besuchten.

Zuerst war es ein nettes und glückliches Liebesverhältnis, und es dauerte nicht lange, bis die Kunde davon nach Whitehall gelangte, so daß Disraeli zur Zeit von Abdul Hamids Thronbesteigung an Lord Salisbury schrieb: »Der neue Sultan hat nur eine einzige Frau, eine Modistin aus Pera, eine Belgierin. Er pflegte ihr Geschäft zu besuchen und dort Handschuhe und andere Kleinigkeiten zu kaufen, und er bewunderte sie sehr. Eines Tages sagt er zu ihr: ›Was halten Sie von dem Gedanken, meine Frau zu werden?‹ Sie antwortete darauf: ›Pourquoi non?‹, und damit war es geschehen. Sie ist es, die ihn gegen das Leben im Serail aufgehetzt und Ähnliches getan hat. Kurzum: Sie ist eine neue Roxelana. Wird er ein Suleiman der Große werden?«

Dies war wahrscheinlich die einzige Zeit im Leben Abdul Hamids, in der er wirklich glücklich war. Aber es sieht nicht so aus, daß die beiden dann wirklich geheiratet haben. Flora betrat niemals den Harem, sondern sie wurde etwas abseits in einem kleinen Haus untergebracht, wo sie auf Abdul Hamids gelegentliche Aufforderung wartete, daß sie in einer geschlossenen Kutsche nach Yildiz kommen sollte. Aber es war schade, daß sie dadurch, daß sie nicht mehr in der Grand Rue war, ihre Hauptanziehungskraft für den Sultan verloren hatte, denn diese hatte ja darin gelegen, daß sie ihm immer mit einem fröhlichen und offenherzigen Geplauder hatte beschenken können. Vermutlich wurde sie schwermütig. Ihr Geschäft wurde geschlossen, und es hieß, daß sie nach Belgien zurückgeschickt worden war.

Jahre später tauchte ein merkwürdiges Gerücht auf, als die britische Gesandtin Lady Layard den Harem besucht hatte und dort eine hübsche Sklavin vorfand, die Französisch sprach. Nach all den Jahren des Klatsches und der Geheimnistuerei war sie erstaunt, als der Sultan ihr erklärte, daß »sie in dem kleinen Haus einer belgischen Modistin aus Pera gewohnt habe, die sehr klug gewesen sei«. Noch überraschter war sie durch die Nachricht, mit der die Eunuchen das Mädchen behandelten, wenn sie sich allerlei Freiheiten herausnahm und den Sultan sogar necken durfte. War sie das Kind des Sultans, das ihm Flora Cordier geboren hatte? Wir werden es nie erfahren, denn das Mädchen war unvorsichtig genug, mit Abdul Hamids achtzehnjährigem Sohn Selim eine Verabredung zu treffen. Als Hamid von dem Stelldichein erfuhr, verbannte er seinen Sohn sofort und ließ das Mädchen in der herkömmlichen Weise ertränken. Von Zeit zu Zeit veranstaltete der Sultan ein Festessen. Für ein solches gelegentlich stattfindendes verschwenderisches Gastmahl benutzte er den Dolma-Baghtsche-Palast, aber normalerweise nahmen ausländische Diplomaten in einem der Zimmer in Yildiz Vorspeisengerichte zu sich, wobei das Essen wegen des langen Weges von den Küchen her fast kalt war. Oft wurde das Mahl schweigend verzehrt und fand mit Kaffee seinen Abschluß, der im Rahmen einer Zeremonie gereicht wurde, über die Drew Gay vom »Daily Telegraph«, der ein freundschaftliches Verhältnis zu Abdul Hamid gewinnen konnte, schrieb: »Wenn der Sultan ein Zeichen gab, den Kaffee aufzutragen, dann ergriff ein Diener eine Büchse, die in allem den Büchsen ähnlich war, in denen der berühmte Mr. Colman seinen Senf verkauft. Er schüttete ein bißchen gemahlenen und sehr stark duftenden Kaffee daraus in eine silberne Kasserolle, die dann so lange über ein Kohlenbecken mit brennender Holzkohle gehalten wurde, bis das Wasser kochte. Dann wurden aus dem Geschirrschrank eine kleine henkellose silberne Schüssel und ein innen prächtig verzierter goldener Becherhalter geholt, der in der Form genau einem englischen Eierbecher glich.«

Der orientalische Glanz der Vorfahren Abdul Hamids war freilich dahingeschwunden, und ein kitschiges Zerrbild der Vergangenheit war an seine Stelle getreten. Der Schwarm der Schmarotzer war noch da, es gab noch die Geistlichen, die Zwerge, die Taubstummen, die Eunuchen und die tscherkessischen Sklavinnen, sogar den »Schimmer von verborgenen Schätzen und den Schatten des drohenden Todes« gab es noch. Aber als ob man Shakespeare in moderner Kleidung aufführen würde, war »die Atmosphäre verschwunden«. Der einst so prächtig in weißem mit Hermelin besetztem Satin gekleidete Großwesir mit seinem eiförmigen und von Juwelen glitzernen Turban erschien jetzt in einem Aufzug, der ungefähr an eine alte deutsche Uniform erinnerte, und er trug einen Fez. Es sah aus, als ob er sich in einen kriecherischen alten Mann verwandelt hatte. Die einst in ihrer orientalischen Pracht so furchteinflößenden schwarzen Eunuchen sahen jetzt in ihren eintönigen »Stambuli«-Mänteln erschreckend häßlich aus. In ihrer Fettleibigkeit und mit ihren Speckfalten über den ungewohnten Kragen erinnerten sie den britischen Gesandten an eine Gruppe drittklassiger Geschäftsleute.

In Yildiz war alles eine Parodie auf den Prunk der Vergangenheit. Dort entsprach nichts der Wirklichkeit. Die einzigen Informanten des Sultans waren seine Eunuchen, seine Konkubinen und sein riesiges Heer von Spionen, die ihn überdies mit falschen Nachrichten versorgten, wenn es ihnen paßte. Allein in Konstantinopel war die Polizei zahlenmäßig stärker als die Garnison. Bald weigerte sich Abdul Hamid sogar, sich mit seinen Ministern zu treffen, außer bei ganz besonderen Gelegenheiten. Aber auch dann war jede Diskussion verboten, besonders wenn der Großwesir seine Befehle erhielt. Immer öfter empfingen die Regierungsbeamten »Botschaften« – was eine höfliche Umschreibung des Wortes »Befehle« war –, die sie von den Wünschen des Sultans in Kenntnis setzten. Es war kein Wunder, daß er sich nur wenig um die aufziehenden Wolken kümmerte, die einen Sturm ankündigten. Und es war auch kein Wunder, daß seine Minister es nicht wagten, ihm reinen Wein einzuschenken. Als dann die europäischen Mächte einen zweiten Versuch machten, die »östliche Frage« zu lösen – es handelte sich hierbei um das Problem der Bulgaren und anderer Christen –, wies der Sultan ihre darauf zielenden Vorbereitungen als Einmischung in die Unabhängigkeit des Ottomanischen Reiches entrüstet zurück.

Das war der Augenblick, auf den der Zar gewartet und den die Königin Victoria aus einem anderen Grunde gefürchtet hatte, denn sie sah Rußland als Englands schlimmsten Feind an. Seit dem Krimkrieg war Rußland im stillen immer mehr nach Innerasien vorgedrungen, und gerade jetzt warnte Viktoria ihre Regierung vor etwaigen russischen Plänen, in Indien einzumarschieren. Sie beschwor das Kabinett, daß man irgend etwas unternehmen müsse und wenn es lediglich eine Absichtserklärung sei. Sie drohte, wegen dieser Erklärung abzudanken, und schrieb an den Premierminister: »Wenn England Rußlands Füße küssen will, dann ist die Königin nicht bereit, sich an einer solchen Erniedrigung Englands zu beteiligen, und würde ihre Krone niederlegen.« Und in einem Memorandum an das Kabinett machte sie die Gefahr eines russischen Sieges über die Türkei deutlich: »Es handelt sich darum, ob Rußland oder England die Übermacht in der Welt erhalten soll.«

Doch für England war ein Krieg noch undenkbar. Bulgarien war von Whitehall beträchtlich weit entfernt. Von seinem Lehnstuhl aus gab Gladstone laut seiner Entrüstung Ausdruck: In einer Flugschrift, die ihm immerhin zwölftausend Pfund einbrachte, wies er mit Nachdruck darauf hin, daß »fünf Millionen gedemütigte und unterdrückte Bulgaren, die kaum wagten, zum Vater im Himmel aufzublicken, ihre Hände nach euch ausgesteckt haben«. Aber es konnte keine Rede davon sein, daß wieder einmal junge Engländer in ferne Länder geschickt werden sollten, um dort zu kämpfen.

In Rußland jedoch war man ganz anderer Ansicht. Der Zar wollte vor allen Dingen Konstantinopel besitzen und bereitete sich darauf vor, es zu erobern. Er hatte ein Versprechen Rumäniens erreicht, daß russische Truppen durch das Fürstentum marschieren durften, und Österreich-Ungarn hatte ihm Neutralität zugesichert. Jetzt gab die Weigerung des Sultans, dem nach den Ausschreitungen in Bulgarien aufgesetzten Protokoll zuzustimmen, dem Zaren die Gelegenheit, die er brauchte.

Am 24. April 1877 verkündete der Zar mit den im Laufe der Weltgeschichte immer wieder und wieder verwendeten Worten, daß »seine Geduld erschöpft sei«, und er erklärte dem Ottomanischen Reich den Krieg. Alle territorialen Ansprüche wurden wie üblich durch den Vorwand verschleiert, daß es sich um einen heiligen Krieg handelte, der die Christenheit retten sollte, also um einen Krieg zwischen dem Kreuz und dem Halbmond.

Abdul Hamid nutzte den drohenden Krieg als Vorwand und beurlaubte das Parlament. Fast unmittelbar danach marschierten zwei riesige russische Heere in der Türkei ein. In Europa überquerten fast zweihunderttausend Mann unter dem Oberbefehl des Großfürsten Nikolaus die Donau. In Asien setzten sich vom Kaukasus aus unter dem Oberbefehl von Großfürst Michael hundertfünfzigtausend Mann in Richtung auf die Türkei in Bewegung.

In Konstantinopel brach ein Chaos aus. Die Spione, auf deren Nachrichten der Sultan sich verließ, waren nicht mehr zu gebrauchen. Die letzte Information stammte von Layard, dem britischen Gesandten, der den Sultan regelmäßig besuchte. Er erinnerte sich später besonders an die eingesunkenen Augen des

Herrschers, die infolge der Schlaflosigkeit schwarze Ränder hatten. Sein Gesicht sah grau und verzerrt aus unter der roten Schminke, die er sich täglich auflegte. Er bat den britischen Gesandten darum, die Königin Victoria in seinem Namen um Hilfe zu ersuchen.

Als dann die russischen Truppen in der Hoffnung die Donau überschritten, daß sie bald an den Toren Konstantinopels ankommen würden, hielt sie ein »Stein des Anstoßes« auf, eine schläfrige kleine Stadt, die zwanzig Meilen südlich des Flusses in einem Tal lag. Sie sollte zum Schauplatz eines der heldenhaftesten Verteidigungskämpfe in der Kriegsgeschichte werden.

Diese Stadt hieß Plevna.

Die Belagerung von Plevna

Die friedliche kleine bulgarische Stadt von siebzehntausend Einwohnern, in der die letzte große Schlacht zwischen Rußland und der Türkei im Sommer und im Winter des Jahres 1877 ausgefochten wurde, lag in einem tiefen Tal. Auf den Anhöhen in der Umgebung standen Weingärten und Felder mit Mais, der fast schon reif für die Ernte war. Die Gebirgskämme, Engpässe, Hohlwege und felsigen Böschungen, die Plevna von drei Seiten umgaben, machten die Stadt nahezu uneinnehmbar. Auf der vierten Seite war sie durch einen großen Hügel geschützt, der mit Obstgärten bestanden war. Die strategische Wichtigkeit des Ortes lag darin, daß er an einem Knick des Flusses Vid lag.

Genau nördlich von Plevna wartete ein russisches Heer von hundertachtzigtausend Mann mit achthundert Geschützen auf den Augenblick zum Losschlagen. Ohne große Schwierigkeiten hatten die russischen Truppen bereits die zwanzig Meilen nördlich gelegene türkische Festung Nikopoli an der Donau erobert, und andere russische Einheiten hielten unterdessen den Schipka-Paß, das Tor zum Balkangebirge, besetzt. Die Türken waren mutlos und hatten nur mäßigen Widerstand geleistet, und es gab eigentlich keinen Grund, weshalb nicht Plevna ebenso leicht fallen sollte. Dadurch wäre der Weg nach Sofia und Konstantinopel weit offen gewesen.

Dieses eine Mal reagierte Abdul Hamid sofort auf die drohende Gefahr. Er schickte eine dringende Botschaft an das türkische Heer nach Widden an der oberen Donau, das unter dem Oberkommando von Osman Pascha stand, und er befahl ihm, sich so schnell wie möglich nach Plevna in Marsch zu setzen. »Das türkische Reich liegt im Kampf zwischen Leben und Tod«, kabelte er.

Osman Pascha, vierzig Jahre alt und schon Veteran des Krimkrieges, war Soldat durch und durch. Er machte nicht viele Worte und war schweigsam, er besaß ein gebieterisches Wesen und hatte einen Sinn für die Wichtigkeit eiserner Disziplin. Am Morgen des 13. Juli marschierte sein fünfzigtausend Mann starkes Heer in Richtung auf Plevna ab, das hundertzwanzig Meilen entfernt war. Jeder Soldat in der zehn Meilen langen Marschreihe hatte eine Wochenration Biskuits bei sich, die so hart waren, daß man sie erst mit einem Hammer zerschlagen mußte, ehe man sie zum Aufweichen ins Wasser legen konnte.

Als Osman Pascha am 19. Juli vor Plevna angekommen war, besichtigte er die rings um das Tal herum liegenden Hügel und Dörfer, und er stellte fest, daß es bis auf die natürlichen Schutzwälle keinerlei Verteidigungsanlagen gab.

Osman wußte, daß es nicht mehr lange dauern konnte, bis der Zar die ganze Stoßkraft seiner Corps und der rumänischen Divisionen gegen ihn einsetzen würde, und so sah er es als seine erste Aufgabe an, Gräben und Schanzen anlegen zu lassen.

Der Hauptteil des feindlichen Heeres hatte nördlich und östlich von Plevna sein Feldlager aufgeschlagen, und Osman war sich ganz sicher, daß die ersten Angriffe aus dieser Richtung kommen würden, weil Plevna dort von einem Gebirgskamm beherrscht wurde, der Janik Bair hieß, vier Meilen lang war und beinahe vierhundert Fuß oberhalb des Tales lag. Osmans Truppen waren vierundzwanzig Stunden täglich in Schichten mit ihren Erdarbeiten beschäftigt. Drei und eine halbe Meile lang war die Linie der Schützengräben und der Geschützstellungen in der Vertiefung längs des Gebirgskammes, und sie endeten in der Nähe eines öst-

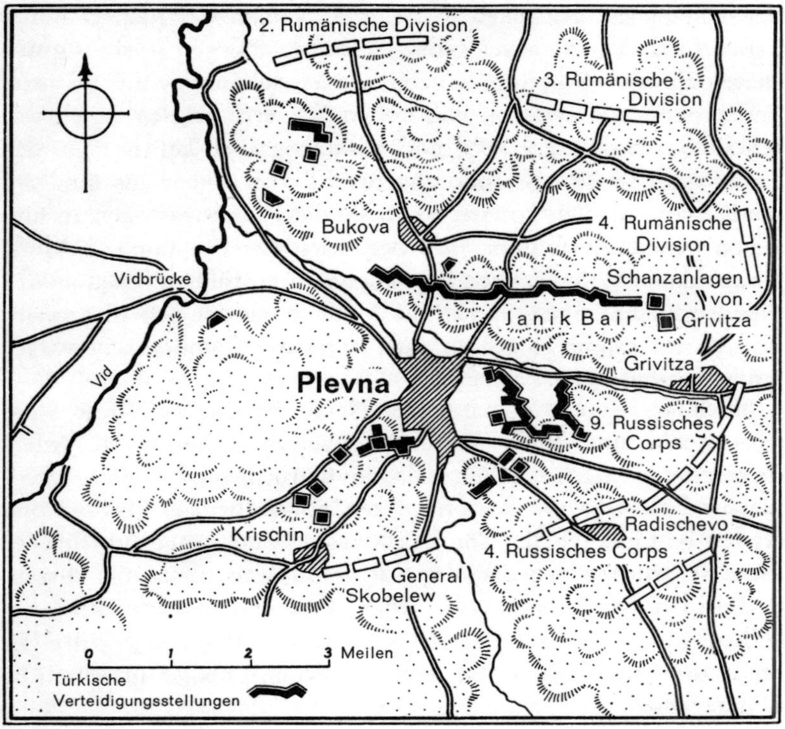

Plan der Schlacht bei Plevna

lich von Plevna gelegenen Dorfes mit Namen Grivitza. Dahinter ließ Osman Pascha zwei große Schanzen anlegen – sie wurden später als die »Schanzen von Grivitza« bekannt – mit zwanzig Fuß breiten und zwanzig Fuß hohen Mauern; an den Seiten waren sie durch Wassergräben und Schützengräben gesichert. In den Ecken wurden Schießstände angebracht, von denen aus man auf die Russen schießen konnte, wenn sie diese Schanzanlagen zu umgehen versuchen sollten. Jede der Schanzen bot tausend Mann einigermaßen guten Schutz. Beschlagnahmte Möbel wurden an den Hängen hochgezogen, und in die Mauern wurden Schlafkammern und Vorratsräume eingebaut. Tief unter der Erdoberfläche wurde ein Munitionslager angelegt.

Noch vor Ende Juli hatte sich Plevna in eine befestigte Stadt verwandelt, und seine Verteidiger waren kampfbereit. Jedem Infanteristen in den Schanzanlagen wurden fünfhundert Patronen und eine eiserne Ration ausgehändigt, die aus Biskuits und Kaffee bestand. Fässer mit Trinkwasser und große Vorräte an Proviant wurden in jeder Verteidigungsanlage verstaut. Fahrzeuge wurden bereitgestellt, die jeden Verwundeten zurückbringen sollten, und Pferde standen zur Verfügung, um die Geschütze zur Stadt zurückzuschaffen, falls eine der Schanzanlagen in feindliche Hände fiel.

Jetzt gab es nichts weiter zu tun als auf den ersten Angriff zu warten. Plevna selbst war so normal, wie man es in Anbetracht der Umstände erwarten konnte, aber es konnte niemand hinein oder heraus. Zuerst machten die verschreckten bulgarischen Geschäftsleute ihre Läden zu, aber nachdem Osman mehrere türkische Soldaten wegen Plünderung hatte hinrichten lassen, faßten einige Kaufleute Mut und öffneten erneut ihre Läden.

Es gab genügend Nahrungsvorräte, und während dieser Tage des Wartens, in denen die Türken in verschiedenen Scharmützeln einige Erfolge aufweisen konnten, bekam der Große Basar ein ganz neues Aussehen, als die Tscherkessen geplünderte russische Uniformen verkaufen, ebenso wie silberne Kreuze, Photographien und ganze Hände voller Rubel. Alle diese Dinge gehörten bei den Türken zur traditionellen Kriegsbeute, und Osman hatte keine Möglichkeit, dagegen einzuschreiten.

Am Abend des 29. Juli erfuhr Archibald Forbes*) von der Zeitung Daily News vom russischen Generalstab, daß am folgenden Tag ein Sturm auf die Verteidigungsanlagen mit fünfunddreißigtausend Mann und hundertsiebzig Geschützen unternommen werden sollte. Der russische Befehl lautete: »Sieg um jeden Preis!«

Am nächsten Morgen um elf Uhr begann der Angriff. Unerschüttert hielten die Türken in ihren Schanzanlagen stand und trieben drei Wellen grün uniformierter Russen zurück, deren altmodische Flinten keine wirksame Waffe gegen die überlegenen amerikanischen Hinterlader – Peabody-Gewehre – waren, von denen Abdul Hamid eine halbe Million in Rhode-Island eingekauft hatte.

Erst als der Zar eine Reserve von zehntausend Mann einsetzte, wichen die Türken zurück. Von ihren Stellungen in den Gräben aus schossen sie geradewegs den Russen in die Gesichter, aber schon die Übermacht Tausender ausgeruhter Soldaten fiel ausschlaggebend ins Gewicht. Die ersten Russen erreichten die Brustwehr eines türkischen Schutzgrabens. Forbes konnte das Blitzen von Stahl in der Sonne sehen, als sich die »Russen wie eine Lawine auf die Türken stürzten«. Die Türken zogen sich bis zu den sicheren Geschützbatterien nach hinten zurück. Die Russen hatten den Außenring des ersten türkischen Grabens erobert, und als jetzt eine Batterie die neuen Stellungen der Türken mit Feuer aus ihren Geschützen belegte, da schien es Forbes, als sei Plevna rettungslos verloren. Ein russischer Offizier wandte sich ihm zu und rief frohlockend aus: »Heute abend werden wir gemeinsam in Plevna zu Abend speisen.«

Aber noch machten die Türken in den eigentlichen Schanzanlagen jeden Versuch der Russen zunichte, weiter vorzudringen. Und nun warf Osman seine Reserven in die Schlacht. Forbes hörte in der Ferne das Signal eines Waldhorns – das war der türkische

*) Forbes war während des französisch-preußischen Krieges 1870/71 zu einer Legende in Fleet Streea geworden, als die »Times« einen Zug charterte, um exklusive Nachrichten über den Einmarsch der Deutschen in Paris weiterzuleiten. Forbes hatte den Zug als Heizer verkleidet bestiegen, und auf diese Weise erreichte er, daß sein Bericht zuerst gedruckt wurde.

Befehl zum Angriff –, und im nächsten Augenblick waren die Weinberge voller Männer. Diesmal waren die erschöpften Russen an der Reihe: Ihre Frontlinie geriet ins Wanken und wich dann eilig zurück. In wenigen Augenblicken hatte sich die ganze Lage geändert, und als jetzt die Abenddämmerung kurz bevorstand, unternahm Osman, der genau bemerkte, wie bei den Russen die Panik immer mehr um sich griff, einen Gegenangriff. Er eroberte den äußeren Grabenring zurück, den die Russen vorher besetzt hatten. Lange nach Einbruch der Dunkelheit waren die Tscherkessen noch damit beschäftigt, die Verwundeten abzuschlachten. Die Türken hatten den Feind vernichtend geschlagen. An diesem Tage des ersten Angriffs kamen hundertachtundsechzig russische Offiziere und mehr als siebentausend Mann um.

»Der ganze Feldzug hat ein anderes Aussehen bekommen«, schrieb Forbes. »Plevna muß genommen werden. Für die Russen gibt es keine Möglichkeit, den Vormarsch fortzusetzen, wenn sie eine so schlagkräftige Streitmacht der Türken unbeachtet lassen, die ihren Verbindungslinien sehr gefährlich werden kann.«

In Whitehall beschloß die britische Regierung, unverzüglich eine Flotte von Panzerkreuzern auszuschicken, die vor Konstantinopel ankern sollte.

Niemand konnte von dem unerwarteten Sieg Osmans mehr verblüfft sein, als der Sultan in Konstantinopel und der Zar hinter der Front es waren. Für Abdul Hamid hatte sich ein Reich, das schon am Rande des Zusammenbruchs zu stehen schien, während des Kampfes an einem einzigen Tage in ein Land verwandelt, das dazu fähig war, die ungläubigen Russen zu schlagen. Er hatte sofort ein juwelenbesetztes Schwert an Osman gesandt und ihm den Titel »Ghazi« – »Sieger« – verliehen. Osman Pascha hatte nicht nur dem Sultan eine Frist gegeben, während der er versuchen konnte, Königin Victoria zu überreden, ihm zu helfen, sondern sein unerwarteter Sieg hatte auch eine wenn auch zunächst noch zurückhaltende Bewunderung für die Türken ausgelöst und viel dazu beigetragen, das Schandmal der Grausamkeiten an den Bulgaren in Vergessenheit geraten zu lassen.

Im Hauptquartier des Zaren hinter der Front war die Reaktion natürlich völlig anders: Dort herrschte eine an Panik grenzende

Resignation. Es gab Gerüchte, daß Osman Pascha sich darauf vorbereitete, das russische Heer zu verfolgen. Tausende von Soldaten flohen nach Rumänien, wo Prinz Karl ein Telegramm vom Großfürsten Nikolaus erhielt: »Kommen Sie mir schnell zu Hilfe! Die Türken vernichten uns. Die Sache der Christen ist verloren!« Es war die Rede davon, sich auf das Nordufer der Donau zurückzuziehen, weil die russischen Heere einen höchst verwundbaren hundertachtzig Meilen langen Bogen bildeten und weit auseinandergezogen waren. Aber der Zar blieb hart. Ein solcher Rückzug würde bedeuten, daß man die christlichen Bulgaren auf Gnade oder Ungnade den Türken auslieferte, und er wagte es nicht, sich diesen Prestigeverlust zu leisten.

Osman Pascha machte sich keine falschen Vorstellungen. Obwohl er Zeit gewonnen hatte, war er davon überzeugt, daß die Russen einen neuen Angriff unternehmen würden, der sicher größer als der erste war. Er machte sich deshalb sofort daran, einen Ring von kreuz und quer angelegten neuen Verteidigungsgräben ausheben zu lassen. An der Nordseite baute er fünf weitere Schanzen, die durch verdeckte Gräben mit den beiden ersten Schanzanlagen auf dem Janik-Bair-Gebirgskamm in Verbindung standen. Im Südosten baute er außerdem noch sechs und ließ gleichzeitig weitere sechs im Süden anlegen. Wenn man das recht primitive Werkzeug in Betracht zieht, das dabei zur Verfügung stand, dann waren diese Schanzanlagen eine sehr beachtliche Leistung. Eine war zehntausend Quadratmeter groß. Die meisten hatten sechs Meter breite Mauern und waren am äußersten Ende über zwei Meter hoch. Sie waren von viereinhalb Meter breiten und drei Meter tiefen Gräben umgeben. Querwälle und tiefe Schützengräben wurden angelegt, um Angriffe von hinten oder von den Seiten abwehren zu können. Manche Schanzanlagen waren so gelegen, daß man von ihnen aus das ganze Gelände auf zwei Meilen im Umkreis beherrschen konnte, während andere an der inneren Verteidigungslinie und näher der Talsohle von steilen und felsigen natürlichen Abhängen geschützt wurden, die von einem Feind nur unter heftigem Gewehrfeuer erklommen werden konnten. Jede Schanzanlage war durch eine Telegraphenlinie mit dem Hauptquartier Osmans verbunden.

Jeder Türke in den auf sich selbst angewiesenen Schanzen erhielt sechshundert Patronen, dazu kamen weitere tausend, die schnell erreichbar waren. Für acht Tage wurden eiserne Rationen ausgegeben, zusammen mit Reis für Pilaw und Mais zur Zubereitung von Suppe oder Brot. Einige Stück Vieh wurden als zusätzlicher Proviant hinter jeder Schanzanlage angeleint. Jedes Geschütz wurde mit hundert Kanonenkugeln versehen, und Packpferde und Ochsenkarren wurden bereitgestellt, damit die Geschütze und die Kanonenkugeln fortgeschafft werden konnten, falls dies nötig werden sollte.

Ein dünner Nieselregen und ein undurchdringlicher weißer Nebel verschleierten den Morgen am Donnerstag, dem 11. September, an dem der große Angriff beginnen sollte. Vier Tage lang hatte die russische Artillerie die türkischen Stellungen mit Geschützfeuer eingedeckt, wobei insgesamt dreißigtausend Geschosse in den Schanzen und Gräben niedergingen. Aber obwohl fünfhundert Türken fielen, wurde der jeden Tag angerichtete Schaden mit Leichtigkeit nachts wieder ausgebessert, und zum Schrecken der Russen stärkte das ständige Geschützfeuer eher die Kampfmoral unter den Türken, als sie zu schwächen. Der australische Arzt Dr. Charles Ryan, der beim Sanitätskorps der Türken beschäftigt war und dessen verwundete Patienten den ganzen August hindurch gleichgültig dagelegen hatten, stellte jetzt fest, daß sie ihre Hilfe anboten, als die »Geschützkugeln wie Eisenbahnzüge pfeifend vorüberflogen«. Jede Hoffnung der Russen, daß ein ununterbrochenes Artilleriefeuer die Moral der Türken untergraben würde, erwies sich als ein Fehlurteil über die menschliche Natur.

Der 11. September war für den Angriff ausersehen worden, weil auf dieses Datum der Namenstag des Zaren fiel, und er beschloß, die Schlacht von Grivitza aus zu beobachten, wo eine hölzerne Plattform mit einem Geländer errichtet worden war. Von dort aus konnten er und sein Stab auf die schlammigen Sumpflöcher an jedem Abhang hinunterblicken, wo die russischen Truppen in einem zwölf Meilen langen Halbkreis die Nacht in dem gnadenlosen Regen und im Morast liegend zugebracht hatten. Die Plattform des Zaren war groß genug, um Raum für ein Zelt zu bieten, in dem eine Schüssel voller Kaviar, kaltes Wild und andere Leckerbissen zur Auswahl sowie mehrere Kisten mit russischem Wodka und französischen Weinen standen. Es erinnerte Forbes an ein englisches Freiluftpicknick.

Der russische Angriff war nach den Lehrsätzen eines militärischen Instruktionsbuches vorbereitet worden, in dem es hieß, daß für einen Sieg immer ausschlaggebend sei, daß genügend »Menschenmaterial« da war. Bei den ersten Angriffswellen müßten Opfer an Menschenleben gebracht werden, aber später würden die Verteidiger ermüden, und dann würden neu in die Schlacht geworfene ausgeruhte und frische Soldaten auf den Leibern der Gefallenen kämpfend das Ziel erreichen und zuletzt den Feind mit dem Bajonett besiegen. Es war stets eine Frage, ob genügend »Menschenmaterial« vorhanden war. Aber dieser Plan hatte zumindest einen Fehler, wie Rupert Furneaux in seinem ausgezeichneten Buch »Die Belagerung von Plevna« nachgewiesen hat: »Diese Taktik mag wohl in den alten Zeiten der Vorderlader noch angebracht gewesen sein, als die Verteidiger in Linien und Formationen aufmarschiert waren. Aber Gewehre mit Patronenmagazinen und Stellungen in Schützengräben hatten diese Kampfart so altmodisch gemacht, wie es der bewaffnete Ritter von Agincourt war. Das russische Oberkommando wußte nichts von den im amerikanischen Bürgerkrieg gemachten Erfahrungen, wo das Zusammenwirken von Schnellfeuer und Erdbunkern die Standfestigkeit eines militärischen Stützpunktes erwiesen hatte. Die russischen Generäle waren entschlossen, ihren Gegner zu schwächen, und so achteten sie überhaupt nicht auf die längst erwiesene Tatsache, daß die Türken Meister darin waren, sich während des Kampfes die von der Natur geschaffenen Befestigungen zunutze zu machen. Außerdem waren die Türken schon von Natur aus dazu befähigt, sich ›so zäh zu verteidigen wie eine Bulldogge‹.«

Kurz vor der Mittagszeit lichtete sich ganz plötzlich der Nebel, und genau um drei Uhr nachmittags begannen die Russen von drei Seiten aus ihren Angriff: Im Nordosten gingen sie gegen die Schanzen von Grivitza vor, im Südosten gegen die dort ganz ähnlichen Verteidigungsanlagen und im Süden gegen drei neu errichtete Schanzanlagen, von denen aus die Hauptstraßen überwacht werden konnten. Man konnte als Berichterstatter natürlich nicht gleichzeitig an allen drei Stellen sein, aber MacGahan von der *Daily News*, dessen Beschreibung der Greuel von Batak die Welt aufgewühlt hatte, entschied sich dafür, sich zur südlichen Front zu begeben. Der Grund lag wohl hauptsächlich darin, daß dort die Truppen von dem sicher vielseitigsten russischen Kommandeur, General Skobeleff, befehligt wurden. Er war ein schöner und furchtloser Mann von fünfunddreißig Jahren, großgewachsen, sprach fließend sechs Sprachen und konnte in allen diesen Sprachen singen, wobei er gewöhnlich einen geräuschvollen Abend mit dem Lied »Auld Lang Syne« abschloß, das er mit hervorragendem schottischen Akzent vortrug. Er und MacGahan waren vertraute Freunde geworden, besonders nachdem Skobeleff erklärt hatte, weshalb er immer eine weiße Uniform trage und seine Leute auf einem weißen Schlachtroß in den Kampf führe. »Ich trage Weiß«, sagte er, »damit meine Männer sehen können, daß ich stets bei ihnen bin.«

Die beiden anderen Angriffswellen im Norden versickerten bald in dem schrecklichen Morast, wenn die russischen und rumänischen Truppen auch gegen Abend eine der Verteidigungsanlagen von Grivitza einnahmen, was sie allerdings mit fast viertausend Toten bezahlen mußten. Osman Pascha aber ließ sich nicht erschüttern. Er hatte die beiden Schanzen in Grivitza so angelegt, daß der Verlust der einen nicht verhängnisvoll werden konnte, solange er noch die andere besaß. Er hielt sich zunächst mit dem Gegenangriff zurück, denn er war bald mit Skobeleff im Süden voll beschäftigt. Dieser hatte in einem Abstand von tausend Metern seine Geschütze und zwölftausend Mann vor der wichtigsten südlichen türkischen Schanzanlage in Stellung gebracht. Die türkische Stellung lag auf einem niedrigen Hügel und war außerdem die, welche der Stadt am nächsten lag. In einer Höhlung am Fuße des Hügels stellte Skobeleff die Hälfte seiner Streitmacht in Schlachtordnung auf, und unter dem Feuerschutz der Artillerie marschierten die Russen mit schmetternder Musik und fliegenden Fahnen den Hügel hinauf. Als dann das Trommelfeuer der Türken gegen sie begann, wich die russische Front zurück. Skobeleff setzte noch eine weitere Verstärkung von dreitausend Mann ein, und einige Russen drangen fast bis zur Schanze vor, aber dann geriet ihre Front erneut ins Wanken.

In diesem Augenblick handelte Skobeleff. In seiner weißen Uniform und auf seinem weißen Pferde führte er seine letzten Reserven den Hügel empor. Während er losgaloppierte, schrie er: »Auf Wiedersehen MacGahan! Wünschen Sie mir Glück, alter Freund!« Dann hörte MacGahan, wie er noch rief: »Mir nach! Ich werde es euch zeigen, wie man den Türken einheizt!« Als MacGahan zusah, wie sie den Abhang angriffen, konnte er Skobeleffs weißen Waffenrock leicht unterscheiden, und er konnte sogar beobachten, wie das Pferd unter ihm getroffen wurde, als er den Graben erreichte. Jetzt leitete Skobeleff den Sturmangriff zu Fuß, wobei die Masse der laut schreienden Soldaten ihm quer über den Graben, über die Brustwehr und in die eigentliche Verteidigungsanlage hinein folgte. Das Feuer wurde eingestellt – oder es hörte beinahe auf. Jetzt war der Augenblick für den Nahkampf mit dem Bajonett gekommen. Fast sofort strömten und stürzten sich die Türken jetzt den Hügel hinunter, und Skobeleff hatte die wichtigste aller Verteidigungsanlagen für die Russen erobert, die das Eingangstor zur Stadt Plevna beherrschte.

Skobeleff hatte fürchterliche Verluste erlitten; dreitausend Mann waren bei dem Sturmangriff gefallen. Aber die Niederlage der Türken war gründlich. Osman Pascha konnte durch seinen Feldstecher die russischen Fahnen auf den eroberten Wällen wehen sehen, und ihm war völlig klar, daß Plevna fallen mußte, wenn die Russen am nächsten Morgen auch noch die danebenliegende Schanze nehmen würden. Es war jetzt schon fast dunkel, und Osman wies die nördlichen Verteidigungsstellungen telegraphisch an, so viel Verstärkung zu schicken, wie sie nur irgend entbehren konnten. Er wollte alles aufs Spiel setzen, um am nächsten Morgen die verlorene Position zurückzuerobern.

Was Osman aber bei der Planung des Gegenangriffes nicht wissen konnte, das war der Umstand, daß Skobeleff in so ernste Schwierigkeiten geraten war, daß er die eroberte Stellung kaum halten konnte. Weiter vordringen konnte er erst recht nicht, wenn er nicht Verstärkung erhielt. Aber alle Vorstellungen und Bitten beim Hauptquartier um zusätzliche Truppen wurden abgelehnt.

Skobeleff sah sich wirklich einem mörderischen Feuer von den nahe gelegenen türkischen Stellungen her ausgesetzt. Es donnerte pausenlos auf seine erschöpften Leute herab, die in Tümpeln von Blut standen oder herumlagen. Die Schanze war von Toten und Sterbenden überfüllt. Der Regen war mitleidlos. Aber Skobeleff war dennoch fest davon überzeugt, daß er am nächsten Tage in den Straßen von Plevna kämpfen würde, wenn er Verstärkung erhielte. Das sagte er später zu MacGahan.

Kurz vor Einbruch der Dunkelheit entschloß sich Skobeleff, zurück zum Hauptquartier zu galoppieren, und dort wollte er versuchen, diese verrückten Schreibstubengeneräle über die wahre Lage aufzuklären. Es war nutzlos. »Wir können keine Verstärkungen schicken, denn wir haben keine«, wurde ihm gesagt. Das äußerste, was er erreichen konnte, ehe er zu der Verteidigungsstellung zurückkehrte, war, daß man ihm etwas Munition für seine Krenk-Gewehre mitgab. Aber einige seiner Leute hatten Berdan-Gewehre, die ein ganz anderes Kaliber besaßen. Der unermüdliche Skobeleff konnte etwa zwanzig Russen auftreiben, die im Galopp in Futterbeuteln von Pferden Munition für Berdan-Gewehre in die Stellung brachten.

Im Morgengrauen begann Osman mit dem Gegenangriff. Von seinem südlich von Plevna gelegenen Hauptquartier aus schickte er die ersten fünftausend Mann aus, die die Schanzanlage erstürmen sollten, aber sie wurden zurückgeschlagen und ließen fünfhundert Tote am Rande der Brustwehr zurück. Insgesamt wurden fünf Versuche der Türken abgewehrt, die Verteidigungsstellung zurückzugewinnen, aber dann erreichte natürlich ohne Wissen Osmans Skobeleff eine Nachricht aus dem russischen Hauptquartier. Sie lautete: »Wenn Sie die eroberten Stellungen nicht halten können, dann müssen Sie sich zurückziehen. Der Angriff darf nicht fortgesetzt werden.« Skobeleff nannte diese Botschaft den »schlechtesten Befehl, der mir jemals erteilt worden ist«. Aber er war schließlich Soldat und hatte zu gehorchen. So machte er sich an die keineswegs beneidenswerte Arbeit, so viel Leute aus der eroberten Stellung wieder herauszuholen, als ihm möglich war. Um fünf Uhr nachmittags war die Schanzanlage erneut in Osmans Händen, und »das Banner mit dem Halbmond wehte wieder dort, von wo aus für einen Augenblick der Zarenadler in die Straßen von Plevna hinuntergeblickt hatte«. Als dann die Russen auch im Süden geschlagen wurden, eroberten andere Türken die Verteidigungsstellung bei Grivitza zurück, und überall befanden sich die Russen auf dem Rückzug. Der große Angriff war fehlgeschlagen. In zwei Tagen hatten die Russen und die Rumänen dreihundert Offiziere und fünfzehntausend Mann verloren. Der Zar war bestürzt über diese Verluste und ließ den Kampf einstellen. Er plante statt dessen, die Stadt durch Aushungerung zur Übergabe zu zwingen.

Osman Pascha war vor allen Dingen ein Realist. Zweimal hatte er ein Heer geschlagen, das mehr als doppelt so groß war wie sein eigenes. Noch wichtiger war, daß er zunächst einmal die russische Kriegsmaschine stillgelegt und dazu gezwungen hatte, sich auf eine furchtbare Winterschlacht gefaßt zu machen. Für Osman war seine Aufgabe erledigt. Es gab keinen Grund, in Plevna zu bleiben, um sich aushungern zu lassen, besonders nachdem er bewiesen hatte, daß sein Heer die beste Kampfkraft im ganzen Ottomanischen Reich besaß. Er faßte den Plan, sich in die fünfzig Meilen südlicher gelegene Stadt Orkanie zurückzuziehen und sich dort mit den südlichen türkischen Streitkräften zu vereinigen. Zusammen mit diesen würden die Türken jedem russischen Angriff mehr als gewachsen sein. Osman übermittelte dem Sultan in Konstantinopel telegraphisch seine Absichten. Er war verblüfft, als er ein beinahe hysterisches Telegramm von Abdul Hamid erhielt, in dem ihm ausdrücklich befohlen wurde, in Plevna zu bleiben. Das internationale Ansehen in Europa, die Bewunderung für Osman und die daraus erwachsene Sympathie für die Türkei waren von höchster Bedeutung für die politische Zukunft, wie Abdul Hamid mit Nachdruck bemerkte. Plevna war ein Symbol geworden und mußte gehalten werden.

Der Sultan hatte wirklich einen ganz bestimmten Grund dazu. In England war besonders die Verurteilung des früheren Verhaltens der Türken jetzt von einer »Verherrlichung des Mutes und der Tapferkeit der türkischen Bulldogge abgelöst worden«, wie Rupert Furneaux schrieb, und Osman wurde zu dem Mann der Stunde. Unzählige Hunde, nicht wenige Katzen, der Sohn eines englischen Adligen und sogar ein neuer Typ eines Waschbeckens erhielten den Namen Osman.

Aber wie verstimmt Osman auch gewesen sein mag, er konnte wenigstens in einem Versprechen Trost finden, das ihm sein Herr und Meister gab. Der Sultan kabelte, daß ein großes Heer zusammengezogen werde, das zum Entsatz nach Plevna in Marsch gesetzt werde. Alles, was Osman zu tun hatte – und wie leicht muß dies den Herren in Konstantinopel vorgekommen sein –, war, standhaft auszuhalten, bis das neue Heer eintraf. Aber der arme Osman hatte sein Leben bei Kämpfen zugebracht und nicht in den Höfen von Yildiz, und es wollte offensichtlich nicht in seinen Kopf, daß ein so erhabener Mann wie Abdul Hamid ein Versprechen gab, an dessen Erfüllung er mit keiner Silbe dachte.

Die belagerte Garnison sah sich unmittelbar vor weitere neue Schwierigkeiten gestellt. Es mußte ein Weg für Nachschub an Proviant von Süden her gefunden werden, die Schanzen mußten repariert, verstärkt und verbessert werden, und wahrscheinlich war es noch wichtiger als alles andere, daß die Toten begraben wurden, denn die Gefahr, daß eine Seuche ausbrach, war so groß, daß die Wachen in den Verteidigungsstellungen alle vierundzwanzig Stunden abgelöst werden mußten.

Es dauerte einige Wochen, bis Plevna von den Russen völlig eingeschlossen war, und für Osman Pascha war diese Frist eine Gabe Gottes. Er war dadurch in der Lage, während dieser Zeit Hunderte von Wagenladungen an Lebensmitteln und Tausende Stück Vieh auf der Straße herbeizuschaffen, die von Konstantinopel aus durch Orkanie führte. Er konnte auch die Soldaten als Verstärkung behalten, die in Plevna blieben, nachdem sie im September und Oktober die Geleitzüge begleitet hatten. Damit konnte er die Verteidigungskraft stärken. Zu Beginn des großen Angriffes zählten Osmans Truppen insgesamt fünfzigtausend Mann, von denen er viertausend verloren hatte. Aber als die Stadt dann endgültig eingeschlossen war, war die Garnison wieder auf sechzigtausend Mann angewachsen. Ein großer Teil der Verstärkungstruppen war mit dem letzten großen Geleitzug eingetroffen, der aus fünfzehntausend Ochsenkarren bestand, die in den ersten Oktobertagen in Plevna ankamen.

Während die Türken eifrig mit ihren Vorbereitungen beschäftigt waren, scheinen sich die Russen erheblich mehr Zeit gelassen zu haben. MacGahan war erbost darüber, daß er eine so riesige Menge an Soldaten sah, für die es offensichtlich keine Pläne gab, und er schrieb: »Ich hoffe, daß es in der Geschichte kein weiteres Beispiel dafür geben wird, daß eine aus glänzendem Menschenmaterial bestehende Armee in einem so ausgesprochen hoffnungslosen Zustand ist.« Die Russen brauchten sich freilich nicht zu beeilen, schließlich hatten sie die Zeit auf ihrer Seite, und Skobeleff nahm einige Tage wohlverdienten Urlaub nach Bukarest. Trotz der Anziehungskraft der Musik, der Theater, des guten Essens und der guten Weine und besonders auch der willigen Damen, die in ihm den Helden der Stunde sahen, konnte Skobeleff das Blutbad des großen Sturmangriffes nicht verkraften. »Ich trinke und trinke, aber ich sehe immer noch die aus toten Menschenleibern gebildeten Mauern«, sagte er zu Forbes, der Bukarest mit einem »Ballsaal« verglich, in dem Mars, Venus und Bacchus in rauschenden Orgien Can-Can tanzten.

Mitte Oktober setzte heftiger Schneefall ein, und es gab nur noch eine Hintertür nach Plevna. Dies war eine Verteidigungsstellung, die den Weg nach Orkanie beherrschte, von wo aus der Nachschub anrückte. Aber in den allerletzten Oktobertagen wurde auch diese Stellung von einer Kolonne der russischen kaiserlichen Garde angegriffen. Nach acht Stunden erst, in denen die Türken einer ihnen dreifach überlegenen Macht standgehalten hatten, wurde eine weiße Flagge auf den Wällen gehißt. Fast viertausend Türken waren gefallen, zweitausend ergaben sich. Viertausend Mann der besten Kampftruppe Rußlands waren bei diesem Angriff gefallen – aber der dreißig Meilen lange Ring um Plevna war jetzt endgültig geschlossen.

Der harte bulgarische Winter schleppte sich dahin. Es war bitter kalt, aber die Lebensgeister der Türken wurden von der Hoffnung wachgehalten, daß die vom Sultan versprochenen Truppen bald eintreffen würden. Als das Thermometer bis auf zehn Grad Fahrenheit unter Null sank, wurden die türkischen Wachtposten in der Nähe der Frontlinie jede Stunde abgelöst. Jeden Tag überschütteten die Russen für einige Stunden Plevna selbst mit Artillenegeschossen. Jede Moschee, die noch stand, war längst zu einem Lazarett umgewandelt worden, und die Verwundeten, die in allen Ecken auf ihren Matratzen lagen, versuchten vergeblich, sich gegenseitig zu wärmen, denn eine Heizung gab es nicht mehr. Sogar die letzten Weinstöcke hatte man mit den Wurzeln herausgerissen und verbrannt. Die tägliche Ration wurde bald bis auf ein halbes Pfund Brot und ein Stückchen Fleisch pro Tag herabgesetzt, für die Verwundeten gab es zusätzlich noch Suppe. Auf dem Schwarzen Markt kostete eine einzige Zigarette den Gegenwert von zehn neuen Pence. Ein Ei war doppelt so teuer. Trotz der Kürzung der Fleischration konnte man die Pferde oder Ochsen nicht schlachten, denn man würde sie möglicherweise noch für einen Ausbruch brauchen können. Während die Soldaten in Plevna Jagd auf Katzen, Hunde, Ratten und Mäuse machten, um ihrem Speisezettel eine kleine Abwechslung zu geben, lebten die Russen ganz anders: »In diesem Feldlager voller Großfürsten, Fürsten und Generäle biegen sich die Tafeln unter der Last von strahlendem Silber und weißestem Damast«, schrieb Furneaux.

In der zweiten Novemberwoche konnte man fünf von den Russen gefangene Türken sehen, die wie unsinnig in Richtung auf die türkischen Linien zuliefen; sie gestikulierten und schwenkten weiße Fahnen. Sie waren von den Russen geschickt worden, um Osman Pascha die letzten Ausgaben der *Times* und der *Daily News* zu zeigen, die beide Einzelheiten über große Katastrophen an anderen Fronten des Krieges berichteten, wie über die Vernichtung des türkischen Heeres in Armenien und über den Fall von Kars. Osman sandte eine höfliche Botschaft zurück, in der er sich mit einigen höflichen Worten revanchierte, indem er sich beim Großfürsten dafür bedankte, daß er ihm zu »etwas Lesestoff verholfen habe, der ihm dabei helfen würde, die langen Winterabende zu verkürzen«.

Für den Fall, daß Osman diese schlimmen Nachrichten vor seinen Soldaten geheimhielt, begannen die Russen damit, überall große Plakate dort an langen Stangen anzubringen, wo die beiden Frontlinien einander am nächsten waren. Die Türken nahmen es als Scherz auf, denn sie waren immer noch davon überzeugt, daß ihnen der Sultan ein starkes Heer zu Hilfe schickte, und sie benutzten die russischen Plakate als Zielscheiben. Trotz der schrecklichen Not und der den Russen schon halbwegs gelungenen Aushungerung war die Moral der Türken immer noch gut.

Erst gegen Ende November machte sich Abdul Hamid dann wirklich Gedanken über die Truppen, die er versprochen hatte. Denn er hatte bisher durch die heldenhafte Verteidigung der Garnison seinen Zweck schon zu einem großen Teil erreicht. Er hatte die so dringend notwendige Zeit und dazu noch die Sympathie Europas gewonnen. Schließlich und endlich entschloß er sich doch dazu, irgend etwas zu unternehmen. Das Ergebnis seiner Überlegungen war geradezu rührend, denn er schickte in aller Eile ein Heer nach Orkanie, das aus einem zusammengewürfelten Haufen kaum verwendbarer Kerle bestand, die er aus allen möglichen anderen Regimentern und aus allen Gegenden des Reiches abgezogen hatte. Beim ersten Anblick heranstürmender Russen machte es sofort kehrt und suchte in panischem Schrecken sein Heil in der Flucht. Erst da begriff Osman, daß Plevna zum Untergang verurteilt war, und ihm blieben nur die beiden Möglichkeiten, sich entweder zu ergeben oder einen Ausbruch aus dem eisernen Ring zu wagen. Die Vorbereitungen dazu mußten unter strengster Geheimhaltung getroffen werden, denn Osman wußte, daß seine einzige Chance darin lag, den Feind unvermutete zu überraschen. Die ganze Neuaufteilung der Nachschubfahrzeuge, der Artillerie und der Mannschaften wurde in höchster Anspannung bei Nacht vorgenommen. Im Augenblick elektrisierte die Leute der Gedanke an irgendeine Tätigkeit und an den bevorstehenden Kampf. »Kranke Männer wurden wunderbarerweise wieder gesund, und Wunden begannen zu heilen, die bisher erfolglos behandelt worden waren.« Jeder kannte die Größe der bevorstehenden Gefahr, aber Dr. Ryan hatte den Eindruck, daß die meisten Türken lieber kämpfen und sterben wollten, als noch länger in ihrem Gefängnis zu bleiben; das traf wenigstens auf alle zu, mit denen er gesprochen hatte.

Es war undenkbar, daß man etwa die türkischen Zivilisten zurücklassen konnte, denn die Bulgaren hätten sie sämtlich umgebracht, Männer, Frauen und Kinder. Man mußte sie also mitnehmen. Die Schwerverwundeten mußten jedoch zurückbleiben, aber

Osman hielt sich an die einzige Möglichkeit: Er rief die Ältesten der bulgarischen Kirche zusammen und ließ sie bei der Bibel schwören, daß man den Schwerverwundeten kein Haar krümmen würde.

Als der Augenblick des Ausbruchs gekommen war, wurden die Räder der Fahrzeuge eingefettet und mit Stroh umwickelt, um jeden Laut zu ersticken. Jeder Mann erhielt Rationen für drei Tage und ein Paar Sandalen. Wasser, Munition und Futter für die Tiere wurden zusammen mit den letzten Resten der Lebensmittel verladen. Als die Truppen langsam von den Verteidigungsstellungen abgezogen wurden, stellte man lebensgroße Soldatenattrappen in die Gräben, um die Russen zu täuschen.

Natürlich war der Ausbruch von Anfang an zum Scheitern verurteilt. Aber Osman Pascha brachte ein anderes Wunder zuwege. Die Sicherheitsvorkehrungen in Plevna waren so streng, daß die Russen von den Plänen der Türken nicht eher Wind bekamen, als bis ein polnischer Spion Skobeleff an diesem Tage um vier Uhr morgens weckte. Die russischen Truppen waren kaum kampfbereit gemacht worden, als schon große Scharen türkischer Soldaten quer über die schneebedeckte Ebene strömten, die westlich von der Stadt lag. An ihrer Spitze ritt Osman Pascha auf einem kastanienbraunen Hengst. Hinter ihnen rumpelten Tausende von Fahrzeugen. Ohne zu weichen, griffen zweitausend ausgesuchte türkische Soldaten mit schmetternder Musik und wehenden Fahnen die russischen Gräben an. Etwa um 8 Uhr 30 hatten sie ein russisches Regiment vernichtet und die ersten Lücken in den eisernen Ring geschlagen.

Ohne Zögern nahm Osman an der inneren russischen Verteidigungslinie an dem Angriff teil, dort aber war die Abwehr zäher, und so gerieten fünfzigtausend Türken und Russen ins Handgemenge. Noch konnten sich die Türken gegen die große Übermacht halten, und sie hätten vielleicht auch gesiegt, wenn es nicht einen verhängnisvollen Zwischenfall gegeben hätte: Eine verirrte Kugel verwundete Osman Pascha. Die Männer in seiner Nähe sahen, wie er taumelte und dann von seinem Pferd fiel. In Wirklichkeit war er nur am Bein verwundet worden, aber zunächst verbreitete sich in den Reihen der Türken mit Windeseile das Gerücht, daß er tot sei. Das war mehr, als die halb verhungerten und völlig erschöpften Männer ertragen konnten. In panischem Schrecken wichen sie vor den russischen Verteidigungslinien zurück. Allmählich konnten sie sich wieder sammeln, aber jetzt war es zu spät, die Russen hatten inzwischen die Schanzanlagen der Türken besetzt und deren Hoffnung zunichte gemacht, wenigstens für einige Zeit Zuflucht zu finden. Um ein Uhr etwa wurde der letzte Schuß bei einer Belagerung abgefeuert, die hundertdreiundvierzig Tage gedauert hatte, und auf einem Haus in der Nähe der Brücke, in dem der verwundete Osman Unterschlupf gefunden hatte, wurde eine weiße Fahne gehißt.

Osman Pascha wurde von den Russen als Held behandelt. Als schließlich der Großfürst Nikolaus ihm von Angesicht zu Angesicht gegenüberstand, schüttelte er ihm die Hand und rief aus: »Ich beglückwünsche Sie zu Ihrer Verteidigung von Plevna. Es war eine der glänzendsten Heldentaten in der Geschichte.« Die russischen Offiziere in ihren makellos glänzenden Stiefeln riefen »Bravo«! Als Osman Pascha dann zum ersten Mal mit dem General in der weißen Uniform zusammentraf und Skobeleff erkannte, nahm er ihn bei der Hand und sagte zu ihm: »Sie werden eines Tages Oberkommandierender der russischen Armee werden.«

Der Zar lud Osman Pascha zu einem Gabelfrühstück ein, und als Osman sein Schwert übergeben wollte, gab es ihm der Zar zurück. Als Osman sich dann darauf vorbereitete, in ein Internierungslager bei Charkow zu gehen, überreichte ihm ein Mitglied vom Stabe des Zaren einen Myrtenzweig, und dies war ein bei den Russen überliefertes Symbol dafür, daß er nicht mehr als ihr Feind galt.

Den Frontsoldaten war ein völlig anderes Los beschieden. Trotz der wiederholten Versprechen der Russen, die Gefangenen gut zu behandeln, mußten fünfundvierzigtausend Türken bei überaus strenger Kälte zwei Wochen lang in Plevna auf freiem Felde ausharren. Praktisch erhielten sie weder Nahrung noch Medikamente, noch ärztliche Hilfe. Sie konnten auch das Wasser des Flusses Vid nicht trinken, da es von Hunderten von Leichen verseucht war. Dreitausend Mann starben, ehe die übrigen sich in dem Schnee zu den verschiedenen Gefangenenlagern in Marsch setzten. Kaum fünfzehntausend von den zweiundvierzigtausend Mann kamen in Rußland an, viele waren auf dem langen Weg bis zu ihren Lagern barfuß. Die Schwerverwundeten, die Osman zurücklassen mußte, erwartete ein ebenso schreckliches Schicksal. Den Bulgaren machte es gar nichts aus, ihr Versprechen zu vergessen, und so zerrten sie sie aus den Lazaretten und ermordeten sie bis auf den letzten Mann.

In einer Zeitung von Bristol gab es noch ein letztes und grausiges Echo der heldenhaften Belagerung von Plevna, das allein in diesem Blatt zu lesen war. Dort stand ein Artikel, der der allgemeinen Aufmerksamkeit in England entging. Es war ein Bericht über Düngemittel, und er lautete schlicht und einfach: »Dreißig Tonnen Menschenknochen sind zusammen mit dreißigtausend Skeletten aus Plevna soeben in Bristol ausgeladen worden.«

Die Ermordung eines Patrioten

Nun war der Weg nach Konstantinopel frei. Aber die Furcht Abdul Hamids vor einem Anschlag wurde noch größer, weil er jetzt unter dem Alpdruck einer bevorstehenden völligen Niederlage litt. Er sah im Geiste bereits die russischen Soldaten durch die Hauptstadt stolzieren. Von Panik gepackt, ließ er den britischen Gesandten Henry Layard kommen, und er flehte ihn noch einmal an, Victoria für ihn um Hilfe zu bitten. Schließlich resignierte er und gab zu, daß er jetzt vor allen Dingen die Unterstützung Englands dabei brauchte, einen Waffenstillstand auszuhandeln. Als dann daraus nichts wurde, schickte Abdul Hamid persönlich ein verzweifeltes Telegramm an die Königin, in dem er sie um ihre Fürsprache bat.

Während die Russen weiter vordrangen, zog sich der Sultan noch mehr in seine private und unwirkliche Welt zurück. Er hielt noch immer einen Hofstaat aufrecht, der freilich nur noch ein Zerrbild des früheren Glanzes war. Pagen und Kammerherren, deren Uniformen von Orden blitzten, häßliche Zwerge und kriecherische Eunuchen führten Besucher wie Layard von einem Zimmer zum anderen, bis der Augenblick kam, an dem er dem Sultan gegenüberstand. Im Harem bestand die Königinmutter weiterhin auf einer strengen Hofetikette, aber auch dort war das alte Zeremoniell zu einer Farce geworden. Wenn Abdul Hamid von Zeit zu Zeit mit einer zwölfjährigen Sklavin beschenkt wurde, so hoffte man vergeblich, daß sie sein sexuelles Interesse zu wecken vermochte; wahrscheinlicher wurde sie statt dessen aus der Schule gejagt. Als endlich auch Ärzte Zutritt zum Harem erhielten, wurden die erkrankten Haremsdamen hinter einem schwarzen Vorhang verborgen, während der Arzt unter Aufsicht eines Eunuchen durch ein Loch im Vorhang ihre Zunge untersuchte.

Abdul Hamids Furcht vor dem Tod wurde immer stärker. In vielen Zimmern hatte er besonders gebaute Schränke unterbringen lassen, die Glastüren besaßen, aber nur wenige Leute merkten, daß jeder Schrank sich genau gegenüber der Tür befand. Die Türen der Schränke wurden vom Lager des Sultans aus elektrisch überwacht, so daß er beim Eintritt eines Verdächtigen jederzeit auf einen verborgenen Knopf drücken konnte, und daraufhin sprangen die Türen auf, und aus dem Inneren des Schrankes begannen gleichzeitig automatische Pistolen zu schießen. Seinem riesigen Vorrat an geladenen Revolvern hatte er noch zwei weitere hinzugefügt, die an jeder Seite seiner Badewanne hingen.

Wenigstens zwei Menschen tötete er aus Angst versehentlich in seinem Garten. Als ein Gärtner während seines »Salaam«-Grußes eine hastige Bewegung machte, wirbelte der Sultan herum und schoß ihn durch den Kopf. Als eine kleine Lieblingssklavin (einige Historiker wollen wissen, daß es seine Tochter war) ihm einen scherzhaften Stoß versetzte, feuerte der Sultan einen Schuß auf sie ab, ehe er sie erkannt hatte. Als seine Furchtsamkeit schon die Anzeichen von Verfolgungswahn aufwies, machte er die unglaublichsten Menschentypen zu seinen Ratgebern. Dazu gehörten ein Sklave, den er auf dem Markt gekauft hatte, ein Zirkusclown, dessen Vorstellung ihm besonders gefallen hatte, der Sohn eines seiner Köche, ein Schauspieler beim Kasperletheater und ein Schuhputzer.

Er ließ sich wenig in der Öffentlichkeit sehen. Nur an den

wöchentlichen allgemeinen Gebeten nahm er an jedem Freitag in der Moschee teil. Er pflegte unter der Leitung des treuen Izzet darauf vorbereitet zu werden, der ihm nicht nur seine Kleider brachte, sondern auch die Flaschen und Krüge kontrollierte, die er zu seiner Toilette benötigte. Wenn er dann schließlich fertig war, begab er sich in einer prächtigen Prozession zur Moschee. Er war ein einsamer und ängstlicher Mensch mit einer Hakennase und schütterem Bart. Er trug einen grauen Soldatenmantel mit roter Paspelierung. Geduckt saß er in seiner dunkelgrünen Kutsche. Zur Sicherheit hatte er einen seiner jüngeren Söhne auf den Knien, denn der Sultan wußte genau, daß kein Türke schießen würde, wenn die Gefahr bestand, daß dabei ein Kind getötet werden könnte. Hinter ihm versuchte ein aus Kammerherren, Pagen, Soldaten und fetten Paschas bestehender Zug mit der Kutsche des Herrschers Schritt zu halten. Auf ihren mit goldenen Litzen verzierten Uniformen blitzten die Orden. Alle waren zu Fuß und allen tropfte der Schweiß von der Stirn.

Wenn der Sultan sich der Moschee näherte, wurden die Schaulustigen durch ein Fanfarensignal gewarnt. Zwei in Gold und Rot gekleidete Offiziere mit gezogenen Säbeln warteten vor der Tür, um den Sultan hineinzugeleiten. Aber erst wenn das wöchentliche Gebet vorüber war, änderte sich überraschend das Bild. Mit einem furchtsamen und beinahe verstohlenen Gesichtsausdruck rannte der Sultan förmlich aus der Moschee hinaus und bestieg schnell eine andere kleinere und leichtere Kutsche. Er nahm selbst die Zügel in die Hände und trieb die Pferde mit der Peitsche dazu an, daß sie den Hügel in wahnsinnigem Tempo hinaufgaloppierten, um ihn in die Sicherheit der geheimen anderen Welt von Yildiz zu bringen.

Etwa Mitte Januar 1878 war dann alles zu Ende, denn der Fall von Plevna hatte dem Hauptteil der Truppen des Zaren in Europa wieder freie Hand gegeben. In wenigen Tagen nahm ein Heer unter General Gourko Sofia ein. In bitterkaltem Wetter bei einer Temperatur unter Null Grad Fahrenheit erzwang sich ein anderes Heer unter Führung des kühnen Generals Skobeleff seinen Weg quer durch die Bergkette des Balkans, nachdem sich Skobeleff mehrere tausend Pfund Sterling von seinem Vater geliehen hatte, um Pelzmäntel für seine Leute kaufen zu können. Auf zwei für Schafe bestimmten Pfaden führte Skobeleff seine Truppen durch eine wilde Gegend, in der es überall tote und sterbende Flüchtlinge gab. In der letzten Januarwoche nahm er die nur sechsundneunzig Kilometer von Konstantinopel entfernte Stadt Adrianopel, und damit war praktisch das Ende gekommen. Am 31. Januar wurde ein Waffenstillstand unterzeichnet.

Für Großbritannien brachte dieser schnelle Angriff der Truppen des Zaren die unbehagliche Möglichkeit, daß das Gleichgewicht der Kräfte im Mittleren Osten ins Wanken geraten könnte. Dazu kam noch ein weiterer Faktor: Der Haß des kleinen Mannes auf der Straße gegen die Türken hatte sich in sein genaues Gegenteil verwandelt, nachdem Osman Pascha Plevna so heldenhaft verteidigt hatte. Vielleicht war diese Einstellung aus einer echten Bewunderung für die Haltung der Türken in Plevna und aus einer Furcht vor dem russischen Bären erwachsen. Es dauerte freilich eine gewisse Zeit, bis diese Empfindungen des Volkes auch für Downing Street gültig wurden. Aber das Volk hatte eine wichtige Persönlichkeit auf seiner Seite: die Königin. Victoria war von den flehentlichen Bitten des Sultans um Hilfe so bewegt, daß sie ein Telegramm an den Zaren schickte, in dem sie ihn um Einstellung des Kampfes bat. Die Antwort des Zaren war so hochmütig, daß Victoria an Disraeli schrieb: »Oh, wenn die Königin ein Mann wäre, dann würde sie sich aufmachen und diesen schrecklichen Russen das geben, was sie verdienen, denn man kann auf ihre Versprechen keinen Pfifferling geben!« An ihre Tochter schrieb sie: »Oh, wenn doch die Engländer jetzt noch die gleichen wären, die sie einst gewesen sind!« Jetzt wurde Gladstone in den Straßen wegen seiner nunmehr völlig unzeitgemäßen antitürkischen Blindgläubigkeit verspottet.

Schließlich aber konnte die Königin die Selbstzufriedenheit des britischen Kabinetts erschüttern, das plötzlich wach wurde und zu der Erkenntnis kam, daß sich die Zelte der siegreichen Russen schon fast in Sichtweite von Konstantinopel befanden. Den anmaßenden Russen mußte ein Denkzettel verpaßt werden. Das Parlament genehmigte 6 Millionen Pfund, die »für kriegerische Zwecke« bestimmt waren. Reservisten wurden einberufen. Aus

Indien wurden Truppen nach Malta verlegt. Unter dem Vorwand, »die Christen in Konstantinopel in einer kritischen Zeit zu schützen«, segelte eine mit den ersten Torpedos ausgerüstete britische Flotte die Dardanellen hinauf bis unmittelbar an die Küste, an der die Stadt lag. Ihre Geschütze waren natürlich gegen die Russen gerichtet, die ihrerseits darauf antworteten, »daß auch sie Leben und Eigentum schützen müßten«. Sie brachten ihr Heer zum Dorf San Stefano, das dicht am Marmarameer, zehn Kilometer von Konstantinopel entfernt, liegt.

Im März 1878 wurde der Vertrag von San Stefano zwischen Rußland und der Türkei unterzeichnet, aber die Bedingungen waren für die Türken so schwer und drückend, daß er auf Betreiben Englands daraufhin auf dem Berliner Kongreß im Juni 1878 noch einmal überprüft wurde. Fürst Bismarck trat dabei als »ehrenhafter Vermittler« auf. Bei dieser seit dem Wiener Kongreß von 1815 wichtigsten Zusammenkunft dieser Art waren alle politischen Führer Europas anwesend. Es gab Festessen, Empfänge, Opernbesuche und geheime Vereinbarungen. Der jetzt vierundsiebzigjährige Lord Beaconsfield war der Führer der britischen Abordnung und freute sich, als er entdeckte, wie viele Leute Disraelis Romane lasen.

Die Balkanstaaten waren mit den Ergebnissen zutiefst unzufrieden. Die Bulgaren waren wütend, weil England aus Sicherheitsgründen darauf bestand, daß das Land in drei kleinere Staaten aufgeteilt wurde. Die Rumänen mußten Bessarabien abgeben, die Serben bekamen ein kleines Gebiet dazu. Bosnien und die Herzegowina waren entsetzt, als sie unter österreichische Verwaltung gestellt wurden, doch England war der Ansicht, daß eine Besetzung durch Österreich der einfachste Weg sei, der Bildung einer gefährlichen Gruppe kleinerer Staaten auf der Balkanhalbinsel vorzubeugen. Doch diese Maßnahme führte dann auf geradem Wege zu Serajewo und zum ersten Weltkrieg. Die Türken verloren praktisch nur wenig von ihrem Gebiet, und Abdul Hamids Reich war immer noch größer als Deutschland, Frankreich und Österreich zusammen. Die Russen hatten eine große Schlappe erlitten, der Balkan war ihnen durch die Finger geglitten, wenn sie auch Bessarabien zurückerhalten hatten und ihren

Herrschaftsbereich in Asien ausweiten konnten. Aber vor allen Dingen war Rußland ein Zugang zum Mittelmeer verweigert worden, den es auf dem Weg durch die bulgarische Hintertür hatte erhalten wollen. »Und dies«, so schrieb Disraeli an die Königin Victoria, »war der eigentliche Zweck des soeben beendeten Krieges.« Der russische General Fürst Gortschakow sagte bitter: »Wir haben hunderttausend auserlesene Soldaten und hundert Millionen an Geld geopfert, und alles war umsonst.«

Aber in Wirklichkeit erboste die Russen am meisten, daß es in der allgemeinen Verwirrung England gelang, sich die Insel Zypern anzueignen. »Man kann diesem englischen Weibsbild zutrauen«, so schrieb jemand an den Zaren, »daß sie sich aus dem aufgewühlten Wasser einen Fisch herausholt.«

Trotz der Größe des Ottomanischen Reiches ging es jetzt aber doch allmählich endgültig dem Zusammenbruch entgegen. Die Jungtürken, die im Exil eine Verschwörung gegen den Sultan planten, wurden ebenso wie der in Genf und Paris als Dozent tätige Midhat Pascha zu einer neuen Quelle der Furcht für ihn. Es war bereits ein erfolgloser Anschlag auf sein Leben verübt worden, und als der Zar Alexander der Zweite von Nihilisten ermordet wurde, steigerte sich die Todesfurcht des Sultans in einem solchen Maße, daß er tagelang nur Speisen zu sich nahm, die die Königinmutter zubereitet hatte, und er ging niemals in sein Bett, ehe es nicht gründlich durchsucht worden war. Immer mehr war er davon überzeugt, daß türkische Revolutionäre seinen Tod planten, und als ausländische Zeitungen regelmäßig von der Tätigkeit Midhats berichteten, wurde der verbannte Pascha in der halbverwirrten Vorstellung des Sultans der eine Mann vor allen anderen, den er zu fürchten hatte.

Er beschloß, daß Midhat sterben mußte, und ein Plan zu seiner Ermordung wurde ausgeheckt, als ein kriecherischer Höfling, der Midhat haßte, das Gerücht wieder aufleben ließ, daß der vorherige Sultan Abdul Asis nicht an den Wunden gestorben sei, die er sich selbst mit seiner Schere beibrachte, sondern von Mördern umgebracht worden sei, die Midhat gedungen habe. Abdul Hamid glaubte die Geschichte sofort. Aber wo war der Beweis? Es gab noch lebende Zeugen, so sagte man ihm, und die zurückgezogen im längst nicht mehr benutzten »Großen Serail« lebende frühere Königinmutter Pertevalé konnte jetzt eine Geschichte berichtigen, die sie in den ersten Augenblicken ihres Kummers zusammenhanglos und unüberlegt erzählt hatte.

An einem öden und windigen Märztage machte sich der Sultan, von seinem zobelbesetzten Mantel gewärmt, nach dem »Alten Serail« auf, um selber herauszufinden, ob diese Geschichte wahr war. Es muß in jenem Harem allerlei Staub aufgewirbelt haben, als man dort von dem bevorstehenden Besuch hörte, denn er war ja nur noch ein Heim für alte Damen. Hinter der »Pforte zur Glückseligkeit« wohnten die hinterlassenen Odalisken dreier Herrscher, Frauen, die jetzt schon alt und zahnlos waren und die entweder von dem großen Machmud oder von Medschid oder Asis geliebt worden waren. Jahrelang hatten sie keinen Mann außer den Eunuchen mehr gesehen. Jetzt aber, als der Regen auf die blattlosen Bäume in den verlassenen Gärten herniederprasselte, griffen die Damen von gestern nach ihrem Puder und ihrer Schminke und nach ihren schönsten Juwelen.

Es war alles vergeblich. Der Sultan begab sich unverzüglich zu den Wohnräumen von Pertevalé und blickte weder nach links noch nach rechts. Die frühere Königinmutter war schon vorher von dem Zweck seines Besuches in Kenntnis gesetzt worden, und weil sie damals zur Zeit des Selbstmordes von Aziz indirekt an seinem Tode mitschuldig geworden war (sie hatte ihm ja die verhängnisvolle Schere gegeben), war sie jetzt nur zu gern bereit, ihre erste Version zu widerrufen. Sie brauchte den Sultan nicht erst dazu zu überreden, ihr zu glauben, oder ihm klarzumachen, daß sie selbst davon überzeugt sei, daß Midhat einen Palastgärtner und einen Ringkämpfer gedungen habe, um ihren Sohn erstechen zu lassen. Sie »erinnerte« sich sogar daran, daß sie eine von einem Stilett herrührende winzige Narbe gesehen habe, die sie drei Jahre vorher zu erwähnen vergaß.

Pertevalé mußte schwören, daß sie schweigen würde, denn eine letzte Hürde mußte noch genommen werden. Man mußte Midhat aus der Sicherheit der Schweiz nach Konstantinopel zurücklocken. Der Sultan schickte ihm persönlich ein Telegramm, daß »alles vergessen« sei, daß seine Verbannung aufgehoben sei und daß sein Land ihn brauche. Ob er zurückkehren würde, der immer noch unter den blutigen Wunden leidenden Türkei zu helfen, die sie erhalten hatte? Abdul Hamid baute vor allem darauf, daß Midhat sein Vaterland über alles liebte. Innerhalb von wenigen Wochen lief Midhat geradewegs in die Falle hinein. Er wurde verhaftet und wegen Mordes an einem Herrscher angeklagt.

Der possenhafte Schauprozeß gegen Midhat Pascha und die beiden angeblichen Mörder fand in einem großen ovalen grünen Zelt in Yildiz statt, und das Gericht fand von Tag zu Tag weitere »Beweise«, als Dutzende von Zeugen vorgeladen wurden. Es wurden freilich kaum noch mehr Zeugen gebraucht, nachdem der Gärtner und der Ringkämpfer schon am ersten Tage gestanden, daß sie von Midhat angeworben worden waren, um Abdul Asis zu töten. Aber dieser Prozeß sollte nicht nur die Türken, sondern auch Europa überzeugen. So wurde Tag für Tag immer mehr schwerwiegendes Beweismaterial gegen den großen Neuerer zusammengetragen. Dann ging man zur Verteidigung über. Midhat wies lebhaft alle Anschuldigungen zurück, bis man ihn schroff darauf hinwies, daß er nicht dazu berechtigt sei, die Belastungszeugen in ein Kreuzverhör zu nehmen. Von diesem Augenblick an stand das Urteil bereits im voraus fest. Die »Verschwörer« wurden unverzüglich zum Tode verurteilt.

Es kann kein Zweifel darüber bestehen, daß dieser Prozeß auf falschen Beweisen aufgebaut war. Der Gärtner und der Ringkämpfer wurden niemals hingerichtet, sondern sie lebten beide in guten Verhältnissen bis an ihr Lebensende von einer Rente, die ihnen vom Sultan gewährt wurde. Auch Midhat wurde nicht hingerichtet – wenigstens nicht sofort. Abdul Hamid nahm auf die Entrüstung überall in der Welt Rücksicht und änderte das Urteil in eine Verbannung nach Taif in Arabien um, in ein Gebiet, das noch immer unverändert seiner Gerichtsbarkeit fest unterstand. Aber auch dann fürchtete der Sultan Midhat immer noch mehr als jeden anderen lebendigen Menschen, und nachdem er zwei Jahre lang den günstigsten Zeitpunkt abgewartet hatte, ließ er den großen türkischen Reformer erdrosseln. Doch das war noch immer nicht genug. Abdul Hamid brauchte einen Beweis, und er beruhigte sich erst, nachdem das einbalsamierte Haupt des Opfers nach Yildiz geschickt worden war. Es gibt noch eine weitere Lesart dieser Geschichte, nach der der Kopf aus Taif in einer Kiste verpackt ankam, auf der man lesen konnte: »Japanisches Elfenbein – nur Seiner Majestät dem Sultan persönlich auszuhändigen.«

Wie auch immer es geschehen sein mag, wie Sir Henry Elliot zusammenfaßte, »hatte der Sultan auf alle Fälle ein ungerechtes Urteil gefällt ... aber er hatte sich dadurch auch selbst die Schande angetan, seine Regierungszeit mit Blut zu besudeln, das niemals mehr abgewaschen werden konnte.«

Abdul Hamid hatte einen Krieg gegen Rußland verloren. Durch Verrat hatte er den führenden türkischen Neuerer jener Zeit gefangengenommen. Aber jetzt war der Sultan für eine noch bestürzendere Niederlage verantwortlich: Durch seine eigene Schuld verlor er den großen Vasallenstaat Ägypten an England, ohne daß ein einziger Schuß aus einem türkischen Gewehr abgefeuert wurde. Und dies geschah, obwohl England den Sultan um ein gemeinsames Vorgehen gebeten hatte.

Nur dem Namen nach war Ägypten eine türkische Provinz, doch der Khedive von Ägypten hatte ganz das Gebaren eines unabhängigen Herrschers angenommen. Aber um das Jahr 1879 waren die Schulden Ägyptens so erschreckend hoch, daß sich der Khedive – was die Finanzen betraf – völlig in der Hand Frankreichs und Englands befand. Damals kaufte England für nur knapp hunderttausend Pfund seine Anteile am Suez-Kanal. Als 1882 in Ägypten ein Aufstand gegen die »Geldherrschaft des Auslandes« ausbrach, mußte Suez geschützt werden, und da das Gebiet eine türkische Provinz war, wünschte England, ja es bestand sogar darauf, daß es gemeinsam mit der Türkei seine Interessen vertrat. Vergeblich versuchte der britische Gesandte den Sultan davon zu überzeugen, daß es in seinem eigenen Interesse lag, seinen Einfluß in Ägypten nicht aufs Spiel zu setzen, wie schwach dieser auch sein mochte, seit dort der aufständische Volksführer Arabi die Scheichs aufhetzte, einen heiligen Krieg anzufangen.

Abdul Hamid aber zitterte vor Angst. Er verdammte die

Ägypter, die dem Namen nach noch immer seine Vasallen waren, aber er wollte oder wagte es nicht, sich offen mit England gegen die Araber zu verbinden. Er holte sich bei seinem Hofastrologen Rat, der Abdul Huba hieß und große Macht über den abergläubischen Sultan besaß. Er sagte Abdul Hamid, daß England niemals allein einen Krieg gegen Ägypten führen würde. Die Krise kam am 15. September 1882, als der britische Gesandte einen letzten Versuch machte, den Sultan davon zu überzeugen, daß er jetzt handeln müßte. Fünf Stunden mußte er in Yildiz warten, ehe er vorgelassen wurde. Alle Hinweise, daß er sich unter Zeitdruck befände, wurden mit einem milden Lächeln von den Eunuchen und zahllosen Tassen Kaffee beantwortet. Schließlich erschien »eine in rauschende Seide gekleidete hohe und schmale Gestalt, die sich geräuschlos in Richtung auf die Räume des Sultans hin bewegte«. Es war Abdul Huba. Eine halbe Stunde später schickte der Sultan eine Nachricht, daß die Sterne es ihm nicht gestatteten, eine Entscheidung zu treffen.

Obwohl dieser Narrenstreich nicht so augenfällig war wie viele seiner anderen Torheiten, so war dies vielleicht der größte und folgenschwerste Fehler, den er je machte. Denn jetzt drang England allein in Ägypten ein und warf sehr schnell den Aufstand nieder. Man erklärte, daß die Besetzung nur »vorübergehend« sein würde, aber für das Ottomanische Reich war der Verlust endgültig.

Innerhalb von wenigen Jahren zogen die Geschehnisse, die ihn Ägypten gekostet hatten, eine Kette von Ereignissen nach sich. Es begann mit einem Vorfall, der möglicherweise die Türkei an der Seite Deutschlands in den ersten Weltkrieg trieb.

Seit den siebziger Jahren hatten sich die Beziehungen zwischen der Türkei und Deutschland ganz wesentlich verändert, nachdem Bismarck mit seiner schnarrenden Stimme gesagt hatte: »Ich mache mir nicht einmal die Mühe, den Postsack zu öffnen, der aus Konstantinopel kommt.« Hinter dem Stimmungsumschwung stand ein persönlicher Grund: In aller Stille hatte Abdul Hamid seit langer Zeit Schatzanweisungen in die neutrale Sicherheit deutscher Banken bringen lassen. Verständlicherweise kam er allmählich dazu, die Deutschen zu bewundern, die ihrerseits Konzessionen haben wollten, und zwar nicht nur für die Hejas-Bahnlinie, auf der Abdul Hamid die frommen Pilger nach Mekka fahren lassen wollte, sondern auch im Handel, im Bankwesen, und ganz entscheidend wollten sie auch auf die Politik Einfluß nehmen. Es war die berühmte Politik, die die Österreicher bereits vergeblich verfolgt hatten, deren Schlagwort »Drang nach Osten« hieß und die später eine rein deutsche Angelegenheit wurde.

So machte Kaiser Wilhelm der Zweite einen Staatsbesuch in Konstantinopel, wo er am zweiten November 1889 ankam und mit 101 Salutschüssen begrüßt wurde. Abdul Hamid war erst siebenundvierzig Jahre alt, aber er wirkte viel älter. Sein Bart war grau und sein Körper ausgemergelt. Aber er war entschlossen, dem Kaiser eine Kostprobe orientalischen Gepränges zu geben. Das Staatsdiner für 120 Gäste wurde auf massiv goldenen und mit Edelsteinen verzierten Tellern serviert, die Abdul Hamid aus Paris hatte kommen lassen. Sogar die Pokale waren mit Juwelen besetzt. Aus Paris waren Meisterköche geholt worden, die jetzt ein verschwenderisches Mahl zubereiteten, obwohl der Sultan selbst in seiner Furcht vor Gift und vor Verdauungsbeschwerden nur Reis und Eier aß, die in seiner mit Eisenstangen vergitterten Küche gekocht worden waren. Während des fünftägigen Besuches wurden dem Kaiser die Schätze des Serails gezeigt, und er brauchte nur irgendeinen Gegenstand zu bewundern, um ihn sofort zum Geschenk zu erhalten. Als die Kaiserin dem Sultan zu seinen schönen Gärten beglückwünschte, pflückte Abdul Hamid eigenhändig einen Strauß für sie, flüsterte einem Adjutanten etwas zu und schenkte die Blumen schließlich der Kaiserin, wobei die Natur mit einem riesigen Diamanten verziert wurde, der wie in einem Nest zwischen den Blumen lag.

Bei dem deutschen Staatsbesuch sorgte die Kaiserin unbeabsichtigt für einen Witz: Als sie den Harem besuchte, traf sie an der »Pforte zur Glückseligkeit« den Kislar Aga, und ihr wurde erklärt, daß der schwarze Obereunuch eine äußerst wichtige Persönlichkeit sei. Daraufhin versuchte die Kaiserin, sich mit ihm zu unterhalten, und da sie von Eunuchen keine Ahnung hatte, fragte sie den Kislar Aga durch den Dolmetscher geradeheraus, ob auch sein Vater ein Eunuch gewesen sei.

Der Kaiser hatte Konstantinopel kaum verlassen, als eine böse Nachricht eintraf: Die schöne Kaiserin Elisabeth von Österreich war von einem italienischen Anarchisten ermordet worden. Was den verstörten Geist Abdul Hamids verwirrte, war nicht der eigentliche Mord selbst, sondern daß der Mörder unter dem Ruf »Lang lebe die Anarchie« bei seinem Prozeß zugab, daß sein einziger Groll gegen die Kaiserin daraus erwachsen war, daß sie eine Krone trug*). Von diesem Tage an trug der Sultan stets ein Kettenhemd unter seinem gelblich grauen Überrock, wenn er sich am Freitag zum Beten in die Moschee begab. Yildiz wurde immer mehr zu einer Festung ausgebaut. Jede Tür wurde mit Stahl verkleidet, und ein Heer von Arbeitern begann, das geheime Gangsystem zu erweitern. Obwohl die »Jungtürken« als Partei sich aus Verbannten zusammensetzten, die in Paris ihre Pläne schmiedeten, versahen die Spione den Sultan auch weiterhin mit erdrückendem Beweismaterial dafür, daß auch innerhalb der Türkei ihre Lehren immer mehr Anhänger fanden. Intelligente junge Türken fühlten sich unbehaglich und ärgerten sich über die Art und Weise, wie die Macht mißbraucht wurde. Sie waren darüber erbost, daß und wie die Glieder des Reiches eines nach dem anderen abgetrennt wurden. Sie besaßen nützliche Verbündete besonders unter den unterbezahlten Lehrern mit revolutionären Neigungen. Für die reichen Leute stand alles zum besten. Sie konnten seit 1888 in dem großsprecherisch »Orient Expreß« genannten Zug die ganze Strecke von Paris bis nach Konstantinopel durchfahren oder sich innerhalb von Sekunden mit weit entfernten kleinen oder großen Städten telegraphisch in Verbindung setzen. Aber für die Armen im Landesinneren waren die immer noch den Spuren der Straßen des griechischen Reiches folgenden Wege oft unpassierbar. Wenn eine Brücke von der Flut hinweggespült wurde, konnte sie selten ausgebessert werden. Für die Bauern bedeutete das eine erhebliche Einschränkung ihrer Transportwege, so daß zuweilen die Bewohner eines Dorfes fast verhungerten,

*) Der Mörder wollte ursprünglich als Zeichen des Protestes König Umberto von Italien umbringen, aber er konnte die notwendigen fünfzig Lire nicht aufbringen, die er für die Reise nach Rom brauchte, und so tötete er statt dessen Elisabeth.

während nur wenige Meilen entfernt ihre Nachbarn im Überfluß lebten. Im ganzen Mittleren Osten war die einzige gute Straße von den Franzosen zwischen Beirut und Damaskus gebaut worden.

Die Intellektuellen in der Türkei konnten den Status einer »Partei« noch nicht für sich in Anspruch nehmen. Das Spionagesystem war zu mächtig, und aus der Folterkammer von Yildiz drangen allnächtlich die Schreie von Menschen, die zu Geständnissen gezwungen wurden. Aber Nachrichten von den bereits viele tausend Köpfe zählenden Verbannten sickerten dennoch durch, und Abdul Hamid fand heraus, daß davon nicht nur die Schullehrer beeinflußt wurden (die nach seinen Worten eine Brutstätte der Revolution bildeten), sondern auch jüngere Offiziere des Heeres, von denen der Sultan einige zur Ausbildung nach Deutschland geschickt hatte, was von seinem Standpunkt aus eine Dummheit war. Sie verachteten den Sultan. Sie wünschten sich einen Führer, der in ihrer Vorstellung dem entsprach, was von den früheren Sultanen überliefert worden war, und der an der Spitze seiner Truppen vorausritt, wenn sie in die Schlacht marschierten.

Vielleicht war es seine panische Angst vor Anschlägen, die schließlich Abdul Hamid dazu veranlaßte, den skrupellosen und unbarmherzigen Plan zu fassen, die Armenier auszurotten.

Von allen Völkern, die das Ottomanische Reich seine Unduldsamkeit spüren ließ, litten die zwei Millionen Armenier am meisten. Ihre Geschichte war lang und hart gewesen. Einige Historiker sagen, daß sie auf einen der verlorenen zehn Stämme Israels zurückzuführen waren, und dies würde ihre Ähnlichkeit mit den Juden erklären. Und wie die Juden, so hatten auch sie sich überall über die ganze Erde verstreut und sich immer unter ihr Gastvolk gemischt, waren aber niemals mit ihm verschmolzen. Im zehnten Jahrhundert wurde ihre Heimat um den Berg Ararat herum, wo der Überlieferung nach die Arche Noah gelandet sein soll, von den Mongolen verwüstet.

Sie hatten ein ausgeprägtes Talent, Handel zu treiben und sich mit Geldgeschäften zu befassen, und dadurch zeichneten sie sich in der Türkei des 19. Jahrhunderts besonders aus. Sie waren aber auch fleißige Landarbeiter in den sechs nordöstlichen Provinzen, in denen die meisten von ihnen wohnten, und sie waren tüchtige Geschäftsleute in den Städten. Lamartine nannte sie die »Schweizer des Ostens«: »Sie sind ordentlich in ihrem Auftreten, und sie ähneln den Juden auch darin, daß sie alles genau vorher berechnen, und sie streben nach Besitz. Ihr Gott ist der Handel, und sie werden sich mit Handel beschäftigen, wer auch immer ihr Landesherr sein mag.«

Der schon halb dem Wahnsinn verfallene Sultan verbannte das Wort »Armenier« aus allen Zeitungen, und es mußte sogar aus den Lesebüchern der Schulen verschwinden, die daraufhin in vielen Fällen neu gedruckt werden mußten. Als er plötzlich herausfand, daß der Uhrmacher, der schon seit Jahren die vielen hundert Uhren in Yildiz stellte, Armenier war, griff er zu einem Revolver und hätte ihn erschossen, wenn der Mann nicht fortgelaufen wäre, um sein Leben zu retten.

Viele ehrenhafte Moslems schämten sich zutiefst über die Art, wie man mit den Armeniern umging. Der britische Konsul Sir Alfred Billiotti erhielt von einem Mohammedaner einen Brief mit folgendem Wortlaut:

»Man kann unmöglich beschreiben, was jetzt hier vorgeht. Die Armenier werden tyrannisiert, ausgeraubt und von ihrem Landbesitz vertrieben, und dies alles tun Regierungsbeamte und Agas. Moslems vergießen ebenso wie Christen blutige Tränen. Das Land sieht trostlos aus. Niemand kümmert sich darum, die Wälder wieder aufzuforsten. Die Dörfer sind nur noch eine Ansammlung von schmutzigen Hütten in Ebenen, in denen es weder Bäume noch Wasser, Gärten oder Gemüsepflanzen gibt. Die Einwohner sind halb verhungert und nur noch in Lumpen gekleidet. Weder Straßen noch Brücken sind in einem Zustand, daß man sie benutzen könnte. Es ist kaum noch ein einziges öffentliches Gebäude übrig, das nicht im Innern oder außen zumindest teilweise zu Ruinen zerfallen ist. Die Bevölkerung zieht umher und sucht immer mehr die dichter besiedelten Gegenden auf.«

Vielleicht waren die Armenier den Türken ans Herz gewachsen, weil sie im Innern Orientalen waren und den Türken in Gedanken und Gewohnheiten näher standen als die Griechen oder die Albaner, so daß sie wie Moltke der Meinung waren, daß ein »Armenier nichts anderes sei als ein getaufter Türke«.

Jetzt begannen außerhalb der Türkei lebende Armenier bessere Lebensbedingungen für ihre Brüder im Ottomanenreich zu fordern. Viele von ihnen besaßen in den Vereinigten Staaten, in England und in Rußland großen Einfluß. Aber sie erstrebten keine Autonomie. Die meisten türkischen Armenier waren damit zufrieden, Mitglieder des Reiches zu sein, in dessen nordöstlichem Gebiet die Heimat ihres Volkes lag. Sie verlangten nur Verwaltungsreformen, Sicherheit und Rücksichtnahme auf ihre Frauen und ihr Eigentum.

Unglücklicherweise gingen ihre Verwandten im Ausland in ihrem Eifer manchmal ein wenig zu weit. Oft wurden sie auch als Werkzeuge von den Russen mißbraucht, die darauf aus waren, Verwirrung zu stiften, aber niemand konnte die späteren Massenmorde damit entschuldigen, daß es sich sicher in einigen Fällen um vorsätzliche Herausforderung seitens der Armenier oder ihrer »Freunde« handelte.

Nachdem es im Jahre 1894 einige ernste Zwischenfälle gegeben hatte, beschloß der Sultan, ihnen einen Denkzettel zu geben. Nach einem friedlich eingenommenen Mahl sagte er zu Professor Vambery: »Ich werde diese Armenier bald zur Vernunft bringen. Ich werde ihnen eine Ohrfeige verpassen, die sie zähmen und ihren revolutionären Gedanken ein für allemal ein Ende machen wird.«

In jedes von Armeniern bewohnte Gebiet schickte der Sultan seine Agenten. Sie wurden ausdrücklich angewiesen, den dort ansässigen Moslems zu sagen, daß sie sich alles Eigentum der Armenier mit Gewalt aneignen und sie sogar töten dürften, wenn sie Widerstand leisteten. Es war der Anfang einer kaltblütig ausgeklügelten Unternehmung, in deren Verlauf mindestens hunderttausend Männer, Frauen und Kinder abgeschlachtet wurden.

Brutale Morde wurden im Ottomanischen Reich stets als zulässige Waffe bei der Kriegführung angesehen, aber vielleicht war bei den nun folgenden Grausamkeiten – abgesehen von den eigentlichen Morden – das erschreckendste die Art, wie die Massenschlächterei ihren Anfang nahm. Es begann nicht damit, daß wilde Leidenschaft zum Überkochen kam, sondern lief alles wie am Schnürchen so ab, als ob eine eiskalte Überlegung dahinterstand, nachdem ein Trompetensignal ohne jede innere Anteilnahme, wie eine Fabriksirene, das Zeichen gegeben hatte, daß es jetzt losgehen konnte. Bei Sonnenuntergang verkündete ein weiterer Trompetenstoß, daß die »Arbeit« des Tages getan war, und wie Arbeiter am Ende einer Schicht kehrten die türkischen Soldaten zu ihren Unterkünften zurück, um am nächsten Morgen wieder dem Ruf nach den Waffen Folge zu leisten.

Die Massenabschlachtungen sollten der letzte Nagel für den Sarg Abdul Hamids werden. Ihre Bedeutung in der Geschichte des Reiches lag darin, daß Abdul Hamid die treibende Kraft hinter jeder Gewalttat war. Keine Einzelheit war so gering, daß sie seiner Aufmerksamkeit entgangen wäre. Täglich sandten seine Agenten Berichte aus allen Gebieten. Er kannte jeden einzelnen Vorgang, und er wurde auch nicht von der leisesten Spur von Mitleid für die Bauern erfaßt, deren einziges Verbrechen darin bestand, daß sie sich mit halbem Herzen gegen die Erpressungen durch die Moslems aufgelehnt hatten. Es war bezeichnend, daß viele seiner Untertanen die Meinung des Auslandes teilten, das das Bekenntnis des Sultans zu dieser Ausrottungsaktion verurteilte. Während der drei Jahre, in denen diese nur gelegentlich unterbrochenen Untaten fortgesetzt wurden, verbargen Tausende frommer Moslems ihre armenischen Nachbarn, weil auch sie über die Ausschreitungen entsetzt waren.

Zu solchen Zeiten werden Angaben über Todesfälle zu bloßer Statistik und wirken unrealistisch. Aber trotz strengster Zensur aller Nachrichten wurden Berichte über furchtbare Quälereien, über Morde in Gefängnissen und über willkürliche Brandstiftungen allmählich bekannt. In vielen Fällen schmuggelten Mohammedaner Briefe von Armeniern, die sie seit Jahren kannten, ins Ausland. Bei anderen Gelegenheiten hatte der Zufall seine Hand im Spiel. Einzelheiten über den Massenmord in Trapezunt, bei dem jeder Christ in der Stadt umgebracht wurde, kamen von einem Kapitän eines Dampfers des Österreichischen Lloyd, der beobachtet hatte, wie Armenier von islamischen Schiffern gepackt und ertränkt wurden, als sie in die Freiheit zu schwimmen versuchten. Ein Mitglied der britischen Gesandtschaft, Gerald Fitzmaurice, berichtete der Welt die ersten Einzelheiten darüber, wie dreitausend Männer, Frauen und Kinder mit voller Absicht lebendig in der Kathedrale von Urfa geröstet worden waren. Die armenischen Familien waren in das Gotteshaus gegangen, das groß genug war, um eine aus mehreren tausend Köpfen bestehende Gemeinde aufzunehmen. Irrtümlich hatten sie angenommen, daß kein Moslem sie dort behelligen würde. Von einem doppelten Ring von Soldaten wurden sie eingekreist. Beim Mittagsgebet am Sonnabend schwenkte ein Geistlicher eine grüne Fahne, das Symbol des Glaubens an den Propheten, und damit gab er das Zeichen zum allgemeinen Losschlagen in der Stadt. Jedes Haus im armenischen Viertel von Trapezunt wurde ausgeplündert, und dann begann ein gräßliches Abschlachten nach rituellem Vorbild. Nach den Worten von Fitzmaurice »befahl ein gewisser Scheich seinen Anhängern, so viel junge und kräftige Armenier herbeizuschaffen, wie er finden konnte, etwa hundert von ihnen wurden mit Gewalt auf den Rücken geworfen und an Händen und Füßen festgehalten, während der Scheich mit ebensoviel Fanatismus wie Grausamkeit unter dem Rezitieren von Koranversen nach dem in Mekka beim Opfern von Schafen üblichen Ritual ihnen nacheinander die Kehlen durchschnitt.«

Kurz vor Sonnenuntergang ertönte ein Signalhorn, und damit war das Morden vorüber. Am nächsten Morgen, am Sonntag, dem 29. Dezember, rief die Trompete die Soldaten erneut zu den Waffen. Diesmal war die Kathedrale ihr Ziel. Die vielen Leute in ihr hatten offensichtlich mit dem Schlimmsten gerechnet, denn Fitzmaurice fand einen auf eine Säule der Kirche gekritzelten Bericht eines armenischen Priesters mit der Schilderung, wie er am Sonnabend in der Nacht einen letzten Gottesdienst für achtzehnhundert Menschen gehalten und dabei die Heilige Kommunion an sie ausgeteilt hatte.

Die Türken feuerten zuerst durch die Fenster. Dann wurde die eiserne Tür eingeschlagen, und die Soldaten brachten jeden um, der sich im Erdgeschoß befand. Die Frauen und Kinder waren auf eine große Galerie hinaufgeflohen, die das Innere der Kathedrale von drei Seiten umgab.

Weil viele Leute die Nacht in der Kirche zugebracht hatten, lagen überall Strohmatratzen umher. Dreißig Kannen Benzin wurden darübergegossen und dann angezündet. Jeder, der noch nicht getötet worden war, verbrannte bei lebendigem Leibe. Genau um 3.30 Uhr nachmittags ertönte wieder ein Trompetensignal, und daraufhin zogen sich die Truppen der Moslems zurück.

In einem anderen Teil der Welt sollte ein Angriff weit kleineren Ausmaßes ebenfalls ein Echo finden. Zwei für die amerikanische Missionsschule in Marsovan arbeitende armenische Professoren wurden angeklagt, aufrührerische Flugblätter gedruckt zu haben. Sie wurden in Angora zum Tode verurteilt, nachdem man sie in Ketten zum Prozeß geführt hatte. Zum ersten Mal in der türkischen Geschichte sah sich Abdul Hamid nicht nur einer heftigen Reaktion in Europa gegenüber, sondern er mußte auch den Zorn und die Empörung des amerikanischen Volkes zur Kenntnis nehmen.

Der Vertreter Amerikas war zu jener Zeit in Konstantinopel Richter Terrell, ein »grobschlächtiger Texaner«, den der Sultan aus ganzem Herzen verabscheute, weil er Kautabak kaute und überall auszuspucken pflegte, wenn es ihm gerade einfiel. Aber Abdul Hamid meinte, daß er ihn trotzdem besuchen müßte, um ihm die Vorgänge zu »erklären«. Er lud die ganze Familie Terrell zu einem Essen nach Yildiz ein, und der Amerikaner hörte sich geduldig eine Stunde lang eine Lektion über die Kunst des Regierens an. Terrell sagte zu Seiner Majestät, daß er ein einfacher Mann sei und daß ihm die Hofsitten ungewohnt seien, aber er sei überzeugt davon, daß die Wahrheit ein Artikel sei, der nur selten bis zu den Ohren des Sultans gelange.

Terrell erzählte die Einzelheiten dieses Mahles dem jungen Arthur Nicolson, dem Vater des späteren Sir Harold Nicolson, der zur britischen Gesandtschaft gehörte, und er sagte ihm, daß er davon überzeugt sei, eine wunde Stelle bei dem Herrscher getroffen zu haben. Er meinte dies aus der Art schließen zu können, wie »der Sultan den Kopf hängen ließ und seufzte«. Terrell glaubte jetzt sogar fest daran, daß »Abdul Hamid der beste Mann sei, der je geatmet hat, und daß nur seine Agenten ganz gemeine Kreaturen seien«. Nicolson reagierte darauf ebenso schroff wie eindeutig. Er bemerkte: »Der Gesandte der Vereinigten Staaten ist von dem Sultan gehörig hinters Licht geführt worden.«

Auf jeden Fall aber war die Erbitterung Amerikas so groß, daß es der Sultan ebenfalls für klug hielt, einen der größten Zeitungsfürsten der Welt zu empfangen: Gordon Bennett vom *New York Herald*. Bennett konnte ihn dazu überreden, einem Reporter des *Herald* den Besuch der armenischen Provinzen zu gestatten. Der Sultan stellte dabei allerdings die Bedingung, daß ein vorurteilsloser Bevollmächtigter ihn dabei begleite. Man bestimmte dazu den Reverend George Hepworth, einen Presbyterianer, der seine journalistischen Talente noch ziemlich ungeschickt zu erproben versuchte. Er schrieb sozusagen als Zeugnis eines Unparteiischen, daß »es nur eine mäßige Schätzung wäre, wenn man annahm, daß fünfzigtausend Menschen getötet worden seien«. Diese Ziffer schloß diejenigen nicht mit ein, die an den Folgen von Kälte gestorben oder erfroren waren, wie er hinzufügte.

Etwa nach einem Jahr schlugen die armenischen »Revolutionäre« zurück, vor allen Dingen in Konstantinopel selbst. Sie hatten ja nichts zu verlieren. Als Demonstration führten sie einen kühnen Bankraub durch, der in allen Einzelheiten den heutigen Banküberfällen erstaunlich ähnelte.

Bei hellem Tageslicht besetzten in der letzten Augustwoche des Jahres 1896 zwanzig furchteinflößend aussehende und mit Bomben bewaffnete Männer das vordere Gebäude der Ottomanischen Bank. Sie waren nicht auf Geld aus, sondern sie wollten lediglich die Aufmerksamkeit Englands und Amerikas auf die Notlage der Armenier lenken.

Drei Stunden lang ließen die Männer Bomben auf die draußen aufgestellten Polizeiposten herunterregnen, bis die ausländischen Gesandtschaften, die sämtlich Kunden dieser Bank waren, eine Übergabe aushandelten, nachdem den Bankräubern sicheres Geleit zugesagt worden war. Der britische Direktor der Bank, Sir Edgar Vincent, spielte die führende Rolle bei diesem »zynischen aber zu einem wesentlichen Teil sehr erfolgreichen Schachzug«. Beim ersten Alarm war er quer über das Dach des Gebäudes gekrochen, bis er in Sicherheit war, und er war es, der die Gesandtschaften dazu brachte, ihren ganzen Einfluß auf den Sultan geltend zu machen. Die zwanzig Tollköpfe wurden zu Sir Edgars Jacht geleitet, aber in Konstantinopel wurden dafür aus Rache siebentausend Armenier abgeschlachtet.

Dennoch hatten die »Bankräuber« ihr Ziel erreicht. Trapezunt und Urfa mögen für viele Leute nichts weiter als Namen weit entfernter Orte sein, aber als jetzt das Morden sogar in den Straßen Konstantinopels anhub, wurden Diplomaten, reiche Leute und sogar Touristen unvermittelt Zeugen dieser Unmenschlichkeiten. Arthur Nicolson fand, daß »Venedig selbst in seinen dunkelsten Tagen ein Hort des Lichtes und der Freiheit war, wenn man es mit Stambul jener Tage vergleicht«.

Die Reaktion kam schnell. Die Diplomaten schickten dringende Berichte nach London. Innerhalb weniger Tage legte ein von allen europäischen Mächten unterzeichnetes Telegramm Abdul Hamid dringend nahe, das Morden unverzüglich zu verbieten. »Wenn sich die Lage nicht ändert«, so hieß es darin, »dann würde dies sowohl den Thron des Sultans als auch seine Dynastie gefährden.«

Es war so weit, daß nur noch ein endgültiger Stoß nötig war, um den letzten türkischen Despoten zu stürzen. Diese Stoß kam dann aus dem Inneren des Landes.

Der Held und der Verdammte

Die Massenmorde an den Armeniern waren keineswegs nur vereinzelte Episoden, sondern der Versuch, ein ganzes Volk auszurotten, wobei dieser Terror drei Jahre lang mit unterschiedlicher Heftigkeit auf den Opfern lastete. Die Wirkung im Inneren zeigte sich darin, daß im Lande ein Gefühl der Scham aufkam, das jedes Mal größer wurde, wenn eine neue Gewalttat bekanntgeworden war. Man gab Abdul Hamid den Beinamen »Abdul der Verdammte«.

Dutzende enttäuschter Türken verließen fluchtartig das Land, um sich im Ausland den Jungtürken anzuschließen. Selbst des Sultans Schwager Machmud Damat floh mit seinen beiden Söhnen nach Paris und stellte sich den Exiltürken zur Verfügung. Diesem Beispiel folgte auch eines ihrer tüchtigsten ersten Mitglieder, Nazit Niazi Bey, ein junger Oberleutnant, der ebenfalls von der Korruption in der Armee und in der Zivilverwaltung angewidert war. Er war so unklug, seine Kritik laut zu äußern, und bald setzten die Spione den Sultan in Yildiz telegraphisch davon in Kenntnis. Zum Glück für Niazi begannen aber bereits viele Spione unzufrieden zu werden, und so wurde er rechtzeitig gewarnt und konnte nach Paris fliehen.

Niazi war ein Mann der Tat und beschloß, verkleidet in die Türkei zurückzukehren. Zuerst wurde er als fahrender Händler unerkannt nach Smyrna geschmuggelt. Er durchwanderte das ganze Land, zum Teil weiter als fahrender Händler, manchmal auch als bettelnder Derwisch oder als Lehrer getarnt. Kühn brachte er überall die Lehren der Revolution unter die Leute, und ganz besonders tat er dies bei den Angehörigen des Heeres. Überall stieß er auf wachsenden Haß gegen Abdul Hamid, und so war es nicht weiter schwierig, die ersten revolutionären Zellen im Lande zu schaffen.

Der Sultan war inzwischen fast zu einem Einsiedler geworden. Er lehnte es jetzt oft ab, an den Freitagsgebeten teilzunehmen, und schickte an seiner Stelle Izzet in die Moschee, der ihm so verblüffend ähnlich sah, daß er sogar bei Staatsangelegenheiten »seine Kleider wärmen« konnte. Die Leute, die den Sultan um die Jahrhundertwende zu Gesicht bekamen, fanden, daß sein langes melancholisches Gesicht die Farbe von Asche angenommen hatte. Seine Kleider schlotterten ihm um den Körper, und sein Fez schien für seinen Kopf viel zu groß zu sein, wenn er von einem Zimmer in das andere schlich. Seine argwöhnische Natur hatte sich jetzt seinem unbeherrschten Wesen angeglichen, und er gestattete niemandem mehr, in seiner Gegenwart die Hände in die Taschen zu stecken. Als einer seiner zahllosen früheren Wesire namens Sadyk Pascha in seine Tasche faßte, um dem Sultan ein Schriftstück zu übergeben, verlor er beinahe sein Leben und wurde in Ungnade entlassen. Die Furcht vor Gift beherrschte den Sultan noch immer so sehr, daß er niemals eigenhändig seine Briefe öffnete, weil sie möglicherweise mit einer giftigen Substanz behaftet sein konnten. Doch schien er noch immer von der unter der Oberfläche brodelnden Unruhe nichts zu bemerken. Das rührte vielleicht daher, daß jetzt die Jungtürken schon ihre eigenen Spione in allen Regierungsstellen und auch unter den in Yildiz lebenden fünftausend Menschen besaßen. Höchstens was den Harem betraf, schien der Sultan einiges Interesse an Reformen zu nehmen, wo sich die Sultaninnen jetzt mit Nachmittagskleidern schmückten, die man aus Paris kommen ließ, und sie trugen Korsetts aus Walfischknochen, die man vorher niemals in der Türkei gekannt hatte. Bequeme Pantoffeln wurden gegen enge Lackschuhe eingetauscht. Künstliche Blumen kamen sehr in Mode, man stellte sie auf die geschmacklosen Möbel, die aus jeder Hauptstadt Europas eintrafen. Als das 20. Jahrhundert hereinbrach, veränderte sich das Antlitz von Konstantinopel. Durch einige Straßen ratterten Pferdebahnen. Obwohl die Straßen nur schlecht erleuchtet waren und es niemand wagte, bei Nacht ohne Begleitung auszugehen, erstrahlten die neuen Hotels in hellem Glanz, denn der Sultan brauchte das Geld der Touristen. Jedoch weigerte er sich standhaft, die Erlaubnis zur Anlage von Telephonleitungen zu geben, weil seine Minister vor der Aussicht zurückschreckten, dann täglich vierundzwanzig Stunden Dienst tun zu müssen. So überzeugten sie ihn davon, daß seine Feinde seine Gespräche abhören könnten.

Abdul Hamid war nun bereits zu einer lebenden Legende geworden, besonders als die Jahrhundertwende mit seinem silbernen Regierungsjubiläum zusammenfiel. Zweimal entging er um Haaresbreite einem Mordanschlag: Im Jahre 1904 versuchte ihn ein junger Offizier in unmittelbarer Nähe seines privaten Theaters in Yildiz zu erstechen, und ein Jahr später explodierte eine mit Dynamit beladene Kutsche neben der Moschee, als der Sultan gerade an den Freitagsgebeten teilnahm.

Hunderte von unschuldigen Menschen wurden gefoltert, als der Sultan vergeblich herauszubekommen versuchte, wie das Dynamit der Aufmerksamkeit seiner getreuen Wächter hatte entgehen können. Die Wahrheit war, daß der Bombenanschlag nur eines der vielen Zeichen dafür war, daß sich überall die Häufigkeit solcher Sabotageakte steigerte, die von den revolutionären Zellen im Inneren des Landes angestiftet wurden. Die Revolutionäre im Inland hielten sämtlich treu zu den verbannten Jungtürken im Ausland, die sich jetzt »Komitee für Einheit und Fortschritt« nannten.

Etwa im Jahre 1906 fühlte sich das Komitee stark genug, in Saloniki, das damals die Hauptstadt Mazedoniens war, einen Stützpunkt zu errichten. Saloniki galt seit langem als Brutstätte des Hasses gegen den Sultan, was sicherlich darin begründet war, daß Mazedonien mehr als jede andere türkische Provinz eine aus vielen Völkern zusammengesetzte Einwohnerschaft besaß. Dort lebten neben Türken, Griechen, Serben, Bulgaren, Albaniern und Bosniern die größte Anzahl von Juden im Reich. Kurz gesagt, Mazedonien war der am besten geeignete Ort, um eine Revolution in Szene zu setzen. Niazi Bey plante seine Aktion in Zusammenarbeit mit einem ausgezeichneten Offizier mit Namen Enver Bey, der in der Hochschule für den türkischen Militärstab promoviert hatte. Es war dem Sultan nützlich erschienen, Niazi zu vergeben und ihn wieder in das Heer einzugliedern, wo er den Rang eines Majors erhielt. Das war eine ausgezeichnete Tarnung für seine revolutionären Zwecke, die er jetzt allerdings wesentlich umsichtiger verfolgte als zuvor.

Von Zeit zu Zeit gab es wieder Fälle von Gewalttaten, obwohl es nicht so aussah, als ob sie auf eine Zusammenarbeit der Revolutionäre in den verschiedenen Gegenden des Landes zurückzuführen waren. Abdul Hamid aber hielt sie für gemeinsam ausgeklügelte Aktionen. Wahrscheinlich hatten ihm seine Spione so lange Berichte über die Unzufriedenheit in der Armee geliefert, daß sie selbst, als sie ihn schließlich zum Handeln drängten, sich in der Lage des Knaben befanden, der zu oft den Teufel an die Wand gemalt hatte.

Er sandte jedoch im Mai 1908 eine Kommission nach Saloniki, die Nachforschungen anstellen sollte, aber das war ein Schritt, der eine Kette von Ereignissen auslöste. Denn am 11. Juni wurde der diensthabende Offizier erschossen, als er sich nach der Hauptstadt aufmachte, um seinen Bericht abzuliefern. Der Sultan schickte sofort Ersatz für ihn, und sogleich wurde das Komitee sich darüber klar, daß man noch vor dem Sultan handeln mußte, da es inzwischen selbst zum Ziel der Aufmerksamkeit Abdul Hamids geworden war. Sechs Tage später wurde ein Polizeiinspektor erschossen, und eine Anzahl von Offizieren des Heeres wurde festgenommen.

Am 2. Juli 1908 schlugen Niazi und Enver los. Niazi brach in den Safe des Offizierskasinos ein, stahl das Vermögen des Bataillons und floh dann mit einer kleinen Schar von treuen Anhängern in die Berge hinter dem Ochrida-See. Zur gleichen Zeit desertierte Enver mit hundertfünfzig Mann aus Rezna. Zum ersten Mal in fünf Jahrhunderten war von Moslems selbst die Fahne der Revolution entfaltet worden.

Abdul Hamid scheint gar nicht begriffen zu haben, wie gefährlich seine Lage geworden war. In seinen Augen war Mazedonien schon immer ein Herd der Unzufriedenheit gewesen, und vermutlich nahm er an, daß ein Bataillon Soldaten die Angelegenheit bald wieder ins reine bringen würde. Niazi wurde als Verräter und Gesetzesverletzer gebrandmarkt, aber der Sultan beschloß, Enver wieder zu seiner Herde zurückzulocken. Er versprach ihm Beförderung, falls er nach Konstantinopel zurückkehrte. Enver beantwortete die persönliche Einladung des Sultans überhaupt nicht, und daraufhin entsandte Abdul Hamid unverzüglich achthundert Soldaten nach Monastir im nördlichen Mazedonien. Aber die Soldaten weigerten sich, auf ihre Kameraden zu schießen. Statt dessen ermordeten sie zwei ihrer älteren Offiziere. Einer wurde ganz offen auf der Straße erschossen. Wie ein Lauffeuer verbreitete sich die Nachricht darüber, und aus jeder Ecke Mazedoniens eilten türkische Truppen herbei, um sich unter die Fahne Enver Beys zu stellen. Das ganze dritte Armeekorps befand sich in Aufruhr, und dazu gehörte ein schneidiger revolutionärer Offizier namens Mustafa Kemal. Das zweite Armeekorps folgte unverzüglich diesem Beispiel.

Mit erstaunlicher Geschwindigkeit überstürzten sich jetzt die Ereignisse. Am 23. Juli setzten die Jungtürken den Sultan durch ein formelles Ultimatum davon in Kenntnis, daß das zweite und dritte Armeekorps sofort nach Konstantinopel marschieren würde, wenn er die von Midhat Pascha ausgearbeitete Verfassung nicht innerhalb von vierundzwanzig Stunden wieder in Kraft setzte.

Der Sultan stand nun vor der Wahl, eine Niederlage hinzunehmen und sich einer Politik des Zwanges zu beugen oder einen Bürgerkrieg zu riskieren. Zum ersten Mal seit Jahren rief er den Ministerrat zusammen, um über die Angelegenheit zu sprechen. Fast alle waren dafür, der Forderung der Jungtürken zu entsprechen. Doch jeder Minister kannte ja den nachtragenden Charakter des Sultans, und so ergab sich jetzt das Problem, jemanden zu finden, der genügend Mut hatte, diese Entscheidung dem Sultan zu überbringen. Alle wußten, daß er leicht dazu fähig war, in der Wut eine Pistole zu ziehen und abzufeuern.

Schließlich fand man doch einen Boten, und das war niemand anders als Abdul Huba, der Hofastrologe, durch dessen Verschulden Ägyptern dem Reich verlorengegangen war. Aber er war einer der wenigen Leute, denen der abergläubische Sultan vertraute. Abdul Huba war ein Mann mit scharfem und klugem Verstand, er fürchtete sich vor niemandem, und die Ratsherren legten ihm taktvoll nahe, daß ihre Entscheidungen dem Sultan willkommener wären, wenn sein Astrologe sie ihm als von ihm ermittelte Botschaft der Himmelskörper darlegte. Um den Astrologen zu ermutigen, sehr deutlich darauf hinzuweisen, wie groß die Gefahr eines bevorstehenden Bürgerkrieges sei, gewährte man ihm Zutritt zu dem Strom der stündlich aus allen Gegenden des Reiches eintreffenden warnenden Telegramme.

An diesem Abend wurde dem Sultan in Gegenwart nur eines der wenigen Männer, auf die er sich verließ, von seinem Hofastrologen verkündet, daß die Sterne eine Einigung mit den Jungtürken empfahlen. Abdul Hamid zögerte nicht, der Empfehlung seines vertrauten Ratgebers zu folgen: Am gleichen Abend noch schickte er ein Telegramm nach Mazedonien, und am nächsten Morgen, am 24. Juli, erwachte ein verblüfftes und ungläubiges Konstantinopel, um eine Botschaft vom Sultan in den Morgenzeitungen vorzufinden, die die Wiedereinsetzung der Verfassung Midhats bekanntgab.

Es wurde ein Tag überschäumender Freude in der Stadt. Joan Haslip schrieb in ihrem Buch *Der Sultan, das Leben Abdul Ha-*

mids: »Augenzeugen in Konstantinopel beschrieben die erstaunlichen Szenen, die sich auf dem Platz bei der Hagia Sophia und bei der Galata-Brücke abspielten, als Griechen und Bulgaren, Kurden und Armenier einander wie Brüder umarmten und Offiziere der Jungtürken begeisterte Reden an die Menge hielten. Sie sagten den Leuten, daß es jetzt keinen Unterschied mehr gäbe zwischen Juden, Christen und Moslems, sondern daß alle zusammenwirken müßten für den Ruhm der türkischen Nation. Softas und Mullahs wurden von der Flut der Begeisterung mitgerissen und trugen die rotweiße Kokarde der Freiheit. Sogar die Geschäftsleute ließen ihre Läden weit geöffnet, und die Angehörigen der Schlächtergilde in ihren weißen Arbeitskitteln vereinigten sich mit der Menge, die um die Hohe Pforte herumwogte und den Sultan ebenso wie die Verfassung mit Jubelrufen feierte.

Vier Tage hindurch nahm der Jubel kaum ab, und er fand seinen Höhepunkt, als eine Menschenmenge von etwa siebzigtausend Köpfen in den Hof von Yildiz strömte, um dem Sultan zuzujubeln, der ihnen eine neue Morgendämmerung bereitet hatte. Wenige davon hatten ihn je gesehen, vielleicht war überhaupt keiner darunter, der ihn jemals zu Gesicht bekommen hatte. Aber nichts konnte die Welle der Begeisterung im Volke aufhalten, der Sultan mußte auf den Balkon heraustreten. So konnte man zum ersten Mal einen Blick auf den Herrn von Yildiz werfen, der ein bißchen rührend aussah, als er im Sonnenlicht der Menge zublinzelte.

Es war, als ob das Reich aus einem furchtbaren Alptraum erwacht sei, und der Optimismus war spontan und ansteckend. In der Stadt Drama wurde ein Türke ins Gefängnis geworfen, weil er einen Christen beleidigt hatte. In Serres umarmte der Führer des bulgarischen Komitees den griechischen Erzbischof. Türken wohnten ehrfurchtsvoll einem Gedenkgottesdienst auf einem armenischen Friedhof bei, der zu Ehren der Opfer des Massenmordes an den Armeniern abgehalten wurde. Und in der allgemeinen Erregung fiel es der Volksmenge gar nicht so schwer, Abdul Hamid als ihren Befreier zu begrüßen und zu glauben, daß es lediglich die Palastcliquen gewesen waren, die ganz bewußt dem Sultan die Wahrheit vorenthalten hatten.

Die Ovationen waren es, die die Jungtürken davor zurückhielten, Abdul Hamid unverzüglich abzusetzen. Das »Komitee für Einheit und Fortschritt« fühlte sich noch nicht stark genug, den Erlaß über die Absetzung schon im Jahre 1908 herauszugeben, schrieb Ernest Ramsaur in dem Buch *Die Jungtürken*. Der Sultan hatte dem Komitee den Wind aus den Segeln genommen, indem er den Forderungen nach Wiedereinsetzung der Verfassung nachgab. Vielfach galt er sogar selbst als der Urheber dieser Idee. Seine hohe Stellung machte das türkische Volk noch immer blind für seinen wahren Charakter. So mußte sich Enver schließlich damit zufriedengeben, daß er den Sultan in die Rolle eines konstitutionellen Monarchen gedrängt hatte, der freilich dadurch den größten Teil seiner Macht verlor.

Abdul Hamids Volkstümlichkeit war in Mazedonien nicht so sehr zu spüren, wo der forsche Enver Bey in einer schmucken neuen Uniform einen triumphierenden Umzug durch die Straßen von Saloniki veranstaltete. Er wurde dabei von einem Artillerieregiment begleitet, dessen Kapelle die Marseillaise spielte.

Nachdem der Sultan jetzt nur noch ein konstitutioneller Monarch war, machte sich das Komitee daran, die viel zu zahlreichen dienstbaren Geister in seiner Umgebung systematisch abzubauen. Sein Theater wurde geschlossen, zweihundert Musiker wurden entlassen, von seinen dreihundert Adjutanten blieben nur noch dreißig übrig, und sein Gestüt wurde vom Staat übernommen. Die Jungtürken forderten den Sultan auf, das ganze Spionagesystem durch ein Dekret abzuschaffen, nachdem er sein Kabinett entlassen hatte. In der dann folgenden allgemeinen Wahl stimmten Männer aller Rassen und Religionen für das neue Parlament, das am 17. Dezember feierlich eingeführt wurde.

Es muß ein denkwürdiges Schauspiel gewesen sein. An einem frischen und kühlen Tage hatte der Schnee der Stadt ein weißes Kleid gegeben, und die Sonnenstrahlen glitzerten auf den Minaretten. Auf dem großen Platz vor der Hagia Sophia formierte sich ein Zug mit den scharlachroten Fahnen mit Stern und Halbmond, die sich klar gegen den blauen Himmel abzeichneten. Der Pomp der Vergangenheit wurde zum ersten Mal wieder in seiner ganzen Pracht lebendig, seit der Überrock zur Nationaltracht geworden war. Zuaven in ihren grünen Turbanen, Albanier in ihren weißen Röcken, Priester mit der Mitra auf dem Haupt und mit wallenden Talaren erwiesen dem Sultan ihre Ehrerbietung, als er den Zug zum Parlamentsgebäude führte. Dort waren die vielen neu gewählten Parlamentsmitglieder einschließlich dreier Männer, die dazu ausersehen sein sollten, die Türkei bei ihren ersten tastenden Schritten auf dem Wege zur Demokratie zu führen. Dazu gehörte Enver, der nach einem starken Parfüm duftete und dessen Foto zu Tausenden in den Straßen verkauft wurde. Auch der dunkelhäutige Talaat war darunter, der fast wie ein Zigeuner aussah und angeblich zu den klügsten Köpfen der Partei zählte, und schließlich Djemel Bey, der einst fügsamer Page eines Paschas gewesen war und der sich selbst lieber mit Pagen als mit weiblichen Geliebten befaßte. Aber seine Tapferkeit während des Aufstandes in Saloniki war bereits zur Legende geworden. Es waren drei Männer, die aus ganz unterschiedlichen Kreisen kamen und die man endlich fand, nachdem man verzweifelt gesucht und immer wieder gesucht hatte.

Ein Volk von einem despotischen System in eine Demokratie zu führen, war keine leichte Aufgabe, besonders nachdem ausländische Mächte auf dem Schauplatz des Geschehens erschienen. Fürst Ferdinand von Coburg rief sich selbst zum Zaren eines unabhängigen Bulgariens aus, das durch den Zusammenschluß des eigentlichen Bulgariens mit Ostrumelien gebildet wurde. Österreich-Ungarn gliederte Bosnien und die Herzegowina seinem Staatsgebiet ein, es hatte seit dem Jahre 1878 diese Landstriche für den Sultan »verwaltet«. Kreta verkündete seinen Anschluß an Griechenland. Alle diese Teilgebiete wurden formlos vom Ottomanenreich abgetrennt. Das Komitee reagierte lediglich mit formellen Protesten, wahrscheinlich sah es diese Dinge als Preis dafür an, den man gegen die Anerkennung und Hilfe des Auslands zu zahlen hatte. Aber die Wirkung dieser großangelegten Zerstückelung seines ihm so ans Herz gewachsenen Landes auf den durchschnittlichen Türken war die, daß er in steigendem Maße seiner Entrüstung Ausdruck gab. Es dauerte nicht lange, bis dieser zunächst noch unterschwellige Protest auch durch die Tore von Yildiz drang und Abdul Hamid zu Ohren kam.

Es ist schwer zu glauben, daß Abdul Hamid nicht hinter dem nun folgenden Durcheinander stand und daß es nicht sein Geld war, mit dem die albanischen Soldaten dazu veranlaßt wurden, sich gegen das Komitee aufzulehnen. Sicher war er es, der die Tausende jetzt beschäftigungslosen Spione bestach, die die Regierung jährlich 1,2 Millionen Pfund Sterling gekostet hatten. Gewiß begannen viele Leute auch wieder daran zu glauben, daß ihre einzige Hoffnung für die Zukunft darin lag, daß der Sultan seine ganze Macht zurückerhielt. Sie wurden von einer kleinen Gruppe fanatischer Geistlicher ermutigt, und unbeabsichtigt wurden sie von Hunderten von Verbrechern unterstützt, denen eine Amnestie gewährt worden war und die jetzt anfingen, die Stadt und das ganze Land zu terrorisieren.

Am 13. April 1909 rebellierten Truppen in Konstantinopel, und eine Gegenrevolution wurde verkündet. Es sah nicht danach aus, daß sie irgendeinen Anführer hatte, denn Abdul Hamid hielt sich sorgsam im Hintergrund. Alle Mitglieder des »Komitees für Einheit und Fortschritt« wurden zur Flucht gezwungen, und wenn Abdul Hamid den Mut gehabt hätte, sein Fuchsloch zu verlassen, dann hätte er möglicherweise seinen Thron behalten.

Er wagte es nicht, und er verlor alles. Innerhalb von vierzehn Tagen marschierten Soldaten aus Saloniki nach Konstantinopel, die treu zu Enver hielten. Es war ein kalter und klarer Frühlingsmorgen, als sich Abdul Hamid am 23. April gerade wieder einmal darauf vorbereitete, an den Freitagsgebeten teilzunehmen. Plötzlich hörte er das Geräusch von Gewehrschüssen. Enver war bis zum Goldenen Horn gekommen, und sein nächstes Ziel waren die Taxim-Kasernen im Zentrum der Stadt. Hier hatte sich die Garnison auf eine Belagerung eingerichtet, aber nach einer vierstündigen Schlacht führte Enver mit großem Schneid und Mut seine Soldaten unter Granatfeuer im Sturm auf die Barrikaden an. Gegen Sonnenuntergang war er Herr des größten Teils der Stadt, und seine Leute schlugen einen Kilometer von Yildiz entfernt ihr Lager auf.

Es klingt unwahrscheinlich, aber der Sultan hatte tatsächlich keine Ahnung von dem, was da vor sich ging. Er merkte es immer noch nicht, als das Schießen aufhörte, denn seine Eunuchen oder

Die Ausbreitung der Unabhängigkeit auf dem Balkan 1822–1913

seine Kammerherren wagten es ihm nicht zu sagen. Er wußte lediglich, daß seine persönliche Leibgarde in Yildiz nicht dazu gekommen war, kämpfen zu müssen. Er war völlig abgeschlossen von der Außenwelt. Seine Jacht war von den Männern aus Saloniki beschlagnahmt worden, die auch den riesigen Park umzingelt hatten. Einen großen Teil dieser Nacht brachte Abdul Hamid damit zu, daß er auf einem Diwan lag und einem Pagen lauschte, der ihm laut etwas aus einem englischen Buch vorlas. Es waren die *Abenteuer des Sherlock Holmes.*

Sogar am Sonnabend bei Tagesanbruch ging das scheinbar normale Leben in Yildiz weiter. Als Gewehrfeuer den Sultan weckte, stürmte er in seinem Morgenrock hinaus, um einen Eunuchen zu fragen, was los sei, und man antwortete ihm: »Die treuen Soldaten Eurer Majestät sind gerade dabei, die Rebellen zu vernichten.« Aber in Wirklichkeit hatte Enver den Angriff auf Yildiz selbst eröffnet.

Als es jedermann klargeworden war, daß die Garnison des Sultans bald überwältigt werden würde, begannen die Schmarotzer, die bisher auf Kosten des Sultans gelebt hatten, zu Hunderten zu fliehen. Am Abend war nur noch eine Handvoll Leute zurückgeblieben. Das Feuer in den Küchen war erloschen. Der elektrische Strom war ausgefallen. In allen Kiosken des großen und dunklen Parkes konnte niemand mehr auch nur eine einzige Kerze auftreiben. Zum ersten Mal in dreiunddreißig Jahren mußte sich Abdul Hamid mit einem kalten Abendessen begnügen, das zudem nicht einmal in seiner nur für ihn selbst eingerichteten Küche zubereitet worden war. Es bestand aus den Resten, die die Dienerschaft übrig gelassen hatte, und das war alles, was die wenigen zurückgebliebenen Eunuchen in den verlassenen Vorratskammern hatten finden können.

Das Komitee sah sich nun vor einem Problem: Was sollte mit dem Sultan geschehen? Die Gegenrevolution hatte deutlich gezeigt, daß man vorsichtig und mit Überlegung vorgehen mußte. Es stand außer Frage, daß an eine Ermordung des Herrschers nicht zu denken war. Die Revolutionäre hatten zu zeigen, daß sie das Oberhaupt des Reiches mit einer Nachsicht behandelten, die durch die Verfassung geboten war. Somit griffen sie auf den noch aus den früheren Zeiten stammenden Brauch zurück, sich an den Scheich-Ul-Islam zu wenden. Sie legten ihm folgende Frage vor: »Was soll mit einem Beherrscher der Gläubigen geschehen, der Bücher verboten und wichtige Gebote des islamischen Gesetzes verletzt hatte? Der das Lesen solcher Bücher verbietet und sie verbrennt? Der öffentliche Gelder für Zwecke verschwendet hatte, für die sie nicht bestimmt waren? Der ohne gesetzliche Berechtigung seine Untertanen tötet, ins Gefängnis wirft, foltert und sich wie ein Tyrann aufführt? Der, nachdem er ausdrücklich Besserung geschworen hatte, diesen Eid gebrochen hat und fortfährt, Zwietracht zu säen, um damit den allgemeinen Frieden zu stören und so Blutvergießen veranlaßt?

Aus verschiedenen Provinzen kommt die Nachricht, daß das Volk ihn abgesetzt hat. Überdies ist es offensichtlich, daß sein weiteres Verbleiben auf dem Thron gefährlich und seine Abdankung zu empfehlen ist.

Ist es für die gegenwärtige Regierung unter diesen Verhältnissen zulässig, eine Entscheidung über seine Abdankung oder Absetzung zu treffen, da eine solche Maßnahme zum Besten des Volkes zu empfehlen ist?«

In seiner weißgoldenen Robe und mit dem großen gelben Turban auf dem Haupt antwortete der Scheich: »Jawohl!« Das genügte der Nationalversammlung, die Entscheidung zu fällen, und am Morgen des 27. April begab sich eine aus vier Köpfen bestehende Abordnung von Parlamentariern zum Sultan, um ihm diesen Beschluß zu überbringen. Sie bestand aus einem Albanier, einem Griechen, einem Juden und einem Armenier. General Essad war einer von ihnen und hat sich später an die bedrückende Atmosphäre erinnert, die schwer über ihnen lastete und beinahe schon an Furcht grenzte, als sie im Tschitli-Kiosk saßen, einem langgestreckten einstöckigen Gebäude, das einen geheimen Zugang zum Harem besaß. Sie wurden von dreißig verschreckten Eunuchen bewacht, als sie darauf warteten, den Mann zu sehen, der so lange Zeit über das Wohl und Wehe jedes Bürgers in der Türkei hatte bestimmen können. »Seine Anwesenheit schien das ganze Zimmer auszufüllen.« Auf einem Tisch stand seine Medizinflasche. Hinter einem Ofen lugten seine Galoschen hervor. In einer Ecke lag ein zerknüllter Haufen von früheren Berichten seiner Spione. Eine Schachtel mit billigen Zigaretten stand auf einem Tisch neben einem fettigen Kerzenstummel. Auf dem Fußboden zwischen dem unvermeidlichen Klavier und einem großen japanischen Leinwandbild lag ein Haufen Zigarettenkippen. Überall, wohin sie auch blickten, konnten die Angehörigen der Abordnung ihre Gesichter in den nach strategischen Richtlinien an allen Wänden angebrachten Spiegeln sehen.

Plötzlich öffnete sich die Tür, und unvermutet trat der Sultan ein. Über seine knochendürre Gestalt hatte er sich einen Militärmantel gehängt. Dem General, der ihn als einziger schon vorher gesehen hatte, schien Abdul Hamid noch kleiner, als er ihn in Erinnerung hatte, als er jetzt ruhig und würdevoll das Ende der üblichen Begrüßungszeremonien abwartete. Dann fragte er: »Was wünschen Sie?«

Essad antwortete: »Das Volk hat Sie abgesetzt, und wir sind damit beauftragt, für Ihre eigene Sicherheit und für die Sicherheit Ihrer Familie zu sorgen.« Aber da dieser redliche Soldat sich selbst doch nicht ganz von der Ergebenheit seinem Sultan gegenüber frei machen konnte, fügte er beruhigend hinzu: »Sie haben nichts zu fürchten, Herr!«

Eine Zeitlang herrschte Stille im Raum, die nur vom Ticken von elf Uhren unterbrochen wurde. Dann sagte der Sultan unter Wahrung seiner ganzen Würde, indem er die gleichen Worte gebrauchte, die sein Onkel unter ganz ähnlichen Umständen schon einmal gesprochen hatte: »Es ist Kismet – Schicksal. Ich bin unschuldig. Wird mein Leben geschont werden?«

Es blieb ihm erhalten. Sein Bruder Reschid, dem man in aller Eile den neuen Namen »Mohammed der Fünfte« verlieh, bestieg den Thron. Die Jungtürken wollten sich nicht mit dem Sultanat herumärgern, und für sie hatte er wenigstens eine Eigenschaft, die ihnen ohne Zweifel sehr gut paßte: Er bekannte, daß er »seit zwanzig Jahren keine Zeitung mehr gelesen habe«.

Abdul Hamid wurde nach Saloniki verbannt. Drei Ehefrauen, seine zwei kleinen Söhne, vier Konkubinen, vier Eunuchen und vierzehn Diener begleiteten ihn. Um Mitternacht kamen die

Kutschen, um ihn und seine Begleitung abzuholen. Mit weißem Gesicht und kaum fähig zu stehen, verabschiedete er sich von den schluchzenden Haremsdamen. Die Soldaten präsentierten die Gewehre. Zum letzten Mal küßten die Eunuchen den Saum seines Mantels. Dann brach er in Begleitung einer Kavallerie-Eskorte auf, um seinen eigenen Zug zu besteigen, der ihm zwanzig Jahre vorher geschenkt worden war, den er aber noch niemals gesehen hatte.

Es war sicherlich eine Überraschung für ihn, als Abdul Hamid in einer prächtigen Villa untergebracht wurde, und seine »Wächter« – es waren zwei stattliche junge Offiziere – sagten zu ihm, daß sie ausdrücklichen Befehl hätten, ihm jeden vernünftigen Wunsch zu erfüllen.

Sie hielten diese Zusage. Als er sich beklagte, daß die Milch und die Eier nicht frisch waren, wurden ihm fünfzig Stück reinrassiges Geflügel und zwei Kühe aus seinem Landgut in Yildiz gebracht. Auch billigte man ihm noch eine zusätzliche Anzahl weiterer jüngerer Konkubinen zu.

Es gab Grund genug, ihn mit Samthandschuhen anzufassen. Abdul Hamid hatte sich Jahrzehnte hindurch persönlich am Staatsschatz bereichert, aber wo war das Geld geblieben? Einiges davon fand man sehr bald in den Kellern in Yildiz auf – elf Säcke mit Goldmünzen und einige mit wertvollen Edelsteinen vollgestopfte Schachteln –, und man entdeckte auch noch manches andere, zum Beispiel ein kleines Notizbuch, das Abdul Hamid in dem Durcheinander zurückgelassen hatte. Es enthielt Einzelheiten über sein Eigentum im Ausland: Dabei handelte es sich um Geld, das er beiseite geschafft hatte, als er einige Ölfelder in Mesapotamien enteignet hatte, und um große Vermögenswerte, die er heimlich in der »Deutschen Bank« und bei bestimmten amerikanischen Ölgesellschaften in Sicherheit gebracht hatte.

Außer dem Sultan selbst kannte nur noch Izzet die Geheimnisse dieses Notizbüchleins, und Izzet war während der Revolution entkommen. So hatten die sich erfreulich anständig benehmenden Wächter in Saloniki die Aufgabe, Abdul Hamid mit großem Geschick und ein bißchen hinterlistig beizubringen, daß seine Verbannung möglicherweise nicht von Dauer war, wenn der sechzigjährige Sultan sich damit einverstanden erklärte, diese Werte der Regierung zurückzugeben*).

Als die Löwen im Privatzoo des Sultans vor Hunger brüllten, machte sich das Komitee daran, in Yildiz Ordnung zu schaffen. Dort sah alles nach einem riesigen Trödlerladen aus. »Weder ein großes Vorratshaus einer Stadt und noch viel weniger der Haushalt irgendeines anderen Monarchen konnte eine so riesige Menge der verschiedenartigsten Dinge aufweisen wie Yildiz«, schrieb Alma Wittlin in dem Buch *Abdul Hamid, der Schatten Gottes*. »Es gab einen ungeheuer großen Schrank, der nichts anderes als Hemden enthielt, es waren Tausende. Man konnte sie aber nicht einfach in der Eile auf einen Haufen werfen und beseitigen, sondern man mußte jedes einzelne Hemd nach wertvollen Gegenständen durchsuchen, die in einigen der Kleidungsstücke verborgen waren: Perlenketten im Wert von Zehntausenden Pfund, aber auch kleine Beutel voller Edelsteine. Ein Fach enthielt zweihundert Medaillen, unter denen sich wahllos verstreut Rubine und Eisenbahnaktien befanden, wahrscheinlich hatte Abdul Hamid selbst alle diese Dinge hineingestopft. Ganze Bücherschränke waren mit Fünf-Pfund-Noten angefüllt.«

Die Schmarotzer, die in Yildiz gelebt hatten, mußten ebenfalls vertrieben werden. Alle, die nicht hatten fliehen können – Diener, Spione und Astrologen –, zogen trübselig und vom Regen durchnäßt in einem Treck hinaus, der eine halbe Meile lang war. Die meisten wurden gut behandelt, aber wenn einige davon als Verbrecher entlarvt wurden, dann wurden sie öffentlich auf der Galata-Brücke von Zigeunern, die als Henker arbeiteten, gehängt. Pro Kopf erhielten die Henker einen Schilling. Unter den Opfern waren auch der aufgeschwemmte, fette Kislar-Aga, der für seine Grausamkeit bekannt war, sowie der Oberste Scharfrichter Mehmed Pascha, dessen Lieblingsmethode es war, Verdächtige ganz langsam zu ertränken.

Das Komitee mußte sich mit noch einem weiteren Problem be-

*) Vielleicht bekam die Regierung einen großen Teil des Geldes zurück, bevor Abdul Hamid friedlich im Jahre 1915 starb, aber er gab niemals alle seine finanziellen Geheimnisse preis, denn er wußte genau, daß sie sein sicherster Schutz gegen einen Mordanschlag waren.

fassen: Was sollte aus dem Harem werden? Von den Tausenden von Insassen, die bereits geflohen waren, blieben immer noch etwa 900 Frauen aus dem Harem übrig – Odalisken und ihre Dienerinnen. Dazu kamen noch Hunderte von Menschen, die in den Räumen der Söhne und Töchter des Sultans als dienstbare Geister gearbeitet hatten. Man konnte sie kaum so einfach auf die Straße schicken, denn die meisten hatten, seit sie erwachsen waren, ihr Leben unter dem Schutz und Schirm des Herrschers zugebracht. Meist waren es in der Außenwelt völlig unerfahrene Sklavinnen. Die Freiheit muß für sie eine höchst unangenehme Aussicht bedeutet haben.

Im Zuge der sich neuerdings überall abzeichnenden Neigung zur Vielseitigkeit gaben die Jungtürken in den Zeitungen bekannt, daß sich alle Leute melden sollten, deren Töchter oder Schwestern für den Harem geraubt worden waren. Sie sollten auf Kosten der Regierung nach Konstantinopel kommen und ihre Verwandten zurückholen. Eine Abordnung der Jungtürken reiste kreuz und quer durch die tscherkessischen Dörfer, die während vieler Generationen Mittelpunkt des Sklavenhandels gewesen waren. Die Reaktion auf diesen Aufruf war beachtenswert und fand ihren Höhepunkt in einem langen Zug von Frauen und Eunuchen, der sich zum ersten Mal in einer Richtung bewegte, die aus dem Harem heraus und in die Straßen von Konstantinopel hineinführte. Darauf folgte dann ein sonderbares Schauspiel: An einem Ende eines langen Zimmers saß ein Bevollmächtigter der Jungtürken. Unten saßen auf einer Seite die Haremsdamen, auf der anderen ihre abenteuerlich gekleideten Stammesgenossen, von denen die meisten Waffen trugen. Den Konkubinen waren nach einer höflichen Aufforderung gegen ihren Widerspruch und ihre Bitten zum ersten Mal in ihrem Leben die Schleier abgenommen worden, damit sie von ihren Eltern und Brüdern erkannt werden konnten, die sie so lange nicht mehr gesehen hatten, oder damit sie auch selbst ihre Verwandten erkannten. Dutzende von ihnen konnte man wieder mit ihren Angehörigen vereinen, und nach einem tränenreichen Abschied von ihren Leidensgenossinnen brachen sie dann auf, um in den Gebirgsdörfern ihrer Familien ein karges Leben zu führen. Niemand wird jemals wissen, ob sie dabei Erleichterung empfanden oder ob sie ihrem bisherigen Leben nachtrauerten.

Viele Verwandte aber konnte man nicht auffinden. Einige der Mädchen verschwanden spurlos. Der Rest begab sich zum alten Palast des Großen Serails, wo sie sich der Schar der entlassenen Konkubinen aus den Harems früherer Sultane zugesellten. Immerhin war es hier einigermaßen bequem, und man brauchte sich nicht mit den Problemen der Außenwelt herumzuschlagen. Das war das Ende des Lebens im Harem, das letzte Glied in einer Kette von Ausschweifungen und Exzessen einer nun endgültig abgeschlossenen Epoche.

Eine neue Morgenröte war angebrochen. Die zukünftigen Exzesse und Ausschweifungen sollten jetzt von ganz anderer Art sein.

Die unheilige Dreieinigkeit

Als die Jungtürken blindlings in das ihnen so ganz und gar ungewohnte Stadium der Demokratie hineinstolperten, lenkten drei Männer das Schicksal des Reiches: Sie hießen Talaat, Djemel und Enver, und jeder von ihnen sollte dazu bestimmt sein, ein Morgengrauen hochtrabender Versprechungen in einen verhängnisvollen Alptraum zu verwandeln, ehe sie in fernen Ländern eines gewaltsamen Todes starben.

Die Macht hinter dem Komitee für Einheit und Fortschritt während der meisten der unheilvollen Jahre zwischen 1908 und 1919 war Talaat Bey. Jeder Zoll an ihm verriet den selbstbewußten Lenker des Parteiapparates. Er war ein Mann von so riesiger und beinahe grotesk wirkender Gestalt, daß der amerikanische Gesandte Henry Morgenthau bei seinem ersten Zusammentreffen mit ihm über seinen gewaltigen, steinharten und muskulösen Bizeps erstaunt war. Außerdem bewunderte er seine Handgelenke, die doppelt so groß waren wie die eines durchschnittlichen Mannes.

Talaat liebte es, daran zu erinnern, daß er ein Mann aus dem Volke war. Er war einst Telegraphenarbeiter gewesen und dann Innenminister geworden, was eine erstaunliche Stellung für eine lediglich durch die Partei gestützte Laufbahn bedeutete. Er führte ein einfaches, beinahe bescheidenes Leben, wie Morgenthau entdeckte, als er ihn unerwartet in seinem Heim besuchte. Talaat mag wohl der mächtigste Mann im türkischen Reich gewesen sein, aber sein Haus stand am Ende einer engen Straße, die beinahe so aussah, als führte sie durch ein Elendsviertel. In einem kärglich und mit billigen Möbeln ausgestatteten Zimmer wartete dort der Gesandte, wo ein paar protzige Drucke an den Wänden hingen und abgenutzte Läufer auf dem Fußboden lagen. Endlich kam Talaat ins Zimmer hineingepoltert, um den unverhofften Gast zu begrüßen. Er trug Filzpantoffeln, einen Fez und einen dicken grauen wollenen Pyjama.

Obwohl er äußerst unbarmherzig sein konnte, verstand Talaat es ausgezeichnet, seine Empfindungen unter einem Anflug fröhlicher Biederkeit zu verbergen. Er war wie ein tolpatschiger Bär, der freundlich aussieht, vor dem man sich aber in acht nehmen muß. Der Militärgouverneur von Konstantinopel und Marineminister Djemel Bey konnte dagegen überhaupt nichts verheimlichen. Er war ein trinkfester und unersättlicher Spieler, der seine ganze Freiheit an den Kartentischen des »Cercle d'Orient« zubrachte. Djemels schwarze und durchdringende Augen nahmen alles in sich auf. Sein schwarzer Haarschopf und sein schwarzer Bart verstärkten den Eindruck, daß er eine ungezügelte Energie besaß, und als er mit Harold Nicolson in der britischen Gesandtschaft speiste, war der junge britische Sekretär von seinen »weißen Zähnen, die wie bei einem Tiger blitzten und im Kontrast zu seinem schwarzen Bart standen«, höchst beeindruckt. Djemel paßte sehr gut in eine Rolle, die Mordanschläge und Justizmorde als Teil seiner täglichen Routinearbeit von ihm verlangte.

Enver Bey war ganz anders. Er war erst siebenundzwanzig Jahre alt, als er auf die Barrikaden ging, um Abdul Hamid abzusetzen, und er war vor allem der Mann, der die Aufmerksamkeit des Volkes fesselte. Als Soldat war er wegen seiner Kühnheit in der Schlacht berühmt geworden, er hatte einen dunklen und gutmütigen Augenausdruck, sein Antlitz war ungetrübt und hatte nicht eine einzige Falte, so daß er beinahe ein bißchen weiblich wirkte. Seine schmalen Hände mit den spitzen Fingern verstanden den Geigenbogen mit mäßigem Geschick zu führen und verstärkten noch die Wirkung seiner Persönlichkeit. Das tat auch seine makellose Uniform, in der er ein kühnes und fast etwas geckenhaftes Bild bot, besonders weil er nach einem Besuch bei Kaiser Wilhelm in Berlin diesen durch einen nach oben gezwirbelten Schnurrbart nachahmte. Dort hatte er auch den Vorgeschmack eines angenehmen Lebens bekommen. Als Enver Kriegsminister geworden war, richtete er sich ein Büro ein, in dem sich drei Bilder an der Wand befanden: Napoleon, Friedrich der Große, und ein Konterfrei von ihm selbst hing in der Mitte zwischen beiden. Es dauerte nicht lange, bis ihm seine Untergebenen den Spitznamen »Napoleonlik« verliehen, was »Kleiner Napoleon« bedeutet. Man konnte es kaum glauben, daß er eine sehr ärmliche und elende Jugendzeit gehabt hatte und daß seine Mutter mit der niedrigsten Arbeit beschäftigt war, die die Türkei zu vergeben hatte: Sie machte die Toten für die ewige Ruhe zurecht. Aber Enver besaß den kompliziertesten Charakter der drei Männer. Wenn er auch eitel war, so konnte er dies doch hinter einem Hauch von Schüchternheit verbergen. Wenn er auch dynamisch war, so schien er niemals übereilt zu handeln, er wirkte stets ruhig. Er wußte sich zu benehmen. Er besaß eine Art scheuer Liebenswürdigkeit, so daß Alan Moorehead in dem Buch *Gallipoli* schrieb: »Es war kein Wunder, daß die damaligen Gastgeberinnen so leicht ihr Herz an ihn verloren. Er war ein junger Haudegen, wie er leibt und lebt, ein bescheidener junger Held. Aber dies alles war eine äußerst wirkungsvolle Tarnung seiner angeborenen Grausamkeit, seiner Oberflächlichkeit und seines untergründigen Größenwahns.«

Envers erste Jahre als »volkstümlicher Held der Revolution« waren stürmisch. Er war ein Mann, dessen Energie niemals erlahmte, und er schien einen unheimlichen Instinkt dafür zu haben, daß er sich im richtigen Augenblick an der richtigen Stelle befand, besonders als alles schiefzugehen schien, was die Jungtürken planten, und als ihre sicher ursprünglich ernstgemeinten Träume in ein Nichts zerfielen*).

Als die Italiener im Herbst 1911 ohne jeden Grund einen Angriff auf die türkische Provinz Tripolis in Nordafrika unternahmen, war Enver der erste, der sich sofort aus seiner Botschaft in Berlin nach Bengasi begab, um dort zu kämpfen. Von dort aus machte er sich eilig auf, um an den Balkankriegen teilzunehmen,

*) Obwohl das »Komitee für Freiheit und Fortschritt« es zuweilen vorzog, »alten Türken« dem Namen nach einflußreiche Stellungen zu überlassen, waren es mit Ausnahme einer kurzen Zwischenperiode stets die Jungtürken, die die wahre Macht innehatten.

in denen sich viele alte Feinde der Türken, die solange durch kleine Reibereien gegeneinander zurückgehalten worden waren, im Interesse der gemeinsamen Sache wieder zusammenschlossen. So sahen sich die Jungtürken Gegnern gegenüber, die aus Bulgaren, Serben, Griechen und Montenegrinern bestanden. Diese Gegner überrannten Mazedonien und umzingelten Adrianopel, während ein anderes Heer die vor Konstantinopel liegenden Verteidigungsstellungen von Chatalja erreichte. Als Europa im Jahre 1913 einen Waffenstillstand vorschlug, der den Verlust Adrianopels für das Reich bedeutet hätte, kam Enver wieder zum Vorschein und zeigte sich diesmal noch theatralischer als je zuvor. Die bestürzten Türken hatten schon alles verloren gegeben, und in dumpfer Verzweiflung gaben sogar Parteimitglieder dem damaligen Kriegsminister Nasim Pascha die Erlaubnis, einen Waffenstillstand auszuhandeln.

Aber Enver machte nicht mit. Als die Unterhändler sich noch wegen der Friedensbedingungen herumstritten, bestach Enver heimlich den für die Sicherheit der Konferenz verantwortlichen diensthabenden Offizier, daß er sich einen Tag Urlaub nehmen sollte. Seine bewaffneten Mitverschwörer bildeten kleine Gruppen, die in benachbarten Kaffeehäusern saßen und Kaffee tranken. Sie hatten versteckte Fahnen bei sich, die auf ein gegebenes Zeichen entfaltet werden sollten, wenn Enver selbst erschien.

Die Regierung hatte keine Ahnung, daß es vielleicht Ärger für sie geben konnte, bis Enver ganz unerwartet in das Außenministerium stürmte. Auf dieses Zeichen hin erschienen in jeder Ecke Dutzende von »Kaffeetrinkern«, die mit Revolvern herumfuchtelten und rote Fahnen trugen, auf die Sprüche aus dem Koran gemalt waren. Sie eilten die Treppen hinter Enver hinauf und schrien: »Nieder mit der Regierung!« und »Wir wollen Adrianopel behalten!« Vor den Toren des Gebäudes »jubelten ihnen etwa hundert weitere Gleichgesinnte zu und verteilten Flugblätter mit einer öffentlichen Erklärung«.

Noch immer hatten die Friedensunterhändler nicht gemerkt, daß ihnen etwas in die Quere gekommen war. Am Haupteingang verlangte Enver, daß man ihn in den Sitzungssaal ließ. Als Antwort darauf feuerte der diensthabende Adjutant unsinnigerweise einen Schuß auf die Demonstranten ab. Es war sein Todesurteil, denn Enver zog kaltblütig seinen Revolver und tötete ihn.

Inzwischen mußte doch der Lärm des Tumults und der Jubelrufe bis zu den Ohren der Konferenzteilnehmer gedrungen sein, aber es ist zweifelhaft, ob sie auch das Schießen gehört hatten, denn in diesem Augenblick ging Nasim mit den Händen in den Taschen und mit einer zwischen seinen Lippen steckenden Zigarette an die Tür und sagte beinahe heiter: »Hört mal, Jungens, was soll der Krach? Wißt ihr nicht, daß ihr damit unsere Beratungen stört?«

Es waren die letzten Worte des Kriegsministers. Enver oder einer seiner Kameraden erschoß ihn. Dann eilte Enver wieder in den Sitzungssaal und zwang den über achtzigjährigen Großwesir mit der Pistole dazu, sein Amt niederzulegen. Als der Großwesir anfänglich zögerte, stieß ihm Enver eine Pistole zwischen die Rippen und sagte zu ihm: »Wir haben nicht gezögert, den Kriegsminister zu töten, um Adrianopel zu retten. Warum sollte es uns etwas ausmachen, auch Sie umzubringen?« Der alte Mann gab auf, und so konnte Enver die Gelegenheit wahrnehmen und die Armee säubern. Er tat dies mit seinem üblichen Sinn für große Gesten, und so entließ er an einem einzigen Tage 1 200 Offiziere.

Obwohl Enver ja tatsächlich das Kriegsministerium leitete, hatte er in Wirklichkeit einen ungestümen Drang nach Heldentaten. Fast unmittelbar danach kehrte er zur Front zurück, vernichtete den Feind und rettete an der Spitze seiner Truppen Adrianopel für das Reich.

Als er nach Konstantinopel zurückkehrte, hatte man auf allen Straßen Rosen gestreut, und alle Dachterrassen waren mit Hunderttausenden von Menschen gefährlich vollgestopft. Die warteten auf den Helden, der den einen Sieg zugleich mit einem zweiten, von ganz anderer Art, feierte. Er heiratete die Tochter des Sultans, nahm den Titel eines Paschas an, richtete sein Heim in einem prächtigen Palast ein und nahm sich ein Gefolge von Dienern und eine persönliche Leibgarde, wodurch er einen seiner Kameraden zu der bissigen Bemerkung veranlaßte: »Gott verdamme Enver Pascha, weil er unseren Enver umgebracht hat!«

Ein Mann fehlte allerdings noch, er trat jedenfalls nicht vor die

Augen der Öffentlichkeit. Mustafa Kemal war ein Offizier, der sich im Schatten hielt, oft stand er unter Envers Befehl. Die beiden Männer haßten einander, obwohl Kemal damals an dem Marsch auf die Hauptstadt teilgenommen und in Tripolis und in den Balkankriegen Dienst getan hatte. Aber Kemal war nicht nur ein launischer und mürrischer Mensch. Er war auch ein militärisches Genie, und er konnte es nicht verwinden, daß er unter diesem Gecken dienen mußte, der zwar beim Erstürmen von Wällen Schneid zeigte, sonst aber hoffnungslos unfähig war, wenn es um militärische Strategie ging.

Die Tragödie der Jungtürken bestand in jenen frühen Jahren darin, daß ihre anfänglichen Hoffnungen und Bestrebungen im Verlauf der Ereignisse, die sie völlig in Anspruch nahmen, verlorengingen. Nationale Tendenzen bei den unterjochten Völkern setzten ihren Träumen von einem Reich mit freien und gleichen Bürgern für immer ein Ende. Talaat selbst wurde bald gezwungen zuzugeben, daß »keine Rede von Gleichheit sein kann, bevor unsere Aufgabe erfüllt ist, alle Einwohner des Reiches zu Ottomanen zu machen«. Das war ein Ausspruch, der den britischen Gesandten dazu veranlaßte, spöttisch zu bemerken: »Für sie bedeutet das Wort ›Ottomane‹ offensichtlich das gleiche wie ›Türke‹, und ihre gegenwärtige Politik der ›Ottomanisierung‹ zielt darauf ab, die nichttürkischen Volksteile in einem türkischen Mörser so lange zu zermahlen, bis sie zu Türken geworden sind.«

Die ersten Ergebnisse dieser Politik bestanden aus einer verwirrenden Aufeinanderfolge sinnloser Erlasse. Über Nacht wurden französische Inschriften entfernt, die jahrzehntelang neben türkischen Anweisungen auf öffentlichen Plätzen angebracht waren, so daß die immer größer werdende europäische Einwohnerschaft sich unverständlichen Straßennamen und unbegreiflichen öffentlichen Ankündigungen und Richtungsanzeigen in den Straßenverkehrsmitteln gegenübersah. Und während der eine Bezirk diese Spuren der »ungläubigen Fremden« eifrig auslöschte, forderten Schriftsteller wie Abdullah Cerdet im Rahmen der neuen Pressefreiheit, daß mit dem Wort »Kultur europäische Kultur gemeint sein müßte, und daß man sie sowohl mit ihren Rosen als auch mit ihren Dornen einführen sollte«. Zuweilen wurde sie auch wirklich eingeführt, und es kamen manchmal dabei recht lächerliche Dinge heraus, wie ein anderer Schriftsteller namens Ismail Hami feststellte: »Durch die gleichzeitige Einfuhr von russischen Uniformen, belgischen Gewehren, türkischer Kopfbedeckung, ungarischen Sätteln, englischen Schwertern und französischem Schliff haben wir eine Armee geschaffen, die eine alberne Parodie Europas darstellt.«

Als der englische Schriftsteller Mark Sykes im Jahre 1913 nach Konstantinopel zurückkehrte, wollten ihm diese Veränderungen überhaupt nicht gefallen. »Ich habe Konstantinopel viermal in fast gleichen Zeitabständen besucht«, schrieb er. »Was ist doch die Stadt heute nach fünf Jahren des Fortschritts für ein seltsamer Sumpf, in dem Narrheit und schmutziges Ränkespiel, scharfe Ablehnung alles Vernünftigen, sinnlose Zerstörung, Schande und Unruhe, Zankereien und vernichtende Feuerbrünste an der Tagesordnung sind? Von außen gesehen ist der Wechsel bedeutungslos. Die Straßen sind sauberer, die Verkehrswege glatter, die Hunde sind fort, und die Cholera ist zum Stillstand gekommen.« Aber er fand auch heraus, daß bis zum Erlaß der Verfassung kein Mensch in der Türkei seinen Nachbarn um Brot bitten mußte und daß die erste Handlung dieses unfähigen Parlaments darin bestand, ein Gesetz für die armen Leute zu ersinnen. Im Jahre 1913 blieb nach fünf Jahren wachsender Schwierigkeiten, nach Kriegen und nach inneren Wirren wenig oder nichts mehr von den anfänglichen Plänen des »Komitees für Einheit und Fortschritt« übrig. Die Regierung, die selbst in den besten Zeiten in der Türkei stets eine reichlich wackelige Angelegenheit war, schoß ins Kraut, und Enver und Talaat waren jetzt ausschließlich damit beschäftigt, einen Kampf auszufechten, in dessen Verlauf ihr eigenes politisches Überleben nur durch einen unbarmherzigen Parteiapparat gesichert werden konnte, der auf seine Weise ebenso unheilvoll war wie das Wirken Abdul Hamids.

Während dieser Jahre und bestimmt auch noch bis später das Sultanat abgeschafft wurde, beteiligte sich Abdul Hamid in keiner Weise an den Staatsgeschäften. Ein mächtiger Mann hätte vielleicht noch weiterhin einigen Einfluß ausüben können, aber Mohammed der Fünfte hatte fünfunddreißig Jahre unter den argwöhnischen Augen seines Bruders Abdul Hamid zugebracht. Er durfte weder Freunde noch Zeitungen oder Bücher besitzen, und selbst seine Diener waren Spione gewesen, so daß er sich ganz dem Leben im Harem gewidmet hatte. Obwohl er nach seiner Thronbesteigung ein recht aufwendiges Leben führte, hatte er in Wirklichkeit nur den einen Bewacher gegen einen anderen eingetauscht, denn er war praktisch der Gefangene der Jungtürken, ein rührend hilfloser alter Mann, der in dem Buch *Der Nahe Osten von innen gesehen* folgendermaßen beschrieben wird:

»Der unvoreingenommene Eindruck, den man hat, wenn man Mohammed den Fünften betrachtet, ist der, daß man eine Null vor sich hat. Klein und gebückt, mit eingesunkenen Augen und tief eingegrabenen Furchen im Antlitz macht er durch seine Fettleibigkeit den Eindruck eines siechen Mannes. Er hat eine gelbliche, ölige Gesichtsfarbe. Das ist bestimmt kein Vorurteil. In seinem Mienenspiel findet man wenig oder überhaupt keine Intelligenz, und er macht ständig den Eindruck eines gehetzten und verschreckten Menschen, als ob er überall einen Mörder vermutete und fürchtete, daß in irgendeiner dunklen Ecke jemand bereit stehe, um ihn niederzuschlagen und zu töten.«

Mohammed hatte in keiner Weise an der Verschwörung teilgenommen, um seinen Bruder zu verdrängen, aber seine Todesfurcht war so tief in ihm verwurzelt, daß er sie niemals ablegte. Nach den Worten Eversleys würde ein »Bild dieses degenerierten Mannes weit besser als Worte erklären, wenn dies nicht zu grausam wäre, wie tief das einst so stolze Geschlecht der Osmanen gesunken war. Es war jedoch wahrscheinlich, daß die schlauen Männer, die die Revolution in Szene gesetzt hatten, es für ihre Zwecke besser hielten, eine nichtssagende Puppe sozusagen als Gallionsfigur des Reiches zu besitzen als einen Mann mit eigenem Willen.«

Es gab noch etwas, das nicht mehr zu bessern war. Jahre der friedlichen Durchdringung des Landes durch die Deutschen trugen nun Früchte auf militärischem Gebiet. Deutschland hatte bereits das Projekt der Bagdadbahn finanziert. Es hatte sich sehr stark am städtischen Verkehrswesen, am Aufbau der Elektrizität, am Bergbau und an der Landwirtschaft finanziell beteiligt. Krupp und Mauser hatten Niederlassungen in Konstantinopel. Die

Zweigstellen der drei größten deutschen Banken machten mehr von sich her als irgendeiner ihrer europäischen Konkurrenten. Als der erste Weltkrieg näherkam, war Enver völlig in die deutschen Kriegsvorbereitungen mit einbezogen worden, und mehr als je zuvor wurde er vom deutschen Kaiser selbst mit schmeichlerischer Aufmerksamkeit bedacht. Tausende von Deutschen füllten an jedem Abend die Bars und Klubs der Hauptstadt und veranstalteten sonntags auf den süßen Fluten des Bosporus ihre Picknicks. Sie waren keine Touristen, sondern Techniker, die das türkische Heer ausbildeten und neu aufbauten, als der lange und heiße Sommer des Jahres 1914 herankam.

Nicht alle Mitglieder des »Komitees für Einheit und Fortschritt« begrüßten die Anwesenheit der Deutschen. Talaat jedenfalls wurde von schweren Zweifeln geplagt. Das traf auch auf einige ältere Staatsmänner zu, die der Meinung waren, daß im Falle eines Krieges sowohl England als auch Frankreich und Rußland sehr ernst zu nehmende Gegner für Deutschland waren. Sie rieten zur Vorsicht oder deutlicher gesagt, sie wollten, daß die Türkei sich abwartend verhalten sollte. In diesem Fall hätte sie bei Kriegsausbruch ihre Dienste dem zur Verfügung stellen können, der ihr den höchsten Preis bot.

Aber Enver, der fließend deutsch sprach, war jetzt Kriegsminister. So konnte er hinter den Kulissen tätig sein, und er sorgte dafür, daß sein Wettlauf mit den Diplomaten nicht ans Tageslicht kam. Zum amerikanischen Gesandten sagte er: »Die Türken und die Deutschen kümmern sich nicht um einander. Wir arbeiten mit ihnen zusammen, weil es für uns vorteilhaft ist, und sie sind unsere Partner, weil auch sie etwas davon haben. Aber Deutschland wird der Türkei nur so lange den Rücken stärken, wie dies Deutschland nützt, und die Türkei wird auch Deutschland nur so lange unterstützen, wie sie einen Vorteil darin sieht.«

Envers Begeisterung für Deutschland war eine Sache für sich, aber es wäre ein Wunder gewesen, wenn sie einer geschickten Diplomatie der Alliierten standgehalten hätte. Der deutsche Gesandte in Konstantinopel war Baron von Wangenheim, ein enger Freund des Kaisers und ein häufiger Besucher in dessen Lustschloß auf Korfu.

Von Wangenheim war ein wahrer Hüne von einem Mann mit einem kühlen und gebieterischen Wesen und »durchdringendem und anmaßendem Blick«. Er wirkte wie die Karikatur eines preußischen Aristokraten. Da er wußte, daß Deutschland einen Krieg plante, hatte er bei seinen Verhandlungen mit Enver gegenüber den Vertretern Englands, Frankreichs und Rußlands, denen ein Krieg undenkbar schien, einen Vorteil. Außerdem neigten die Gesandten der Alliierten dazu, auf die neue türkische Regierung ein wenig verächtlich herabzusehen, da sie den Sultanen die Macht so gröblich entrissen hatte, was Morgenthau zu der Bemerkung veranlaßte: »Es war offensichtlich, daß die drei Botschafter der Entente die Regierung von Talaat und Enver nicht für dauerhaft oder auch nur für wert hielten, ihre Zeit in Anspruch zu nehmen.«

Dieser reichlich altmodische Anflug von Vornehmtuerei in den Kreisen der Diplomaten gegenüber Neulingen war möglicherweise auf die britische Gesandtschaft zurückzuführen, die einen Mann in einer Schlüsselposition beschäftigte, der die Jungtürken verabscheute und dessen Einfluß auf die Gesandten der Entente unbegrenzt war. Sein Name war Fitzmaurice, und kurz vor dem Krieg traf ihn T. E. Lawrence in Konstantinopel. Seinen Eindruck von diesem Mann schildert er ziemlich unhöflich: »Ich muß es sehr tadeln, daß wir auf den Dragoman (= Dolmetscher) Fitzmaurice keinen Einfluß haben, er hat eine Adlernatur und ist eine Persönlichkeit mit eiserner Energie«, schrieb er an seinen Biographen Liddell Hart. »Fitzmaurice hat sein halbes Leben in der Türkei zugebracht und war der Mittelsmann der Gesellschaft... Er wußte alles, und von einem Ende der Türkei bis zum anderen fürchtete man ihn. Unglücklicherweise war er ein streng römisch-katholischer Mann und haßte sowohl Freimaurer als auch Juden mit wahrhaft religiösem Fanatismus. Die Bewegung der Jungtürken war zu fünfzig Prozent das heimliche Werk von Juden, und zu fünfundneunzig Prozent standen Freimaurer hinter ihr. So betrachtete er sie als Werk des Teufels und verwandte den ganzen Einfluß Englands darauf, den aus der Mode gekommenen Sultan und seine entmachtete Palastclique zu unterstützen. Fitzmaurice war wirklich ein temperamentvoller Mann ... und seine

Vorurteile verleiteten ihn oft zu erschreckenden Fehlurteilen. Er besaß jedoch einen gewaltiges Ansehen, und unsere Gesandten und die ganze Belegschaft des Amtes für Äußere Angelegenheiten fielen vor ihm um wie Kegel nach einem Volltreffer. Ihm war es zuzuschreiben, daß jeder noch so gutgemeinte Annäherungsversuch der Jungtürken zurückgewiesen wurde.«

Es ist ganz verständlich, daß auf einen Rat von diesem Manne der britische Gesandte es selbst noch nach der Ermordung des Erzherzogs Ferdinand in Serajewo für völlig ungefährlich hielt, nach England auf Urlaub zu fahren.

So war der Gesandte gar nicht in Konstantinopel, als in den letzten Tagen des Friedens von Wangenheim Enver dazu überreden konnte, ein Geheimabkommen zu unterzeichnen. Er verlangte gar nicht von der Türkei, sich am Krieg zu beteiligen, sondern er schlug einen viel raffinierteren Plan vor, der gegen Rußland gerichtet war: Der Bosporus sollte im geeigneten Augenblick für die internationale Schiffahrt gesperrt werden. Das war eine Vorsichtsmaßnahme eines neutralen Landes, an der wirklich keine kriegführende Macht Anstoß nehmen konnte. Deutschland hatte bestimmt nichts dagegen, denn wenn die Türken diesen zwei oder drei Meilen breiten und kaum zwanzig Meilen langen Wasserstreifen für den allgemeinen Verkehr unzugänglich machten, dann wurde dadurch ein verhängnisvoller Keil geschaffen, der Rußland von Europa trennte. So erreichte von Wangenheim, daß für Rußland ohne einen einzigen Schuß Pulver der wichtigste Weg verschlossen wurde, über den es Mannschaften und Geräte zu den alliierten Kriegsschauplätzen im Westen hätte transportieren können. Es war ein taktischer Sieg ersten Ranges.

Enver stimmte zu, aber er mußte die Einzelheiten dem »Komitee für Einheit und Fortschritt« unzweideutig auseinandersetzen. Er kam allen etwaigen Gegengründen seiner Kollegen dadurch zuvor, daß er ostentativ seinen geladenen Revolver auf den Konferenztisch legte und sie dann aufforderte, ihre Beratung fortzusetzen. Zwei Tage vor Beginn des ersten Weltkrieges wurde die Übereinkunft unterzeichnet. Aber trotz dieses Geheimabkommens hätte die Türkei vielleicht doch neutral bleiben können, wenn sich nicht ein verhängnisvoller Zwischenfall ereignet hätte.

In seinem glänzenden Buch *Gallipoli* schrieb Allan Moorehead, daß »das geheime Abkommen noch keineswegs die Türkei dazu verpflichtete, in den Krieg einzutreten. Es gab im ganzen Land auch keinerlei Neigung, sich am Krieg zu beteiligen. Aber in der veränderten Atmosphäre dieser letzten wenigen Stunden des Friedens in Europa geschah einer jener Zufälle, der zwar für sich allein nicht sonderlich ins Gewicht gefallen wäre, im Zusammenhang mit den anderen Geschehnissen aber irgendwie dazu beitrug, die Lage zu verschärfen und zu verschlimmern. Solche Zufälle können schließlich Völker und Regierungen bis zu einem Punkt treiben, an dem sie plötzlich und gefühlsmäßig den Entschluß fassen, ihr ganzes Schicksal ohne Rücksicht auf die Folgen aufs Spiel zu setzen. Hier handelte es sich um die beiden Kriegsschiffe, die England für die Türkei baute.«

Viele Monate vorher waren diese Schiffe von der Türkei in Auftrag gegeben worden. Das Geld war großenteils durch eine öffentliche Anleihe aufgebracht worden. Neben jeder Moschee standen Sammelbüchsen, ebenso auf der Galata-Brücke und in jedem Dorfladen. Durch Dorffeste, Wohltätigkeitsbasare und durch den Verkauf von Altwaren kam dann noch mehr Geld dazu. Beauftragte waren von Haus zu Haus gegangen und hatten zuweilen rührend kleine Beträge gesammelt, türkische Frauen hatten sogar ihre Haare verkauft, um ihren Beitrag zu leisten. Die zwei schon auf die Namen *Sultan Osman* und *Reschadiye* getauften Schiffe gehörten dem türkischen Volk, und türkische Matrosen befanden sich bereits in England, um sie auf dem Wasserweg nach dem Bosporus zu bringen. Im August 1914 war die *Sultan Osman* fahrbereit, die *Reschadiye* sollte einige Wochen später fertig werden.

Dann schlug die Bombe ein. Am Tage vor der Kriegserklärung gab Winston Churchill der Admiralität bekannt, daß »im Interesse der nationalen Sicherheit« die beiden Schiffe von der britischen Marine beschlagnahmt worden seien. Er handelte moralisch und gesetzlich durchaus im Rahmen seiner Befugnisse. Sicher wird er auch gewußt haben, daß Enver in seinem Geheimabkommen von Wangenheim versprochen hatte, die *Sultan Osman* im Falle eines Kriegsausbruches in einen deutschen Hafen bringen zu lassen*). Aber für den Nationalstolz der Türken bedeutete diese Beschlagnahme einen gewaltigen Angriff auf ihre Ehre. Ihr Zorn und ihre Entrüstung gaben von Wangenheim eine sehr erwünschte Gelegenheit. Als große Scharen wütender Türken durch die Straßen Konstantinopels stürmten und die Fensterscheiben englischer Geschäfte zertrümmerten, stattete der Deutsche Gesandte Enver einen Besuch ab. Der türkische Kriegsminister saß in seinem Arbeitszimmer den bewußten drei Bildern gegenüber, als von Wangenheim ihm ein verblüffendes Angebot machte. Er war dazu befugt, im Namen des Kaisers die beiden von den Engländern »gestohlenen« Kriegsschiffe durch zwei deutsche Kriegsschiffe zu ersetzen, die *Goeben* und die *Breslau*, die sich beide in Ausübung ihrer Aufgaben im Mittelmeer befanden.

Für die von der Öffentlichkeit wegen des unseligen Zwischenfalls unvermeidlich in Mißkredit geratenen Jungtürken war dies ein Geschenk des Himmels, und Enver war gern mit diesem Vorschlag einverstanden. Talaat jedoch hatte seine Zweifel. Doch was wurde dann aus der Neutralität der Türkei? fragte er sich. Aber wie gewohnt war Enver der Sieger des Tages, und es mußte nur noch dafür gesorgt werden, daß die beiden deutschen Kriegsschiffe sicher das Goldene Horn erreichten.

Es glückte um Haaresbreite, denn schon eine Woche vor der Kriegserklärung hatten englische Kriegsschiffe die *Goeben* beschattet, und als am 4. August das Ultimatum an Deutschland um Mitternacht abgelaufen war, hätte man sie versenken können, wenn Churchill nicht ausdrücklich verboten hätte, bis Mitternacht irgendeine Aktion durchzuführen. Noch als es schon fünf Uhr nachmittags geworden war, und als es völlig klar wurde, daß sich ein Krieg nicht mehr vermeiden ließ, begab sich Prinz Louis von Battenberg in die Admiralität zu Churchill, um ihm zu sagen, daß noch Zeit genug sei, das Schiff vor Sonnenuntergang zu versenken. Aber es ließ sich nichts machen, und so fuhr das Schiff davon, als es dunkel geworden war. Am 6. August wurde bekannt, daß beide Schiffe in Messina gerade Kohle an Bord nahmen, danach verschwanden sie.

*) Deutsche amtliche Dokumente, Wangenheim an das Amt für auswärtige Angelegenheiten, 2. August 1914. Nr. 404.

Man kann sich leicht die große Erregung vorstellen, die mit der tiefen Besorgnis der offiziellen Stellen vermischt war, als Konstantinopel auf Nachrichten und mögliche Rückwirkungen wartete. Denn England und Deutschland befanden sich jetzt miteinander im Kriegszustand, und Talaat machte es Enver warnend klar, daß England es sicher als einen feindlichen Akt ansehen würde, wenn die deutschen Kriegsschiffe die Meerengen durchfuhren. Wie Millionen Türken, so war auch Talaat ganz und gar nicht an einen neuen Krieg interessiert, denn schließlich hatten Kriege das Land verarmen lassen, seitdem die Jungtürken die Macht übernommen hatten. »Wir wünschen weiter nichts, als aus dem Krieg herausgelassen zu werden, denn wir brauchen nichts dringlicher als eine Periode des Friedens, während der wir uns dem Aufbau für die Zukunft unseres Landes widmen können«, sagte er zu Enver.

Jetzt brachte Talaat Enver beinahe zum Schwanken, und der Kriegsminister war zuerst unsicher, dann aber entschied er sich dafür, auch ein doppeltes Spiel nach zwei Seiten sicherzugehen und von Wangenheim zu hintergehen. Er ließ den russischen Militärattaché zu sich kommen und schlug ihm mit sanftem Augenaufschlag eine türkisch-russische Allianz vor, die sein Geheimabkommen mit den Deutschen automatisch außer Kraft gesetzt hätte.

Der arme Enver glaubte, daß die Deutschen nie davon etwas erfahren würden, aber diese Annahme zeigte, daß er reichlich naiv war. Es ist immerhin möglich, daß der durch die Aussicht auf das Erscheinen der deutschen Schiffe höchst beunruhigte Talaat von Wangenheim gewarnt hat, denn er hatte die Angewohnheit, alle Telegramme der Diplomaten zu lesen, ehe sie ins Land kamen oder aus ihm herausgingen, und so hat er vielleicht vorsätzlich etwas von dem Vorhaben Envers durchsickern lassen*).

*) Talaat verblüffte den amerikanischen Gesandten dadurch, daß er den Inhalt eines Telegrammes erwähnte, das Morgenthau nie gesehen hatte. »Oh, aber Sie werden es noch sehen«, sagte Talaat daraufhin. »Wissen Sie, ich bekomme immer alle Telegramme zuerst. Wenn ich sie gelesen habe, dann sende ich sie an die Leute weiter, für die sie bestimmt sind.«

Aber von Wangenheim hatte immer noch eine versteckte Trumpfkarte in seinem Ärmel. Er war viel zu sehr Diplomat, um Enver unvermittelt wegen seines Verrats zur Rede zu stellen. Er machte vielmehr einen Vorschlag, der dazu beitragen konnte, das umstrittene Neutralitätsproblem zu lösen. Weshalb sollte man nicht vorgeben können, daß die beiden deutschen Schiffe ebenso an die »neutrale« Türkei verkauft worden waren, wie andererseits England sich erboten hatte, die beiden Kriegsschiffe für die Türkei zu bauen und ihr zu verkaufen? Die Frage der Bezahlung könnte man ja später regeln, fügte er hinzu.

Am nächsten Tage kamen die *Goeben* und die *Breslau* bei der Einfahrt in die Dardanellen an, und der Adjutant von Wangenheims bat Enver um die Genehmigung, die Schiffe einlaufen zu lassen. Als Enver ausweichend darauf hinwies, daß er erst seine Regierungskollegen fragen müßte, wurde ihm kurz gesagt, daß er sich sofort entscheiden müßte, sonst würden die Schiffe wieder abfahren. Nach einer sehr kurzen Pause sagte Enver: »Sie sollen einfahren!« So dampften die beiden Kriegsschiffe auf das Goldene Horn zu, und der Plan eines Bündnisses mit Rußland war vergessen.

Nach wenigen Tagen schon krakeelten die deutschen Matrosen in den Nachtklubs von Pera herum. Sie hatten sich zum Spaß einen Fez aufgesetzt, um zu zeigen, daß sie jetzt zur türkischen Marine gehörten, und deutsche Autos, die mit dem geheiligten Adler des Kaisers protzten, fuhren die steilen, verschlungenen Straßen der Hauptstadt auf und ab, während die verblüfften Türken ein neugeborenes Wortspiel kennenlernten: »Deutschland, Deutschland über Allah.«

Es war der Wendepunkt im Schicksal der Jungtürken, der treffend charakterisiert wurde, als der Finanzminister David Bey mitfühlend zu einem vornehmen belgischen Journalisten sagte: »Ich habe schlimme Nachrichten für Sie: Die Deutschen haben Brüssel eingenommen.« Darauf zeigte der Belgier eiskalt auf die im Bosporus vor Anker liegenden Schiffe *Goeben* und *Breslau* und entgegnete: »Ich habe noch viel schlimmere Nachrichten für Sie: Die Deutschen haben die Türkei erobert.«

Dann kam der letzte Akt. Gegen Ende Oktober dampften die

Goeben und die *Breslau* ins Schwarze Meer ab und eröffneten ohne Warnung das Feuer auf Odessa und Sewastopol, und sie versenkten alle Schiffe, die sie finden konnten. Obwohl es ja wenigstens theoretisch türkische Schiffe waren, wußte der türkische Marineminister Djemel nichts von den Vorfällen, bis ein Bote sein Kartenspiel im »Cercle d'Orient« unterbrach.

Die Gesandten Englands, Frankreichs und Rußlands konnten jetzt nicht länger bleiben. Am 30. Oktober verlangten sie ihre Pässe zurück. Am nächsten Tage befand sich die Türkei im Krieg.

Während dieser aufregenden Tage war Mustafa Kemal türkischer Militärattaché in Sofia. Enver hatte ihn dorthin verbannt, nachdem er in einem Brief an ihn die Gegenwart deutscher Truppen in der Türkei scharf kritisiert hatte. »Die Türken können nur durch sich selber gerettet werden«, schrieb er. »Es ist Unsinn, wenn man den Deutschen so große Macht über die türkische Armee gibt, die die Grundlage unserer Lebenskraft ist.«

Kemal begriff den Posten auch als eine Art Verbannung, und so beschloß der verwirrte und zutiefst enttäuschte Mann, aus dieser Diplomatenstellung persönlich für sich Vorteile herauszuschlagen. Er war schon immer von Natur aus ein großer Frauenfreund gewesen, und jetzt fühlte er sich zu seinem Ärger zurückgesetzt. Er nahm Tanzstunden, und damit verschaffte er sich Zutritt zum gesellschaftlichen Leben in Sofia, bis er hörte, daß der Vater eines Mädchens, das er ständig begleitete, zu einem Freund gesagt hatte, daß er lieber jeden Türken töten als ihm seine Tochter zur Frau geben würde. Kemal reagierte darauf damit, daß er seine Beziehungen zu Frauen unverzüglich ins Gegenteil verkehrte: »Frauen der Gesellschaft« sah er in Zukunft nur noch als Objekte seiner Verachtung an, und so befaßte er sich jetzt mehr mit den gefälligeren Frauen der Bordelle. Monatelang kam er kaum noch vor Morgengrauen in sein Bett. Er hatte nichts zu tun, das irgendwie von Bedeutung war, und er haßte seine Arbeit. Es war weit angenehmer, die Nacht in Betten von »Damen« zuzubringen, in deren Gesellschaft er sich all den Enttäuschungen hingeben konnte, die sich seit Jahren in ihm aufgestaut hatten. Die Folge war freilich, daß er sich eine Geschlechtskrankheit zuzog.

Liederlich, vereinsamt, und jetzt zum Verächter alles Weiblichen geworden, bat er um die Genehmigung, zu aktivem Dienst zurückkehren zu dürfen. Aber jedes Gesuch wurde abgelehnt, sogar noch, nachdem die Türkei in den Krieg eingetreten war. Ein deutschfeindlicher Offizier in seiner Nähe war das letzte, was Enver sich wünschte. Aber etwa im Februar 1915 hatte Mustafa Kemal sich dazu entschlossen, auf alle Fälle Sofia den Rücken zu kehren, wieder in die Türkei zu gehen und sich dort als einfacher Soldat einschreiben zu lassen. Er hatte schon seine Koffer gepackt, als ganz plötzlich ein lakonischer Befehl eintraf, durch den er nach Rodosto auf der Halbinsel Gallipoli versetzt wurde. »Es war ein Ereignis, das damals völlig unbeachtet blieb, das aber dann den ganzen Verlauf des zukünftigen Feldzuges ändern sollte.«

Es veränderte auch den Verlauf des Lebens von Mustafa Kemal, denn er wurde durch seinen Mut und durch sein glänzendes militärisches Geschick zum Helden des größten türkischen Sieges in diesem Krieg. Wenn Mustafa Kemal nicht gewesen wäre, dann wäre zweifellos der Plan Churchills verwirklicht worden, die Herrschaft über die Einfahrt in den Bosporus an sich zu reißen. Obwohl der Sieg manchmal unmittelbar in Reichweite der Tausende von allierten Truppen lag, die an den Küsten der Halbinsel gelandet waren, so schlugen ihre Angriffsversuche doch jedesmal fehl. Das lag nicht nur an der Zähigkeit Mustafa Kemals, sondern auch daran, daß er wie Osman Pascha dazu imstande war, auch aus den abgekämpften türkischen Soldaten alle Widerstandskraft herauszuholen, die sie in den Kriegen jedesmal und in jeder Hinsicht bewiesen hatten, wenn sie sich verteidigen mußten. Nachdem die Engländer gegen Ende des Jahres 1915 hundertzwölftausend Schlappen erlitten hatten, verließen sie die Halbinsel, und obwohl Kemals Verluste noch weit schwerer waren, hatte er doch den Traum Churchills durchkreuzen können, den Krieg auf höchstens zwei Jahre abzukürzen. Als er nach Konstantinopel zurückkehrte, fand er reißerische Schlagzeilen in den Zeitungen vor, wie »Der Retter der Dardanellen«. Aber er fand auch einen unversöhnlichen Enver vor, der ihn sofort nach Diarbekir im Kaukasus versetzte, was zweifellos darin begründet war, daß dieser Ort so weit wie nur irgend möglich von Konstantinopel entfernt war.

Gallipoli mag die türkischen Zeitungen in einen Taumel versetzt haben, der sie zu hochtrabender lyrischer Prosa veranlaßte, aber während die Soldaten des Ottomanischen Reiches so standhaft im Westen kämpften, unterließen es die Zeitungen geflissentlich, einen ganz anderen Krieg zu erwähnen, der gnadenlos während der gleichen Monate des Jahres 1915 im Osten tobte. Es war ein einseitiger und von Enver persönlich angestifteter und geleiteter Krieg, der mit solcher Brutalität geführt wurde, daß er in die gleiche Kategorie gehört wie die Maßnahmen der Sultane, von deren Tyrannei er die Türkei befreit hatte. Enver entschied sich für ein Unternehmen, bei dem ihn nur ein Gedanke beherrschte: Er wollte die Armenier ausrotten. Abdul Hamid hatte dies schon einmal versucht, aber selbst er brachte es nicht zu solcher Vollendung im Völkermord wie der jetzige Diktator des Ottomanischen Reiches.

Die Armenier lebten im Nordosten von Kleinasien. Ihr Gebiet grenzte an Rußland und war fünfzehnhundert Jahre lang eine Insel des Christentums mitten in einer Welt von Moslems gewesen. Sarazenen, Tataren, Mongolen, Kurden und schließlich Türken hatten kreuz und quer das »Belgien des Ostens« durchzogen, das ein Bindeglied zwischen Asien und Europa war. In dieser Gegend hatten zu Anfang des Jahres 1915 erbitterte Kämpfe zwischen der Türkei und Rußland stattgefunden, und unter dem Vorwand, daß einige Armenier die Russen unterstützt hätten, ergriff Enver die Gelegenheit, einer etwa nach dem Kriege auftauchenden »armenischen Frage« durch das einfache Verfahren der gründlichen Vernichtung des ganzen Volkes ein für allemal zuvorzukommen. Es sah so aus, als ob selbst unter einer sogenannten aufgeklärten Regierung die harten Bräuche der Ottomanen nur schwer in Vergessenheit geraten konnten.

Enver begann seine Aktion in der Provinz Van, indem er den dortigen gemäßigt eingestellten islamischen Gouverneur durch seinen heuchlerischen und labilen Schwager Djevet Bey ersetzte, der sich am 15. April ans Werk machte, alle Armenier umzubringen, deren er habhaft werden konnte. Im Dorf Arkanz wurden dreihundert armenische Männer eingekreist und erschossen. Danach wiederholte Djevet das gleiche Verfahren in achtzig benachbarten Dörfern. Hunderte von Frauen wurden vergewaltigt,

Tausende von Männern gefoltert, weil man aus ihnen das Geständnis erpressen wollte, daß sie Waffen besaßen, und bald war Djevet in der ganzen Provinz unter dem Namen »Der Hufschmied« bekannt, weil er Männer am liebsten dadurch quälte, daß er ihnen Hufeisen an die Füße nageln ließ. Andere Foltern waren ebenso teuflisch, denn der Polizeichef in Konstantinopel, Bedri Bey, gab dem amerikanischen Gesandten gegenüber offen zu, daß er »in den Berichten der spanischen Inquisition nachgeforscht und von daher alle seine Anregungen bezogen« habe. Wie der Beauftragte der ärztlichen Mission im Krankenhaus von Van, Dr. Uscher, berichtete, mußten fünfundfünfzigtausend Leichen begraben werden.

Aber das war erst der Anfang, denn was Enver vorhatte, war ein systematischer Massenmord oder die Verbannung von Armeniern nach Aleppo, einer Stadt auf der anderen Seite der syrischen Wüste. Er handelte nicht aus dem religiösen Fanatismus, der die Schrecken der spanischen Inquisition verursacht hatte, sein Motiv lag in einem psychopathischen Haß, der Hitlers Einstellung zu den Juden nicht unähnlich war. »Der ganze schauerliche Vorgang spielte sich im Rahmen einer gut funktionierenden Zusammenarbeit zwischen den zivilen und militärischen Stellen unter der Leitung von Enver und Talaat ab«, lautete ein offizieller Bericht. »Es war ein genau ausgearbeiteter und ausgeklügelter Plan einer Politik, der in Konstantinopel ausgeheckt worden war.«

Nach dem britischen Bryce-Bericht, der dem Parlament im Oktober 1916 vorgelegt wurde, ging dabei ein Drittel der zwei Millionen Armenier in der Türkei zugrunde, ein Drittel entkam auf russisches Gebiet, und ein Drittel verblieb unbehelligt in den großen Städten, vornehmlich in Konstantinopel und Smyrna, wo ihre Geschäftstüchtigkeit von Nutzen war. Wie der offizielle Bericht weiter sagt, war das Verfahren gewöhnlich so, daß man alle männlichen Armenier in einem Distrikt zusammenholte. Dann mußten sie in Schüben zu Fuß in Richtung auf irgendein weit entferntes Ziel weitermarschieren, das man ihnen nannte, wobei ein Mann an den anderen gefesselt wurde. In Wirklichkeit aber ging es nur bis zu dem nächsten einsam gelegenen Ort weiter, wo

Banden von Kurden oder andere Halsabschneider schon bereitstanden, um sie abzuschlachten. Den Frauen und Kindern wurde gesagt, daß sie sich für einen Abtransport in Geleitzügen bereithalten sollten. Zu Beginn ihres langen Weges nach Aleppo wurden ihnen »zu ihrem Schutz« Soldaten beigegeben. Nach wenigen Tagen jedoch zog man sie bis auf den letzten Lumpen aus, man nahm ihnen das letzte Geld ab und überließ sie ihrem Schicksal.

Ein typischer Fall einer solchen Karawane wird authentisch in einem Aktenstück des American State Department geschildert. Daraus geht mehr über das Los Hunderttausender unschuldiger Menschen hervor als aus einer ganzen Batterie von Zahlen.

Am ersten Juni verließ ein Zug von dreitausend Armeniern Harpoot, meist waren es Frauen, Mädchen und Kinder. Auf dem ganzen Weg nach Ras-ul-Ain, der ersten Station der Bagdad-Bahn, war das Dasein dieser elenden Wanderer ein einziger nicht enden wollender Schreckensmarsch. An der Spitze gingen die Gendarmen und setzten die halbwilden Völkerstämme in den Bergen davon in Kenntnis, daß mehrere Tausend armenische Frauen und Mädchen sich näherten. Die Araber und die Kurden fingen an, die Mädchen wegzuschleppen, und die Männer aus den Bergen fielen mehrmals über sie her. Sie vergewaltigten und töteten die Frauen, auch die Gendarmen beteiligten sich an diesen Orgien. Die wenigen Männer in diesem Zug wurden einer nach dem anderen umgebracht. Den Frauen gelang es, etwas Geld vor ihren Peinigern zu verbergen, sie versteckten es in ihrem Mund und in ihrem Haar. Dafür kauften sie Pferde, die ihnen aber wiederholt von den Kurden gestohlen wurden. Nachdem sie ihre »Schutzbefohlenen« dreizehn Tage lang beraubt, geschlagen und vergewaltigt hatten, überließen die Gendarmen schließlich alle zusammen ihrem Schicksal. Zwei Tage später umzingelten die Kurden die immer noch am Leben gebliebenen Männer, es waren ungefähr hundertfünfzig, und schlachteten sie bis zum letzten Mann ab. Aber am gleichen Tag vereinigte sich ein anderer Elendszug aus Sivas mit diesem aus Haarpot, wodurch die ganze Karawane wieder auf achtzehntausend Köpfe anwuchs. Jetzt übernahm ein anderer kurdischer Bey das Kommando und holte alle seine Anhänger aus den Bergen herbei. Tag für Tag und Nacht für Nacht wurden die hübschesten Mädchen fortgeschleppt. Immer wenn sie ein türkisches Dorf erreichten, durften alle im Ort ansässigen Vagabunden die armenischen Mädchen ausplündern. Als die immer kleiner werdende Schar den Euphrat erreichte, besaßen sie außer ein paar zerlumpten Kleidern nichts mehr, und selbst diese nahmen ihnen die Kurden jetzt noch weg.

Die Folge war, daß der ganze Zug fünf Tage lang völlig nackt unter der sengenden Wüstensonne marschieren mußte. Weitere fünf Tage hatten sie weder einen Bissen Brot zu essen noch einen Tropfen Wasser zu trinken.

Hunderte fielen unterwegs tot um, ihre Zungen verdorrten, und als sie am Ende dieser fünf Tage an eine Quelle kamen, hastete natürlich der ganze Zug auf sie zu. Aber die Polizisten versperrten ihnen den Weg und verboten ihnen, auch nur einen einzigen Tropfen Wasser zu sich zu nehmen. Sie wollten das Wasser zu einem Preis von einer bis zu drei Liras für den Becher verkaufen, und manchmal hielten sie sogar dann noch das Wasser zurück, wenn sie das Geld bereits erhalten hatten.

Nach siebzig Tagen dieses Zwangsmarsches durch die Wüste gelangten die Reste dieses zusammengesetzten Zuges nach Aleppo. Von den achtzehntausend Menschen, die an dem Marsch von Anfang an teilgenommen hatten, blieben nur noch hundertfünfzig nackte Frauen und Kinder übrig.

Amerika war noch immer neutral, und das bedeutete, daß amerikanische Konsuln in verschiedenen Gegenden des Ottomanischen Reiches ihre Tätigkeit weiterhin ausübten. Die Jungtürken konnten deshalb nicht verhindern, daß Nachrichten ins Ausland gelangten. Sogar in dem in einen Kampf um Leben und Tod verstrickten England verdrängten Schreckensnachrichten über die Grausamkeiten in Armenien die Frontberichte von den ersten Seiten der Zeitungen. Die Reaktion in Amerika war Zorn und Enttäuschung. Als der amerikanische Gesandte um ein Interview bei Enver in Konstantinopel bat, erlitt er einen Schock. Morgenthau hielt es für diplomatischer, um Envers »Gesicht zu wahren«, diesen nicht persönlich anzuklagen, und so eröffnete er das Gespräch mit den Worten: »Ich weiß natürlich, daß das Kabinett niemals solche schrecklichen Dinge befehlen würde, die sich ereignet haben. Sie, Talaat und das restliche Komitee kann man kaum für verantwortlich halten. Zweifellos sind Ihre Untergebenen weitergegangen, als Sie es jemals beabsichtigt haben. Ich weiß gut, daß es nicht immer leicht ist, Ihre untergeordneten Instanzen in Schranken zu halten.«

Zum Erstaunen des Gesandten nahm Enver an diesen Worten großen Anstoß und antwortete schroff: »Sie sind sehr im Irrtum. Ich habe keineswegs die Absicht, die Verantwortung auf Untergebene abzuschieben, und ich selbst bin ganz und gar dazu bereit, alles auf mich zu nehmen, was geschehen ist. Das Kabinett selbst hat diese Deportation befohlen.«

Talaat gab sich ebenso offenherzig. Freunden gegenüber brüstete er sich: »Was die armenische Frage betrifft, so habe ich zu ihrer Lösung in drei Monaten mehr beigetragen, als es Abdul Hamid innerhalb von drei Jahren vermochte.« Einem Reporter des »Berliner Tageblattes« gegenüber äußerte er eine unglaubliche philosophische These: »Uns ist vorgeworfen worden, daß wir keinen Unterschied zwischen unschuldigen und schuldigen Armeniern machen«, sagte er, »aber das war von dem Standpunkt aus völlig unmöglich, daß diejenigen, die heute unschuldig sind, morgen bereits zu den Schuldigen gehören können.«

Morgenthau war es übrigens, dem Talaat »die sicher erstaunlichste Bitte vorlegte, die er jemals gehört hatte«. Mit den vorsorglichen Armeniern hatten viele Jahre hindurch amerikanische Lebensversicherungsgesellschaften beachtliche Geschäfte machen können, und das ließ den Türken keine Ruhe.

Talaat sagte deshalb zu dem amerikanischen Gesandten: »Ich möchte, daß Sie die amerikanischen Versicherungsgesellschaften dazu veranlassen, uns eine lückenlose Liste von allen Armeniern zu schicken, die eine Versicherung mit ihnen abgeschlossen haben. Sie sind jetzt praktisch alle tot, und sie haben keine Erben, denen das Geld zufallen könnte. Die Regierung ist also jetzt der Nutznießer. Werden Sie dies tun?«

Während das türkische Heer in Gallipoli und Armenien siegte und die Alliierten Rückschläge an der Westfront erlitten, hätten die Jungtürken froh sein können, Verbündete Deutschlands zu sein. Aber der Mittlere Osten mußte die ersten harten Schläge einstecken, und die Türken waren es, die darunter zu leiden hatten. Früh im Jahre 1916 plante Enver einen neuen Angriff im Kaukasus gegen die Russen, wobei er zweihundert aus Gallipoli abgezogene Battaillone einsetzen wollte. Aber die Russen kämpften bei strenger Kälte und eroberten die große türkische Festung Erzerum; sie drangen tief in feindliches Gebiet ein und nahmen Trapezunt, während ein weiteres russisches Heer die Türken aus dem westlichen Persien vertrieb. Obwohl Rußland niemals das angestrebte Ziel Bagdad erreichte, zog es Hunderttausende türkischer Soldaten im Mittleren Osten auf sich, wo Enver jetzt einen weit ernsteren Rückschlag erlitt: Es handelte sich um nichts weniger als eine Proklamation des Sherifs von Mekka, der heiligsten Stadt des Islam, das türkische Joch abzuwerfen und für die Unabhängigkeit der Araber zu kämpfen. Das Echo in der arabischen Welt war eine große Begeisterung, und diese wurde durch Gewehrfeuer unterstützt. Fast alle Angehörigen der türkischen Garnisonen im Hejas wurden vernichtet, und etwa im Dezember 1916 erkannte England formell den Sheriff als König des Hejas an. Für die geistliche Oberhoheit des Sultans war es ein tödlicher Schlag, denn jetzt war er nicht mehr der Hüter der heiligen Schreine in Mekka und Medina. Für die so inbrünstig frommen Türken war es ein Unglück, von dem sie sich niemals wieder wirklich erholten.

Der neue König des Hejas verlor keine Zeit. Er ernannte seinen Sohn, den Emir Feisal, zum Kommandeur der arabischen Streitkräfte und stieß zusammen mit T. E. Lawrence bis nach Palästina und Syrien vor. Im März 1917 begrüßten begeisterte Menschenmassen die englischen »Befreier«, als sie in Bagdad einmarschierten. Bald ergab sich Jerusalem, dann folgten Damaskus und Aleppo.

Das Mißtrauen zwischen Deutschland und der Türkei nahm zu. Die Deutschen hatten alles in allem die Türkei um sieben Divisionen geschröpft, und viele Deutsche waren im Mittleren Osten gefallen. Bismarck, der einst bissig geknurrt hatte, daß »der ganze Balkan nicht die Knochen eines einzigen pommerschen Grenadiers wert« sei, hätte sich in seinem Grabe umgedreht. Manchmal fielen türkische und deutsche Offiziere buchstäblich übereinander her, so daß die Engländer die türkischen und deutschen Kriegsgefangenen in getrennten Lagern unterbringen mußten.

Für Enver und Talaat war das Ende nahe. Nach vier Kriegsjahren, in denen allein die Türkei vierhundertsiebenundzwanzigtausend Gefallene verlor, wurden die Meinungsverschiedenheiten unter den Jungtürken immer schärfer. Schließlich wurde Enver öffentlich angeprangert, weil er wirtschaftliche Konzessionen an Deutschland verkauft hatte, und außerdem klagte man ihn an, er habe ein Vermögen durch Schiebungen mit Nahrungsmitteln erworben, und das zu einer Zeit, als Krankheit und Hunger in der ganzen Türkei herrschten.

Das Spiel war aus, und die Paschas des einst so ruhmreichen »Komitees für Einheit und Fortschritt« machten sich zur Flucht bereit. In der Nacht zum 2. November 1918 trafen Enver, Talaat und Djemel sich heimlich im Haus von Envers Adjutanten und wurden dann auf einem deutschen U-Boot aus Konstantinopel fortgebracht*).

Das war das Ende der Jungtürken, und es war der Augenblick gekommen, an dem eine neue und dynamische Persönlichkeit den Schauplatz des Geschehens betrat: Es war der Mann, der den Tod des Ottomanischen Reiches und die Geburt der türkischen Nation einleiten sollte.

Der Rebell

Mustafa Kemal war achtunddreißig Jahre alt, als im Mai 1919 der Augenblick gekommen war, an dem sich sein Schicksal entscheiden sollte. Sein ganzes bisheriges Leben als Student, als Verschwörer und als Soldat hatte gezeigt, daß er – nach den Worten seines Biographen – nicht in die Zeit hineingeboren zu sein schien, in der er lebte. Sein Leben wird als Anachronismus

*) Im Jahre 1922 fiel Enver in Rußland an der Spitze einer Kavallerieabteilung während eines Angriffs. In den zwanziger Jahren wurden Talaat und Djemel in Berlin von Armeniern ermordet.

geschildert, als Produkt eines Rückfalles in die Zeit der Tataren der Steppen und er selbst als »Mann von wilder elementarer Kraft«. Zu einer anderen Zeit wäre er vielleicht ein Dschingis-Khan geworden, der große Reiche unterworfen und ausgeplündert hätte und der »während der Perioden des Friedens zwischen den Feldzügen sich die Zeit bei Orgien mit Wein und Frauen vertrieben hätte«.

So war der Erbe eines kraftlosen Landes geartet, ein Mann, der genug Weitsicht besaß, um zu erkennen, daß nach dem sehr wahrscheinlichen Untergang dieses Reiches ein neues Land aus seiner Asche auferstehen konnte.

Der Vater Mustafa Kemals war ein früherer Zollbeamter, der dann zum Handel mit Bauholz übergegangen war. Er starb im Jahre 1888 und hatte für seinen damals erst siebenjährigen Sohn nur ein Ziel im Auge: Er sollte Soldat werden, und dies war eine Laufbahn, die seine verwitwete Mutter keineswegs unterstützte. Als er zwölf Jahre alt war, bestand er hinter ihrem Rücken die Aufnahmeprüfung in die Kadettenanstalt von Saloniki, und sechs Jahre lang besuchte er die Höhere Kriegsschule in Konstantinopel, wo er im Jahre 1903 zum Rang eines Hauptmannes vom Stabe aufstieg. Allmählich entstand in ihm brennender Haß gegen Abdul Hamid (und das brachte ihm eine kurze Zeit im Gefängnis ein), und mit ebenso brennendem Eifer verfolgte er die Ziele der Jungtürken. Obwohl er an den aufregenden Ereignissen teilgenommen hatte, in deren Verlauf dann Abdul Hamid abgesetzt wurde, war er niemals Mitglied des engeren Kreises der führenden Jungtürken, weil er die Deutschen verabscheute, von denen Enver immer abhängiger wurde, und er gab freimütig zu, daß ihm die politische Linie Envers ganz und gar nicht paßte.

Jetzt aber war alles anders geworden. Konstantinopel war plötzlich von den siegreichen englischen und französischen Soldaten überfüllt, die von vielen Türken fast als Befreier begrüßt wurden. Sie saßen mit prall gefüllten Taschen in den Tanzböden von Pera herum, während ihre Offiziere im Hotel Tokatlian bei Zigeunermusik speisten. Es gab beschlagnahmte Motorboote, die Männer – und Mädchen – zu den hübschen weißen Dörfern brachten, die von den Fluten des Bosporus umspült wurden. An den Gestaden des Schwarzen Meeres fanden Picknicks statt. »Es war ein von moralischen Skrupeln freies und recht fröhliches Leben« – für die Besatzungssoldaten und für die schwarzäugigen griechischen und armenischen Mädchen, die diese »Befreier« den Deutschen vorzogen.

Dieser rauschartige Zustand der Fröhlichkeit wurde außerdem noch durch die lässige Verwaltung der alliierten Beamten gesteigert. Konstantinopel war nicht formell »besetzt«, sondern die Truppen hielten sich lediglich dort zu dem Zweck auf, Ordnung zu halten, während die Politiker die Friedensverträge entwarfen. Keiner der Soldaten rechnete damit, länger als wenige Monate zu bleiben. Die Franzosen und die Engländer gingen sich bald gegenseitig auf die Nerven, was vielleicht daher kam, daß die älteren Offiziere keine genau festgelegten Pflichten hatten.

Es war kaum ein Monat nach Abschluß des Waffenstillstandes vergangen, als Mustafa Kemal in Konstantinopel eintraf, nachdem er monatelang gegen die Araber gekämpft hatte. Er sah überall Feinde, englische Kriegsschiffe im Bosporus, französische Soldaten in der Hauptstadt und Italiener, die die Eisenbahnlinien bewachten. Das Ottomanische Reich war zerschmettert worden, alle Führer der Jungtürken hielten sich im Ausland verborgen, und die Regierung lag in den Händen eines noch aus der Zeit Abdul Hamids stammenden Diplomaten namens Tewfik Pascha, der ein Freund der Engländer war.

Mustafa Kemal hätte jetzt eine einzigartige Gelegenheit gehabt, denn da Enver fort war, hatte er keinen Rivalen mehr und war der einzige erfolgreiche General in der Türkei, noch dazu als standhafter Gegner der Deutschen bekannt. Doch die politische Macht glitt ihm aus den Händen, was weitgehend darauf zurückzuführen war, daß er überhaupt kein Feingefühl besaß. Bei politischen Ansprachen verteidigte er leidenschaftlich die These, daß »die Türkei den Türken« gehören müsse, und er verlangte großzügige Friedensbedingungen. Er griff ganz offen Tewfiks Regierung und die Besatzungsmächte an. Er sträubte sich dagegen, daß man widerspruchslos zugab, eine völlige Niederlage erlitten zu haben. Als die Monate verstrichen, versuchte er, eine neue politische Partei zu bilden, bis dann die Türkei von einem Schlag getroffen wurde, der für die Türken noch schwerwiegender war als ihre Niederlagen.

Der griechische Premierminister Venizelos stellte bei der Friedenskonferenz im Februar 1919 formell den Antrag, daß die Stadt Smyrna an der ägäischen Küste der Provinz Anatolien zu Griechenland gehören müsse. Das war ein Preis, mit dem sich England und Frankreich bereits einverstanden erklärt hatten und der eine Belohnung dafür sein sollte, daß Griechenland in den Krieg eingetreten war. An der ägäischen Küste lebten so viele Griechen, daß die Forderung von Venizelos ganz vernünftig zu sein schien. Außerdem gab es dafür noch einen weit zwingenderen Grund: Lloyd George sah in Venizelos »den größten Staatsmann, den Griechenland seit den Tagen des Perikles hervorgebracht hatte«, und es erschien ihm höchst zweckmäßig, die Griechen gegen die Türken einzutauschen, um den Weg Englands nach Indien zu schützen. Für Amerika war eine Besetzung Smyrnas durch die Griechen wünschenswert, um der Gefahr vorzubeugen, daß die Italiener das Mittelmeer zu einem italienischen Gewässer machten. Der amerikanische Schriftsteller Edward Hale Bierstadt schreibt, daß »auf Anregung von Präsident Wilson Griechenland dazu befugt wurde, Smyrna zu besetzen, um allen Bestrebungen Italiens in dieser Richtung zuvorzukommen«.

Drei Monate später, am 15. Mai, landeten zwanzigtausend griechische Soldaten in Smyrna. Englische, französische und amerikanische Kriegsschiffe bildeten ihre Rückendeckung, und nach den Worten Churchills »entrollten sie ihre Fahnen, die ihren Einmarsch und ihre Eroberungen in Kleinasien ankündigten«. Vor Begeisterung rasende Scharen von Griechen, die jahrhundertelang zu den vom Ottomanischen Reich unterdrückten Völkern gehört hatten, jubelten jetzt ihren Befreiern zu. Sofort fingen sie an, sich an den Türken zu rächen, indem sie so viele von ihnen grausam ermordeten, wie sie in der Stadt und in der Provinz finden konnten.

Zuerst wollten es die Türken nicht glauben, daß die Griechen in Smyrna waren. Wenn man schon die Besetzung von Konstantinopel durch die fremden Soldaten der siegreichen Westmächte ertragen mußte, so war es doch eine weit schwerwiegendere

Demütigung, wenn ein früher unterworfenes Volk plötzlich mit einer der größten Städte Anatoliens beschenkt wurde. Vor der Moschee des Sultans Achmed in Konstantinopel versammelte sich eine erregt protestierende Menschenmenge von fünfzigtausend Personen. Vor den Maschinengewehren der alliierten Truppen trugen sie schwarze Fahnen bei sich, und schwarze Tücher verhüllten die Nationalflagge der Türkei. Mustafa Kemal war dabei, und wie er später schrieb, war er von dem einzigen Gedanken besessen, sich irgendwie nach Anatolien durchzuschlagen und dort den Widerstand gegen die Griechen und gegen die leider nur zu fügsame türkische Regierung zu organisieren, die Smyrna so leicht aus der Hand gegeben hatte.

Dem für Türken und Engländer verdächtigen Mustafa Kemal mußte dies wie ein unerfüllbarer Traum vorgekommen sein. Den Spitzen der alliierten Besatzungsbehörden war er bereits als schwer zu behandelnder Hitzkopf bekannt, dessen Tendenzen gefährlich weit nach links gerichtet waren. Wenn man ihn auch wegen seiner soldatischen Tapferkeit schätzte, so war er zu jener Zeit doch kaum ein Mann, der Vertrauen erweckte. Voller Zorn und Leidenschaft hatte er sich auch mehr und mehr gehenlassen. Mit abgetretenen Absätzen und mit nur sehr wenig Geld wohnte er in dem bescheidenen Palast-Hotel in Pera, von wo aus man das Goldene Horn überblicken konnte. Oft war er krank, und daher rührten seine Falten und die graue Farbe seines Gesichtes.

Mustafa Kemal wußte noch nicht, daß die Engländer schon vor der Landung der Griechen an der Küste von Smyrna den Vorschlag gemacht hatten, daß der Sultan einen höheren Offizier schicken sollte, der den immer schlimmer werdenden Gewalttaten in diesem Gebiet entgegenzutreten vermochte. Die Aufforderung war nicht eigentlich eine Warnung, aber sie verschleierte eine Absicht, die für den Sultan sehr ärgerlich werden konnte. Wenn die Türken unfähig waren, ihr Haus in Anatolien in Ordnung zu halten, dann wären die Alliierten gezwungen, dort ihre eigenen Truppen einzusetzen.

Mustafa Kemal war der letzte, von dem man angenommen hätte, daß er dazu ernannt werden könnte, den aufziehenden Sturm in Anatolien zur Ruhe zu bringen. Und genau dies stimmte dann auch, denn er war der am wenigsten geeignete Mann für diese Aufgabe, aber er war auch der einzige Mann, der dafür zur Verfügung stand. Der Sultan und der Großwesir Damad waren mit ihrem Latein am Ende, und so wandten sie sich an ihn. Die Engländer waren entsetzt. Sie hatten Beweise dafür, daß er sich damit befaßte, Widerstandszentren zu schaffen, und sein Name stand bereits auf einer Liste von Leuten, die möglicherweise nach Malta deportiert werden sollten. Der Großwesir aber konnte schließlich die Engländer davon überzeugen, daß die Unruhen in Anatolien auf rebellische Parteigänger zurückzuführen waren, die noch immer dem Andenken Envers treu waren und das »Komitee für Einheit und Fortschritt« wieder an die Macht bringen wollten.

»Wenngleich Mustafa Kemal dem Namen nach Mitglied dieses Komitees war, so ist er im Grunde als ihr entschlossenster Gegner bekannt«, sagte der Großwesir zu den Engländern. »Er genießt großes Ansehen im Lande, man kann ihm vertrauen, und er ist bestimmt der richtige Mann.«

So wurde Mustafa Kemal zum Generalgouverneur der Ostprovinzen ernannt. Vor seiner Abfahrt erfand er noch einen Geheimcode, mit dessen Hilfe er mit Gleichgesinnten im Kriegsministerium Verbindung aufrechterhalten konnte, und er wählte zwei seiner »Schüler« zu seinen Begleitern: Oberst Refed, der das dritte Armeekorps befehligen sollte, und Oberst Mehmed Arif, einen Stabsoffizier, der Mustafa Kemal geradezu unheimlich ähnlich sah und der mit ihm zusammen in Gallipoli gekämpft hatte. Sie hatten ganz ähnliche Geschmacksrichtungen, besonders was Wein und Frauen betraf. Arif war der einzige Mann, zu dem Mustafa Kemal überhaupt jemals in der Öffentlichkeit eine gewisse Zuneigung zeigte. Ganz offen legte er manchmal seinen Arm um Arifs Schultern und gab ihm allerlei »schmeichelhafte Namen«. Viele der Feinde Mustafa Kemals schworen, daß die beiden in einem homosexuellen Verhältnis zueinander standen.

Mustafa Kemal faßte den Plan, an Bord eines Trampdampfers die Küste entlang zu fahren. Kurz vor Abfahrt des Schiffes wurde sich der britische Hochkommissar etwas spät darüber klar, wie gefährlich dieser Auftrag war. So weckte sein Militärattaché

Windham Deedes um Mitternacht in aller Eile den Großwesir, um ihn warnend darauf hinzuweisen, daß das eigentliche Ziel Mustafa Kemals darin bestand, in Saloniki revolutionäre Gruppen aufzuziehen. »Man mußte ihn um jeden Preis daran hindern.«

Doch der Großwesir konnte nichts unternehmen. »Es ist zu spät, Eure Exzellenz«, sagte er. »Der Vogel ist ausgeflogen.«

Mustafa konnte dank der sinnlosen Eifersüchteleien der Alliierten aus Konstantinopel entkommen; es ging dabei um eine knappe Stunde. Es wurden zwar dringende Befehle ausgegeben, ihn abzufangen, aber die Engländer, Franzosen und Italiener hatten jeweils völlig verschiedene Aufgaben bei der Kontrolle von Passagierschiffen, und jeder von ihnen mißtraute den anderen. Während sie sich zankten, schlüpfte Mustafa Kemal durch die Maschen des Netzes.

Er ging in Samsun an der Küste des Schwarzen Meeres am 19. Mai 1919 an Land, vier Tage nachdem die Griechen Smyrna besetzt hatten. Er hatte den Befehl, die türkischen Streitkräfte in diesem Gebiet aufzulösen. Statt dessen machte er sich sofort daran, eine Widerstandsbewegung ins Leben zu rufen und ein Heer aufzustellen.

Als Mustafa Kemal in Samsun eintraf, war er völlig davon überzeugt, daß er eine Regierung zu bilden und auch ein Heer zu schaffen vermochte, das nicht nur stark genug war, die kraftlose türkische Regierung, sondern auch die siegreichen Besatzungsarmeen aus England, Frankreich und Italien aus dem Lande zu jagen. Es war ein erstaunlicher Kampf, den er sich vorgenommen hatte.

Innerhalb einer Woche, nachdem er in Samsun an Land gegangen war, begab sich Mustafa Kemal ins Innere des Landes in die Stadt Amasya, die auf beiden Seiten der Hauptstraße lag, die die östliche und die westliche Türkei miteinander verband. Hier berief er mehrere Zusammenkünfte der militärischen und zivilen Führer ein. Er wußte, daß ohne die Unterstützung durch das Heer nichts unternommen werden konnte. Aber es kämpften bereits in den hinter Smyrna liegenden Bergen Zehntausende bewaffneter Guerillas gegen die Griechen. So fiel es Mustafa Kemal gar nicht schwer, die Armee – oder das, was von den zusammengeschmolzenen Divisionen noch übrig war – dazu zu überreden, ihm den Rücken zu stärken. Dann brachte er Wochen damit zu, die Städte und Dörfer zu bereisen, wobei er zum Widerstand gegen die Besatzungstruppen der Verbündeten und gegen die derzeitige türkische Regierung aufrief. Doch achtete er stets darauf, die geheiligte Person des Sultans nicht in seine Hetzreden mit einzubeziehen, der, wie er betonte, in Wirklichkeit ein hilfloser Gefangener der Engländer sei. »Ihr seid das türkische Volk, und ihr seid dazu aufgerufen, euch selbst zu retten, ehe uns die Truppen der Alliierten vernichten«, sagte er. Mustafa Kemal war ein mitreißender Redner, seine Worte trafen stets das Richtige, denn er war der anerkannte Stellvertreter des Sultans, und man kann sich seine Wirkung auf einfache und fromme Bauerngemeinden vorstellen, wenn er ausrief: »Euer Sultan hat mich ausgesandt, euch zu helfen.« Er gab »Befehle« im Namen des Sultans an die militärischen Führer weiter, die Übergabe von Waffen an die Allierten zu verweigern. Den zivilen Behörden in Städten und Dörfern erteilte er Anweisungen, keine örtlichen Steuern zu zahlen, die sonst nach Konstantinopel geschickt zu werden pflegten.

Um den 22. Juni – es war wenig mehr als einen Monat nach seiner Ankunft – schickte er ein chiffriertes Rundschreiben an alle vertrauenswürdigen Personen, die bei militärischen und zivilen Behörden in Anatolien in leitenden Stellungen beschäftigt waren. Darin waren Grundsätze aufgestellt, von denen die drei ersten genau seinen politischen Standpunkt darlegten:

1. Die Unverletzlichkeit des Landes und die Unabhängigkeit der Nation sind in Gefahr.
2. Die Zentralregierung ist unfähig, die Pflichten zu erfüllen, für die sie verantwortlich ist. Die Folge davon ist, daß die Nation als nicht mehr existierend gilt.
3. Nur der Wille und die Entschlossenheit der Nation können ihre Unabhängigkeit aufrechterhalten.

Sodann regte Mustafa Kemal an, daß in Siwas ein geheimer Kongreß stattfinden sollte, denn »dort sei der sicherste Ort in Anatolien, der sich am besten dazu eignen würde«. Dort könnten, ohne eine Störung befürchten zu müssen, die Delegierten die Rechte der türkischen Nation vor der Welt festlegen. Die Regierung in Konstantinopel erfuhr jedoch schnell von dieser geplanten Zusammenkunft, und bald nachdem Mustafa Kemal seine Telegramme ausgesandt hatte, unternahm das Innenministerium einen Gegenschlag, indem es ein Rundschreiben mit folgendem Inhalt veröffentlichte:

»Wenn Mustafa Kemal auch ein großer Soldat ist, so ist sein politischer Scharfsinn doch keineswegs von der gleichen Qualität. Neben seinen politischen Verirrungen hat er noch im Rahmen seiner mißverstandenen Befugnisse auf dem Gebiet der Verwaltung den weiteren Fehler begangen, Telegramme zu versenden, deren einziger Zweck es ist, dem Volk Geld wegzunehmen und damit illegale Gruppen zu unterstützen. Es ist die Pflicht des Kriegsministeriums, ihn zurück nach Konstantinopel zu bringen. Das Ministerium des Inneren aber gibt Euch den Befehl, die Entlassung dieses Mannes zur Kenntnis zu nehmen, auf keine irgendwie geartete Weise offizielle Beziehungen zu ihm zu unterhalten und darauf zu achten, daß keines seiner sich auf seine Zugehörigkeit zur Regierung berufenden Gesuche genehmigt wird ...«

In den ersten Tagen des Juli wurde Mustafa Kemal nach einem Telegrammwechsel, der mit seiner strikten Weigerung endete, nach Konstantinopel zurückzukehren, offiziell aus seiner Stellung entlassen. Er legte sofort seinen Auftrag nieder und begann, zivile Kleidung zu tragen. »Ich werde in Anatolien bleiben, bis die Nation ihre Unabhängigkeit erlangt hat«, kabelte er an den Sultan.

Das Telegramm legte den Standpunkt Mustafa Kemals fest und zeigte, weshalb er nicht zurückkehren wollte. Churchill schrieb später: »Der Türke lebte noch immer, wenn er auch den Kopf voller Torheiten und seine Hände mit Verbrechen befleckt hatte, durch unfähige Regierungen in Not geraten war, durch Schlachten zermürbt und durch lange und unheilvolle Kriege niedergeworfen worden war und sein Reich rings um ihn her allmählich auseinanderfiel. In seiner Brust schlug das Herz eines Geschlechtes, das die Welt in die Schranken gefordert hatte. In Konstantinopel herrschte unter dem Schutz der Gewehre alliierter Flotten eine türkische Schattenregierung. Aber zwischen den Hügeln und Tälern des ›türkischen Heimatlandes‹ Anatolien hauste die Gemeinschaft dieser armen Kerle …, denen die ganze Lage nicht paßte.«

Jeder, der nach politischer Macht strebt, braucht ein bißchen Glück, und als die Delegierten heimlich bei Nacht sich quer über die Bergpässe nach Siwas auf den Weg machten, wies die Regierung in Konstantinopel die Polizei an, Mustafa Kemal abzufangen. Weniger als acht Kilometer von der Stelle entfernt, wo man ihm eine Falle gestellt hatte, galoppierte ein Reiter ihm entgegen, um ihn zu warnen. Mustafa Kemal machte einen Umweg und gelangte so nach Siwas, wo die Schlagkraft der zu ihm haltenden bewaffneten Einheiten einen Angriff unmöglich machte.

Während der Konferenz fiel ihm ein noch größeres Glück in den Schoß. Viele Delegierten scheuten davor zurück, Mustafa Kemal die ganze Macht zu geben, die er verlangte, aber am dritten Tage nicht enden wollender Diskussionen wurde eine Botschaft abgefangen, die von Konstantinopel aus an den Gouverneur der südlich von Siwas liegenden kurdischen Provinz Malatia gerichtet war. Sie enthielt den Befehl, kurdische Stammesangehörige zu rekrutieren und zu bewaffnen, nach Siwas zu marschieren und die Abgeordneten festzunehmen.

Den Delegierten gegenüber spöttelte Mustafa Kemal: »Wie können Sie es wagen, eine Horde Wilde auszuschicken, um echte Türken zu verhaften?« Danach beherrschte er die Konferenz in jeder Beziehung, und zwar nicht nur mit seinen Ideen, sondern auch durch seine Beredsamkeit. Siwas bedeutete den spontanen Übergang der Nationalen Bewegung von einer örtlich begrenzten Organisation zu einer Ausweitung über das ganze Gebiet der Türkei. Mit Mustafa Kemal als Präsidenten wurde eine provisorische Regierung gebildet. Zu seinen ersten Aufgaben gehörte es, aus erbeuteten Dokumenten herauszufinden, daß der mit Hilfe der Kurden geplante Anschlag persönlich vom Großwesir Ferid befohlen worden war, der ihn ursprünglich nach Anatolien geschickt hatte. Er fand auch Beweise dafür, daß England in der Gestalt des Majors E. W. C. Noel daran mitbeteiligt war. Dieser politische Offizier hatte keinen festen Auftrag und arbeitete auf eigene Faust. Er hielt sich bei den Kurden auf und schickte –

unglaublicherweise – ein Telegramm in Klartext nach Konstantinopel, aus dem sich ergab, daß die Engländer ihre Hand im Spiele hatten.

Mustafa Kemal sandte ein Ultimatum nach Konstantinopel, daß Ferid abgesetzt werden müßte, und als er keine Antwort erhielt, entschloß er sich zu drastischem Vorgehen. Er befahl dem Militär, die postalischen Verbindungen und die Telegraphenleitungen zu übernehmen, und schnitt so Konstantinopel von der übrigen Türkei ab. Er leitete alle Postsendungen an seinen Nationalkongreß um, wozu auch die Staatseinkünfte gehörten. Der Kongreß war soeben nach Angora übersiedelt, das später den Namen Ankara erhalten sollte. Es war eine kleine Stadt, die wegen ihrer zentralen Lage und guten Verteidigungsmöglichkeiten für diesen Zweck ausersehen worden war. Außerdem war sie zweifellos auch deshalb von Bedeutung, weil sie zu den wenigen Städten gehörte, die durch eine Eisenbahnlinie mit Konstantinopel verbunden waren.

Nach wenigen Tagen schon kapitulierte der Sultan. Ferid bekam den Laufpaß, und es wurden neue Wahlen abgehalten, bei denen die Nationalisten eine große Mehrheit erhielten. »Jetzt haben wir die erste Phase hinter uns«, sagte Mustafa Kemal zu einem Freund. Es war ein erstaunlicher Sieg, wenn man ihn mit ähnlichen Vorgängen verglich, denn er hatte innerhalb von vier Monaten die Regierung gestürzt, die ihrerseits ihn entlassen hatte, und er hatte auch den Großwesir zu Fall gebracht, der ein Werkzeug der Alliierten gewesen war.

Mustafa Kemal selbst war zum Delegierten der Stadt Erzerum gewählt worden, aber als sich dann die neugewählten Delegierten aus dem entlegenen und eintönigen Angora aufmachten, um von den Fleischtöpfen Konstantinopels zu kosten, weigerte sich Mustafa Kemal, mitzugehen. Er war davon überzeugt, daß jede Parlamentssitzung in Konstantinopel in so unmittelbarer Nähe der alliierten Streitkräfte sinnlos war.

Es stimmte. Innerhalb einer Woche gelang es den Alliierten, im Januar 1920 während der Parlamentszusammenkünfte beim Sultan durchzusetzen, daß er den Kriegsminister und den Stabschef entließ, die in große Waffendiebstähle aus Nachschublagern der

Alliierten verwickelt waren. Doch die Bestrafung machte keinen Eindruck. Auf diese Entlassungen folge ein anderer noch größerer Überfall auf ein französisches Waffendepot in Akbas, bei dem die Nationaltürken achttausend Gewehre, vierzig Maschinengewehre und zwanzigtausend Munitionskisten erbeuteten.

Für die erbitterten Alliierten schien nur noch eine Möglichkeit offen zu sein, denn Lord Curzon sagte vor dem House of Lords: »Die Verbündeten können nicht länger Verhältnisse dulden, in denen sie in Konstantinopel zum Gespött gemacht werden, während überall Verfolgung und Mord überhandnehmen.« Die Alliierten waren machtlos, mit ihren unzureichenden Truppen die Kämpfe im Inneren des Landes zu unterdrücken, aber sie konnten wenigstens zeigen, wer die Herren in Konstantinopel waren. Bis jetzt hatten sie sich mit Umsicht als »militärische Präsenz« verstanden und verhalten, aber am 16. März 1920 ankerten kurz vor Sonnenaufgang fast unmittelbar neben der Galata-Brücke britische Kriegsschiffe, und britische Panzerwagen ratterten durch die gepflasterten Straßen in das noch den Türken vorbehaltene Stadtviertel von Konstantinopel, besetzten das Kriegsministerium, die Admiralität und das Telegraphenamt. Die Hauptstadt wurde formell unter militärische Verwaltung gestellt. Der Großwesir wurde verhaftet und zusammen mit allen nationaltürkischen Delegierten, denen die Flucht nicht rechtzeitig gelungen war, nach Malta abgeschoben. Das Parlament wurde aufgelöst. Als er wieder in Angora war, sagte Mustafa Kemal: »Heute ist durch die zwangsweise Besetzung Konstantinopels das siebenhundert Jahre währende Leben und die Vorherrschaft des Ottomanischen Reiches zu Ende gegangen.«

Mustafa Kemal nahm unverzüglich jeden britischen Offizier fest, den er in Anatolien erwischen konnte*). Die Deputierten, die entkommen konnten, begaben sich nach Angora, wo am 23. April 1920 die Große Nationalversammlung der Türkei ihre erste Sitzung abhielt. Mustafa Kemal wurde auch hier zum Präsidenten gewählt und verkündete der Welt sein Glaubensbekenntnis: »Die absolute Oberhoheit über das Staatsgebiet steht

*) Sie wurden im Jahre 1921 gegen die nach Malta deportierten Nationaltürken ausgetauscht.

bedingungslos der Nation zu. Die Große Nationalversammlung ist die wahre und einzige Vertretung der Nation. Von der Großen Nationalversammlung geht ausschließlich sowohl die Gesetzgebung als auch die vollziehende Gewalt aus, denn sie ist für beide zuständig.«

Doch diese kühnen Worte ließen einen wichtigen Umstand unbeachtet. Er war der »Führer einer provisorischen Regierung, die weder Geld noch Macht, noch irgend etwas besaß, das zu einer Regierung unbedingt gehört«. Die Alliierten verteilten bald danach von Flugzeugen aus Flugblätter, in denen die »Rebellen« dringend dazu aufgefordert wurden, sich zu ergeben. Mustafa Kemal wurde durch ein kriegsgerichtliches Verfahren in Abwesenheit zum Tode verurteilt. Obwohl es dem Sultan von den Alliierten verboten worden war, sich eine reguläre Armee zu halten, erhielt er jetzt die Genehmigung, ein »Heer des Kalifen« aufzustellen, das nach Anatolien in Marsch gesetzt wurde, zusammen mit einer großen Zahl von Geistlichen, die ihre Glaubensbrüder in jeder Stadt und in jedem Dorf zusammenriefen und sie vor den Gefahren warnten, die ihnen drohten, wenn sie mit einem Mann gemeinsame Sache machten, der Gott und ihren Sultan verachtete.

Getrieben von religiösem Eifer, griffen bald viele von ihnen zu den Waffen, um überall in Anatolien die Anhänger Kemals zu bekämpfen, und bald waren die Männer Mustafa Kemals vollauf damit beschäftigt zu überleben, und das geschah manchmal unmittelbar vor den Toren Ankaras. Das Land stand am Rande eines Bürgerkrieges.

Man muß sich überlegen, was wohl geworden wäre, wenn die Überfälle auf die »Rebellen« angehalten hätten. Man kann sich kaum vorstellen, daß Mustafa Kemal ausdauernd hätte Widerstand leisten können, denn viele der Heeresführer, die ihm mit zur Macht verholfen hatten, waren bereits unzufrieden. Das traf auch auf die Bauern zu, die jetzt nichts sehnlicher wünschten, als in Frieden gelassen zu werden, damit ihre Feldfrüchte reifen konnten.

Angora war kein vertrauenerweckendes Hauptquartier, denn die Stadt war kaum mehr als ein Dorf auf zwei Hügeln, die »wie

Brustwarzen aus dem Busen des anatolischen Hochplateaus emporragten«. Die Stadt war im Sommer glühend heiß und im Winter völlig eingeschneit, und sie hatte sich von einem während des Krieges ausgebrochenen verheerenden Feuer niemals so recht erholt. In jeder Straße gab es geschwärzte und zu Ruinen zerfallene Gebäude. Als ein türkischer Kriegskorrespondent, Alaeddine Haidar, eintraf und ganz harmlos fragte, ob er ein Zimmer haben könnte, sagte man ihm, daß er froh sein könne, wenn er eine mit einer Zahl versehene Treppe fände, auf der er schlafen könne. Er fand schließlich einen Schrank, in dem er übernachtete.

So sah das Hauptquartier der neuen Türkei aus, und hier gelang es jetzt Mustafa nur von einem Tag zum anderen, sich sein Überleben zu sichern. Er und der treue Arif schliefen abwechselnd in ihren Kleidern, während ihre Pferde gesattelt unten im Hof standen, damit sie schnell fliehen konnten. Mustafa Kemal und seine Streitkräfte hätten schwerlich noch lange durchhalten können, zumal schon viele seiner Leute unzufrieden wurden und zu murren begannen, wenn nicht die Sieger des ersten Weltkrieges bei einem Zusammentreffen in einem fernen Land zwei unglaubliche Fehler begangen hätten, wie sie Bürgern an weniger exponierten Stellen oft unbegreiflich scheinen.

Im Frühling 1920 machten sich in Paris Lloyd George, Präsident Wilson und Clemenceau daran, in dem später zwar unterzeichneten, aber niemals ratifizierten »Vertrag von Sèvres« Entscheidungen über das Vermögen des »Kranken Mannes am Bosporus« zu treffen. Als gegen Ende Mai Einzelheiten über den Vertrag bekannt wurden, verkündete die Türkei einen »Nationalen Trauertag«, denn seine Bedingungen waren unerträglich streng und weit bedrückender als die Friedensbedingungen, die Deutschland auferlegt worden waren. Die Reaktionen im Inneren der Türkei waren spontan: Wenn es keinen organisierten Widerstand gegeben hätte, dann wäre die Türkei verloren gewesen. Und da der Sultan mit allem einverstanden zu sein schien, was die Großmächte forderten, konnte nur ein Mann das türkische Volk retten. Wenn die Alliierten in Paris beschlossen hätten, Mustafa Kemal zu unterstützen, so hätten sie keinen geeigneteren Weg dazu finden können, die innere Einheit der Türken zu festigen.

Der Bürgerkrieg begann eine andere Form anzunehmen. Obwohl es immer noch in der Hauptsache ein Kampf kühner irregulärer Verbände war, stellten sich jetzt doch Tausende unter die Fahnen Mustafa Kemals, und einige von ihnen erreichten tatsächlich Konstantinopel und nahmen zwei Tage lang das Gebäude unter Feuer, in dem der britische Hochkommissar sein Hauptquartier hatte.

Der erste Irrtum der »Organisatoren des Friedens« war schlimm genug gewesen. Aber jetzt folgte noch ein anderer, als sie sich vor die Frage gestellt sahen, mit wem sie verhandeln sollten: Mit einem Guerilla-Führer, der zwar Macht hatte, aber keinerlei gesetzliche Befugnisse besaß, oder mit einem Marionetten-Sultan, der zwar das Gesetz auf seiner Seite hatte, aber völlig machtlos war. Es war offensichtlich, daß erst einmal die inneren Unruhen in der Türkei geschlichtet werden mußten, ehe ein »gerechter, ehrenhafter und dauerhafter Friedensvertrag« unterzeichnet wurde. Aber wie?

An der Konferenz nahm ein Mann mit schlichten Manieren teil, ein ruhiger bebrillter Mensch, »dem sein ganzes Wesen einen Hauch kindlicher Einfalt verlieh«. Es war Venizelos, der noch immer Premierminister eines Griechenland war, das jetzt auch Smyrna einschloß und dessen ganzes Bestreben seit zwanzig Jahren darin bestanden hatte, das Griechische Reich über die ganze Mittelmeerküste Anatoliens auszudehnen. Er hatte große Mengen überschüssigen Kriegsmaterials sehr billig von England und Frankreich gekauft. So hatte Griechenland jetzt wahrscheinlich das am besten ausgerüstete Heer im Mittleren Osten und verhielt sich abwartend, während die Alliierten jeder für sich mit ihren eigenen jeweiligen Nachkriegsproblemen beschäftigt waren. Italien fürchtete eine Revolution seitens der Kommunisten. Frankreich war stark mit Syrien beschäftigt. England mußte sich mit dem Bürgerkrieg in Irland und dem Aufstand in Indien befassen. Die Vereinigten Staaten blieben wegen der Krankheit Präsident Wilsons nach wenigen Monaten vom Konferenztisch fern. Nach den Worten Lloyd Georges war er »ein zerbrochener Mann und ein närrischer Prophet, der nicht mehr dazu fähig war, noch weiter für seine Überzeugung zu kämpfen.«

Als nun Venizelos den siegreichen, aber hart bedrängten Alliierten in aller Stille die Unterstützung durch seine griechische Armee anbot, wurde sein Angebot hastig und dankbar angenommen. In den ersten Junitagen sammelte sich die britische Mittelmeerflotte am Goldenen Horn. Am 22. Juni 1920 marschierten zwei griechische Heere von Smyrna aus landeinwärts. Der Haß zwischen Griechen und Türken reichte bis in die Zeit von Byzanz zurück. Jetzt hatten die alliierten Staatsmänner in einem Augenblick der Torheit die von der Türkei benötigten Umstände geschaffen, die sie zu ihrer Einigung im Inneren brauchte, denn sie brachten die im Bürgerkrieg verfeindeten Brüder wieder zusammen, um den gemeinsamen Gegner zu bekämpfen.

Zunächst einmal war Einmütigkeit nicht genug. Die Türken mögen dazu fähig gewesen sein, ein paar ungehörige Schüsse auf das Büro des Hochkommissars abzufeuern. Aber die Banden irregulärer verdreckter Soldaten waren in Lumpen gekleidet und besaßen vielfach nicht einmal Schuhe. Sie waren mit einer bunten Mischung aus alten Steinschloßgewehren und Musketen bewaffnet, und sie bedeuteten für die gut ausgebildeten und ausgezeichnet ausgerüsteten Griechen kaum ernst zu nehmende Gegner, zumal diese auch noch englische militärische Ratgeber bei sich hatten. So fegten sie alles hinweg, was ihnen im Weg stand. Der Krieg der Griechen gegen die Türken bestand im wesentlichen aus drei Feldzügen, von denen einer im Jahre 1920 und die anderen beiden in den Jahren 1921 und 1922 stattfanden. Im ersten wurden die buntscheckig gekleideten Nationaltürken, die in aller Eile von der Ostfront an die Westfront geschickt worden waren, vernichtend geschlagen. Die zweite griechische Armee drang inzwischen tief in das in der europäischen Türkei gelegene Thrazien ein und vertrieb den letzten Soldaten der Nationalisten aus der Provinz bis fast unmittelbar nach Konstantinopel.

Lloyd George war darüber erfreut, obwohl er mit dem Schauplatz des Kampfes nicht so recht vertraut zu sein schien, denn bei einer Konferenz der Alliierten in Spa prahlte er: »Sie (die Türken) sind geschlagen und fliehen mit ihren Streitkräften in Richtung auf Mekka.«

»Nach Angora«, berichtigte ihn Curzon säuerlich.

»Lord Curzon fühlt sich stark genug, mich wegen einer lächerlichen Kleinigkeit zu verbessern«, antwortete Lloyd George. »Nichtsdestoweniger ...«

Als der griechische Sommerfeldzug des Jahres 1920 zu Ende ging, war die gesamte Lage nicht ohne einen Schuß Ironie. Machtlos verharrten die Alliierten in Konstantinopel. Obwohl der Sultan Ferid wieder zurückgeholt hatte, um ihn an die Spitze einer Regierung zu stellen, die Churchill ein »Neues Marionettenministerium« nannte und obgleich er noch immer Haßtiraden gegen die »Rebellen« losschleuderte, war er gleichfalls völlig machtlos. Sein einziger Schutz gegen Mustafa Kemal war eine aus den Bajonetten haßerfüllter Griechen gebildete Mauer.

Die Niederlagen waren ein schmachvoller Schlag für den Stolz Mustafa Kemals gewesen, denn in der Türkei wurde stets ein Sieg oder eine Niederlage auf die Fähigkeit oder Unfähigkeit der Person des jeweiligen Anführers zurückgeführt. Und wenn die Nationalisten durch eigene Schuld weiterhin so schlecht davongekommen wären wie im Jahre 1921, dann wäre Mustafa Kemal sicherlich von den nach seinem Blut dürstenden Deputierten zugrunde gerichtet worden. Aber es war das Jahr, in dem für ihn endlich die grundlegende Wende kam.

Als er sich auf den erwarteten Angriff der Griechen vorbereitete, war er auch eifrig auf politischem Gebiet tätig. Sowjetrußland schickte ihm Geld und Waffen, und das gleiche tat Italien. Auch Frankreich stand insgeheim mit Angora in Verbindung und versprach Hilfe. Die Türken waren sich wieder einig, mit Ausnahme der Clique des Sultans, während in Griechenland jetzt nach der Entmachtung von Venizelos Uneinigkeit um sich griff.

Unermüdlich und schonungslos gegen sich selbst machte sich Mustafa Kemal an die Aufgabe, aus seinen Guerillas eine Art einheitliche Armee zu machen, wobei er zuweilen recht primitive Methoden anwandte. »Jeder Haushalt ohne Ausnahme hat einen Tornisterinhalt zu liefern, der aus einem Päckchen Unterwäsche, einem Paar Socken und einem Paar Schuhen besteht«, lautete einer seiner Erlasse. Das Geräusch knarrender Ochsenkarren ertönte im Land, als Kemal (nach den Worten Churchills) »die Frauen und Töchter seiner Soldaten dazu aufrief, die Arbeit von

Kamelen und Ochsen zu leisten, an denen er Mangel litt«. Mustafa Kemal forderte die Mobilisierung sämtlicher Frauen, während die Männer militärisch ausgebildet wurden. Als man sich dem Kriegsgebiet näherte, zogen Frauen oft noch mit auf dem Rücken festgebundenen kleinen Kindern nicht nur die Karren, sondern sie trugen auch auf jeder Schulter eine der Kanonenkugeln zu den Geschützen.

Mustafa Kemal war in ein großes steinernes Haus im Dorf Chankaya umgezogen, das auf einem kahlen Bergkamm vier Meilen außerhalb von Angora lag. Wir besitzen aus jenen Tagen eine Beschreibung von ihm: »Er murrte und klagte oft über die Leute in seiner Umgebung, meist tat er dies ohne jeden Anlaß. Selten, und wenn, dann zeigte er nur widerwillig seinen Untergebenen seine Dankbarkeit. Er war ein Mann, den man nur zu gern mied, denn seine Launen hingen von seiner jeweiligen Stimmung ab. Er war öfter mürrisch als fröhlich, und wenn ihm etwas nicht paßte, dann konnte er hartherzig und gnadenlos sein. Sein Aussehen wechselte stets sehr schnell. An einem Tage konnte er jung und lebensfroh wirken, während er am nächsten Tage zehn Jahre älter und müde aussah und seine Stirn voller Falten war.«

So gab er sich, bis eine junge und anziehend aussehende Verwandte eintraf. Fikriye war dunkelhaarig und schlank, sie war ein »zierliches und zerbrechliches Mädchen, ruhig und gebildet, mit einem weißen ovalen Gesicht und tiefbraunen Augen«. Sie war die Cousine Mustafa Kemals, und sie kannten sich schon ihr ganzes Leben lang, doch geschah es erst in dem Jahr bevor Mustafa Kemal nach Saloniki kam, daß sie näheren Kontakt mit ihm bekam. Fikriye war verheiratet gewesen und wieder geschieden, sie lachte und schwatzte gern und war auch der Liebe nicht abhold. Für einen Mann wie Mustafa Kemal bedeutete sie bei seinen gelegentlichen Aufwallungen von Geschlechtslust ein angenehmes Ziel seiner Wünsche, denn sie verlangte keinerlei Gegenleistungen. Jetzt beschäftigte er sie in Chankaya als seine Hausdame. Sie war nicht nur ein fröhlicher Mensch, sondern besaß auch eine natürliche Intelligenz. Sie mischte sich niemals in seine Arbeit ein, bei Trinkgelagen ließ sie ihn und seine alten Kumpane in Ruhe, und sie konnte als seine Gastgeberin auftreten, wenn er es wünschte, denn sie war ja seine Cousine, und sie tat dies auch. Für Kemal bedeutete sie eine Art Familie, und sie schenkte ihm die Gemütlichkeit, die sonst nur eine Ehe mit sich bringt. Es war wunderbar bequem für einen Mann, der auf die Frage, was er bei einer Frau am meisten schätze, lakonisch antwortete: »Sie muß immer für mich da sein.«

Weit entfernt von diesem »Sultan« in Angora war der jetzt über sechzigjährige Sultan in Konstantinopel ebenfalls eifrig am Werk, denn er sah sich vor Probleme gestellt, seit er nach den Worten Lloyd Georges »vatikanisiert« worden war. Er brauchte ebenfalls weibliche Gesellschaft, und er fand sie in den Armen der siebzehnjährigen Tochter eines Gärtners namens Navsad. Er brachte sie in Yildiz in einem zweifellos hübscheren und bequemeren Landhaus unter, als es Fikriye zur Verfügung stand, aber es wurde für genau den gleichen Zweck gebraucht. Obwohl des Sultans Privatkasse leer war, gaben ihm die freundlichen Engländer einen Zuschuß, von dem er leben konnte.

Im Juli griffen die Griechen mit starken Kräften an, und wieder einmal fegten sie alles hinweg, was ihnen im Wege stand, bis sie den wichtigen Eisenbahnknotenpunkt Eski Schehir erreichten, den Schlüssel nach Westanatolien. Der Vormarsch verlief aber nicht ohne schwere Verluste für die Griechen. Damals war Ernest Hemingway Kriegskorrespondent für den *Toronto Star* und kabelte, daß er zum ersten Male »tote Männer gesehen habe, die weiße Ballettröcke und Schnabelschuhe mit aufgesetzten Pompons trugen«.

Die Verluste konnten freilich Mustafa Kemal nicht für die Tatsache blind machen, daß die Griechen nicht nur den Knotenpunkt besetzen, sondern auch die türkische Hauptarmee einkesseln wollten. Jetzt zeigte Mustafa, was für ein ausgezeichneter Stratege er war. Jeder Gegenangriff wäre von vornherein aussichtslos gewesen. Aber wenn er sich aus der Gegend zurückzog, dann würde er die türkische Zivilbevölkerung dem Haß der Griechen auf Gnade oder Ungnade ausliefern. So evakuierte er ohne Zögern nicht nur das ganze Gebiet, sondern er befahl auch einen allgemeinen Rückzug über eine Strecke von dreihundert Kilometer bis zu dem sich durch gebirgiges Gelände schlängelnden Sakkaria-Fluß. Dies würde nach seiner Meinung dem Heer Zeit geben, sich neu zu formieren und Angora zu nehmen, und die Griechen würden dann daran gehindert, ihre Verbindungslinien zu verlängern.

Am 24. August 1921 stießen die Türken und die Griechen am Sakkaria-Fluß aufeinander, Mustafa Kemal befehligte die Türken persönlich. In einem Gebiet voller Täler, Schluchten und Hügelkämme wich während eines dreiwöchigen Blutvergießens keine der beiden Seiten zurück. Zuweilen wurden ganze Einheiten in dem unübersichtlichen Gelände von jeder Verbindung abgeschnitten und mußten auf eigene Faust um ihr Überleben kämpfen. Es war ein Kampf, der vielfach in ein Handgemenge ausartete, wobei Mustafa Kemal Schulter an Schulter mit seinen Leuten in den Gräben focht. Eine türkische Division verlor fünfundsiebzig Prozent ihres Bestandes an Soldaten. Auf beiden Seiten fielen sieben Divisionsgeneräle, meist wurden sie mit Bajonetten erstochen. Zuletzt aber siegten doch die Türken auf eine Weise, die Mustafa Kemal vorausgesehen hatte. Der Nachschub der Griechen brach zusammen, das Trinkwasser ging in der sengenden Augustsonne allmählich zur Neige, und die Tagesration wurde bis auf eine Handvoll Mais gekürzt. Am Ende der dritten Woche zeigte die Front der Griechen die ersten Zeichen von Schwäche, und dann hörte der Schlachtlärm ganz plötzlich auf. Die Griechen zogen sich dreihundert Kilometer weit zurück, während Mustafa Kemal ihnen unerbittlich auf den Fersen blieb.

Es dauerte fast ein Jahr, bis die Türken so weit waren, daß sie wieder angreifen konnten. Aber die benachbarten Völker hatten die Bedeutung der Schlacht am Sakkaria-Fluß nicht vergessen, und Mustafa Kemal sah sich plötzlich in die Fäden der Politik verstrickt, während seine Generäle weiterhin darum bemüht waren, das Heer für den letzten Schlag noch kampfstärker zu machen. Innerhalb von fünf Wochen hatte die Türkei der Nationalisten eine Übereinkunft mit Frankreich unterzeichnet, das auf diese Weise stillschweigend anerkannte, daß Mustafa Kemal der wahre Führer des Landes war. Ebenso wichtig war es, daß Waffen aus Frankreich versprochen wurden. Mustafa traf eine andere Übereinkunft auch mit Sowjetrußland und noch eine weitere mit Italien, beide Länder versprachen ihm ebenfalls Waffen.

Die englische Regierung sah diese halb heimlichen Abkommen ihrer Verbündeten mit scheelen Augen an. Diesem Mißfallen war ein unheilschwangerer Schritt des englischen Geheimdienstes gefolgt, denn man schickte einen Spion nach Angora, dem offensichtlich hunderttausend Pfund Sterling für den Fall versprochen worden waren, daß es ihm gelang, Mustafa Kemal zu ermorden. Der Spion war ein Inder namens Mustafa Seghir, der offiziell als »Indischer Deputierter des Kalifates« auftrat, und als man in Angora erfuhr, daß er gekommen war, um angeblich eine Million Pfund zu verteilen, die aufgebracht worden war, um die Nationaltürken zu unterstützen, wurde er mit Wein traktiert und mit den besten Speisen beköstigt. Aber er war ein tolpatschiger Bursche, denn als die Million nicht eintraf, fingen die Leute Mustafa Kemals seine Briefe ab, die er mit unsichtbarer Tinte an den englischen Geheimdienst geschrieben hatte.

Er wurde festgenommen und gestand, daß er von den Engländern ein regelmäßiges Einkommen bezog. Während des Krieges war er in der Schweiz und in Persien als Spion tätig gewesen, und er händigte sogar den Richtern eine Namensliste von in Istanbul ansässigen Türken aus, die von den Engländern gesucht wurden. Als ihn der Richter fragte, weshalb man ihn für eine so gefährliche und schwierige Aufgabe ausersehen hätte, gab er zur Antwort: »Weil ich kurz vorher einen Auftrag erfolgreich ausgeführt habe, der mindestens ebenso gefährlich war: Ich habe den Emir von Afghanistan getötet.«

Dieser sonderbare Spion, der während des Prozesses ruhig und höflich geblieben war, wurde zum Tode durch Erhängen verurteilt, ohne daß man während der Verhandlung ein Zeichen der Erregung an ihm wahrnahm. Über seine letzten Augenblicke berichteten die türkischen Zeitungen ein etwas makabres Vorkommnis: Als er das Gerüst des Galgens bestieg, setzte er sich hin. Ein verwirrter Henker versuchte, ihm durch einen Dolmetscher klarzumachen, daß der Delinquent vor seiner Hinrichrung zu stehen habe. »Bitte entschuldigen Sie«, sagte Seghin daraufhin höflich, »es ist das erste Mal, daß ich mich in einer solchen Lage befinde.«

Im Jahr nach der Schlacht am Sakkaria-Fluß müssen sich noch

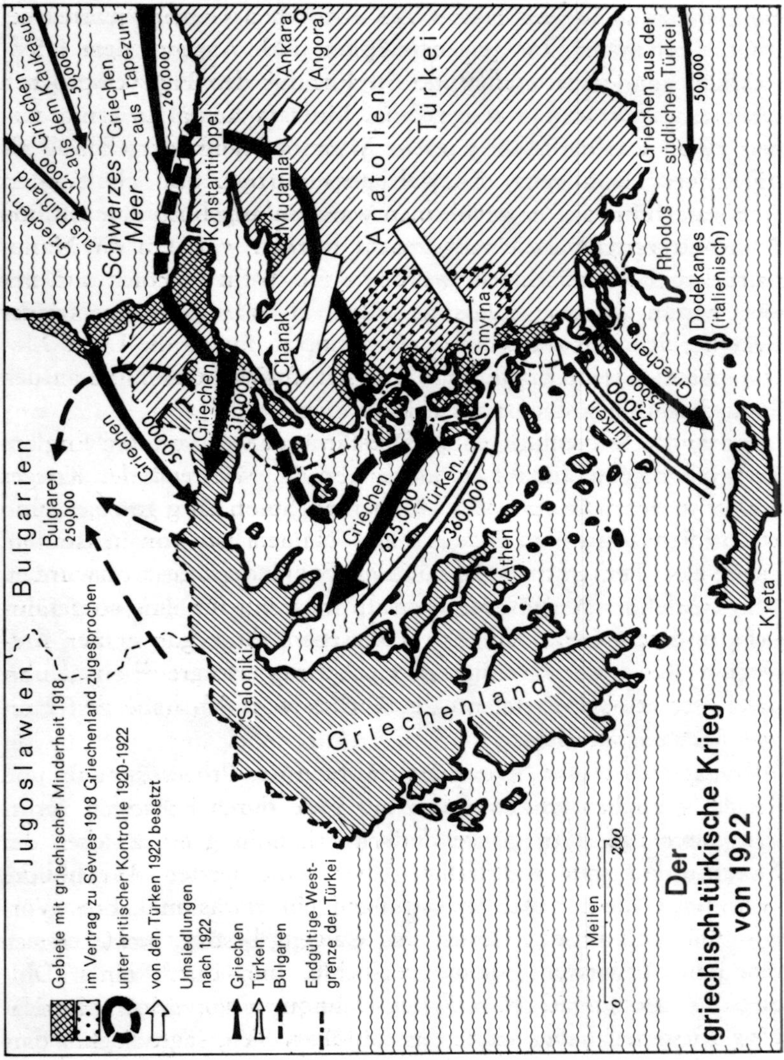

Der griechisch-türkische Krieg von 1922

weitere sonderbare Dinge abgespielt haben, denn obwohl Mustafa Kemal jetzt mit den Führern größerer europäischer Länder auf gleicher Ebene verhandelte, wurden die Staatsangelegenheiten in Angora unter Bedingungen abgewickelt, die in allem einem Wildwestfilm sehr nahe kamen. Am Stadtrand war eine kleine und schmucklose Versammlungshalle errichtet worden; sie stand isoliert da und »ähnelte mehr einem winzigen Bahnhofsgebäude als irgend etwas anderem«. Die Delegierten saßen auf Schulbänken und erinnerten an die »frühen Zusammenkünfte nordamerikanischer Farmer nach der Unabhängigkeitserklärung«. Diese Wirkung wurde noch verstärkt, als die von weit her gekommenen Delegierten ihre Gäule an einem außerhalb des Gebäudes angebrachten Querholz festbanden.

Inzwischen trafen die Schiffsladungen mit Waffen aus Rußland, Frankreich und Italien ein, und im Sommer 1922 war Mustafa Kemal endlich so weit, daß er gegen das durch innere Zwistigkeiten geschwächte Heer der Griechen zum tödlichen Schlag ausholen konnte. Am 26. August gab er um 4 Uhr morgens die Parole: »Vorwärts Soldaten! Euer Ziel ist das Mittelmeer!«

Die Griechen waren völlig überrascht. Gegen Abend des ersten Tages durchbrach er ihr Hauptheer, das sich bald Hals über Kopf auf der Flucht befand. Gegen Ende des Monats versuchten versprengte Reste der Griechen eilig die Schiffe zu erreichen, die an der Küste auf sie warteten. Als Niederlage auf Niederlage folgte, war man fast noch bis zum letzten Augenblick in Smyrna davon überzeugt, daß eine Konferenz in London eine Lösung finden würde, ehe die Türken die Stadt erreichten. Immerhin lagen Kriegsschiffe der Engländer und der Amerikaner im Golf vor Anker, die beruhigend versicherten, daß auf jeden Fall eine »gerechte Lösung« gefunden werden würde. In jenen Tagen voller falschem Optimismus schien es unmöglich, daß irgend etwas Schlimmes bevorstehen könnte. Die Fünf-Uhr-Tanz-Tees auf der Terrasse des Hotels Naim gingen weiter, und eine italienische Schauspielertruppe führte im »Sport-Club« noch immer die Oper »Rigoletto« auf.

Dann machte ganz unvermittelt die Börse zu. Die ersten Verwundeten kamen vereinzelt in die Stadt zurück und bettelten um ein Stückchen Brot. Sie brachten Berichte über erschreckende Greueltaten mit. »Sie blickten weder nach rechts noch nach links, ihre Augen waren starr nach vorn gerichtet, sie wirkten wie Schlafwandler«, erinnerte sich später der amerikanische Konsul George Horton.

In der ersten Septemberwoche hatte zehn Tage nach Beginn des Angriffes das türkische Heer dreihundert Kilometer zurückgelegt, und die ersten Soldaten marschierten bereits durch Smyrnas Straßen.

Mustafa Kemal war nicht darunter. Er war absichtlich in seinem Hauptquartier hinter der Frontlinie geblieben und hatte auf dem Dach eines Stalles ein Zelt aufgeschlagen. Obwohl er von seinem Erfolg überzeugt war, wollte er sich nicht in seinem Ruhm sonnen, ehe die dafür notwendige Kulisse fertig war. Für die Türken bedeutete die Wiedereroberung von Smyrna weit mehr als einen militärischen Erfolg. Sie hatte einen hohen symbolischen Wert.

Als die Kämpfe am 9. September erloschen waren, feierte Mustafa Kemal seinen Triumph durch einen glanzvollen Einzug in Smyrna. Die letzten wenigen Kilometer fuhr er an der Spitze eines Geleitzuges von Autos, die mit Lorbeerzweigen geschmückt waren, durch große Scharen von jubelnden, weinenden, betenden und begeisterten Türken.

Vielleicht war dies der Höhepunkt des Erfolges Mustafa Paschas, doch wurde er durch eine sinnlose Tat befleckt.

Smyrna in Flammen

Smyrna glich keiner anderen Stadt im Ottomanischen Reich. Sie war mit einem wohlwollenden Klima gesegnet und lag vor einem reichen und fruchtbaren Hinterland, wo auch der ärmste Bauer immer noch mehr als genügend Obst, Brot und Käse hatte, und sie war das Herz einer in Düfte von Mandelbäumen, Mimosen und Oleander gebadeten Landschaft. Türken, Juden, Griechen,

Armenier und Europäier bildeten die Bevölkerung dieses Seehafens, dessen Ausfuhrhandel den von Konstantinopel übertraf. Obwohl alle diese Volksgruppen in eigenen voneinander getrennten Stadtvierteln wohnten, mischten sie sich in den Hauptstraßen bunt durcheinander, und bei der Vielfalt ihrer auffallenden Nationaltrachten erweckten sie bei einem Europäer den Eindruck, als befände er sich hier »auf einem ewigen Maskenball«. Weltoffen und wohlhabend lebten viele Leute in der Nähe des Hafens, der einen so untadeligen Eindruck machte wie der türkische Halbmond auf der türkischen Flagge. Rings um ihn herum standen zweistöckige Häuser, die weit eindrucksvoller wirkten als die Landhäuser in Kontantinopel. Die Warenhäuser waren übervoll von Feigen, Aprikosen, Rosinen und Granatäpfeln, denn es war Erntezeit, und Handelsschiffe aus aller Welt warteten darauf, beladen zu werden.

Die Einwohner von Smyrna waren dafür bekannt, daß sie gern spielten und tanzten und daß ihre Frauen sehr schön waren. Viele von ihnen sprachen drei oder vier Sprachen. Sie besaßen Klubs, Restaurants und Hausboote und veranstalteten Tanztees, Golfspiele und Pferderennen.

Doch die Stadt blieb noch immer eine seltsame Mischung aus gestern und morgen. An einem Ende der Stadt, das den vielversprechenden Namen »Paradiso« hatte, befand sich die amerikanische Kolonie mit ihren gepflegten Gärten, großen amerikanischen Schulen und den durch Dollars gestützten Einrichtungen des »Christlichen Vereins junger Männer« und des »Christlichen Vereins junger Mädchen«, und dadurch wurde diese Gegend, wie die Frau eines Lehrers nach Hause schrieb, »zu einer in Smyrna entstandenen echten kleinen Ecke Amerikas«. Freilich wurde das ruhige Leben in Paradiso fast täglich von aus dem Osten eintreffenden Karawanen unterbrochen, die auf Pfaden aus biblischen Zeiten einhertrotteten.

Es war eine Stadt mit einer schmerzlichen Vergangenheit. Sie war seit den ältesten Zeiten eine Wiege griechischer Legenden und inspirierte Homer zu seiner *Odyssee.* Später hatten die Römer sie erobert und die »schönste Stadt in Asien« genannt. Aber immer wieder war sie zerstört worden – durch Erdbeben, durch die Perser und zu Beginn des fünfzehnten Jahrhunderts durch Tamerlan. Schließlich wurden die Griechen und Armenier, deren Vorfahren seit fünfzehnhundert Jahren dort gelebt hatten, im Jahre 1424 unfreiwillig zu Sklaven des Ottomanischen Reiches.

Am Morgen des 9. September 1922, es war ein Sonnabend, war der riesige Hafen so voller Schiffe, daß es für einen Mann nahezu möglich war, über ihn hinwegzulaufen, indem er von Schiff zu Schiff sprang. Bescheidene Frachter und stolze Passagierschiffe ankerten neben levantinischen Kayiks, die so leicht gebaut waren, daß sie auf und nieder schwankten, wenn sie von einer Welle erfaßt wurden. Dahinter stand die Seemacht von vier Ländern, die mächtige Flotten besaßen: zwei englische Schlachtschiffe, die von drei Kreuzern und sechs Zerstörern geschützt wurden, drei amerikanische Zerstörer, drei Kreuzer und zwei Zerstörer aus Frankreich, ein Kreuzer und ein Zerstörer aus Italien; insgesamt waren es einundzwanzig Kriegsschiffe.

Sie waren nur zu einem einzigen Zweck dort: Sie sollten ihre Landsleute schützen. Strengste Neutralität sollte eingehalten werden, denn während immer noch in Paris die Friedensverträge entworfen wurden, hatten sich die Alliierten fest dazu entschlossen, sich unter gar keinen Umständen in die innertürkischen Angelegenheiten einzumischen.

Am 10. September betrat Mustafa Kemal die Stadt. Seine Uniform trug keine Rangabzeichen, und er begab sich unverzüglich zum griechischen Regierungsgebäude an der Uferstraße, wo eine griechische Fahne wie ein Teppich über die Treppen ausgebreitet worden war. Mustafa Kemal weigerte sich, darüber hinwegzuschreiten, und protestierte: »Das ist das Symbol für die Unabhängigkeit eines Landes.«

Gelegentlich flammten zu der Zeit bereits Straßenkämpfe auf, und in Einzelfällen gab es auf beiden Seiten Ausschreitungen. Es kamen häufig Plünderungen vor, und die nervöse Spannung, die von Tausenden griechischen Flüchtlingen aus den verwüsteten Gegenden ausging, steigerte sich. Es gab wenig Lebensmittel und keine Unterkünfte. »Hungrig und hoffnungslos und oft auch krank« schliefen Männer, Frauen und Kinder auf den Straßen, sie preßten ihre wertvollen Bündel an sich, die alle ihre Habe enthielten, und sie lebten in ständiger Furcht vor Mordanschlägen seitens der Türken. Aber es gab keine Anzeichen für irgendwelche Gewalttaten, und an diesem Abend bummelte Mustafa Kemal unerkannt durch die Straßen. Er betrat ein viel besuchtes Hotel, wo Ausländer wohnten und wo ihm ein Kellner sagte, daß kein Tisch mehr frei sei, bis ihn ein Türke plötzlich erkannte, aufsprang und ihm seinen Stuhl anbot. Als Mustafa Kemal ihm auf den Sieg hin zuprostete – es war sein erstes Schlückchen Alkohol seit Beginn des Feldzuges –, wandte er sich einer Gruppe Griechen an dem benachbarten Tisch zu und fragte: »Ist König Konstantin schon einmal hiergewesen, um ein Glas Raki zu trinken?« Begreiflicherweise schüttelten sie die Köpfe. »Aber weshalb hat er sich dann die Mühe gemacht, Smyrna zu besetzen?« fragte er sie.

Es war ein Sonntag, an dem Mustafa Kemal einen Befehl bekanntgab, der jedem türkischen Soldaten die Todesstrafe androhte, der am Kampf unbeteiligte Zivilisten belästigte. Es war einer der Erlasse in der Geschichte, die am wenigsten befolgt wurden. Am gleichen Tage ließ der wegen seines Sadismus bekannte türkische Oberkommandierende Nurredin den griechischen Patriarchen Monsignore Chrysosthomos holen. Als der Patriarch das Zimmer betrat, spie ihn Nurredin an, zeigte auf ein Aktenbündel und sagte ihm, daß er von einem Gerichtshof in Angora zum Tode verurteilt worden sei. »Jetzt hat nur noch das Volk zu richten«, schrie er, »scheren Sie sich aus meinen Augen.«

Der alte Mann stieg die Treppen hinunter, als der General oben auf dem Balkon erschien und dem Mob zurief: »Gebt ihm das, was er verdient!«

Ein Trupp von zwanzig französischen Matrosen hatte den Patriarchen bis zum Hauptquartier des Generals begleitet, aber das war nur eine Geste und geschah unter dem strengsten Befehl, sich auf gar keinen Fall und in keiner Weise einzumischen. Jetzt sahen sie erschrocken und hilflos zu, als die Menschenmenge den alten Mann in Stücke riß. Man stach ihm die Augen aus und schnitt ihm die Ohren, die Nase und seine Hände ab. Ein Angehöriger der französischen Eskorte sagte später aus, daß »die Leute außer sich waren und vor Entrüstung zitterten, sie wollten dazwischenfahren, aber sie mußten den strengen Befehlen gehor-

Enver Pascha

Der Sieg von Smyrna

Mustafa Kemal (Kemal Atatürk) mit seiner Frau Latife

chen, und so verbot ihnen ihr Offizier, sich auch nur zu rühren, und richtete den Revolver auf sie«.

Der Mord an dem Patriarchen wurde sehr bald als Zeichen dafür aufgenommen, daß Morde und Plünderungen unbestraft blieben. Die Ehefrau eines amerikanischen Missionars namens Anna Birge, der im letzten Augenblick die Flucht gelang, mußte entsetzt zusehen, wie türkische Soldaten in ihr Haus stürmten und alles raubten, was nicht niet- und nagelfest war. Nach ihren Worten »begannen die Türken jetzt ein fürchterliches Rauben, Plündern und Töten. Ganze Kompanien brachen in die Vorratshäuser ein und stahlen alles bis auf den letzten Gegenstand. Die amerikanischen Lehrer in unserer amerikanischen Mädchenschule beobachteten, wie die Soldaten vor der Schule Zivilisten auf der Straße umbrachten, wie sie in die Häuser stürmten und ganze Familien töteten und wie sie diese dann einfach auf die Straße warfen. Als die Sonne an diesem Abend unterging, lagen überall auf den Straßen Leichen herum.«

Während weniger Stunden wurden zwanzig Frauen, die in einem Hause von Engländern Zuflucht gesucht hatten, herausgeholt und vergewaltigt. Ein amerikanisches Grab wurde geöffnet, man holte den Toten heraus und zerriß ihn in Stücke. Ganz instinktiv flüchteten alle Griechen und Armenier in die Gegend des Hafens, bis die Türken sie ganz systematisch dort aufzustöbern begannen, über die Mädchen herfielen und sie beraubten und die Männer töteten, bis »jeder Armenier und Grieche in Smyrna zu einem Flüchtling geworden war«. Tausende drängten sich am Rande des Hafens zusammen. Hunderte von Menschen sprangen ins Wasser und versuchten sich schwimmend zu retten – aber es war vergebens, denn im Rahmen der strengen Neutralität durften die Kriegsschiffe niemanden an Bord nehmen.

Erst am Mittwoch, dem 13. September, brach das große Feuer aus. Eigentlich waren es mehrere Feuersbrünste, die gleichzeitig aufflammten. Unter den ersten, die das Feuer bemerkten, befand sich Miß Minnie Mills, die Direktorin des amerikanischen Instituts für junge Mädchen, die aus der Erinnerung berichtet: »Bald nach dem Mittagessen brach in unmittelbarer Nähe der Schule Feuer aus und griff rasend schnell um sich. Mit meinen eigenen

Augen habe ich gesehen, wie ein türkischer Offizier mit kleinen Kannen Petroleum oder Benzin ein Haus betrat, und in wenigen Minuten stand das Haus in Flammen. Unsere Lehrer und unsere Mädchen sahen Türken in echten Uniformen von Soldaten und in mehreren Fällen auch in Offiziersuniformen mit langen Stöcken in den Händen, an deren Enden man zuvor in eine Kanne mit Flüssigkeit getauchte Stofflappen gebunden hatte. Sie trugen diese in die Häuser, die bald danach in Flammen standen. Als das Feuer gerade ausbrach, wurde quer über die Straße vor unserer Schule im ganzen Armenierviertel jedes dritte oder fünfte Haus in Brand gesteckt. Der Wind war zwar nicht sehr stark, er wehte aber in einer vom türkischen Viertel abgewandten Richtung und blies auf die Wohnviertel der Christen zu. Es sieht so aus, als hätte man auf einen günstigen Wind gewartet.«

Der Direktor der Hilfsorganisation für den Nahen Osten, Mr. Jacquith, beobachtete, wie Türken Petroleum über die am Wasser stehenden Gebäude gossen. Ein Major des Roten Kreuzes namens Davis sah, wie sie Straßen und Häuser längs der Feuerlinie mit Erdöl besprengten. Mrs. Birge beobachtete, wie Türken mit Gefäßen in den Händen in Gebäude hineingingen. Innerhalb von wenigen Augenblicken gingen diese in Flammen auf.

Unter denen, die man ins Gefängnis geworfen hatte, war ein Kaufmann namens Sokrates Onassis, der bei den Türken auf einer schwarzen Liste stand, weil er während der Besetzung der Stadt durch die Griechen diese unterstützt hatte. Der Bruder von Sokrates, er hieß Alexander, wurde öffentlich gehängt, seine Schwester ging zugrunde, als sie zusammen mit fünfhundert Menschen in einer Kirche eingeschlossen worden war, die die Türken anzündeten. Sokrates wurde jedoch durch die energischen Bemühungen seines damals sechzehnjährigen Sohnes Aristoteles gerettet, der, wie es heißt, auf einen türkischen General und auf den amerikanischen Vizekonsul einen gewissen Einfluß gewann, indem er große Mengen des damals sehr knappen Whisky gegen einen Paß eintauschte, der ihm freien Abzug sicherte. So konnte er an das Vermögen seines Vaters heran und ihn freikaufen.

Am späten Nachmittag waren bereits mehr als tausend der baufälligen Holzhäuser zu Asche verbrannt, und durch einen auf-

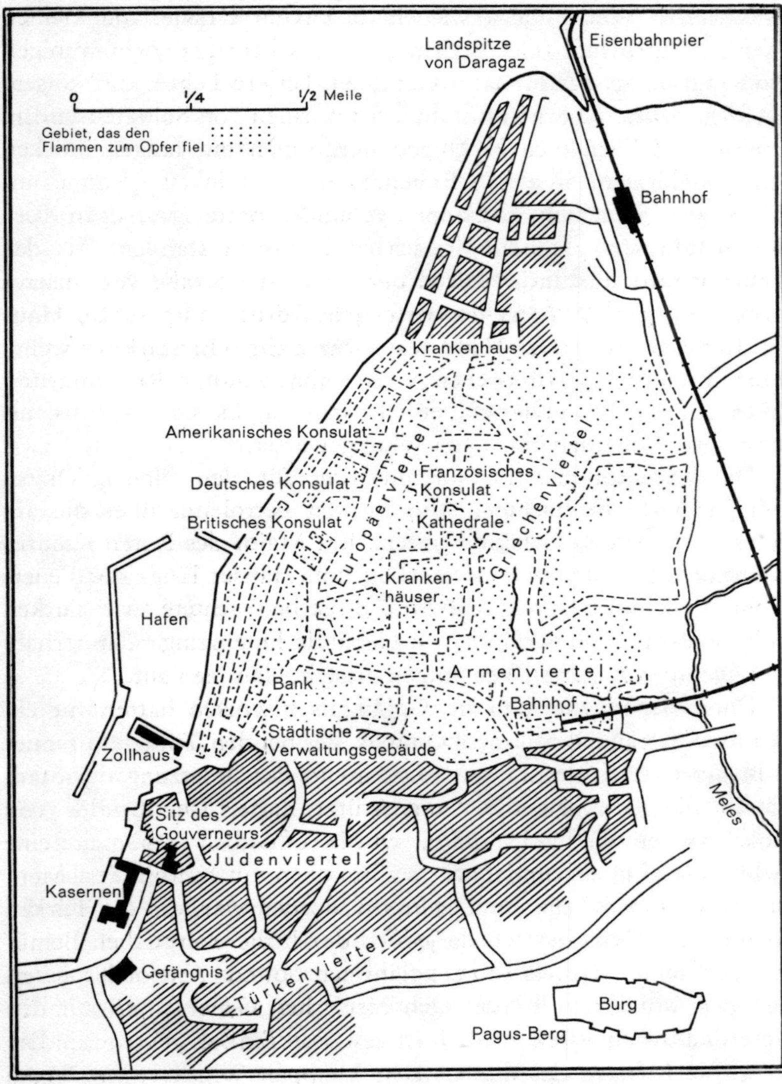

Smyrna – die Ausbreitung des Feuers

frischenden Wind loderten die Flammen hoch empor. Der Wind wehte in Richtung auf das Wasser zu, als ob er die Zehntausende von Flüchtlingen verfolgen wollte, die das Meer zu erreichen versuchten. Über der ganzen Stadt hing der Geruch von verbranntem Fleisch. Um Mitternacht fingen auch die längs des Wassers in einer Reihe stehenden Häuser Feuer.

Als die Menge in Richtung auf das Ufer flüchtete, hörte der Kapitän Bertram Thesiger vom Schlachtschiff *King George V* »den fürchterlichsten Schrei, den man sich überhaupt vorstellen kann«, wie er sich erinnerte. Es war ein Schrei, über den der immer noch als Reporter für den *Toronto Star* tätige Ernest Hemingway später schreiben sollte: »Wir befanden uns im Hafen, und sie waren alle auf dem Hafendamm, und um Mitternacht fingen sie dann mit dem Geschrei an.«

Ward Price von der *Daily Mail,* der auf der *Iron Duke* nach Smyrna gelangen konnte, schrieb: »Die Oberfläche des Meeres schimmerte wie glühendes Kupfer. Zwanzig verschiedene Vulkane schleuderten knisternde und züngelnde Flammen bis zu einer Höhe von hundert Fuß empor. Die Türme der griechischen Kirchen, die Kuppeln der Moscheen und die Flachdächer der Häuser hoben sich wie Silhouetten gegen einen feurigen Vorhang ab.«

Die Tausende von Griechen und Armenier hatten sich nun dicht am Ufer so eng zusammengedrängt, daß selbst die Toten weiter aufrecht stehen blieben. Für die noch Lebenden war es wie ein Hohn, daß gelegentlich ein Fetzen Musik quer über das Wasser herüberwehte. Die Kapelle des britischen Flaggschiffes spielte eine Auswahl leichter Tischmusik an Deck, weil man auf englischer Seite fest entschlossen war, den alltäglichen Ablauf des Lebens der englischen Marine keinesfalls ins Wanken geraten zu lassen.

Trotz der ausdrücklichen Befehle, neutral zu bleiben, hielten sich die alliierten Flottenangehörigen am nächsten Tage nicht mehr daran, und man schickte alle verfügbaren Boote an das Ufer, um Frauen und Kinder darin aufzunehmen. Die *Iron Duke* nahm allein zweitausend Flüchtlinge auf. Aber obwohl die Kriegsschiffe taten, was sie konnten, war doch die Zahl derer jämmerlich gering, die sie retten konnten, als sich das Feuer immer weiter in der ganzen Stadt ausbreitete. Nur das türkische Viertel blieb verschont, das auf den Abhängen des Pagus-Berges stand und höher lag als die übrige Stadt. »Es war ein Labyrinth von engen und krummen Straßen, die von Weinranken überwachsen waren und in denen hier und da alte Springbrunnen standen, die einen Eindruck machten, als seien sie einem orientalischen Märchenbuch entnommen.«

Es blieb unversehrt.

In diesem dunklen Augenblick in der langen und dornenvollen Geschichte Smyrnas gab es noch eine weitere Oase des Friedens. Sie umfaßte die Gegend, in der sich Mustafa Kemal aufhielt, der sich gerade zu dieser Zeit verliebt hatte.

Kurz nachdem er sein Hauptquartier in Smyrna aufgeschlagen hatte, wünschte eine junge Frau ihn zu sehen und eilte hinter einer Ordonnanz geradewegs in das Büro Mustafa Kemals hinein. Er war wütend, weil man ihn gestört hatte, aber als er sie gerade anschreien wollte, hielt er inne, denn »dies war kein Bauernmädchen, sondern eine offensichtlich gebildete Dame; sie trug keinen Schleier, und sie hatte ein unauffälliges, aber dennoch elegantes Kleid an«.

Sie hieß Latife, und sie war die vierundzwanzigjährige Tochter eines reichen Reeders. Sie war klein und hatte ein rundes Gesicht, doch besaß sie große, kluge Augen und hatte eine sehr wohlklingende Stimme. Ihre Eltern verbrachten ihre Ferien in Biarritz, aber sie hatte, wie sie sagte, darauf bestanden, zurückzukehren und »dem Helden der modernen Türkei« persönlich ihren Gruß zu überbringen. An ihrem Hals trug sie ein Medaillon, in dem sich ein Foto von ihm befand. Sie fragte ihn, ob er es bemerkt hätte.

»Weshalb sollte ich es bloß bemerken? Ich bin sogar geschmeichelt«, antwortete Mustafa Kemal.

Jetzt machte ihm Latife einen Vorschlag: Das Haus ihrer Eltern außerhalb von Smyrna war kühl, groß und komfortabel eingerichtet – und es war leer. Es lag auf den Hügeln in Bornova, und es war wegen seiner schönen Gärten berühmt. Es besaß Leute, die den Besitz verwalteten, und auch Diener waren dort. Warum sollte er das leere Landhaus nicht zu seinem Hauptquartier machen? Sie spreche mehrere Sprachen, fügte sie hinzu, und es würde ihr Freude machen, ihm auf jede erdenkliche Weise behilflich zu sein.

Ohne Zögern nahm Mustafa Kemal diesen Vorschlag an. Das von Gärten und Weinbergen umgebene Haus sagte ihm durchaus zu, und »vor allen Dingen war es gut, daß es dort das Mädchen gab. Und er begehrte sie bereits. Nach einem oder zwei Tagen liebte er sie.«

Am ersten Abend während des großen Feuers gaben sie in Bornova eine Gesellschaft. Sie hatten Gäste eingeladen, zu denen auch mehrere Journalisten mit ausgezeichnetem Gedächtnis gehörten. Latife empfing sie mit Würde und Liebenswürdigkeit, sie erwartete sie oben auf der Treppe zur Veranda, die in den Duft von Glyzinien, Rosen und Jasmin gehüllt war. Jemand erinnerte sich daran, daß man sie damals »eine zierliche kleine Dame in Schwarz« nannte. Mustafa Kemal trug ein Hemd, das nach kaukasischer Art gearbeitet war und einen weißen Gürtel hatte, wie er es zuweilen liebte. Nach dem Abendessen standen er und Latife mit ihren Gästen auf der Veranda. Unter ihnen lag wie ein lodernder Hochofen das brennende Smyrna, und die Flammen ließen die vor Anker liegenden grauen Kriegsschiffe deutlich hervortreten.

»Es ist ein Symbol«, sagte Mustafa Kemal und wies auf das Feuer. »Ein Sinnbild dafür, daß die Türkei jetzt von allen Verrätern gereinigt worden ist, und zwar von Christen und Ausländern, und daß jetzt die Türkei den Türken gehört.«

Mustafa Kemal kam aber erst zum Hauptpunkt dieses Abends, nachdem der letzte Gast gegangen war. Er war ein Mann, der seine Frauen immer noch als persönliches Eigentum ansah – besonders die, welche ihn so offensichtlich verehrten –, und ihn hatte Latifes Zurückhaltung verwirrt. Sie erlaubte ihm zwar, sie zu küssen, aber das war auch alles, und Mustafa Kemal konnte nicht begreifen, weshalb sie nicht mit ihm ins Bett gehen wollte. Später erzählte sie ihren Freundinnen, daß sie ihm gesagt hätte, daß sie ihn liebte und ihn gern heiraten würde. Aber nach ihren eigenen Worten war sie eine zwar moderne, aber doch sehr selbstbewußte Frau, und sie wollte auf gar keinen Fall jemals seine Geliebte werden.

Kemal tobte vor Wut. Sie erinnert sich daran, daß er einmal fragte: »Was ist schon eine Hochzeit? Ein paar leere Worte, die ein schmutziger bärtiger Geistlicher vor sich hinplappert. Sind denn diese Worte so wichtig?«

Offensichtlich waren sie wichtig. Denn als Mustafa Kemal gegen Ende September Smyrna verließ, hatte er sich mit ihr entzweit, und Latife war noch immer Jungfrau.

Am Freitag herrschte eine schreckliche Verwüstung, und der Korrespondent des *Daily Telegraph* kabelte nach London: »Drei Fünftel von Smyrna liegen in Schutt und Asche. Nachdem heute morgen das Feuer allmählich erloschen ist, gibt es hier mehr als dreihunderttausend Obdachlose, nachdem die Stadtviertel der Armenier, der Griechen und der Ausländer völlig zerstört sind.

Den Verlust an Menschenleben kann man unmöglich schätzen. Jedes Schiff der Verbündeten im Hafen hat sich freiwillig an der Hilfe für die Flüchtlinge beteiligt, von denen viele schwer verletzt waren. Auf den Straßen liegen überall Leichen umher. So hat trotz der Zusicherung Kemal Paschas die Türkei ›alte Rechnungen‹ beglichen.«

Nun bekam die Tragödie ein anderes Gewicht. Am 16. September gab Mustafa Kemal einen Erlaß heraus: Alle männlichen Griechen und Armenier im Alter zwischen fünfzehn und fünfzig Jahren sollten in Gruppen als Zwangsarbeiter bis zum 30. September ins Landesinnere gebracht werden. Alle übrigen Flüchtlinge – und damit waren Christen beiderlei Geschlechts und jeden Alters gemeint – mußten bis zum gleichen Zeitpunkt ihre Wohnungen verlassen haben, im anderen Falle drohte ihnen die Festnahme. Ihnen blühte ein Los, das nach den Worten der einzigen amerikanischen Ärztin, Dr. Esther Lovejoy, die sich damals in Smyrna befand, »nichts weniger als ein Todesurteil bedeutete. Es war tatsächlich schlimmer als der Tod, denn die Männer wurden praktisch zu Sklaven gemacht, ehe sie umkamen, und die Frauen und Mädchen hatten eine noch viel schlimmere Zukunft vor sich.«

Vier Tage, ehe dieses Ultimatum ablief, trafen am 26. September neunzehn Handelsschiffe ein, um die Einwohner fortzuschaffen. Dr. Lovejoy befand sich unten an der Uferstraße und half, wo sie konnte, und sie erinnert sich an die »Menge von elenden

Menschen, die dicht gedrängt zusammenstanden und sich gegen die Hafenmauer und den langen Pier der Eisenbahn preßten, um irgendwie an Bord eines der rettenten Schiffe zu gelangen«. Viele Frauen trugen ihre kranken Angehörigen und ihre kleinen Kinder auf dem Rücken bei sich. Tote Menschen und Tiere trieben in dem Wasser vor ihnen umher. Als die Menge immer weiter nach vorn drängte, wurde sie dicht am Ende der Uferstraße von fünf Zäunen aufgehalten: Jeder mußte durch die von türkischen Soldaten bewachten fünf Tore hindurch, und hier sahen die Soldaten eine neue günstige Gelegenheit, Männer zu durchsuchen und Frauen auszurauben, wie die Ärztin feststellte.

Viele alte und viele schwangere Frauen wurden einfach ins Wasser gestoßen, wo man sie ertrinken ließ. Dr. Lovejoy hatte die besondere Aufgabe, auf schwangere Frauen zu achten, und sie berichtet: »Als ich dort stand, wurde gerade eine dieser armen Frauen in dem Augenblick durch dieses Tor gestoßen, als die Wehen einsetzten und ihr Kind zur Welt kam. Ich schildere die Einzelheiten dieses einen schrecklichen Falles, denn es ist das Schlimmste, was ich in meinem Leben je gehört oder gesehen habe. Aber zur gleichen Zeit gab es hundert ähnliche Vorfälle.«

Wenn ein Türke eine wohlhabend aussehende Frau sah, dann »packte er sie, schleppte sie auf die Seite, durchsuchte sie, fiel wie ein Tier über sie her, hob ihren Rock hoch und sah auch in ihren Strümpfen nach, ob sie irgendwo Geld bei sich versteckt hatte, das er ihr wegnehmen konnte. Ich sage nur, was ich mit meinen eigenen Augen gesehen habe, und ich kann beeiden, daß alles wahr ist, was ich sage.«

Während dieser letzten fürchterlichen Tage und in dem Bewußtsein, daß die, welche nicht evakuiert wurden, zu einem Tod bei lebendigem Leibe im Landesinnern verurteilt waren, wurde Smyrna eine Stadt erstaunlicher Widersprüche. »Die ›Grand Rue de Pera‹ bot vielfach einen ungewöhnlichen Anblick«, schrieb Marjorie Housepan später. »Ein Mann schlenderte durch die Stadt, der sich fünf Särge auf seinen Rücken gebunden hatte. Er erklärte einem erstaunten Berichterstatter, daß er nach einer Stelle suchte, an der möglicherweise ein Massenmord stattgefunden haben könnte. Einen anderen Mann sah man in Richtung auf die Docks durch die Stadt wanken, der einen glühendheißen Küchenherd bei sich trug.« Türkische Bauchtänzerinnen vergossen Tränen, weil die griechischen Jazzkapellen verschwunden waren, die zu ihren Vorstellungen gespielt hatten. Aber die türkischen Barbiere waren froh, weil sie fast umsonst moderne Zahnarztstühle von Griechen kaufen konnten, die um jeden Preis ihre letzte Habe zu Geld machen wollten, ehe sie flüchteten.«

Am 1. Oktober hatten die alliierten Schiffe beinahe ein kleines Wunder vollbracht. Sie hatten achtzehntausend Frauen und Kinder an Bord genommen, und als man Mustafa Kemal dazu veranlassen konnte, den letzten Termin bis zum 6. Oktober zu verlängern, gelang noch weiteren sechzigtausend Menschen die Flucht in die Freiheit.

Selbst heute kann man noch nicht mit Sicherheit sagen, wie viele Personen damals in Smyrna umgekommen sind. Der amerikanische Konsul George Horton kam der Wahrheit wohl am nächsten, wenn er die Zahl der Toten auf wenigstens hunderttausend schätzte.

Eine Frage bleibt noch ungelöst: Haben die Türken das Feuer angelegt, oder war es das Ergebnis einer von den Griechen und Armeniern ausgehenden »Politik der verbrannten Erde«, wie Mustafa Kemal immer wieder fest und steif behauptete.

Nach Edward Hale Bierstadt waren es unleugbar die Türken, die die Schuld hatten. Bierstadt war damals aktiver Sekretär des Notkomitees der Vereinigten Staaten, und er setzte im Kongreß einen Erlaß zugunsten der Flüchtlinge nach dem Feuer durch, und später schrieb er noch ein Buch unter dem Titel *Der große Verrat*. Darin griff er das amerikanische Staatsdepartement so scharf an, daß Allen Dulles, der damals in Washington für den Nahen Osten zuständig war, ihn persönlich kommen ließ und ihn aufforderte, seine »Lügen« zu widerrufen, die das Buch angeblich enthielt. Doch Dulles konnte tatsächlich keine einzige Übertreibung finden, nicht einmal in dem folgenden, dem Buch entnommenen Zitat:

»Sind nicht schon die Tatsachen an sich unwiderlegbare Beweise? Das Feuer brach fast gleichzeitig an vier verschiedenen Stellen am äußersten südlichen Ende des armenischen Viertels aus.

Die Richtung des vorherrschenden Windes, des »Imbat«, der so regelmäßig wie ein Uhrwerk von zwölf oder zwei Uhr mittags an bis Sonnenuntergang weht, liegt gewöhnlich von Südwesten nach Nordosten. Da dies den Griechen und Armeniern bekannt war, hätten sie gleichfalls wissen müssen, daß das Feuer, zu dieser Zeit und an diesem Ort angelegt, ihre eigenen Wohnviertel zerstören mußte und die Viertel der Türken und Juden unbehelligt lassen würde, die den ärmsten Teil der Stadt darstellten. Weshalb sollten die Griechen und Armenier ihre eigenen Häuser verbrennen, in die sie noch immer zurückzukehren hofften? Die Türken hatten einen ganz bestimmten Grund: Sie wollten für immer die Spuren der Plünderungen, der Morde und der Raubüberfälle beseitigen, die vier Tage lang ununterbrochen gewütet hatten. Darüber hinaus hatten sie sich vorgenommen, daß das Christentum aus der christlichen Hauptstadt in Kleinasien verschwinden mußte und daß es mit Feuer und Schwert bis auf den letzten Rest ausgemerzt werden sollte. So geschah es dann auch. Es gibt weder heute, noch gab es damals auch nur den Schatten eines Zweifels darüber, wer Smyrna in Brand gesteckt hat oder warum die Stadt verbrannt worden ist. Jeder kleinste Hinweis deutet darauf hin, daß die Verantwortung bei den Türken lag.«

Aber trotz der erdrückenden Beweise sogar durch Augenzeugen wurde von seiten der Regierungsbeamten ganz bewußt der Versuch unternommen, die Türken nicht in diese Ereignisse mit einzubeziehen, und man machte einen sonderbaren Versuch, die »riesigen Übertreibungen der Presse« zu bagatellisieren. Edward Bierstadt meint, daß dies darin begründet war, daß das Ausland als Handelspartner große Interessen in der Türkei besaß. So unterhielten zu jener Zeit die Firmen Standard Oil, American Tobacco und die Chester Concessions große Geschäftsverbindungen zu dem betreffenden Gebiet. Aber es gab noch einen anderen Umstand: Seit dem Krieg hatten die anderen Staaten jeweils entweder für Griechenland oder für die Türkei Partei genommen. Das beeinflußte zweifellos auch die am Ort des Geschehens verfaßten Berichte, besonders aber die des Admirals Mark A. Bristol, der damals der »geniale und selbstsichere« amerikanische Hochkommissar in Konstantinopel war und der außerdem die amerikanischen Seestreitkräfte in diesem Gebiet befehligte. Noch bevor Mustafa Kemal in Smyrna eintraf, hatte Bristol an einen seiner Kameraden bei der Kriegsmarine geschrieben:

»Von meinem Standpunkt aus bedeutet es ein Unglück, wenn man in diesem Teil der Welt alles den Griechen überläßt. Die Griechen zählen zu den schlimmsten Völkern im Nahen Osten.«

Es lag ganz auf dieser Linie und überraschte niemanden, daß er an den amerikanischen Flottensekretär kabelte: »Es ist höchstwahrscheinlich, daß die Christen Feuer an ihre eigenen Häuser gelegt haben, ehe sie sie verließen, besonders wenn man berücksichtigt, daß sie auch ihre eigenen Dörfer in Brand steckten, kurz bevor sie fortgingen, nachdem sie vorher noch die ganze Einrichtung herausgeholt hatten.«

Das Staatsdepartement, das Wert auf »äußerste Zurückhaltung bei der Wahl der Ausdrucksweise« legte, war zweifellos ganz froh, als Bristol am 22. September ein Telegramm schickte, in dem er darauf drängte, daß man einen offiziellen Bericht als Gegengewicht zu den »übertriebenen und beunruhigenden Schilderungen« veröffentlichen sollte. Vorsorglich beschaffte der Admiral das erforderliche »Rohmaterial«, indem er seinen Standpunkt telegraphisch auf folgende Weise darlegte:

»Amerikanische Offiziere, die schon seit Beginn der Besetzung dieser Stadt durch die Nationaltürken bis zum gegenwärtigen Zeitpunkt Augenzeugen aller Vorkommnisse in Smyrna gewesen sind, berichten, daß die gelegentlich vorgekommenen Morde in den meisten Fällen von Einzeltätern oder kleinen Gruppen von Verbrechern oder Soldaten begangen wurden und daß sich nichts ereignet hat, das man mit einem Blutbad vergleichen könnte. Während des Feuers ertranken einige Leute, die versucht hatten, im Hafen liegende Schiffe schwimmend zu erreichen, einige sind auch von der Hafenmauer ins Wasser gefallen, aber dabei handelte es sich nur um wenige Personen. Als sich der größte Teil der Einwohnerschaft auf der Flucht vor dem Feuer an der Uferstraße zusammendrängte, wurden sie zwar von türkischen Soldaten bewacht, doch hat kein Soldat irgend jemanden daran gehindert, den Hafenkai zu verlassen, wenn er dies wünschte. Man kann unmöglich die Zahl der durch Mord, Feuer und Hinrichtung umgekommenen Menschen schätzen, aber die Gesamtzahl dieser Fälle dürfte nicht über zweitausend liegen.«

Ein völlig anderes Bild ergab sich aus den Nachforschungen eines englischen Richters, der die Beweismittel während eines Prozesses im Dezember 1924 einer eingehenden Prüfung unterzog. Der größte Teil der Feuerversicherungen in Smyrna lag in den Händen englischer Gesellschaften und schloß die Folgen »feindlicher und kriegerischer Handlungen« aus. So weigerte sich die Versicherungsgesellschaft Guardian Assurance Company, sechshunderttausend Dollar an die American Tobacco Company zu zahlen, die sofort Klage dagegen erhob. Ein ganzer Rattenschwanz von Augenzeugen meldete sich, um klarzustellen, daß die Türken das Feuer angelegt hatten: Ein Major der königlichen Marine, Sir Harry Lamb, der britische Generalkonsul, eine Dame, die selbst Opfer eines Raubüberfalles gewesen war, sowie Mitglieder der Feuerwehr aus Smyrna. Ohne Zögern gab Mr. Justice Rowlett der Versicherungsgesellschaft recht, indem er der Wahrheit entsprechend die Schuld der Türken anerkannte.

Der Diktator

Der Sieg am Sakkaria-Fluß hatte schwerwiegende Folgen, die in Europa vielleicht noch nicht richtig gewürdigt worden waren. Smyrna war eine zündende Demonstration der Rache gewesen. Aber es blieb noch ein riesiger Berg von Schwierigkeiten übrig, der erst bestiegen werden mußte. Der mühevolle Weg zur Macht. Obwohl Mustafa Kemal mit überschwenglicher Begeisterung als Führer der Türkei gefeiert wurde, obwohl er in Angora allmächtig war, standen ihm noch drei Hindernisse im Wege: Das griechische Heer war über das Meer entkommen und sammelte sich wieder jenseits von Konstantinopel in Thrazien. Zwischen Kemal und den Griechen standen die alliierten Besatzungsmächte. Und schließlich hing noch immer der alte und klapperige Sultan mit pathetischer Anhänglichkeit an den Überresten seiner Macht in Konstantinopel.

Der einzige Weg zu den Griechen führte über die Dardanellen, aber Chanak an der asiatischen Küste, wo sieben Jahre zuvor Mustafa Kemal und Arif gegen die Engländer gekämpft hatten, war von alliierten Truppen besetzt. Einen schmalen Landstreifen auf beiden Seiten des Bosporus hatte man zu neutralem Gebiet erklärt, und wenn man dieses verletzte, so bedeutete es eine Herausforderung der Westmächte. Mustafa Kemal aber beschloß, diesen Landstreifen zu einem internationalen Streitobjekt zu machen, indem er ihn mit türkischen Soldaten besetzte. Später gab er zu, daß er immer hoffte, daß sich die Angelegenheit auf diplomatischem Wege regeln ließe, aber obwohl ihm bewußt war, daß die Engländer Luft- und Seestreitkräfte besaßen, fühlte er sich stark genug, sie einzuschüchtern. Daran lag ihm um so mehr, als er ja lediglich das Recht forderte, die Griechen aus türkischem Gebiet zu vertreiben.

Die Engländer vertraten einen anderen Standpunkt. Bei den ersten Anzeichen einer Bedrohung durch die Türken erhielt Lloyd George Garantien von den französischen und italienischen Streitkräften, daß sie im Ernstfall zu den Waffen greifen würden, und als die Drohungen Mustafa Kemals immer kriegerischer wurden, gab der damalige Kolonialsekretär Churchill ein scharfes antitürkisches Kommuniqué heraus. Es war ein etwas eigenartiges Schriftstück von einem Mann, der drei Jahre lang die Türken unterstützt und im Zusammenhang damit Lloyd George sehr heftig angegriffen hatte. Es scheint, daß die Aussicht auf die Zügellosigkeit eines türkischen Heeres in Europa und auf die Herrschaft der Türken über die Dardanellen Churchill ganz und gar nicht recht war. Unglücklicherweise unterließ er es, Curzon im Außenamt davon in Kenntnis zu setzen, was er unternommen hatte, und so hatten die Alliierten davon keine Ahnung. Es war eine folgenschwere Unterlassung Churchills. Curzon war wütend und beschrieb das Kommuniqué als »flammendes Manifest«. Die *Daily Mail* rief warnend aus: »Macht Schluß mit diesem neuen Krieg!« Und die britischen Dominions, die bedingte Hilfeleistungen zugesagt hatten, muckten bald gegen diese »Kolonialherrschaft von Whitehall« auf.

Das schlimmste von allem aber war, daß die Franzosen und die

Italiener nun einen Vorwand hatten, sich aus einer Lage herauszuwinden, die ihnen bereits Ärger machte, und so wehte jetzt nur noch die englische Flagge unter dem Oberkommandierenden Generalleutnant Sir Charles Harington in Chanak.

Schließlich trennten nur noch kaum zwanzig Meter England und die Türkei vom Kriege, und keiner von beiden wollte nachgeben. Harington erhielt den Befehl, standhaft in der neutralen Zone zu bleiben. Mustafa Kemal schickte ihm ein Telegramm, in dem er ihm erklärte, daß er die neutrale Zone nicht mehr anerkenne, und um seinen Worten Nachdruck zu verleihen, schickte er seine ersten Vorhuten eines insgesamt hunderttausend Mann zählenden Heeres aus, bis sie nur noch wenige Meter von dem englischen Stacheldraht trennten. Er gab seinen Soldaten jedoch den Befehl, mit gesenkten Gewehrläufen vorzugehen. Die englischen Soldaten wurden angewiesen, erst zu feuern, wenn auf sie geschossen wurde. Für den Anführer des englischen Vorpostens, Hauptmann J. C. Petherick, war es klar, daß dieser Scheinvorstoß auf »umgekehrter Taktik« beruhte: Jede Seite stellte die Schlagkraft seiner Streitkräfte zur Schau, statt sie zu verheimlichen, und zeigte außerdem die Stärke seiner Verteidigungskraft.

Die beiden Vorposten verbrüderten sich, »indem sie Töpfe und Pfannen und ganze Feldausrüstungen austauschten«, während zwischen Mustafa Kemal und Harington eine Flut höflicher Telegramme hin und her ging.

Der Mann, der dann wirklich den Krieg abwenden konnte, war Harington, und dies gelang ihm trotz der Politiker in London, die jetzt ein Ultimatum aufsetzten, das der englische General dem türkischen Kommandeur übergeben sollte. Im wesentlichen enthielt es nur eine kurze Botschaft: Rückzug oder Krieg. Aber man hatte Harington davon unterrichtet, daß die Franzosen in Verbindung mit Mustafa Kemal standen und versuchten, eine Friedensformel zu finden. So zeigte Harington großen Mut, indem er die Telegramme überhaupt nicht zur Kenntnis nahm und die Anweisungen unbeachtet ließ. Zur gleichen Zeit verhielt sich Mustafa Kemal – von seinem eigenen Standpunkt aus – ebenso geduldig. Er sagte damals zu dem britischen Kriegskorrespondenten Clare Sheridan: »Ich bin deshalb so zurückhaltend, weil ich den

Engländern jede nur erdenkliche Möglichkeit geben will, ihre anmaßende Haltung, die sie seit einiger Zeit angenommen haben, mit Würde abzulegen.« Die Verzögerung bewahrte beide Seiten vor dem Krieg. Als große Mengen britischer Reserven aus Malta und Ägypten eintrafen, und als die Flotte in die Dardanellen hineindampfte, versprach der französische Unterhändler Mustafa Kemal, daß die Alliierten die Griechen dazu veranlassen würden, sich aus Thrazien zurückzuziehen. England mußte zustimmen, und Mustafa Kemal hatte die griechischen Heere besiegt, ohne einen einzigen Schuß abgefeuert zu haben.

Die Regelung der ärztlichen Angelegenheit der neutralen Zone wurde einer Konferenz überlassen, die in Mudania stattfand, einer unansehnlichen kleinen Stadt mit Kopfpflaster, in der es von Mükken wimmelte. Sie lag an der Südküste des Marmara-Meeres. Der einzig passende Ort für die Konferenz war das frühere russische Konsulat, ein schäbiges Haus mit winzigen Zimmern. Man hatte die schmutzigen weißen Wände in aller Eile mit Teppichen behängt. Die Verhandlungen begannen bei strömendem Regen, und obwohl Harington dazu ermächtigt war, im Prinzip einem schubweisen Abzug aller britischen Soldaten aus der Türkei zuzustimmen, stritten er und der türkische Delegierte sich über unbedeutende Einzelheiten stundenlang herum, bis Harington beinahe verzweifelte. Später erinnerte er sich: »Ich sehe alles noch ganz deutlich vor mir, dieses schreckliche Zimmer – es besaß nur eine Öllampe ... Ich ging auf der einen Seite des Zimmers hin und her, Izmet (der türkische Delegierte) tat auf der anderen Seite das gleiche, er sagte immer wieder, daß er nicht einverstanden sei. Dann sagte er ganz unvermittelt: J'accepte. In meinem ganzen Leben war ich noch nie so überrascht gewesen.«

Harington fürchtete, daß die Türken ihre Meinung doch noch ändern könnten, und so bestand er darauf, daß der Vertrag sofort unterzeichnet werde. Bei den beschränkten Möglichkeiten der in Mudania verfügbaren Sekretäre dauerte es fünfzehn Stunden, bis der Vertrag in fünf Sprachen im Wortlaut abgeschrieben war. Eine türkische Militärkapelle spielte Melodien, um die Delegierten wach zu halten. Jetzt lag nur noch ein Schritt zwischen Mustafa Kemal und der absoluten Macht.

Einer der bemerkenswertesten Eigenschaften Mustafa Kemals war die, daß er genau beurteilen konnte, wie weit er gehen konnte, wenn er Reformen empfahl, die nicht so recht dem Geschmack des Volkes entsprachen.

Er wußte immer, wo seine Grenzen lagen, und er verstand es, die Dinge so zu handhaben, daß er zuletzt doch sein eigentliches Ziel erreichte, denn jeder scheinbare Kompromiß führte ihn unweigerlich doch dorthin, wo er hinwollte.

Auch jetzt ging er in dieser Weise vor. Er wollte den alten Sultan aus dem ihm noch verbliebenen Amt entlassen, aber er wußte auch, daß es beinahe ein Selbstmord war, wenn er die religiösen Gefühle des Volkes verletzte. Mit großem Geschick setzte er deshalb eine Aktion ins Werk, in deren Verlauf er sich gegen die politische Aktivität des Sultans stellte. Er brandmarkte ihn und sein Kabinett als »gefügige Werkzeuge der Ausländer und Verräter der Türkei im politischen Bereich«.

Als im Lande der Unwille immer größer wurde, ging Mustafa Kemal jetzt zur Verteidigung des Sultans über – soweit es sich um dessen religiöse Befugnisse handelte. Er stimmte zu, daß Politik und Religion niemals miteinander verquickt werden dürften. Aber der Sultan war gleichzeitig auch der Kalif, und weshalb sollte man nicht das Sultanat abschaffen, das immer politisch gewesen war, und das Kalifat beibehalten, das sich stets auf das religiöse Gebiet beschränkt hatte? Das bedeutete, daß die Dynastie Osmans weiterbestehen konnte, man sollte ihre Nachkommen allerdings lediglich als religiöse Oberhäupter des Landes ansehen. Für die Politik sollten nur noch die Politiker zuständig sein.

Als die Versammlung sich zur Abstimmung in Angora einfand, konnte Mustafa Kemal bemerken, daß noch immer viele Deputierte gegen eine Reform waren, die an den Grundfesten der historischen Größe der Türkei rüttelte. Er sammelte vertraute Freunde um sich, einige von diesen waren bewaffnet. Mustafa Kemal forderte eine sofortige Abstimmung durch Handaufheben. Stimmen, die nach einer namentlichen Wahl verlangten, wurden niedergeschrien.

»Ich bin sicher, daß das Haus den Antrag einstimmig annehmen wird«, sagte Mustafa Kemal, während seine Anhänger unzweideutig mit ihren Gewehren herumfuchtelten. »Handaufheben genügt vollständig.« Mustafa Kemal stellte den Antrag, ein paar Hände gingen in die Höhe.

»Einstimmig angenommen«, rief der Präsident aus. Protestierend sprangen einige Deputierte wütend von ihren Bänken auf. In dem Durcheinander spieen sich mehrere Mitglieder gegenseitig an, begannen eine Balgerei, und verschiedene von ihnen trugen Verletzungen davon. Der Präsident richtete ein Auge auf Mustafa Kemal und schrie über den Lärm hinweg: »Durch einstimmigen Beschluß der Großen Nationalversammlung der Türkei ist das Sultanat abgeschafft.« Während weniger Minuten wurden unter wütendem Geschrei die Ottomanischen Sultane in die Geschichtsbücher verbannt, nachdem sie sieben Jahrhunderte lang an der Macht gewesen waren.

Im Laufe der Woche hatte Oberst Refet in Konstantinopel die Amtsgewalt übernommen. Den Sultan in Yildiz hatte er zwar entmachtet, doch war dieser entschlossen, dort zu bleiben, bis ihm Gerüchte zu Ohren kamen, daß er vor ein Gericht gestellt werden sollte. Von nun an vertraute der alte Sultan niemandem mehr, mit Ausnahme des Dirigenten seines Palastorchesters, der zufällig der Vater einer seiner fünf Frauen war. Unter Wahrung größter Geheimhaltung besuchte der Dirigent Harington, den britischen Oberkommandierenden, der gerade damit beschäftigt war, den Abzug der britischen Truppen vorzubereiten. Er schlotterte vor Furcht, als Harington ihm in seinem kalten, kahlen und schneeweiß gestrichenen Büro empfing. Seine mündlich überbrachte Botschaft besagte, daß der Sultan sich unter den Schutz der Engländer stellen wollte. Harington wollte jedoch später nicht beschuldigt werden, den Sultan entführt zu haben, und so verlangte er einen Brief. Als der Sultan diesen geschrieben hatte, setzte er ihm seinen Plan auseinander.

Zwei Tage später erschien kurz vor Sonnenaufgang ein Krankenwagen an einer rückwärtigen Tür des Sultanspalastes. Der Sultan, sein kleiner Sohn und ein Eunuch huschten mit wenigen Koffern durch den Nieselregen, und ein englischer Militärsanitäter ließ die Treppe herunter, die sich hinten an der Tür des Krankenwagens befand. Der Sultan trug einen Regenschirm, der sich in der Tür des Krankenwagens verklemmte. Mürrisch weigerte er sich wegen des Regens, seinen Schirm zu schließen. Schließlich hielt ihn ein britischer Offizier über seinen Kopf und reichte ihm den Schirm, als er sich bereits in dem Gefährt befand. Am Kai wartete eine Pinasse, um den Sultan zum Kriegsschiff *Malaya* zu bringen, wo der Admiral ihn mit dem üblichen Zeremoniell empfing, als der Sultan plötzlich den Eunuchen zornig anschrie. Ein Handkoffer fehlte. Mit seiner hohen piepsigen Stimme verteidigte sich der Eunuch, daß es nicht seine Schuld sei. Schließlich fand man den Koffer in der Pinasse, der Sultan preßte ihn wie ein Kind fest an seine Brust und nahm ihn mit in seine Kabine. Der Inhalt war in Sicherheit – glücklicherweise, denn der Koffer enthielt die Kaffeetassen des Herrschers, von denen jede einzelne aus massivem Gold war.

Eine Stunde später, am Morgen des 17. November des Jahres 1922, fuhr der letzte der türkischen Sultane davon, um in Zukunft in einem versteckten Landhaus in San Remo zu wohnen. Sein Vetter Abdul Medschid wurde nun Kalif aller Gläubigen; er war ein Sohn von Abdul Asis.

Der Sultan hatte noch eine letzte Bitte an Harington gerichtet: Er wäre ihm sehr dankbar, sagte er, wenn der General so freundlich wäre, eine günstige Gelegenheit abzuwarten und es zu ermöglichen, daß ihm seine fünf Frauen in die Verbannung folgten. (Die Tochter des Gärtners scheint er freilich vergessen zu haben!) Harington konnte ihm den Gefallen tun, und kurz danach erschien ein Eunuch in Konstantinopel, um die Damen auf ihrer Reise nach Italien zu betreuen. Man brauchte diesmal keine Heimlichtuerei – ihre Abfahrt spielte sich vor aller Augen ab. Aber dieser Vorfall war der Anlaß zu einem sonderbaren Telegramm, das die britische Gesandtschaft in Konstantinopel erreichte. Es war von einem amerikanischen Impresario abgesandt worden und lautete: »Das Hippodrom in New York könnte die Frauen des früheren Sultans brauchen. Bitte setzen Sie mich freundlicherweise mit einer Gesellschaft in Verbindung, die sie für mich beschaffen könnte.«

Jetzt lag die Macht in unmittelbarer Reichweite Mustafa Kemals, aber trotz des Ehrgeizes, der stets der Antrieb zu seinen

Handlungen war, plagte ihn noch ein anderes Empfinden: Er war Fikriyes überdrüssig geworden, nicht nur, weil ihn Latife so beeindruckt hatte, sondern auch weil man ihm berichtet hatte, daß Fikriye schwer an der Schwindsucht erkrankt sei. Als er sie deshalb in einem Sanatorium in München unterbringen und behandeln ließ, geschah dies nicht nur deshalb, weil sie krank war, sondern weil er sie nicht mehr haben wollte. Er hatte keine Geduld, wenn jemand krank geworden war, weder bei sich selbst noch bei anderen. Früher hatte er bei ihr Zerstreuung gefunden, aber jetzt war für ihn die Zeit gekommen, diese Angelegenheit zum Abschluß zu bringen.

Doch fast unmittelbar nachdem er sie abgeschoben hatte, merkte Mustafa Kemal, daß sein »Bett in Chankaya wieder gewärmt werden mußte«. Von Zeit zu Zeit nahm er sich die Damen aus der Stadt mit nach Hause – und gelegentlich auch einen jungen Knaben –, aber nach den Worten des Obersten Arif, der noch immer nach Einbruch der Dunkelheit sein alter Kumpan geblieben war, endeten diese Abende oft mit turbulenten Szenen, bei denen Mustafa Kemal unter Flüchen und Geschrei jeden hinauswarf, der sich im Hause befand, wobei er stets sinnlos betrunken war.

Es scheint sicher, daß ihn zwei Dinge quälten: seine Erinnerung an Fikriye, die einzige Frau, die er wahrscheinlich jemals wirklich geliebt hat, und die Erinnerung an eine andere Frau, die sich ihm verweigert hatte. Nur so lassen sich die folgenden Ereignisse erklären.

Ohne jede Begründung wies er ganz plötzlich seinen Fahrer an, seinen Wagen für eine längere Reise zurechtzumachen. Eine Stunde später fuhr er bereits mit Höchstgeschwindigkeit quer durch die halbe Türkei bis nach Smyrna. Von der Stadt aus raste er zu den Hügeln von Bornova empor und fuhr den von Gärten gesäumten Weg entlang bis zum Hause von Latife. Er klopfte, aber niemand antwortete, weil sie sich in einem Zimmer im ersten Stock befand. Er stieß die Tür auf, hastete die Treppe hinauf, und ohne ein einziges Wort des Grußes fing er gleich so an zu sprechen, als ob er einen Satz zu Ende bringen wollte, den er damals während des Feuers in Smyrna begonnen hatte. Wie die verblüffte Latife später ihren Freundinnen erzählte, sagte er lediglich barsch: »Es ist in Ordnung. Wir werden jetzt heiraten – und zwar sofort. Keine Verzögerung, keine Feier, keine Einladungen.«

An diesem Abend war es schon zu spät, und so verließ er das Landhaus und kam bald nach Tagesanbruch voller Ungeduld zurück. Dann »eilte er mit ihr hinaus auf die Straße. Er hielt den ersten bärtigen Geistlichen an, der auf dem Weg zu seiner Moschee war, und forderte ihn auf, sie miteinander zu verheiraten, dort, sofort, und der Straße, und unverzüglich«.

Während ihrer Flitterwochen bereiste das Paar die vom Krieg zerstörte Landschaft, die von den zurückflutenden Griechen verwüstet worden war. Sie sprachen mit Bauern, Verwaltern im zivilen Dienst und mit Soldaten, und die Nächte brachten sie überall da zu, wo sie zufällig ein geeignetes Gasthaus oder auch nur ein Zelt fanden. Mustafa Kemal erzählte niemandem, daß er verheiratet war. Das tat er erst, als Latife »wie ein Adjutant« bei einer gelegentlichen Truppenparade neben ihm einherritt und als seine Offiziere bemerkten, daß sie eine Frau war.

Fikriye erfuhr zufällig von der Hochzeit. In München war sie trotz ihrer schweren Erkrankung von der türkischen Gemeinde fast wie eine königliche Hoheit gefeiert worden, dort wußte man alles über ihre Beziehung zu Mustafa Kemal. Sie brüstete sich auch selbst damit, daß er sie heiraten würde, sobald sie wieder gesund war. Als dann eine »Freundin« ihr von der Eheschließung erzählte, »wurde sie schweigsam und niedergeschlagen, wie eine Kleiderpuppe fiel ihr Körper auf die Kissen zurück, und ihre großen Augen verdunkelten sich vor Schreck«.

Was die Freundin Fikriye nicht sagte, war, daß Latife gleich nachdem sie das außerhalb von Angora gelegene Haus Mustafa Kemals betreten hatte, Fikriyes Teppiche hinauswarf, ihre Vorhänge zerriß und ihren Garten völlig umgestaltete.

Eine der seltsamen Absonderlichkeiten in der Laufbahn Mustafa Kemals war, daß er – wie später Hitler – von der Masse des Volkes hochgepriesen wurde, daß aber viele denkende Menschen ihn nicht mochten, weil sie seiner Urteilskraft nicht trauten. Wahrscheinlich entspricht es der Wahrheit, wenn man sagt, daß Mustafa Kemal – wie andere geniale Menschen – von Zeit zu Zeit an Anfällen von Größenwahn litt. Er hielt es für völlig unmöglich, sich vorzustellen, daß irgend jemand anders in der Türkei seine selbstgewählte Rolle spielen könnte. Und nachdem dies ein wesentlicher Bestandteil seines ganzen Denkens und sogar seines Glaubensbekenntnisses geworden war, war er davon überzeugt, daß ihm jedes Mittel für jedes Ziel erlaubt sei.

Er war entsetzt, wenn er mit seinem Zeitgenossen Mussolini verglichen wurde. »Ist es nicht erstaunlich, daß man mich neben diesen Berg von Selbstgefälligkeit stellen will«, sagte er. »Mit dieser Hyäne in Schaftstiefeln will man mich vergleichen, die die armen Wilden in Abessinien ohne einen Augenblick des Bedauerns vernichten wollte? Ich habe für mein Volk gekämpft, aber mein Gott, am meisten habe ich mich für unsere unschuldigen Wilden eingesetzt.«

In einer sehr wesentlichen Beziehung unterschied sich Mustafa Kemal von Mussolini (und später auch von Hitler). Immer und immer wieder betonte er, daß die Türkei keine »territorialen Ansprüche« stellte. Aber das meinte er wirklich und bewies es auch. Sobald der griechisch-türkische Krieg beendet war, schloß er mit den Griechen Frieden. Doch wandte er mitunter äußerst brutale Methoden an, indem er die gesamte Bevölkerung eines umstrittenen Gebietes austauschte und umsiedelte. Er widerrief alle pantürkischen, pan-ottomanischen und pan-islamischen Bestrebungen, alles was er wünschte war ein Platz für die Türkei in der Gemeinschaft der Völker.

Er war schon lange davon überzeugt, daß die Türkei eine Republik werden mußte, um dieses Ziel zu erreichen. Wochenlang verbreitete er diese Idee unter seinen engsten Anhängern, unter denen es jetzt viele Intellektuelle gab. Sie waren ganz anders geartet als die ersten Mitglieder der Partei der Nationalisten in ihren grobgearbeiteten Schaffellmänteln.

Allmählich gelang es Mustafa Kemal, die Opposition zu zermürben, indem er ständig betonte, daß die Türkei ein »modernes« Land werden müsse. (Als ihn ein alter Geistlicher einmal nach der Bedeutung des Wortes »modern« fragte, antwortete Mustafa Kemal schlicht: »Alter Mann, es bedeutet, nichts anderes, als daß man ein menschliches Wesen sein muß.«) Er suchte die Meinung der Welt zu ergründen, indem er seine Ansichten in einem Interview mit einer Wiener Zeitung an die Öffentlichkeit brachte, bei dem er darauf hinwies, daß die Türkei in jeder Beziehung bereits eine Republik sei – bis auf den Namen. Er zitierte die Vereinigten Staaten als wichtigstes Beispiel einer demokratischen Republik, wo jedermann die gleichen Möglichkeiten im Leben offenstanden und wo »jeder Mensch auch ein menschliches Wesen« sei.

Wie jeder scharfsinnige Politiker, umriß er zuerst die neuen Maßnahmen vor seinen Parteigenossen, die vollzählig erschienen waren und eine sehr lange Ansprache erwarteten. Doch in Wirklichkeit sprach Mustafa Kemal nur kurz, nicht etwa weil er eine schwere Zunge hatte, sondern weil er gerade an diesem Morgen ein neues künstliches Gebiß bekommen hatte, das ihm nicht recht paßte. Aber er hatte einen Verbündeten, der für ihn sprach, seinen Justizminister, der betonte, daß die neue Verfassung »nichts Neues enthielt, sondern nur das bestehende Recht verständlich zu machen versuchte«. Das war zwar die Wahrheit, aber es war nicht die ganze Wahrheit.

Er bekam die Partei in den Griff, und dann war die Annahme der Staatsform einer Republik durch die Nationalversammlung nur noch ein vorher schon feststehender Beschluß. Einstimmig wurde Mustafa Kemal zum Präsidenten gewählt, obwohl es beinahe hundert Stimmenthaltungen gab. Einhundertundein Salutschüsse kündigten feierlich die Geburt der türkischen Republik am 29. Oktober 1923 an, und Mustafa Kemal wurde der mächtigste Mann der Türkei. Er konnte seine eigenen Premierminister und seine eigenen Kabinette ernennen. Er war Oberkommandierender der Streitkräfte. Er herrschte jetzt unumschränkt über sein Volk, über sein Heer und über sein Land.

Ein Problem beunruhigte ihn noch weiterhin. Sein Traum von einer modernen Türkei wurde noch immer durch den religiösen Eifer des durchschnittlichen Moslems behindert, der in der jahrhundertelangen Überlieferung begründet war. Mustafa Kemal selbst glaubte an keinen Gott, und als er an einem Abend mit Oberst Arif zusammen beim Becher saß, sagte er zu ihm: »Religion ist eine schwere Decke, die das türkische Volk weiter im

Schlaf hält und die es daran hindert, aufzuwachen und weiter vorwärtszugehen.« Bei einer anderen Gelegenheit sagte er: »Die Anhänger der Religion wollen immer gern sagen, daß die Mühlen Gottes langsam mahlen. Aber alles, was ich dazu sagen kann, ist, daß Gott eigentlich lange genug gelebt hat, um auch von elektrischen Kaffeemühlen gehört zu haben.«

Es war sein Traum, die Religion zu ächten, und er fing damit bei dem neuen Kalifen Abdul Medschid an. Dieser war ein verträglicher Mann von fünfzig Jahren ohne jeden politischen Ehrgeiz, der sich aber der Würde seines Amtes bewußt war, obwohl er natürlich kein Sultan mehr war. Abdul Medschid liebte um seiner selbst willen den Pomp und das religiöse Zeremoniell. Er freute sich über die Jubelrufe der Menschenmenge, die jeden Freitag an den Straßenrändern in Konstantinopel stand, wenn er in Galakleidung zur Moschee fuhr und wenn sein Gefolge bunte Trachten und historische Prunkstücke zur Schau stellte, die man in dem herben Nachkriegsleben in der Türkei so schmerzlich vermißte. An einem Freitag trug er die alte Kopfbedeckung des Sultans Mohammed, des Eroberers von Konstantinopel, und ein andermal gürtete er sich mit dem berühmten Schwert, das sein Vorfahre Selim III. erobert hatte. Schließlich – und das war der letzte Dorn im Auge von Mustafa Kemal, der in Angora wie auf Kohlen saß – fuhr er in einem alten Prunkboot über den Bosporus, das von vierzehn in weiße Pluderhosen und schwarze Zuaven-Jacken gekleideten Ruderern gerudert wurde und das ein grün und golden gekleideter Steuermann lenkte. Der Bug des Bootes war mit einem großen silbernen Phönix geschmückt, und am Heck flatterte die persönliche Standarte des Kalifen.

Dieses letzte öffentliche Auftreten fiel zum Unglück für den unschuldigen Kalifen mit einem Gesuch um Erhöhung seines Gehalts zusammen, das Mustafa Kemal brüsk ablehnte. »Ich sehe es als eine Unverschämtheit an, daß Sie vom türkischen Volk erwarten, daß es noch weiterhin diesen Anachronismus unterstützen soll«, war seine Antwort.

Seine politischen Gegner stellten sich gegen die Gründung der Republik, und sie freuten sich über die Art und Weise, wie Mustafa Kemal verspottet wurde. Vielleicht hätte er gezögert, etwas zu unternehmen, wenn sich nicht ein außerordentlich günstiger Anlaß ergeben hätte. Es erschien nämlich in den Zeitungen in Konstantinopel ein Brief des Aga Khan, der gegen die »Verletzungen der Würde des Kalifen« protestierte. Mustafa Kemal ergriff die Gelegenheit. Er sagte, daß der Aga Khan sicher ein wichtiger Vertreter des Islams sein mochte, aber er lebte in England, trug englische Kleidung, hielt sich englische Rennpferde und unterhielt freundschaftliche Beziehungen zu englischen Politikern. »Es läuft alles darauf hinaus, daß er ein besonders wichtiger Agent der Engländer ist«, sagte Mustafa Kemal.

Ausländer, die sich in der Türkei aufhielten, müssen angenommen haben, daß das türkische Volk und noch viel mehr die Angehörigen der Nationalversammlung unglaublich naiv sein mußten, wenn sie so einen lächerlichen Unsinn glaubten. Aber sie glaubten es wirklich. Mustafa Kemal übertrieb die Tatsachen und verstand es vorzüglich, die Nationalversammlung zu täuschen. Er behauptete, hier handele es sich um einen Versuch in größerem Rahmen, die Republik zu vernichten und dem Sultan wieder zur Macht zu verhelfen. »Es dauerte gar nicht sehr lange, bis man den Aga Khan als ein unheilvolles Symbol für die Absicht der englischen Politik ansah, Zwietracht in der Türkei zu verbreiten«, schrieben Irfan und Margarete Orga in dem Buch *Atatürk*.

Mit Mustafa Kemals Warnungen in den Ohren sah man die Sache der Nationaltürken bereits als verloren und das Volk als in zwei Gruppen gespalten an, von denen die eine für und die andere gegen den Kalifen war.

Mustafa Kemal verbot unverzüglich jeden der farbenfrohen Umzüge Abdul Medschids. Sein Gehalt wurde um fast fünfzig Prozent gekürzt. Ein neues Gesetz sah die Todesstrafe für solche Leute vor, die mit der Wiedereinführung des Sultanats liebäugelten und dafür eintraten.

Es war unvermeidlich, was nun folgte. Am 3. März 1924 legte Mustafa Kemal dem Parlament einen Gesetzentwurf vor, in dem er die Abschaffung auch des Kalifenamtes verlangte, »dieses noch aus dem Mittelalter stammenden Krebsgeschwürs«, wie er sich ausdrückte. Er wurde ohne weitere Erörterungen angenommen, und Abdul Medschid wurde ohne viele Umstände in die Schweiz abgeschoben, wo er dann noch eine letzte Unbill zu spüren bekam: Man hielt ihn eine Zeitlang an der Grenze auf, weil Männer mit mehreren Frauen keinen Zutritt in das Land hatten.

Im nächsten Monat wurden die religiösen Gerichtshöfe abgeschafft. Bald wurde Türkisch zur offiziellen Landessprache, und Angora wurde offiziell Landeshauptstadt. Als Mustafa Kemal aus diesem Anlaß in Chankaya ein Fest veranstaltete, erschien unerwartet einer seiner ältesten Waffenbrüder aus den Kampftagen von Saloniki. Sein Name war Tewfik Rustu. In überschwenglicher und glühender Verehrung verglich er den neuen Diktator mit der Heiligen Dreieinigkeit.

»Vater, Sohn und Heiliger Geist?« sagte Mustafa Kemal, der Sinn für Humor besaß. »Ja, es ist wirklich wahr, aber bitte sagen Sie es niemandem weiter!«

Es kann wenig Zweifel daran bestehen, daß Mustafa Kemals unglaublicher Arbeitseifer durch die weitgehende Trübseligkeit seines Privatlebens begünstigt wurde. Trotz seines Erfolges in der Öffentlichkeit blieb er einsam. Jetzt stand er im mittleren Alter und bekam bereits einen Schmerbauch.

Schon einen Monat nach der Hochzeit fand Latife heraus, daß er in einem Bordell gewesen war. Da sie eine Frau von beträchtlicher Klugheit war und immerhin eine europäische Erziehung genossen hatte, dauerte es nicht lange, bis sie bemerkte, daß Mustafa Kemal sie nur aus einem einzigen Grunde geheiratet hatte: Es war der einzige Weg, um mit ihr ins Bett gehen zu können. Sobald er dies erreicht hatte, verlor er jedes Interesse an ihr. »Latife war auch eine geschickte Politikerin, sie war zu klug für ihn, und oft wies sie ihn zurecht«, erinnerte sich ein Leibwächter.

Mustafa Kemal duldete keine angriffslustige Frau, und Latife spielte gern die Rolle einer Ehefrau, die ihrem Mann über den Mund fuhr, wenn er sich einmal irrte. Sie war eine Frau, die seine tiefsten Geheimnisse kannte. Sie liebte es auch, den Eindruck zu erwecken, daß sie seine Entscheidungen beeinflußte. Mustafa Kemal war zornig, als sie zu Ward Price von der *Daily Mail* in einwandfreiem Englisch sagte: »Wenn ich Ihnen irgend etwas erzähle, so können Sie es für ebenso maßgebend halten, als ob es mein Gatte zu ihnen gesagt hätte.«

Aber vielleicht haßte er am meisten die Art, in der sie ihn vom Trinken abzuhalten versuchte, und dies war etwas, das Fikriye niemals getan hatte. Es gab auch noch einen sonderbaren Grund für seinen Ärger darüber. Er litt von Kindheit an an chronischer Verstopfung, und er war davon überzeugt, daß Alkohol ein Heilmittel dagegen sei.

Wenn sie sich stritten, »waren beide, sowohl sie selbst als auch Mustafa Kemal, gleichermaßen anmaßend zueinander, und sie hatte eine ebenso scharfe Zunge wie er«. Ihre Streitigkeiten nahmen derart starke Formen an, daß er schließlich beschloß, sich von ihr zu trennen. Mit seiner eigenen Hand fertigte er eine Scheidungsurkunde an und schickte die kürzeste aller seiner Ankündigungen an die Nationalversammlung und an die Zeitungen. Dann wies er sie aus seinem Haus.

Bald hatte er ganz offen allerlei Liebesgeschichten mit den Frauen prominenter Männer, zu denen auch die Frau eines Paschas gehörte, der sich bei Mustafa Kemal beklagte, daß die Leute schon zu klatschen anfingen. »Aber ich weiß selbstverständlich, daß diese Anschuldigungen nur auf Gerüchten beruhen«, fügte er hinzu. »Ich kenne Sie«, schrie Mustafa Kemal, »Sie haben gegen mich intrigiert. Ja, ich habe mit Ihrer Frau geschlafen. Ich habe sie mir genommen, um Ihnen eine Lehre zu erteilen!«

Zu dieser Zeit befand sich Fikriye immer noch schwer tuberkulosekrank im Sanatorium, aber sobald sie von Mustafa Kemals Scheidung erfahren hatte, begab sie sich eilig in die Türkei zurück. Sie sagte es niemandem und hinterließ keine Nachricht. Als sie dann unerkannt und unangemeldet in Angora angekommen war, machte sie sich sofort auf den Weg nach Chankaya.

Als sie spät am Abend eintraf, war sie am Rande des Zusammenbruchs. Mustafa Kemal befand sich jedenfalls im Hause, denn sein Adjutant Rusuhi erinnert sich daran, daß wie rasend an die Tür geklopft wurde. Er ging hin, um zu öffnen. »Sie war verwirrt, als ich sie sah«, erinnerte er sich später an diese Begegnung. »Sie wollte Mustafa Kemal sprechen, aber ich weigerte mich, sie hereinzulassen. Ihr Erscheinen beunruhigte mich, und ich befürchtete, sie könnte ihm etwas antun. Ich hielt es für meine Pflicht, sie am Eintreten zu hindern.«

Wir werden niemals wissen, ob Mustafa Kemal jemals erfahren hat, daß sie an der Eingangstür gewesen ist. Am nächsten Morgen fanden Wachtposten sie tot in einem Gäßchen in der Nähe des Hauses, sie hatte eine Kugel im Herzen.

Von diesem Augenblick an veränderte sich allmählich die Persönlichkeit Mustafa Kemals. Nach einigen Monaten entdeckte Ali Fethi, der mit ihm von seinen ersten Erfolgen an Seite an Seite gekämpft hatte, daß er »hager und kantig gewesen war. Sein Blick ging durch und durch, seine Augen waren kalt und durchdringend, aber dennoch wirkte er irgendwie gleichgültig. Es schien, als ob nichts mehr sein Interesse zu wecken vermochte.« Als Mustafa Kemal sich schließlich selbst dazu zwang, wieder vor sein Publikum zu treten, war er ein anderer Mensch geworden. Das alte Lächeln und das gewinnende Wesen waren verschwunden, mit dem er die Bauern zu täuschen verstand, um seine politischen Ziele zu verschleiern. Statt dessen wuchs in ihm ein kalter Drang nach Zerstörung. Er trat ohne ein Lächeln auf und machte einen herrschsüchtigen und herzlosen Eindruck.

Sogar seine Freunde verließen ihn, einschließlich des kühnen Arif, der mit ihm zusammen in Gallipoli und später in Anatolien gekämpft hatte. Und für Arif, der so viele Jahre hindurch sein engster Freund gewesen war, stand ein Lebensende bevor, das so dramatisch war wie der Tod der armen Fikriye, die bis zuletzt eine tragische Rolle gespielt hatte.

Die Türkei, die moderne und neu gestaltete Türkei, machte eine böse Zeit durch. Sie war vielleicht eine unabhängige Republik, aber sie war auch eine hungrige Republik, denn die Lebensmittel waren knapp, und ihr Vermögen schrumpfte zusammen. Die Griechen und die Armenier, die viele der Handelsfirmen im Lande geschickt geleitet hatten, waren getötet worden oder verbannt, und die Türken lehnten sogar ganz elementare Wirtschaftspraktiken ab. Die Steuern wurden höher und die Ernten verfaulten, weil die Bauern zum Heeresdienst einberufen worden waren. Eine Welle von Unzufriedenheit ging durch das kriegsmüde Land. Doch Mustafa Kemal schien es nicht zu merken.

Es fiel ihm erst auf, als die urtümlichen Kurdenstämme in den Bergen nahe der persischen Grenze aufsässig wurden – mit Bannern, auf denen man die herausfordernden Worte lesen konnte: »Nieder mit den Ungläubigen, es lebe der Sultan!« Jetzt erst handelte Mustafa Kemal. Er schlachtete die Kurden »mit der gleichen Grausamkeit und Rücksichtslosigkeit ab, mit der die Türken des Sultans Blutbäder unter den Griechen, Armeniern und Bulgaren angerichtet hatten«. Dann sandte er besondere unabhängige Gerichtshöfe unter Leitung eines täuschend freundlich aussehenden Richters namens Bald Ali aus, eines Mannes, der für die moderne Türkei das gleiche bedeutete, was Richter Jeffreys für Englands Schwurgerichtsverhandlungen gewesen war. Tausende wurden gefoltert, ins Gefängnis geworfen und hingerichtet, und als Höhepunkt dieser Aktion wurden sechzehn Stammesoberhäupter auf dem großen Platz von Diarbekir gehenkt.

Sogar seine engsten Freunde konnten diese Auswüchse nicht schlucken, und Oberst Arif gehörte zu verschiedenen Politikern, die vom Parlament zurücktraten, um die fortschrittliche Republikanische Partei als Oppositionspartei zu gründen. Mustafa Kemal wartete ab. Er wollte an denen Rache nehmen, die ihn im Stich gelassen hatten. Dieser Augenblick kam im Frühling des Jahres 1926, als ein Fanatiker namens Ziya Hursid damit prahlte, daß er Mustafa Kemal töten wolle. Es ist schwer zu sagen, wie weit Arif tätsächlich in die Angelegenheit verwickelt war, aber es scheint sicher zu sein, daß zu einer gewissen Zeit Hursid gelegentlich sein Haus besuchte.

Am 14. Juni kam Hursid in Smyrna an, zwei Tage bevor Mustafa Kemal dort einen Staatsbesuch machen sollte. Hursid besaß Geld und Freunde, und er hatte einen Vorrat an Bomben bei sich, die er in seinem Hotelzimmer unter das Bett, von dem aus man den Weg Mustafa Kemals überblicken konnte, legte. Am Abend vor dem feierlichen Umzug benachrichtigte einer seiner Komplizen die Polizei. Hursid wurde unsanft aus einem trunkenen Schlaf geweckt, die Bomben wurden entdeckt, und er wurde verhaftet.

Das war an sich schon schlimm genug, aber darauf folgten noch im Verlauf einer Razzia in großem Umfang weitere Festnahmen prominenter Politiker, die man ins Gefängnis warf. Unter ihnen befand sich auch Oberst Arif.

Ein theatralischer Schauprozeß, der an den Prozeß erinnerte, in dessen Verlauf Midhat Pascha eines niemals von ihm begangenen Mordes für schuldig befunden wurde, fand im Alhambra-Kino statt. Es war kein ordentliches Gerichtsverfahren. Eine Verteidigung wurde nicht zugelassen, als Bald Ali, der der volkstümlichen Vorstellung von Mr. Pickwick auch äußerlich entsprach, die Männer mit einem fast glückseligen Lächeln unweigerlich zum Tode verurteilte.

Arif saß in der zweiten Reihe der Gefangenen, man hatte ihm schwere Handschellen angelegt, aber er lächelte mit eiskaltem Zynismus und mit dem »arroganten Gesichtsausdruck eines Mannes, gegen den man keine belastenden Beweise finden kann«. Er machte sich kaum die Mühe, den Ausführungen des Gerichts zuzuhören, die ja doch mit einer Schuldigerklärung enden mußten und nach denen Bald Ali sich räusperte, um dann mit einem freundlichen Lächeln den besten Freund Mustafa Kemals zum Tode zu verurteilen. Mustafa Kemal unterschrieb die Todesurteile höchstpersönlich. Als er auf den Namen Arifs stieß, war das einzige Zeichen, das er von sich gab – vielleicht war es der plötzliche Anflug eines Gewissensbisses –, daß er seine halb aufgerauchte Zigarette mit seinem Daumen ausdrückte. Dann unterzeichnete er und zündete sich eine neue Zigarette an.

Einige der angeblichen Verschwörer wurden sofort gehenkt. Andere starben unter makabren Umständen, denn in der Nacht, als die Kameraden in Angora hingerichtet wurden, die mit ihm zusammen die neue Türkei aufgebaut hatten, veranstalte Mustafa Kemal einen glanzvollen Ball, zu dem alle Diplomaten mit ihren Angehörigen eingeladen waren. Er trug einen Frack, den er sich von Schneidern aus London hatte machen lassen, die er neuerdings bevorzugte, und er schien bei bester Stimmung zu sein. Es gab viel süßen Champagner – trockene Jahrgänge waren damals nicht gefragt –, und er feuerte jeden Gast an, den neumodischen Foxtrott zu tanzen, als die männlichen Gäste und die Musikkapelle in ihren ungewohnten engen Kragen an diesem heißen Augustabend ins Schwitzen kamen. Mustafa Kemal hörte überhaupt nicht mehr damit auf, »seine Tanzpartnerinnen mit weit ausschreitenden Schritten im Kreise herumzuwirbeln und ihnen zwischendurch in den Tanzpausen etwas zu trinken zu geben.«

Sechs Kilometer weiter blickten auf dem großen Platz von Angora ein Dutzend Bogenlampen auf die Köpfe einer großen Menschenmenge herab und ließen die Umrisse von elf massiven hölzernen Dreiecken erkennen. Schweigend stellten sich die verurteilten Männer außerhalb der Gefängnismauer, die eine Seite des Platzes bildete, in einer Reihe auf. Sie waren in weiße Kittel gekleidet, ihre Hände hatte man ihnen hinter dem Rücken gefesselt und ihnen auch schon die Schlingen um die Hälse gelegt. Während die Gäste Mustafa Kemals tanzten, erhielt jeder der Todeskandidaten noch einmal die Gelegenheit, ein paar Worte vor dem strahlend lächelnden Bald Ali zu sprechen. Einer betete, ein anderer sagte ein Gedicht auf. Erst danach konnte Bald Ali zu dem Ball zurückeilen und Mustafa Kemal berichten, daß seine Feinde tot seien.

Als der letzte seiner Gäste fort war, setzte sich Mustafa Kemal bis zum Morgengrauen an den Pokertisch. Dann »ging er durch das Zimmer und blickte aus einem Fenster. Sein Gesicht war starr und grau, die fahlen Augen waren ausdruckslos. Er zeigte keine Zeichen von Müdigkeit. Sein Abendanzug war so makellos sauber wie immer«.

Als über den braunen, von der Sonne ausgeglühten Ebenen das warme Morgengrauen emporstieg, ließ er noch seinen Adjutanten und seinen Leibwächter kommen, ehe er ins Bett ging. Er gab ihnen einen Befehl, den sie an alle Leute weitergeben sollten, die in Zukunft zu ihm kommen wollten: In seiner Gegenwart dürfe der Name Arifs niemals wieder erwähnt werden.

Als nun der letzte seiner Feinde fort war, beschloß Mustafa Kemal in einer wilden Aufwallung seiner Energie buchstäblich das Gesicht der Türkei zu verändern. Obwohl das ganze Land darüber in Aufruhr geriet, bestand er darauf, den Fez abzuschaffen, und das war eine außerordentliche Maßnahme in einer so tief religiösen Gemeinschaft, in der für einen Moslem seine Kopfbedeckung ebenso wichtig war wie seine täglichen rituellen Waschungen. Doch Mustafa Kemal durchreiste unerschüttert das Land in einem Panama-Hut aus Stroh, der für die Moslems seit Jahren als ein Symbol des Christentums galt.

Bei einer Versammlung in Kastamon sagte er: »Einige von uns

weigern sich, einen Hut zu tragen, aber wir sind dumm, wenn wir es nicht tun. Warum sollte ein Hut für uns etwas Anstößiges sein, aber ein Fez zulässig, der ja auch nur ein griechisches Symbol und ein Überbleibsel aus der Zeit von Byzanz ist? Und die Gewänder, die ihr tragt, stammen ebenso wie die Pluderhosen ebenfalls noch aus der Zeit von Byzanz. Die Prinzen der Ottomanen haben diese Tracht beibehalten, die unsere jungen Männer auf den Schlachtfeldern in der ganzen Welt geopfert haben, wißt ihr, wo sie eigentlich herkommt? Von den byzantinischen Priestern stammt sie, von den griechischen Popen und von den jüdischen Rabbis! Vor langer Zeit trug nur der Priester den Turban, um zu zeigen, daß er ein Gelehrter war, aber mit der Zeit trug ihn dann auch jeder gewöhnliche Sterbliche, und so konnte man dann die Leute täuschen. Es ist doch eine Schande für ein zivilisiertes Volk, sich nach Menschen zu richten, die schon lange tot sind!«

Alte Leute banden sich Taschentücher auf die Köpfe, ehe sie sich einen Hut obendrauf setzten, bis die Polizei ihnen die Taschentücher wegnahm. Bauern in Anatolien, die niemals einen Hut gesehen hatten, trugen alte abgelegte Filzhüte, Strohhüte oder Mützen aus Tuch, die aus Rußland stammten. In Smyrna fand ein Bauer einen verlassenen griechischen Laden, der beim panikartigen Abzug der Griechen von seinen Besitzern im Stich gelassen worden war und in dem noch eine Menge von Damenhüten mit dazugehörigen Bändern lag. Der Bauer verkaufte diese Hüte in seinem Dorf, aber nicht an die Frauen. Alle männlichen Dorfbewohner trugen plötzlich Sommerhüte für Damen, wenn sie auf dem Weg zum Markt waren oder sogar wenn sie auf den Feldern arbeiteten.

Jedesmal, wenn Mustafa Kemal einen Mann mit einem Fez sah, wurde er wütend. Als der ägyptische Gesandte mit einem Fez auf dem Haupt bei einem Diplomatenempfang in Angora erschien, ging Mustafa Kemal auf ihn zu und schrie: »Erzählen Sie Ihrem König, daß ich diese Uniform nicht leiden kann.«

Bald schaffte Mustafa Kemal auch den Schleier ab. »Ich habe viele unserer Schwestern gesehen, die beim Näherkommen eines Mannes sofort ihre Gesichter verhüllt haben«, sagte er bei einer Versammlung in Inebol. »Dies muß ihnen doch sicher bei heißem

Wetter äußerst unbequem sein. Warum sind wir Männer so selbstsüchtig, daß wir das überhaupt zulassen? Sie sollen ihre Gesichter der Welt zeigen, und laßt ihnen selbst auch die Möglichkeit, die Welt anzuschauen. Man braucht deswegen doch keine Angst zu haben. Kein Volk kann ohne seine Frauen am Fortschritt teilhaben. Benehmen sich denn so die Frauen und Töchter der zivilisierten Welt? Natürlich tun sie es nicht.« Aber diesmal dauerte es länger, besonders in den ländlichen Gebieten, wo ein junges Mädchen gewöhnlich eine Tracht Prügel bezog, wenn es nach Hause kam und dieses Gesetz befolgt hatte. Schließlich beschränkte Mustafa Kemal seine Maßnahmen auf die Städte und ließ den Dörfern etwas mehr Zeit, sich den Veränderungen anzupassen.

Nachdem er den Harem und die Vielweiberei abgeschafft hatte, sorgte er für eine neue erstaunliche Neuerung: Er richtete in Konstantinopel Klassen ein, in denen junge Damen und junge Männer gemeinsam im Aktzeichnen unterrichtet wurden.

Er führte auch westliche klassische Musik ein, und er beschloß, den Wert der türkischen und der europäischen Musik persönlich gegeneinander abzuwägen, indem er zwei verschiedene Orchester anwies, im Park-Hotel in Konstantinopel zu spielen. Der Abend war im großen und ganzen nicht sonderlich erfolgreich, denn Mustafa Kemal unterbrach immer wieder jedes der beiden Orchester und ließ dann das andere ein paar Takte spielen, bis er unter dem Einfluß mehrerer Gläser Raki aufstand und schrie: »Ich gehe, jetzt könnt ihr beide gleichzeitig Musik machen, wenn es euch Spaß macht.«

Auch seine anderen Reformen waren weitreichend. Er übernahm das schweizerische Zivilrecht und führte die im Westen übliche Woche mit dem Sonntag als Ruhetag ein, ohne Rücksicht auf die Religion seiner Landsleute. Vorher war der Freitag der allwöchentliche Feiertag für die Moslems gewesen, für die Juden war dies der Sonnabend und für die Christen der Sonntag, und so hatten viele Leute ein angenehmes langes Wochenende. Als nächstes verbot er den »Salaam«-Gruß; an seine Stelle trat der Händedruck.

Er schaffte auch das alte Kalendersystem ab, in dem das Jahrhundert bei den Moslems nur aus siebenundneunzig Jahren bestand. Ehe er den Gregorianischen Kalender einführte, waren die Stunden von Sonnenaufgang an gezählt worden, der ja nicht an jedem Tag auf die gleiche Zeit fällt, so daß es nicht ungewöhnlich war, wenn jemand fragte: »Um welche Zeit ist heute Mittagszeit?« Von nun an begann der Tag um Mitternacht. Bei seinen Bemühungen, die Türkei auf einen gleichen Stand mit Europa zu bringen, führte er eine einheitliche Zeitrechnung und das Dezimalsystem ein.

Vielleicht war seine bemerkenswerteste Neuerung, daß er eine Sprache »erfand« und dann das Land damit verblüffte, daß er sie mit Kreide und einer Tafel lehren ließ. Seine Professoren hatten in der erstaunlich kurzen Zeit von nur sechs Wochen ein lateinisches phonetisches Alphabet zusammengestellt, und Mustafa Kemal war der erste, der es lernte. Es gab aber dabei Probleme: Alle ausländischen Wörter sollten rücksichtslos ausgemerzt werden, und kein Mensch kannte die neuen türkischen Ausdrücke, die an ihre Stelle traten, geschweige denn wußte er, wie sie in der neuen Fassung der Sprache buchstabiert wurden.

Der einstige Bauernjunge richtete sich in dem Palast eines Sultans häuslich ein, um die Angehörigen der Intelligenz in Istambul zu beeindrucken. Es war der »Rokoko«-Palast von Dolma Baghtsche. Dort gab er einen Empfang mit Champagner und Zigaretten, auf einer Estrade lag eine Schiefertafel. Er schrieb seinen eigenen Namen in dem neuen Alphabet, dann runzelte er bei dem ungewohnten Wort ungläubig die Brauen. Schulkinder traten vor, um ihren Mut zu beweisen.

Er schien unermüdlich zu sein. Bald mußten alle ausländischen Schulen einen hohen Prozentsatz an türkischen Lehrern beschäftigen, so schlecht ausgebildet diese auch sein mochten. Neue Schulen von Ausländern wurden nicht mehr zugelassen. Leute aus dem Ausland, die hohe religiöse Ämter bekleideten, mußten bürgerliche Kleidung tragen und die zu ihrem Amt gehörenden Roben ablegen. Die meisten Berufe wurden für Ausländer gesperrt. Bettler wurden geächtet, und es galt als Beleidigung, über Geisteskranke zu lachen. Woche für Woche wurden Namen geändert, aus Smyrna wurde Izmir und aus Angora Ankara.

Sogar Konstantinopel bekam einen neuen Namen. Die große Stadt, die die Griechen und Römer »Byzantium«, die Araber »Schwelle zur Glückseligkeit« und die Skandinavier »Stadt mit dem Gürtel« genannt hatten. Diese Königin der Städte und Heimat des Machtstrebens, des Ränkespiels und der Farbenpracht wurde jetzt zu »Istambul« – eine nachlässige Verballhornung der beiden Wörter auf den alten griechischen Wegweisern: »Zur Stadt.«

Während all dieser Jahre gab es bemerkenswerte Parallelen zwischen diesen beiden Erzfeinden der Vergangenheit, zwischen der Türkei und Rußland. Die russische Revolution im Jahre 1905 und die Bewegung der Jungtürken im Jahre 1908 waren beide ursprünglich aus den gleichen Bestrebungen entstanden – aus einem tief verwurzelten Wunsch nach einer demokratischen Regierung. Und das geschah zu einer Zeit, als das Gegenstück zur industriellen Revolution in England das Antlitz der beiden großen Länder veränderte, von denen jedes halb europäisch und halb asiatisch war. Jedes der beiden Länder hatte den Wendepunkt seines Schicksals erreicht, nachdem es eine Reihe von Kriegen verloren hatte. Die Parallelen gingen noch weiter. Beide Länder führten die Trennung der Kirche vom Staat durch. Und während Konstantinopel zu Istambul wurde und aus einem primitiven Dorf in der Steppe eine neue Hauptstadt entstand, wurde aus Petersburg zunächst Petrograd, dann wurde es zu Leningrad, und Moskau wurde zur Hauptstadt. In beiden Fällen war diese Wandlung symbolisch. Sie war nicht nur das Zeichen, daß jedes Land seine trüben Erfahrungen in der Geschichte auslöschen wollte, sondern es wollte auch der Welt zeigen, daß es an einem neuen Anfang stand.

Es gab jedoch einen wichtigen Unterschied zwischen den beiden Ländern. Den Ereignissen in Rußland lag eine schwerfällige Ideologie zugrunde, die oft die Versuche der Bolschewiken lähmte, Reformen einzuführen oder irgend etwas zum Abschluß zu bringen. Im Gegensatz dazu wurde Mustafa niemals durch mystische Theorien behindert, als er die Türkei europäisierte, ohne viele Umstände Banken verstaatlichte und die Elektrizität auf dem Lande einführte. Denn das Ziel der Ideologie bei Mustafa Kemal war es, eine moderne und dem Westen ebenbürtige Türkei zu schaffen, und so vermochte er durch eine starke Willenskraft auch die sonderbarsten Maßnahmen im Parlament einfach nur deshalb durchzusetzen, weil Reform das einzige Glaubensbekenntnis war, das er predigte.

Zu Mustafa Kemals letzten Reformen gehörte es, daß er die Titel verbannte, die jahrhundertelang ein Teil der ottomanischen Geschichte gewesen waren. Pascha, Bey, Effendi, alle diese Bezeichnungen waren der arabischen Sprache entnommen. Außerdem erließ er ein Gesetz, das Familiennamen obligatorisch machte, und sie mußten türkisch sein. Bis zum Jahre 1934 hatten die Leute ihrem Namen lediglich ihre Berufsbezeichnung oder den Namen ihres Geburtsortes hinzugefügt, so daß ein Gärtner (türkisch Bostangi), der Ali hieß und aus Angora stammte, entweder Bostangi Ali oder Ali aus Angora heißen konnte.

Dies alles wurde nun über Nacht anders. Mustafa Kemal legte seine beiden Namen ab, die arabischen Ursprungs waren. Glücklicherweise fand er ein türkisches Wort, das »stark« bedeutete und sich nur durch einen Buchstaben von dem Wort Kemal unterschied, und so lautete in Zukunft sein erster Name »Kamal«. Die Nationalversammlung und die türkische Nation verliehen ihm als Zunamen eine Bezeichnung, die er allen anderen vorzog: Atatürk, Vater der Türken. Von diesem Augenblick an hieß er Kamal Atatürk.

Auch er selbst veränderte sich, das war ganz natürlich. Er wurde hochmütig und außerordentlich eitel. Im Jahre 1921 hatte er sich damit gebrüstet, daß er keinerlei Besitz hatte. »Jetzt wurde er geizig und ließ nichts mehr los, was seine Fäuste einmal gepackt hatten.« Das bescheidene Landgut, das fast von selbst aus den Feldern rund um Chankaya erwachsen war, war inzwischen ein Mustergut geworden, das stolz vorgab, das beste Zuchtvieh im ganzen Mittleren Osten zu besitzen. Er liebte es, die Rolle eines eleganten Landwirts zu spielen, doch er gab sich dabei sehr selbstherrlich. Als er einmal vor der Tatsache stand, daß das Wasser knapp wurde, ließ er einen Ingenieur kommen und wies ihn an, ein neues Staubecken zu bauen. Einer seiner Freunde gab ihm den Gedanken ein, diesem Becken eine Form zu geben, die dem Genfer

See entsprach. Atatürk gefiel diese Idee, aber er änderte sie noch etwas ab. Er ließ das Becken so bauen, daß es in seiner Form dem Marmara-Meer glich. Den Golf von Izmir klammerte er aus, um die Kosten nicht zu hoch werden zu lassen.

Er trank mehr als je zuvor, er spielte und gab sich mit Frauen ab. Aber obwohl sein lasterhaftes Leben zum Kaffeeklatsch in der ganzen Türkei wurde, schadete es keineswegs seinem Ruf. Weniger erfolgreiche Männer beneideten ihn sogar darum, denn für die Türken war sein größtes Laster sowieso das Laster aller Ottomanen. Potenz war schon immer etwas gewesen, womit sich ihre ältesten Vorfahren gebrüstet hatten.

Es war unvermeidlich, daß die alte Krankheit wieder aufbrach, die er sich in Sofia geholt hatte. Er hatte sich niemals darum gekümmert, sie richtig behandeln zu lassen, denn dazu fehlte ihm die Geduld. Die Ausheilung hätte auch sehr lange Zeit in Anspruch genommen, weil damals Penizillin noch unbekannt war.

Jetzt war bereits seine Leber angegriffen. Er trank noch mehr als früher, um den Schmerz zu betäuben, obwohl sein Arzt ihn davor warnte. Er war einsam geworden, und um das Jahr 1938 war es erkennbar, daß seine körperliche Verfassung nicht mehr widerstandsfähig genug war, um das schwere Leiden zu überstehen, das immer mehr von ihm Besitz ergriff. Ohne sein Wissen ließen seine Ärzte Dr. Fissinger kommen, einen französischen Spezialisten, der sofort erkannte, daß Atatürk an einer Leberzirrhose litt. Ohne Umschweife sagte er zu ihm: »Sie mögen vielleicht ein großer Feldherr sein, der große Siege errungen hat, aber jetzt habe ich das Kommando über Sie.« Atatürk begriff sofort, wie ernst seine Lage war, und er gab das Trinken auf, nahm nur noch Speisen zu sich, die nach Diätvorschriften zubereitet waren, und war damit einverstanden, daß er drei Monate lang im Bett bleiben sollte; lediglich eine halbe Stunde täglich durfte er aufstehen.

Aus England ließ er sich eine eigens für ihn angefertigte Chaiselongue kommen, auf der er liegend lesen oder schreiben konnte, aber nach einem Monat stand er heimlich wieder auf. Danach konnte ihn nichts mehr retten, nicht einmal die Liebe und die Pflege seines diensthabenden Adjutanten Salih, der schon sehr lange und sogar noch vor dem Feldzug in Gallipoli sein Freund gewesen war und jetzt nicht mehr von seiner Seite wich.

Von einigen türkischen Historikern ist behauptet worden, daß Atatürk möglicherweise gar nichts daran lag, gesund gepflegt zu werden, sondern daß er es ganz bewußt auf einen Abgang aus dem Leben anlegte, der als Höhepunkt seiner Laufbahn gelten konnte. Vielleicht wollte er an das alte türkische Sprichwort erinnern: »Wenn das Dach fertig ist, klopft der Engel des Todes an die Tür.« Die türkische Republik war jetzt fünfzehn Jahre alt, und ironischerweise brachte ihr Gründer die letzten Tage seines Lebens in einem großen Bett im zweiten Stock des Dolma-Baghtsche-Palastes zu, umgeben von französischen Möbeln, der letzten Absonderlichkeit, die die verhaßten dekadenten Sultane sich geleistet hatten.

Er starb am 10. November 1938 fünf Minuten nach neun Uhr in einem Zimmer, von dem aus man den Bosporus überblicken konnte. Er war fünfundsiebzig Jahre alt geworden. Später am Morgen, als das vom Schmerz betäubte Volk von Konstantinopel ganz offen auf den Straßen weinte, ging sein alter Freund und Adjutant vom Dienst still in ein Hinterzimmer des Dolma-Baghtsche-Palastes und schoß sich eine Kugel ins Herz. Ohne seinen Herrn wollte er nicht mehr leben.

Den ganzen Tag über und auch noch während der folgenden Nacht lag das Schweigen des Todes wie eine schwere Last über der Stadt. Schwarzer Krepp bedeckte alles, seine Standbilder, die Fenster und Fotos des Mannes, der von jeder Wand herabschaute.

Drei Nächte lang lag der Körper Atatürks in Staatskleidung im Dolma-Baghtsche-Palast. Den Sarg aus Ebenholz bedeckte die türkische Landesfahne, und am Katafalk hielten Offiziere mit gezogenen Säbeln die Ehrenwache, während Hunderttausende von Türken an ihm vorüberzogen. »Ata, Ata«, murmelten sie, und für die meisten von ihnen war es wahrscheinlich das erste Mal in ihrem Leben, daß sie dem Mann so nahe waren, den sie »Vater« nannten. Und da niemand in Konstantinopel der Geschichte eines einst so bedeutenden Reiches entrinnen kann, war es auch für die meisten das erste Mal, daß sie sich in die Vergangenheit gewagt hatten, um die Atmosphäre der Größe eines Imperiums einzuatmen, während sie über die Gartenpfade wanderten, die zu den Türen des Palastes führten. Wie viele von ihnen werden wohl gewußt haben, daß die Blumen an den Wegen ursprünglich in dem »aufgefüllten Garten« gewachsen waren, die nahezu fünfhundert Jahre zuvor von sechzehntausend christlichen Sklaven dem Bosporus abgerungen worden war. Die Pfade führten in den riesigen Rokoko-Thronsaal von Dolma Baghtsche, wo der Leichnam unter dem gewaltigen Kuppelbau des Palasteslag, den Sultan Abdul Medschid gebaut hatte, der leichtsinnige Verschwender, der von seinem Architekten nur das eine verlangte, daß sein Palast an Pracht und Größe jeden anderen Palast in der Welt übertreffen. Er lag dort, wo einst der Sorbett in goldenen Pokalen kredenzt worden war und wo später der jämmerliche und verschreckte Abdul Hamid verschwenderisch den deutschen Kaiser mit Wein und köstlichen Speisen traktiert hatte, während er selbst nur seinen einfachen Pilaw verzehrte, der in seiner vor Gift abgesicherten Küche zubereitet worden war.

Nachdem Atatürk drei Tage in Galakleidung dort gelegen hatte, trug man ihn aus dem Hause des Herrschers, den er so sehr verachtet hatte. Jeder Zoll seines Weges war von Menschen umsäumt. Auf jedem einigermaßen starken Zweig der Bäume, auf jeder Kuppel und auf jedem Minarett saßen sie und waren begierig, einen Blick auf den Bestattungszug werfen zu können. Der Sarg lag auf einer von Soldaten gezogenen Geschützlafette, ein Offizier schritt hinterher und trug nur einen einzigen Orden auf einem Samtkissen vor sich her – den Orden aus dem Unabhängigkeitskrieg.

In einem langsamen und düsteren Marsch zog der Zug an einem niedrigen granitgrauen Gebäude vorüber, in das die Sonnenstrahlen nur spärlich durch fleckige Glasfenster eindringen konnten. Dort lag der Leichnam eines Mannes, den Atatürk sicher bewundert haben würde. Es war Barbarossa, der rotbärtige Seeräuber, der während der Zeit Suleimans des Prächtigen das Mittelmeer zu einem ottomanischen Gewässer gemacht hatte. Er war zweifellos ein unbändiger, grausamer und gnadenloser Mensch gewesen, aber wie Atatürk war auch er ein Mann seiner Zeit.

Der lange Zug erreichte die Brücke, die sich über das Goldene Horn spannt, die Fährboote drängten sich zusammen und versuchten sich Raum zu machen, jedes war randvoll von Menschen, die von den oberen Decks auf das glitzernde Wasser mit seinen beiden Brücken hinunterblickten, von denen die eine von Machmud erbaut worden war, dem Sohn von Aimée Dubucq de Rivery, die als erste die europäische Kultur in das Ottomanenreich brachte. Am Ende der Brücke schwenkte die Lafette nach links auf einen Pier und ein wartendes Kanonenboot zu. Die Straßen in der Nähe des schimmernden Wassers waren natürlich freigehalten worden, aber es gab eine kurze Unterbrechung während des langsamen Voranschreitens, und für diesen kurzen Augenblick verweilten die Überreste Atatürks an der Ecke des Serails, an der Spitze jenes Landdreiecks, das das Große Serail bildete und wo sich so viele geschichtliche Ereignisse abgespielt hatten. Hier hatte Roxelana Suleiman dazu überredet, sie zu seiner Ehefrau zu machen, und hier hatte sie den gewaltsamen Tod seines Lieblingssohnes vorbereitet. Mohammed der Dritte hatte hier seine neunzehn Brüder erdrosselt, und hier hatte Murad der Vierte innerhalb eines Jahres fünfundzwanzigtausend seiner Untertanen hinrichten lassen, wobei viele von ihnen auch durch seine eigene Hand starben. Und wenn man genau hinsah und etwas über den Harem wußte, dann sah man hinter dem Zug die Fenster des schändlichen »Käfigs«, aus denen Ibrahim zweiundzwanzig Jahre lang hinausgeschaut hatte, ehe er zum verabscheuungswürdigsten aller ottomanischen Sultane wurde.

Es war Atatürks Wunsch gewesen, in seinem geliebten Ankara begraben zu werden. So hatte man beschlossen, den Toten zuerst auf dem Seeweg nach Izmit an der Ostspitze des Marmara-Meeres zu bringen. Das türkische Schiff machte sich bereit, die Landspitze am Serail zu verlassen, wo Schiffe aller Nationen vor Anker lagen, einschließlich der *Malaya,* die den letzten ottomanischen Sultan in ein Exil nach Italien gebracht hatte.

Am gleichen Abend kam der Sarg in Izmit an und wurde zu dem für Atatürk bestimmten Zug gebracht, den er in seiner Eigenschaft als Präsident hatte benutzen dürfen. Nur der für ihn bestimmte Salonwagen war hell erleuchtet, als der rußgeschwärzte

Der Niedergang des Ottomanenreiche
1683-1912

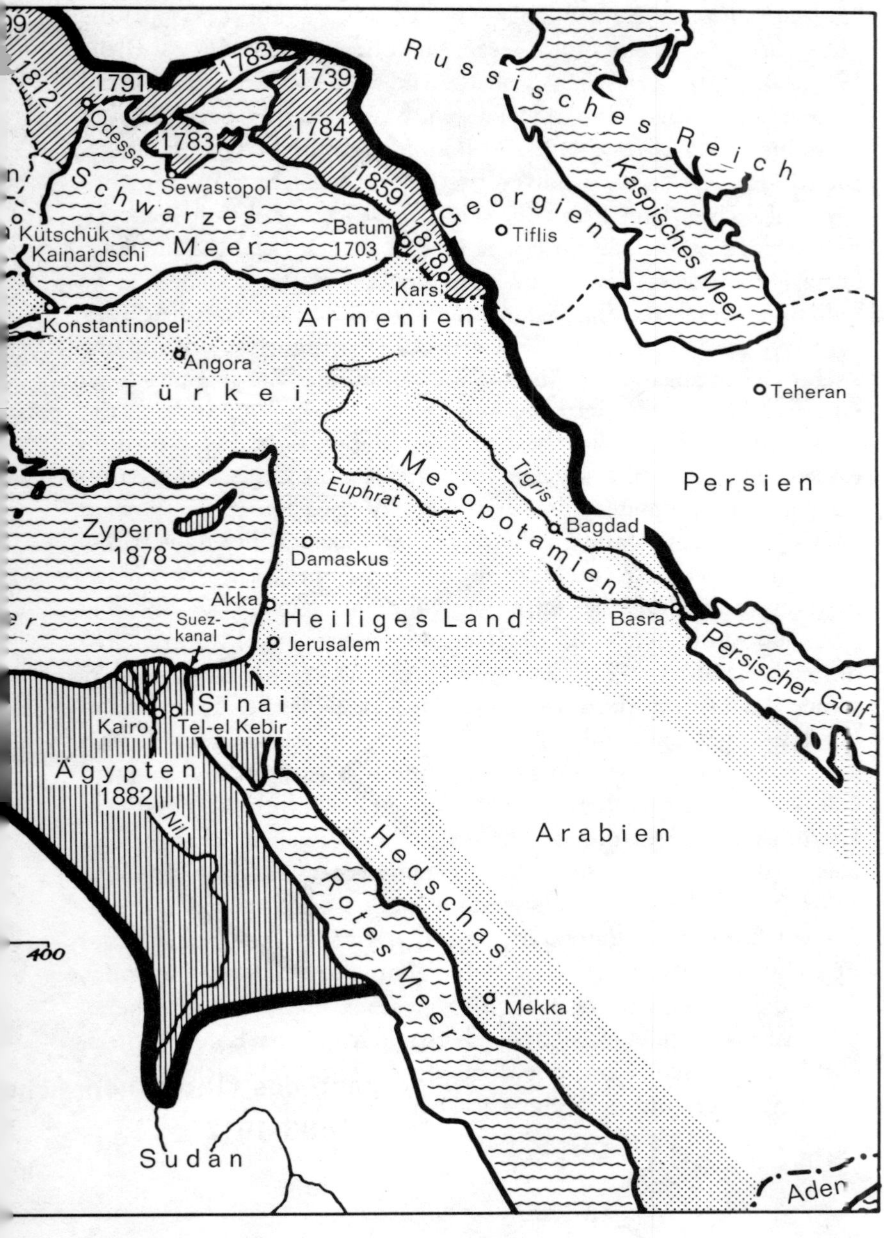
Russisches Reich
Kaspisches Meer
Georgien
Tiflis
1783
1791
1739
1784
1812
Odessa
Sewastopol
Schwarzes Meer
Kütschük Kainardschi
Batum 1703
1859
1878
Kars
Armenien
Konstantinopel
Angora
Türkei
Teheran
Persien
Mesopotamien
Tigris
Euphrat
Bagdad
Zypern 1878
Damaskus
Akka
Heiliges Land
Basra
Suez-kanal
Jerusalem
Persischer Golf
Sinai
Kairo
Tel-el Kebir
Ägypten 1882
Nil
Arabien
Hedschas
Rotes Meer
Mekka
Sudan
Aden
400

Zug sich auf der gewundenen Strecke auf die Reise begab, die quer durch die Ebenen und Berge Anatoliens führte. Hier war die Wiege des Ottomanischen Reiches, und von hier aus war Murad hundertzehn Tage lang quer durch das Land bis nach Bagdad marschiert, wo er in einem Zweikampf den tapfersten Perser getötet hatte, ehe er die Stadt eroberte und sechzigtausend Einwohner umbrachte. Und hier rumpelte der düstere Zug nun entlang, wo Atatürk selbst die Griechen in der großen Schlacht am Sakaria-Fluß besiegt hatte, und von hier aus hatte er später seine Soldaten zurück nach Konstantinopel geführt. Hier hatte Atatürk gerastet, ehe er sich nach den Dardanellen aufmachte, um die britische Besatzungsmacht durch eine unblutige Konfrontation in Charnak herauszufordern.

In dem Buch *Atatürk* beschreibt sein Biograph Lord Kinross diesen letzten Abend, an dem »Tausende von Bauern zur Bahnstation hinuntergingen, um den Zug zu erwarten und um noch einmal zu sehen, was von ihrem ›Vater‹ übriggeblieben war. Sie schwenkten Fackeln und schütteten ihren geringen Vorrat an Petroleum auf die Erde, um sie in Brand zu setzen«, als der Zug sich dem Stadtgebiet und der Gegend näherte, wo Atatürk einst die melancholische Fikriye geliebt hatte und wo sie eines gewaltsamen Todes gestorben war. Hier hatte er als verheirateter Mann mit Latife gewohnt, nur um sich wieder von ihr scheiden zu lassen. Hier hatte er die ganze Nacht hindurch gespeist und getanzt, während elf seiner alten Freunde auf dem Hauptplatz des Ortes öffentlich gehenkt wurden. Aber vor allen Dingen brachte ihn der Zug in das Dorf, das verloren in einem großen Reich in den Bergen lag und das er zur Hauptstadt eines Landes gemacht hatte, das von ihm völlig umgestaltet worden war. Er hatte ein großes Reich übernommen, das aus Mut geboren worden war und das durch die Ausschweifungen seiner Herrscher auseinanderbröckelte. Im Laufe eines halben Menschenlebens hatte er nach den Worten von Kinross »sein Land aus dem Mittelalter an die Schwelle der modernen Zeit und noch ein Stückchen weitergeführt«.

Nachwort

Jetzt sieht alles anders aus. Die geschäftige Innenstadt von Istambul mit ihren zwei das Goldene Horn überspannenden Brücken und seinem endlosen Verkehrsgedränge ist zu hastig bei der Suche nach dem Morgen, um noch einen Gedanken für das Gestern übrig zu haben. Für die heutige, dem Westen angepaßte Türkei begann die Geschichte mit Atatürk, und für den Mann auf der Straße liegt die glanzvolle Hofhaltung der Sultane bereits eine Ewigkeit zurück.

Schullehrer führen im Sommer große Scharen von schwatzenden Kindern in den Höfen des Großen Serails umher, der jetzt ein riesiges Museum ist. Die Lehrer achten sorgfältig darauf, daß ihre Schutzbefohlenen genau die mit hübschen Hinweiskarten gekennzeichneten vorgeschriebenen Wege einhalten, denen die Besucher folgen müssen. Sie sehen genauso beunruhigt aus wie ihre englischen Altersgenossen im Natural History Museum, und man kann sicher sein, daß diese Kinder den Ausflug weniger als praktische Geschichtsstunde ansehen, sondern ihn als Tag genießen, an dem sie der unangenehmen Atmosphäre des Klassenzimmers entrinnen konnten.

Dem durchschnittlichen Türken ist die Altstadt von Konstantinopel beinahe zu sehr vertraut. Wenn er ganz plötzlich einmal an der Ecke bei der Hagia Sophia oder hinter der unverändert gebliebenen unterirdischen Zisterne kräftig auf die Bremse tritt, dann ist er als Autofahrer zu sehr mit den Fußgängern beschäftigt, als das er noch Augen für seine Umgebung haben könnte. In jener Zisterne waren seinerzeit die letzten Janitscharen ertrunken. Vielleicht können die Touristen besser in die Vergangenheit eindringen, wenn sie gehorsam den vielsprachigen Fremdenführern durch die dunklen Gänge und hellen Zimmer des Harems folgen. Mit Leitfäden und Kameras bewaffnet, machen sie einen Abstecher in eine vergangene Welt des Glanzes und einer Pracht, die unserer heutigen Welt unwiederbringlich verlorengegangen ist.

Am Rande des Hippodroms, in dessen Rund die Byzantiner ihre Pferderennen veranstalteten und in dem der Sultan Murad einen Pfeil von einem Ende bis zum anderen schoß, befinden sich mehrere Steinbänke. Sie sind nur selten besetzt, denn das Hippodrom ist fast völlig von Unkraut überwuchert. Auf der einen Seite spielen ein paar Jungen Fußball. Eine sehr, sehr alte Frau sitzt in der Nähe auf einer Bank und füttert Tauben. Mit einer Hand hält sie das schwarze Tuch fest, das sie um ihren Kopf geschlungen hat. Man fühlt, das sie es instinktiv über ihr Gesicht ziehen würde, wenn irgendeiner der Berufsphotographen mit seiner Kamera ihr zu nahe kommen sollte. In der heißen Augustsonne huscht gelegentlich eine Eidechse zwischen den Steinen hervor, die dort schon seit den Tagen Konstantins herumliegen. So schweigsam wie der Tod beobachten die Augen des Reptils ein Insekt, dann schnellt es plötzlich nach vorn und ist im Nu in dem braunen Geröll der alten Stadtmauern verschwunden.

Wenn man im Schatten der großen und schönen Moscheen oder des Serails sitzt, dann ist es manchmal schwer zu glauben, daß sich hier einst das Herz eines so tyrannischen und schrecklichen Reiches befand. Die ganze Welt des Westens zitterte vor seiner Macht. Aber trotz der Jahrhunderte, der Größe, trotz der Eroberungen und der Unterdrückung, trotz der Ränkespiele der Lieblingsfrauen im Harem, trotz des Elends der Millionen von Angehörigen der unterjochten Völker mag dies alles wohl nicht mehr gewesen sein als ein böser Traum.

Literatur

Historische Dokumente

Bon, Ottaviano, *Eine Beschreibung des Serails der hohen Herren* (Orig. ital. – Venedig, Bibliothek St. Marcus, 1625).

Brassey, Thomas, M. P., *The Eastern Question* (London, 1877).

Brown, Joseph, Q.C., *The Idolatry, Superstition and Corruption of the Christians of Turkey* (London, 1877).

Chishull, Rev. Edmund, *Antiquitates Adriaticae* (London, 1728).

Constantinople reports 1730; Constantinople reports 1736 (Public Record Office 97/26 and 97/28).

Cooper, Joseph, *Turkey and Egypt* (*Konsularbericht vom Sklavenmarkt*) (London, 1876).

Dispatches from Envoys in Constantinople, Vienna, St. Petersburg and Paris (Public Record Office 97/25–31; 80/54–8; 78/207–21).

– »The Armenian Question«, Rede von 1898.

– *The Bulgarian Horrors* (London, 1876).

Gladstone, W. E., M. P., »The Eastern Question«, Rede von 1877.

– *Lessons in Massacre, Conduct of Turkish Government in Bulgaria* (London, 1877). *Griechische Greueltaten in der Türkei* (Orig. türk. – Konstantinopel: Innenministerium, 1921).

Hierosolimitano, Domenic, »Relations della gran citta di Constantinopii« (MSS. Room, British Museum).

Lara, Chryssaphides und Rene, »The Last Sultan of Turkey«, *Nineteenth Century and After*, Juni 1909).

Parliamentary Papers in the Eastern Question (London: H.M.S.O., 1854).

Reports received from H.M. Ambassador and Consuls relating to the Christians in Turkey. Presented to House of Commons, 1867 (Public Record Office).

Richard, Henry, M.P., *Evidences of Turkish Misrule* (London: Eastern Question Association, 1877).

Taylor, Sedley, *The Conduct of H.M. Ministers on the Eastern Question* (London: Liberal Central Association, 1877).

Vambery, Armenius, »The Future of Constitutional Turkey«, *Nineteenth Century and After*, März 1909.
– »Personal Recollections of Abdul Hamid and His Court«, *Nineteenth Century and After*, Juni 1909.
»Vindex Veritatis«, *That Unconscionable Turk* (London, 1877).

Fremdsprachige Quellen

(Vom Autor als weiterführende Literatur empfohlene Werke sind mit einem Stern versehen)

Abbott, G. F., *Turkey, Greece and the Great Powers* (London: Robert Scott, 1917).
Ahmad, Feroz *The Young Turks* (Oxford University Press, 1969).
Alderson, A. D., *The Structure of the Ottoman Dynasty* (Oxford University Press, 1956).
Anderson, M. S., *The Eastern Question 1774–1923* (London: Macmillan, 1966).
Armstrong, Harold, *Turkey in Travail* (London: John Lane, 1925).
Armstrong, H. C., *Grey Wolf* (*Mustapha Kemal*) (London: Arthur Barker, 1932).
Barker, Capt. B. Granville, *The Passing of the Turkish Empire in Europe* (London: Seeley Service, 1913).
Barker, Thomas M., *Double Eagle and Crescent* (New York University, 1967).
Benjamin, S. G., *The Turk and the Greek* (New York, 1867).
Benson, E. F., *Crescent and Iron Cross* (London, 1918).
Bierstadt, E. H., *The Great Betrayal* (London: Hutchinson, 1924).
*Blanch, Lesley, *The Wilder Shores of Love* (London: John Murray, 1954).
Brandier, M., *The History of the Imperial Estate of the Grand Seigneur* (London, 1635).
*Busbecq, Ogier Ghiselin de, *Turkish Letters* (Oxford University Press, 1927).
Cassels, Lavender, *The Struggle for the Ottoman Empire* (London: John Murray, 1966).
Castle, Wilfrid T. F., *Grand Turk* (London: Hutchinson, 1943).
Cavavelas, J., *The Siege of Vienna* (Cambridge University Press, 1925).
Chishull, Rev. Edmund, *Travels in Turkey and Back to England* (London, 1747).
Coeck, Peter, *The Turkes in MDXXXIII*, hrsg. Sir William Maxwell (Privatdruck, 1874).
Coles, Paul, *The Ottoman Impact on Europe* (London: Thames & Hudson, 1968).
»Consul's Daughter and Wife, A«, *The People of Turkey*, 2 Bde. (London: John Murray, 1878).

Covel, Dr. John, *Early Voyages and Travels in the Levant* (Cambridge: Hakluyt Society, 1893).
Cowles, Virginia, *The Russian Dagger* (London: Collins, 1969).
Creasy, Sir Edward, *History of the Ottoman Turks*, 2 Bde. (London, 1878).
Cuddon, J. A., *The Owl's Watchsong* (London: Barrie & Rockliffe, 1960).
*Davey, R., *The Sultan and His Subjects* (London, 1897).
*Davis, Fanny, *The Palace of Topkapi* (New York: Charles Scribner's Sons, 1970).
Davis, W. S., *A Short History of the Near East* (London: Macmillan, 1923).
Davison, Roderic H., *Reform in the Ottoman Empire* (Princeton University Press, 1953).
Devereux, Robert, *The First Ottoman Constitutional Period* (Baltimore: John Hopkins University Press, 1963).
Djemal Pasha, *Memories of a Turkish Statesman 1913–1919* (London: Hutchinson, 1922).
Donaldson, H. E., *Ibrahim Pasha* (New York: Privatdruck, Diss. Columbia University, 1911).
Edmonds, C. J., *Kurds, Turks and Arabs* (Oxford University Press, 1957).
*Efendi, Evliya, *Narrative of Travels in Europe, Asia and Africa in the Seventeenth Century*, 3 Bde. (London: Oriental Translation Fund, 1834, 1846, 1850).
Elliot, Sir Charles, *Turkey in Europe* (London: Edward Arnold, 1900).
Elliott, Frances, *Diary of an Idle Woman in Constantinople* (London: John Murray, 1893).
Ellison, Grace, *Turkey Today* (London: Hutchinson, 1928).
Emin, Ahmed, *Turkey in the World War* (New Haven, Conn.: Yale University Press, 1958).
Eton, W., *A Survey of the Turkish Empire* (London, 1801).
*Eversley, Lord, und Chirol, *The Turkish Empire from 1288–1914–1922* (London: T. Fisher Unwin, 1922).
Farley, J. L., *Modern Turkey* (London, 1872).
Finlay, George, *History of Greece* (Oxford University Press, 1877).
Flachat, *Observations sur le Commerce et sur les arts d'une Partie de l'Europe, de l'Asie, de l'Afrique et même des Indes Orientales* (Lyon, 1766).
Freeman, Edward A., *The Ottoman Power in Europe* (London, 1877).
Froembgen, Hans, *Kemal Ataturk* (London: Jarrolds, 1937).
The Fuggers News Letters, 2 Bde. (London: John Lane, 1924, 1926).
*Furneaux, Rupert, *The Siege of Plevna* (London: Anthony Blond, 1958).
Garnett, Luce M., *Turkey of the Ottomans* (London: Putnam, 1911).

Gibbons, H. A., *The Foundation of the Ottoman Empire* (Oxford University Press, 1916).
Graves, Philip P., *Briton and Turk* (London: Hutchinson, 1941).
Grosvenor, E. A., *Constantinople*, 2 Bde. (London, 1895).
*Hammer, Joseph von, *History of the Ottoman Empire* (Paris, 1841).
Harington, Gen. Sir Charles, *Tim Harington Looks Back* (London: John Murray, 1940).
Harvey, A. J., *Turkish Harems* (London, 1871).
*Haslip, Joan, *The Sultan: the Life of Abdul Hamid* (London: Cassell, 1958).
Hemingway, Ernest, *The Fifth Column* (London: Jonathan Cape, 1939).
Hepworth, Rev. George, *Through Armenia on Horseback* (London, 1898).
Herbert, W. V., *The Defence of Plevna* (London, 1895).
*Housepian, Marjorie, *The Smyrna Affair* (New York: Harcourt Brace Jovanovich, 1966).
Hubbard, G. E., *The Day of the Crescent* (Cambridge University Press, 1920).
Hutton, W. H., *Constantinople* (London: Dent, 1900).
Jarman, T. L., *Turkey* (Bristol: Arrowsmith, 1935).
Jones, D., *A Compleat History of the Turks*, 3 Bde. (London, 1701).
Keitovoulos, *The History of Mehmed the Conqueror* (Princeton University Press, 1954).
Kemal, Ismail Bey, *Memoirs* (London: Constable, 1926).
*Kinross, Lord, *Ataturk, the Rebirth of a Nation* (London: Weidenfeld & Nicolson, 1964).
Knolles, Richard, *The History of the Turkish Empire 1679–99* (London, 1700).
Lamb, Harold, *The March of the Barbarians* (London: Robert Hale, 1941).
*– *Suleiman the Magnificent* (London: Robert Hale, 1952).
Lane-Poole, Stanley, *Turkey* (London, 1888).
– *The Life of Lord Stratford de Redcliffe* (London, 1890).
Larpent, Sir George, *Turkey, Its History and Progress from the Journals of Sir James Porter* (London, 1854).
Lewis, Bernard, *The Emergence of Modern Turkey* (Oxford University Press, 1961).
Lewis, G. L., *Turkey* (London: Ernest Benn, 1955).
Lewis, Raphaela, *Everyday Life in Ottoman Turkey* (London: Batsford, 1971).
*Luke, Sir Harry, *The Making of Modern Turkey* (London: Macmillan, 1936).
*– *The Old Turkey and the New* (London: Geoffrey Bles, 1953).
Lusignan, Princess Anne de, *The Twelve Years Reign of Abdul Hamid II* (London, 1889).

*Lybyer, A. H., *Government of the Ottoman Empire in the Time of Suleiman the Magnificent* (Cambridge, Mass.: Harvard University Press, 1913).
McCoan, J. Carlile, *Our New Protectorate: Turkey in Asia*, 2 Bde. (London, 1879).
MacFarlane, Charles, *Turkey and Its Destiny*, 2 Bde. (1850).
Mango, Andrew, *Turkey* (London: Thames & Hudson, 1968).
Maxwell, Sir Robert, *Life and Letters of the 4th Earl of Clarendon* (London: Edward Arnold, 1913).
Mayes, Stanley, *An Organ for the Sultan* (London: Putnam, 1956).
Melling, A. I., *Voyage Pittoresque de Constantinople* (Paris, 1819).
Menzies, Sutherland, *Turkey Old and New*, 2 Bde. (London, 1880).
*Merriman, R. B., *Suleiman the Magnificent* (Cambridge, Mass.: Harvard University Press, 1944).
Mikusch, D. von, *Mustapha Kemal between Europe and Asia* (London: Heinemann, 1931).
Miller, Barnette, *Beyond the Sublime Porte* (Newhaven, Conn.: Yale University Press, 1931).
– *The Palace School of Muhammed the Conqueror* (Cambridge, Mass.: Harvard University Press, 1941).
Miller, William, *The Ottoman Empire and Its Successors 1801–1927* (Cambridge University Press, 1927).
*Montagu, Lady Mary Wortley, *Complete Letters* (Oxford University Press, 1965).
– *Letters during Travels* (London, 1789).
Moorehead, A., *Gallipoli* (London: Hamish Hamilton, 1957).
*Morgenthau, Henry, *Secrets of the Bosporus* (London: Hutchinson, 1918).
Mourad, Bey, *Le Palais de Yilditz et le Sublime Porte* (Paris, 1897).
Muller, Herbert J., *The Loom of History* (London: Museum Press, 1959).
Mundy, Peter, *The Travels of Peter Mundy in Europe and Asia 1608–1667* (Cambridge: Hakluyt Society, 1907).
Nicolson, Harold, *Lord Carnock: a Study in the Old Diplomacy* (London: Constable, 1930).
Oecondmos, Dr Lysimachos, *The Martyrdom of Smyrna and Eastern Christendom* (London: Allen & Unwin, 1922).
Orga, Irfan and Margarete, *Ataturk* (London: Michael Joseph, 1962).
Osman Bey, *La Turquie sous Abdul Aziz* (Paris, 1868).
Pallis, Alexander, *In the Days of the Janissaries* (London: Hutchinson, 1951).
Pardoe, Miss, *The City of the Sultan,* 2 Bde. (London, 1837).
Pears, Sir Edwin, *Life of Abdul Hamid* (London: Constable, 1917).
*Penzer, N. M., *The Harem* (London: Spring Books, 1966).

Porter, Sir James, *Turkey, Its History and Progress,* 2 Bde. (London, 1854).
Postel, Guillaume, *De la République Turke* (Poitiers, 1560).
*Ramsaur, E. E., *The Young Turks* (Princeton University Press, 1957).
Ramsay, Sir William, *Impressions of Turkey* (London, 1897).
– *The Revolution in Constantinople and Turkey* (London: Hodder & Stoughton, 1919).
Reis, Sidi Ali, *The Travels and Adventures of Admiral Reis* (London, 1899).
Remak, Joachim, *Sarajevo* (London: Weidenfeld & Nicolson, 1959).
Remaleddin Bey, D. J., *Sultan Murad V* (London, 1895).
Rosendale, Rev. H. G., *Queen Elizabeth and the Levant Company* (Oxford University Press, 1904).
*Rycaut, Sir Paul, *History of the Turkes to 1699* (London, 1700).
Sanders, Liman von, *Five Years in Turkey* (Annapolis: U.S. Naval Institute, 1928).
Shah, Ikbal Ali, *Kemal – Maker of Modern Turkey* (London: Herbert Joseph, 1934).
Sherley, Sir Thomas, *Discours of the Turkes* (London: Royal Historical Society, 1936).
Smith, Albert, *A Month in Constantinople* (London: David Bogue, 1851).
Stoye, John, *The Siege of Vienna* (London: Collins, 1954).
Sykes, Sir Mark, *The Caliphs' Last Heritage* (London: Macmillan, 1915).
Thornton, Thomas, *The Present State of Turkey,* 2 Bde. (London, 1809).
Tott, Baron de, *Mémoires* (London, 1786).
Trumpener, Ulrich, *Germany and the Ottoman Empire* (Princeton University Press, 1968).
Tugay, E. F., *Three Centuries* (Oxford University Press, 1967).
Upham, Edward, *History of the Ottoman Empire till 1828,* 2 Bde. (Edinburgh, 1829).
Walder, David, *The Chanak Affair* (London: Hutchinson, 1969).
Weber, Frank G., *Eagles on the Crescent* (Ithaca, N.Y.: Cornell University Press, 1970).
White, Col. Charles, *Three Years in Constantinople*, 3 Bde. (London, 1845).
Withers, Robert, *Edited Version of Grand Seigneur's Seraglio* (London, 1650).
Wittek, Paul, *The Rise of the Ottoman Empire* (London: Royal Asiatic Society, 1938).
*Wittlin, Alma, *Abdul Hamid, Shadow of God* (London: John Lane, 1940).
Wortham, H. E., *Mustafa Kemal* (London: Holme Press, 1930).
Young, George, *Constantinople* (London: Methuen, 1926).

Deutschsprachige Literatur

Babinger, *Die Geschichtsschreiber der Osmanen und ihre Werke*. Leipzig 1927; reprod. Ann Arbor, Mich. 1964.

–, *Mehmed der Eroberer und seine Zeit*. München 1953.

Brands, H. W., *Die Pforte des Glücks. Die Türkei in Erzählungen der besten zeitgenössischen Autoren*. 2. erw. Aufl. Tübingen und Basel 1969. (Geistige Begegnung, Bd. 5.)

Duda, H. W., *Vom Kalifat zur Republik*. Wien 1948.

Hammer-Purgstall, J. Frhr. von, *Geschichte des Osmanischen Reiches*. Bd. 1–10. Pest 1827–35; Nachdr. Graz 1963.

–, *Des Osmanischen Reichs Staatsverfassung und Staatsverwaltung*. T. 1.2. Wien 1815; Nachdr. Hildesheim 1963.

Iorga, N., *Geschichte des Osmanischen Reiches*. Bd. 1–5. Gotha 1908–13.

Karabacek, J. von, Zur orientalischen Altertumskunde. Bd. 7: *Geschichte Suleimans des Großen, verfaßt und eigenhändig geschrieben von seinem Sohne Mustafa*. Wien 1917.

Kreutel, R. F. (Hrsg.), *Oṣmanische Geschichtsschreiber*. (Reihe von Übersetzungen), Graz, Wien, Köln 1955 ff.

Peters, R., *Die Geschichte der Türken*. Stuttgart 1961.

Ranke, L. v., *Die Osmanen und die Spanische Monarchie im 16. und 17. Jahrhundert*. 4. Aufl. 1877.

von Roten, I., *Vom Bosporus zum Euphrat*. Stuttgart 1966.

Steinhaus, K., *Soziologie der türkischen Revolution*. Zum Problem der Entfaltung der bürgerlichen Gesellschaft in sozioökonomisch schwach entwickelten Ländern. Frankfurt/M. 1969.

Sturminger, W. (Hrsg.), *Die Türken vor Wien in Augenzeugenberichten*. Düsseldorf o. J. (Rauch).

Werfel, F., *Die Vierzig Tage des Musa Dagh*. Knaur Taschenbuch 178.

Bildquellen

25 Gemälde eines unbekannten venezianischen Meisters des 16. Jahrhunderts. Budapest, Magyar Nemzeti Múseum (Foto: Archiv für Kunst und Geschichte, Berlin).

26/27 (oben) Paris, Bibliothèque Nationale.
(unten) Ausschnitt aus einer Radierung von Antonio Tempesta, um 1600. Sammlung Rodney Searight.

28 (oben) Aus W. Miller: The Costume of Turkey. (o. J.) Sammlung Rodney Searight.
(unten) Aus der Handschrift Zanân-nâmeh von Fazil. Universitätsbibliothek Istanbul.

61 Topkapi Saray Museum, Istanbul (Foto Necati Orbay).

62 Kupferstich von Miger nach einer Zeichnung von Louis François Cassas aus dem Jahre 1788. Aus Cassas: Voyage en Syrie etc. Paris um 1798. Sammlung Rodney Searight.

63 (oben) »Camp at Daud Pascia« in Romelia. Aquatinta von W. Watts nach einer Originalzeichnung von Luigi Mayer. Aus L. Mayer: Views in Turkey, in Europe and Asia. London 1801–06. Sammlung Rodney Searight.
(unten) Kupferstich von Duflos nach einer Zeichnung von N. Hallé. Aus M. Guer: Moeurs et usages des Turcs. Paris 1747. Sammlung Rodney Searight.

64 (oben) Aus Whittman: Travels. London 1803. Sammlung Rodney Searight.
(unten) »Camp at Daud Pascia« in Romelia. Aquatinta von W. Watts nach einer Originalzeichnung von Luigi Mayer. Aus L. Mayer: Views in Turkey, in Europe and Asia. London 1801–06. Sammlung Rodney Searight.

97 (oben) Aus Thomas Allom: Character and Costume in Turkey and Italy. London um 1838. Sammlung Rodney Searight.
(unten) Kupferstich von E. Lightfoot nach einer Zeichnung von T. Allom, um 1836–7. Aus Fisher: Illustrations of Constantinople and Its Environs. London 1838. Sammlung Rodney Searight.

98 (oben) Radierung von William Hogarth. Aus Aubry de la Motraye: Travels. London 1723–4. Sammlung Rodney Searight.
(unten) Aus der Handschrift Zanân-nâmeh von Fazil. Universitätsbibliothek Istanbul.

99 (oben) Kupferstich von J. W. Lowry nach einer Zeichnung von T. Allom, um 1836–7. Aus Fisher: Illustrations of Constantinople and Its Environs. London um 1838. Sammlung Rodney Searight.
(unten) Ausschnitt aus einem Kupferstich von R. Smith. Aus Aubry de la Motraye: Travels. London 1723–4.

100 Kolorierte Lithographie aus T. Allom: Character and Costume in Turkey and Italy. London um 1838. Sammlung Rodney Searight.

149 Popperfoto.

150/151 Kupferstich von Levasseur nach einer Zeichnung von L. F. Cassas. Aus Cassas: Voyage en Syrie etc. Paris um 1798. Sammlung Rodney Searight.

152 Kupferstich von Née, 1787, nach C. N. Cochin d. J. Aus D'Ohsson: Tableau Général de l'Empire Othoman. Paris 1787. Sammlung Rodney Searight.

201 (oben) Farblithographie von Joseph Nash nach einer Zeichnung von Sir David Wilkie. Aus Wilkie: Sketches in Turkey, Syria and Egypt. London um 1842. Sammlung Rodney Searight.
(unten) Kupferstich von J. Sands nach einer Zeichnung von T. Allom, um 1836–7. Aus Fisher: Illustrations of Constantinople and Its Environs. London um 1838. Sammlung Rodney Searight.

202/203 Kupferstich von Née, 1787, nach C. N. Cochin d. J. Aus D'Ohsson: Tableau Général de l'Empire Othoman. Paris 1787. Sammlung Rodney Searight.

204 (oben und unten) Radio Times Hulton's Picture Library.

317 bis 320 Radio Times Hulton's Picture Library.

Register